Mord
Mehr Morde
Noch mehr Morde

Die besten Kriminalgeschichten
aus den drei berühmten Diogenes-
Anthologien, ausgewählt
von Mary Hottinger
Vignetten von Paul Flora

Diogenes

Nachweis der einzelnen Erzählungen
am Schluß des Bandes
100/80/27/8
ISBN 3 257 00930 5

Inhalt

Vorwort

Das vorliegende Buch enthält eine kleine Auswahl aus den drei auf der Titelseite erwähnten Anthologien. Soweit wie möglich wurden die ›besten‹ Geschichten gewählt, und selbst Agatha Christie darf darin erscheinen, da keiner der von ihr erfundenen fürchterlichen Detektive – Poirot, Miss Marple und Mr. Parker Pyne – in der ausgesuchten Geschichte vorkommt.

Wenn man auf das Inhaltsverzeichnis blickt, muß einem auffallen, daß es ein Zeugnis für die außerordentliche Lebensfähigkeit dieses Genres darstellt. Mit schöner Regelmäßigkeit wird die Detektivgeschichte von Zeit zu Zeit totgesagt; mit der gleichen Regelmäßigkeit aber taucht sie in irgendeinem neuen Gewand wieder auf. So beginnen wir selbst hier mit zwei Geschichten, die den Typ des ›großen Detektivs‹ vorstellen, und in denen nichts anderes wesentlich ist, als die Entdekkung des unbekannten Verbrechers durch einen Mann von übermenschlicher Intelligenz.

Doch der große Detektiv trat langsam in den Hintergrund und überließ das Feld dem begabten Amateur, der seine Aufgabe als Nebenbeschäftigung ausführt – wie zum Beispiel in *Der rächende Zufall* –, bis der Detektiv schließlich ganz von der Bildfläche verschwindet.

Heute spielt das Verbrechen und sein Hintergrund die große Rolle – die darin verwickelten sozialen Klassen, eheliche Sorgen, die Beziehungen zwischen Kindern und Erwachsenen; aus all diesem wird das Gewebe über die Entwicklung eines Verbrechens gesponnen, und die Polizisten erscheinen fast als Marionetten, lediglich um ihr Pflichtpensum zur Durchsetzung des Rechts zu absolvieren, und sind nur noch gesichtslose Gestalten.

Amerika ist hier einfach aus Gründen der Länge nicht mit seinen großen Klassikern Dashiell Hammett und Raymond Chandler vertreten. Hammetts Sam Spade und Chandlers Marlowe verkörpern wiederum den großen Detektiv, aber ihre Autoren brachen mit der vornehmen Tradition der als untadelige Gentlemen auftretenden englischen Vorbilder. Sie gossen frisches Blut in die Detektivgeschichte, indem sie mit dieser Tradition brachen und in Gebiete vorstießen, die von den Engländern kaum gestreift worden waren. Sie brachten etwas von jener Gewalttätigkeit in das Genre, die wir seitdem damit assoziieren und die wir in beinahe humorvoller Form in *Da ich selbst ein Mörder bin* und in *Die zweiten Flitterwochen* erkennen können.

Eines kann das Inhaltsverzeichnis allerdings nicht zum Ausdruck bringen, und das ist die wachsende Bedeutung des Mordes als einziges Thema der Kriminalgeschichte. Nur etwa ein Drittel der Sherlock-Holmes-Geschichten handelt von Mord, und bei Father Brown sind es nicht viel mehr. In beiden Fällen fließt jedenfalls nicht viel Blut. Ob nun die größere Vertrautheit mit dem Blutdurst unserer Zeit etwas mit der Entwicklung der Kriminalgeschichte zur reinen, ungeschminkten Mordgeschichte zu tun hat, ist schwer zu sagen; aber ein ganz wesentlicher, rein künstlerischer Grund ist offenbar: der Tod ist das einzige unwiderrufliche Ereignis. Die Herzogin kann ihre Brillanten zurückbekommen, die geheimen Staatspapiere können wiederbeschafft werden, und das Opfer des Erpressers kann all seinen Mut zusammennehmen und zur Polizei gehen. Doch das Leben eines Menschen, einmal vernichtet, kann nicht wiederhergestellt werden. So gibt ein Mord der Detektivgeschichte eine Gestalt und eine geschliffene Eleganz, wie das andere Formen des Verbrechens selten können, wenn man nicht eine Figur vom Format eines Father Brown erfindet, dessen Sendung es ist, Seelen zu retten, selbst wenn es sich dabei um die Seelen von Mördern handelt. In diesem Zusammenhang ist es interessant zu beobachten, wie einige moderne Schriftsteller auf die Beweggründe und auf die Folgen ihrer Mordfälle eingehen, auf die Faktoren, die dazu führten, und auf die Kettenreaktion, die sie auslösen. In *Der Mord von Hampstead* hat der Mord tatsächlich eine geringere Bedeutung als die von ihm hervorgerufenen Folgen.

Ein Punkt von besonderem Interesse ist die gegenwärtige Stellung der Detektivgeschichte in der Rangordnung unter den Erzeugnissen schriftstellerischer Tätigkeit. Vor nur fünf Jahren konnte ein Schriftsteller noch sagen: »Es ist immer noch üblich, die Kriminalliteratur als das schwarze Schaf der Romanfamilie anzusehen – anrüchig, um nicht zu sagen durch und durch strafbar, der Brutalität und ungezügelten Sexualität verfallen, in fragwürdiger Weise auf leicht zu verdienendes Geld spekulierend.« Das könnte heute wahrscheinlich nicht mehr gesagt werden, es sei denn, und zwar mit weitaus größerer Berechtigung, auf ein ganz anderes Genre gemünzt – den Thriller. Wenn man die übliche Art des Entstehens von Legenden betrachtet, ließe sich fragen, ob James Bond vielleicht der Erbe von Sherlock Holmes geworden sein kann. Die Frage ist interessant, aber zu abstrus, um hier erörtert zu werden.

Doch die Kriminalgeschichte kämpft noch darum, als Lesestoff an Schulen und Universitäten anerkannt zu werden. Erst vor kurzer Zeit entfachte eine abfällige Bemerkung darüber einen Proteststurm von Briefen an eine führende Literaturzeitung, eingesandt von Schriftstellern, die allen Ernstes behaupteten, daß die Kriminalgeschichte Literatur sei, und zwar eine unserer Zeit angemessene Literatur. Und schließlich gibt es da noch den alten Streit – Roman oder Kurzgeschichte. Es stimmt wohl, daß unser Genre mit der Kurzgeschichte begann und einige Zeit in dieser Form fortgeführt wurde; und G. K. Chesterton beklagte sich, daß er in der Kurzgeschichte kaum Zeit fände, den Burschen vor seiner Ermordung näher kennenzulernen. Aber in dem gegenwärtig sich abzeichnenden Trend zur Kurzgeschichte scheint es sich dem allgemeinen Abrücken von dem Roman anzuschließen und ebenfalls wieder zur kürzeren Form zu tendieren.

Der wirklich kranke Mann in dieser ganzen Angelegenheit ist der englische Roman. Amerika scheint da etwas gesünder zu sein, doch insgesamt gesehen fehlt dem englischen Roman, einer englischen Schöpfung, Vitalität und schöpferische Kraft, da er nicht mehr auf dem festen Fundament sozialer Klassen und gesellschaftlicher Standesunterschiede bauen kann, das ihm während seiner Blütezeit sicheren Halt bot. Es ist nicht unmöglich, daß die von dem Roman offengelassene Lücke vielleicht von der Kriminalgeschichte ausgefüllt werden wird. Wenn wir dieser Annahme Simenons lakonische Bemerkung anfügen: »Verbrechen ist normal«, können wir vielleicht eine Entwicklung der Kriminalgeschichte voraussagen, die dem Kranken frisches Leben einhaucht, ohne daß Bischöfe und Premierminister sich schämen müssen, wenn sie ihr Penguin-Buch als Reiselektüre aus der Tasche ziehen.

Mary Hottinger

Sir Arthur Conan Doyle

Das gefleckte Band

Es war noch früh, sehr früh am Morgen, als Sherlock Holmes, der notorische Langschläfer, mich aus dem Schlafe riß.

»Tut mir leid, daß ich dich stören muß, Watson«, sagte er, »aber du bist heute morgen nicht der einzige: erst mußte Mrs. Hudson aus den Federn, sie weckte mich, und ich nun dich.«

»Was ist denn los? Brennt es?«

»Nein, ein Klient, eine verstörte junge Dame, die darauf besteht, mich zu sehen. Sie wartet im Wohnzimmer. Ich dachte, ich darf sie dir nicht vorenthalten. Vielleicht interessiert dich der Fall.«

»Aber selbstverständlich. Ich komme sofort.«

Ich zog mich hastig an und ging mit meinem Freund ins Wohnzimmer hinunter. Eine tiefverschleierte Dame in Schwarz erhob sich, als wir eintraten.

»Guten Morgen, Madam«, sagte Holmes. »Mein Name ist Sherlock Holmes. Das hier ist mein Freund und Kollege, Dr. Watson, dem Sie genauso vertrauen dürfen wie mir. Großartig, Mrs. Hudson hat bereits Feuer gemacht. Setzen Sie sich doch näher zum Kamin, Madam! Ich werde sofort heißen Kaffee bestellen, Sie zittern ja.«

»Es ist nicht die Kälte«, sagte die Frau leise und zog ihren Stuhl näher ans Feuer.

»Sondern?«

»Angst, Mr. Holmes. Nackte, kalte Angst.« Sie hob ihren Schleier, und wir sahen in ein verhärmtes graues Gesicht, aus dem uns zwei angstvolle Augen unruhig anblickten. Die Frau konnte kaum älter als dreißig sein, aber ihr Haar war bereits ergraut.

Sherlock Holmes beugte sich vor und strich ihr behutsam über die Hand.

»Wir werden Ihnen helfen«, sagte er beruhigend. »Sie sind heute früh mit dem Zug nach London gekommen, wie ich sehe.«

»Sie kennen mich?«

»Nein, aber in Ihrem linken Handschuh steckt eine Rückfahrkarte.«

»Ja, ich bin mit dem Frühzug in Waterloo-Station angekommen, Sir. Ich kann diese Angst nicht länger ertragen. Ich werde verrückt, wenn es so weitergeht. Ich habe niemanden, an den ich mich wenden könnte – niemanden außer einem einzigen Menschen, der mich liebt, und er kann mir nicht helfen. – Eine Bekannte hat mir von Ihnen erzählt, Mr. Holmes. Wenn Sie mir doch wieder ein wenig Hoffnung geben wollten! Augenblicklich bin ich nicht in der Lage, Sie für Ihre Hilfe zu entschädigen, aber in ein paar Monaten werde ich heiraten und über mein eigenes Vermögen verfügen.«

»Mein Beruf ist mir ein Vergnügen, Madam, aber ich stelle es Ihnen frei, mir die Unkosten zu vergüten. Das hat natürlich Zeit. Und jetzt, bitte, erzählen Sie uns Ihren Kummer.«

Die verkrampften Finger der Frau lösten sich. »Das schlimmste ist, daß meine Ängste nur sehr unbestimmt sind. Ich kann meine Unruhe nur mit Kleinigkeiten begründen, die jedem Außenstehenden bedeutungslos erscheinen müssen. Selbst dieser einzige Mensch, an den ich mich um Hilfe und Rat wenden könnte, hält die Dinge, die ich ihm erzähle, für die Phantastereien einer überreizten Frau. Er spricht es nicht aus, aber ich kann es an seinen beruhigenden Worten erkennen. Von Ihnen, Mr. Holmes, habe ich gehört, daß Sie wie kein zweiter die Abgründe in einem Menschen zu erkennen vermögen. Vielleicht wissen Sie einen Rat, wie ich mit dem Grauen fertig werden kann, das mich langsam zu ersticken droht.«

»Erzählen Sie, Madam.«

»Mein Name ist Helen Stoner. Ich lebe bei meinem Stiefvater, dem Letzten der Roylotts aus Stoke Moran in Westsurrey; sie zählen zu den ältesten Familien Englands.«

Holmes nickte. »Der Name ist mir bekannt«, sagte er.

»Die Familie war einmal unermeßlich reich, aber im letzten Jahrhundert zerrann der Besitz unter den Händen von vier Verschwendern; schließlich hat ein Spieler den Ruin der Familie besiegelt. Außer ein paar Feldern und dem zweihundert Jahre alten Haus, auf dem eine große Hypothek liegt, ist nichts übriggeblieben. Der letzte Roylott hat dort das erbärmliche Leben eines verarmten Adligen geführt. Sein einziger Sohn, mein Stiefvater, ergab sich nicht in dies Schicksal; ein Verwandter finanzierte sein Medizinstudium. Er legte sein Examen ab und ging nach Kalkutta. Er war tüchtig und ehrgeizig und hatte bald eine große Praxis. Aber in einem Wutanfall über mehrere Diebstähle, die in seinem Haus geschahen, erschlug er einen eingeborenen Diener; er wäre dafür beinahe gehängt worden. Jahrelang saß er im Gefängnis, dann kehrte er als düsterer und vom Leben enttäuschter Mann nach England zurück.

Als Dr. Roylott noch in Indien war, heiratete er meine Mutter, die junge Witwe eines Offiziers der ›Bengal Artillery‹. Meine Schwester Julia und ich waren erst zwei Jahre alt – wir sind Zwillinge, als meine Mutter sich wieder verheiratete. Sie hatte ein beträchtliches Vermögen, und das überschrieb sie ganz Dr. Roylott. Außerdem verfügte sie, daß wir Mädchen im Falle einer Heirat eine bestimmte jährliche Summe erhalten sollten. Kurz nach unserer Rückkehr nach England starb unsere Mutter – sie verunglückte tödlich bei einem Eisenbahnunfall.

Dr. Roylott gab seinen Plan auf, in London eine Praxis zu gründen; er nahm uns mit sich in sein väterliches Haus nach Stoke Moran. Unsere Mutter hatte uns genügend Geld hinterlassen. Einem glücklichen Leben hätte nichts im Wege gestanden.

Aber ungefähr um diese Zeit vollzog sich ein schrecklicher Wandel in unserem Stiefvater. Anstatt den Verkehr mit unseren Nachbarn zu pflegen, die anfangs überglücklich waren, daß wieder ein Roylott auf Stoke Moran lebte, zog er sich völlig zurück. Wenn er einmal ausging, brach er mit jedem, der ihm über den Weg lief, einen Streit vom Zaun. Das zügellose Temperament lag in der Familie, und bei meinem Stiefvater hatte der lange Aufenthalt in den Tropen diese Veranlagung noch verstärkt. Es gab immer mehr peinliche Streitereien, zweimal endeten sie sogar vor der Polizei. Schließlich war er zum Schrecken des Dorfes geworden. Wenn er auftauchte, leerten sich die Straßen.

Letzte Woche erst stieß er im Streit den Dorfschmied in den Fluß. Ich konnte ein gerichtliches Nachspiel nur dadurch verhindern, daß ich alles Geld, das wir im Hause hatten, zusammenkratzte, um den Schmied zu besänftigen.

So lebt er; seine einzigen Freunde sind ein paar Zigeuner, die er auf seinem Grund nach Belieben ihre Zelte aufschlagen läßt. Er verbringt viele Stunden an ihren Lagerfeuern. Er ist auch schon wochenlang mit ihnen durchs Land gezogen. Indische Tiere sind seine andere Leidenschaft; im Augenblick hält er einen abgerichteten Leoparden und einen Pavian. Er läßt sie frei auf seinen Feldern umherstreifen, und die Tiere werden von den Dorfbewohnern beinahe genauso gefürchtet wie ihr Herr.

Können Sie sich nun vorstellen, daß meiner Schwester Julia und mir dieses Leben immer schwerer wurde? Dienstboten liefen uns schon nach den ersten Wochen davon, und lange Zeit mußten wir alle Hausarbeit allein besorgen. Julia war erst dreißig, als sie starb, aber ihr Haar war schon grau, so wie meines.«

»Ihre Schwester lebt nicht mehr?«

»Sie starb vor zwei Jahren. Ich möchte mit Ihnen über ihren Tod sprechen. Ich habe Ihnen unser Leben beschrieben, und Sie werden sich vorstellen können, daß wir kaum Gelegenheit hatten, Menschen unseres Alters kennenzulernen. Wir hatten eine Tante, eine Schwester unserer Mutter, Miss Honoria Westphail, die bei Harrow lebt. Gelegentlich durften wir sie besuchen. Vor zwei Jahren war Julia über Weihnachten bei ihr und lernte dort einen Marineoffizier kennen. Sie verlobte sich mit ihm. Als mein Stiefvater von der Verlobung hörte, hatte er nichts dagegen einzuwenden. Zwei Wochen vor dem Tag, an dem die beiden heiraten wollten, geschah das Schreckliche.«

Sherlock Holmes hatte bisher mit geschlossenen Augen zugehört. Jetzt hob er die Lider etwas und sah die junge Frau an. »Bitte, berichten Sie. Vergessen Sie nichts«, sagte er.

»Diesen Tag werde ich niemals vergessen. Wie ich Ihnen schon erklärte, ist das Haus sehr alt. Wir bewohnen nur einen Flügel. Die Schlafzimmer dieses Flügels liegen im Parterre. Zuerst kommt Dr. Roylotts Schlafzimmer, dann das meiner Schwester, das dritte ist meines. Es gibt keine Verbindung zwischen den einzelnen Räumen, die Türen gehen aber alle auf den gleichen Korridor und die Fenster der Schlafzimmer auf den Rasen. Drücke ich mich klar aus?«

»Ja, völlig.«

»In dieser schrecklichen Nacht war Dr. Roylott schon sehr früh auf sein Zimmer gegangen. Wir wußten aber, daß er noch nicht schlief, denn meine Schwester störte der Rauch seiner starken indischen Zigarren. Sie verließ deshalb ihr Zimmer und kam zu mir. Wir unterhielten uns über die Hochzeit. Um elf Uhr stand sie auf und wollte gehen. An der Tür blieb sie noch einmal stehen und sah mich an.

›Sag mal, Helen‹, fragte sie, ›hast du nie mitten in der Nacht jemanden pfeifen hören?‹

›Pfeifen?‹ fragte ich. ›Nein. Warum denn?‹

›Weil ich es in den letzten Nächten leise, aber ganz deutlich hörte, immer gegen drei Uhr morgens. Ich schlafe nicht sehr tief und bin jedesmal davon aufgewacht. Ich kann nicht sagen, woher es kam – vielleicht aus dem Nebenzimmer, vielleicht von draußen. Du hast also nichts gehört?‹

›Nein. Das müssen diese verwünschten Zigeuner sein.‹

›Wahrscheinlich. Aber wenn es von draußen kam, dann wundere ich mich, daß du es nicht gehört hast.‹

›Ja, aber ich schlafe doch meist viel tiefer als du.‹

›Nun, es wird nicht so wichtig sein.‹ Sie lächelte mir zu und zog die Tür hinter sich ins Schloß. Wenige Sekunden später hörte ich, wie der Schlüssel sich drehte.«

»Ließen Sie Ihre Türen nachts nie unverschlossen?« fragte Holmes.

»Nie.«

»Und warum nicht?«

»Ich erzählte Ihnen doch von den Leoparden und dem Pavian. Wir fühlten uns nicht sicher, wenn man die Türen aufdrücken konnte.«

»Verständlich. Bitte weiter.«

»Ich fand keinen Schlaf in jener Nacht. Das unbestimmte Vorgefühl eines drohenden Unheils ließ mich nicht zur Ruhe kommen. Es war eine wilde Nacht. Der Sturm heulte ums Haus, und der Regen peitschte gegen die Fenster. Plötzlich gellte durch das Geheul des Sturmes der Schrei einer Frau. Ich erkannte die Stimme meiner Schwester. Ich sprang aus dem Bett und stürzte auf den Korridor.

Als ich meine Tür öffnete, glaubte ich ein leises Pfeifen zu hören, dann ein polterndes Geräusch, so als ob ein Stück Metall zu Boden gefallen wäre. Ich rannte zur Tür meiner Schwester. Sie war nicht verschlossen, sondern schwang im Wind hin und her. Im Licht der Flurlampe sah ich, wie meine Schwester auf die Schwelle zuschwankte. Ihr Gesicht war aschfahl vor Grauen. Sie hielt die Hände wie hilfesuchend vorgestreckt. Sie taumelte weiter geradeaus. Ich nahm sie in meine Arme, aber in diesem Augenblick sank sie zu Boden. Ihr Körper zuckte, als ob er von entsetzlichen Schmerzen geschüttelt würde.

Zuerst glaubte ich, sie hätte mich nicht erkannt, aber als ich mich über sie beugte, wimmerte sie mit verzerrter Stimme, einer Stimme, die ich nie vergessen werde:

›O Gott, Helen! Das Band! Das gefleckte Band!‹

Sie deutete auf das Zimmer des Doktors, aber da wurde sie wieder von einem Krampf geschüttelt, ihre Stimme war nur noch ein Röcheln. Ich stürzte hinaus. Ich schrie nach meinem Stiefvater, und dann sah ich ihn, nur mit einem Morgenrock bekleidet, aus seinem Zimmer kommen. Als wir zu meiner Schwester traten, war sie bewußtlos, und obwohl er ihr Brandy einflößte und sofort nach einem Arzt schickte, war sie nicht mehr zu retten. Sie starb, ohne das Bewußtsein wiedererlangt zu haben.«

»Einen Augenblick«, sagte Holmes; »sind Sie ganz sicher, das Pfeifen und das folgende Geräusch gehört zu haben? Können Sie das beschwören?«

»Das fragte mich auch der Vorsitzende bei der Gerichtsverhandlung. Ich glaube sicher, daß ich es hörte, aber bei der Stärke des Sturmes könnte ich mich auch getäuscht haben.«

»War Ihre Schwester angezogen?«

»Nein, im Nachthemd. In ihrer rechten Hand fand man ein angebranntes Streichholz und in ihrer linken eine Streichholzschachtel.«

»Das ist wichtig. Und zu welchem Schluß kam der Vorsitzende?«

»Er untersuchte den Fall sehr sorgfältig, Dr. Roylott war ja schon seit langem berüchtigt in der ganzen Gegend. Aber das Gericht konnte die Todesursache nicht aufklären. Ich gab zu Protokoll, daß die Tür von innen verschlossen gewesen war und sich vor den Fenstern schwere alte Läden, die noch dazu mit dicken Eisenstangen versehen sind, befinden. Die Wände ihres Zimmers wurden abgeklopft, alles ohne Erfolg. Es ist deshalb mit Sicherheit anzunehmen, daß meine Schwester allein im Zimmer war. Auch wies ihr Körper keine Spuren irgendwelcher Gewaltanwendung auf.«

»Gift vielleicht?«

»Auch daraufhin wurde sie untersucht. Nichts.«

»Was glauben Sie, woran Ihre Schwester starb?«

»Ich bin überzeugt davon, daß sie an der Angst starb, an einem Schock, obwohl ich mir nicht vorstellen kann, was sie so sehr entsetzte.«

»Waren zu dieser Zeit Zigeuner in der Umgebung?«

»Ja, es waren beinahe immer welche da.«

»Und was sagte Ihnen diese letzte Bemerkung von einem Band – einem gefleckten Band?«

»Manchmal dachte ich, daß sie das einfach im Delirium gesagt hat. Dann überlegte ich mir, ob sie vielleicht auf eine Bande von Menschen anspielen wollte, vielleicht gerade auf die Zigeuner. Vielleicht könnten die gepunkteten Kopftücher, die viele von ihnen tragen, damit gemeint gewesen sein.«

Holmes schüttelte den Kopf. Der Gedanke schien ihn nicht zu befriedigen. »Fahren Sie bitte fort«, sagte er dann.

»Zwei Jahre sind seither vergangen. Mein Leben wurde einsamer denn je. – Vor einem Monat nun hat mich ein Mann, den ich seit vielen Jahren kenne und schätze, gebeten, seine Frau zu werden. Mein Stiefvater hat nichts gegen diese Verbindung einzuwenden. Wir wollen noch im Frühjahr heiraten.

Vor zwei Tagen nun wurde im Westflügel des Hauses, den wir bewohnen, mit ein paar Reparaturen begonnen. Dabei mußte eine Wand meines Schlafzimmers durchgebrochen werden. Ich zog solange in das Zimmer, in dem meine Schwester starb. Ich schlafe nun im gleichen Bett, in dem auch sie geschlafen hat. Vielleicht können Sie sich mein Entsetzen vorstellen, als ich in der vergangenen Nacht plötzlich ein Pfeifen hörte. Ich zündete die Lampe an, aber es war nichts zu sehen. Ich war viel zu erregt, um wieder ins Bett zu gehen. Ich zog mich an, und als es hell wurde, stahl ich mich aus dem Haus. Ich nahm mir im Gasthaus einen Wagen und fuhr zur Bahnstation nach Leatherhead. Ich erreichte noch den Frühzug – alles Weitere wissen Sie.«

»Das war sehr klug von Ihnen«, sagte Holmes. »Haben Sie mir alles erzählt?«

»Ja, alles.«

»Miss Stoner, das stimmt nicht. Sie decken Ihren Stiefvater.«

»Warum? Was meinen Sie damit?«

Statt einer Antwort schob Holmes die Spitzenrüsche zurück, die über die Hand der Frau fiel. Fünf leuchtend rote Flecken, die Spuren von vier Fingern und einem Daumen, waren deutlich auf dem weißen Handgelenk zu sehen.

Die junge Frau errötete und verbarg das verletzte Gelenk.

»Er ist ein harter Mann«, sagte sie, »vielleicht weiß er gar nicht, wie stark er ist.«

Ein paar Minuten lang war Schweigen im Raum. Holmes starrte ins Feuer.

»Da gibt es noch tausend Dinge, die ich wissen müßte«, sagte er, »ehe ich mir meinen Plan zurechtlege. Aber wir haben keine Zeit mehr zu verlieren. Wenn wir nun heute nach Stoke Moran hinausführen: wäre es dann möglich, die Räume im Westflügel zu besichtigen, ohne daß Ihr Stiefvater davon erführe?«

»Heute ja. Dr. Roylott ist in der Stadt. Er sagte, er habe wichtige geschäftliche Dinge zu erledigen. Wahrscheinlich bleibt er den ganzen Tag über weg. Wir haben jetzt zwar eine Haushälterin, aber sie ist alt und nicht gerade ein Kirchenlicht; ich könnte sie leicht aus dem Weg halten.«

»Sehr gut. Du hast doch nichts gegen diese Fahrt, Watson?«

»Im Gegenteil.«

»Dann kommen wir beide. Und was haben Sie vor?«

»Ich würde gern noch ein paar Dinge erledigen, da ich schon in der Stadt bin. Aber ich fahre mit dem Zwölf-Uhr-Zug zurück und werde Sie erwarten.«

»Wir werden am frühen Nachmittag bei Ihnen sein.«

»Ich bin sehr froh, daß Sie kommen wollen.« Sie zog den dichten schwarzen Schleier über ihr Gesicht und verabschiedete sich.

»Was hältst du davon, Watson?« Sherlock Holmes lehnte sich zurück.

»Ich sehe nicht klar.«

»Ich auch nicht. Aus diesem Grunde gehen wir auch heute noch nach Stoke Moran. Ich will mich selber einmal dort umsehen. Aber was, in drei Teufels Namen...«

Plötzlich wurde die Tür aufgerissen. Ein Riese von einem Mann stand auf der Schwelle, so groß, daß sein Kopf am oberen Türbalken anstieß. Sein großflächiges Gesicht, über das sich tausend Fältchen zogen, war von der Sonne gelb ausgedörrt worden. Seine tiefliegenden Augen und die scharfgeschnittene Nase gaben ihm das Aussehen eines ungezähmten alten Raubvogels.

»Wer von Ihnen ist Holmes?« fragte er scharf.

»Das ist mein Name, Sir, aber ich wüßte nicht...«

»Ich bin Dr. Grimesby Roylott von Stoke Moran.«

»Freut mich«, sagte Holmes kühl. »Nehmen Sie bitte Platz.«

»Ich denke nicht daran. Meine Stieftochter war hier. Was hat sie Ihnen erzählt?«

»Etwas kalt für die Jahreszeit heute«, sagte Holmes, »finden Sie nicht?«

»Was hat sie Ihnen erzählt?« schrie der alte Mann unbeherrscht.

»Aber wie ich hörte, sollen die Krokusse bald blühen«, fuhr Holmes unerschüttert fort.

Unser Besucher kam einen Schritt näher und hob

seine Reitpeitsche. »Ich weiß Bescheid. Sie sind Holmes, der seine Nase in jeden Dreck steckt!«

Mein Freund lächelte.

»Holmes, der Gernegroß!«

Die Lachfältchen in Holmes' Gesicht vertieften sich.

»Holmes, der Scotland-Yard-Kasper!«

Holmes lachte laut heraus. »Sie sind ein amüsanter Gesellschafter«, sagte er. »Wenn Sie gehen, machen Sie doch bitte die Tür zu; es zieht.«

»Ich gehe, wenn es mir paßt. Und unterstehen Sie sich, sich in meine Angelegenheiten zu mischen. Ich weiß, daß Miss Stoner hier war – ich bin ihr nachgegangen. Es ist gefährlich, mich hinters Licht führen zu wollen!« Mit einem Schritt war er am Kamin. Er ergriff den Feuerhaken, und seine sehnigen braunen Hände bogen ihn krumm.

»Hüten Sie sich. Wenn ich Sie je in meine Finger bekommen sollte...« Er warf den verbogenen Feuerhaken in den Kamin und schlug dann die Tür hinter sich zu.

»Ein liebenswerter Mensch«, sagte Holmes, immer noch lächelnd. »Wenn er geblieben wäre, hätte ich ihm zeigen können, daß meine Hände nicht viel schwächer sind als die seinen.« Er hob den eisernen Feuerhaken auf, hielt ihn ein paar Sekunden in den Händen und bog ihn dann in einer plötzlichen Bewegung wieder gerade.

»Eine Frechheit, mich mit der Polizei zu vergleichen! Das soll mir ein Ansporn sein. Ich will nur hoffen, daß Miss Stoner ihre Unvorsichtigkeit nicht büßen muß.

Aber jetzt wollen wir erst einmal essen. Dann muß ich zur Ärztekammer; vielleicht kann man uns dort mit ein paar Hinweisen helfen.«

Kurz vor ein Uhr kam Holmes zurück. Er zog ein großes Blatt Papier aus der Tasche.

»Ich habe mir das Testament der verstorbenen Mrs. Roylott angesehen«, sagte er. »Das Geld ist in Wertpapieren angelegt. Das Jahreseinkommen betrug im Jahr ihres Todes wenig unter tausendeinhundert Pfund, jetzt liegt es etwa bei siebenhundertfünfzig Pfund. Im Falle einer Heirat haben beide Töchter Anspruch auf zweihundertfünfzig Pfund jährlich. Wenn beide Töchter geheiratet hätten, wäre diesem Edelmann nur ein äußerst kärgliches Einkommen geblieben; schon die Heirat einer Tochter hätte ihn beim augenblicklichen Stand der Dinge ruiniert. Ein starkes Motiv, um eine Heirat zu verhindern. Ich fürchte, wir haben nicht mehr viel Zeit zu verlieren. Am besten, du nimmst deine Waffe mit, Watson. Bei einem Herrn, der eiserne Feuerhaken wie Plastilin behandelt, ist eine Pistole noch das beste Argument.«

Wir hatten Glück. An der Waterloo-Station lief eben ein Zug nach Leatherhead ein. Dort mieteten wir uns einen Wagen und fuhren sofort weiter nach Stoke Moran. Holmes hatte sich den Hut tief in die Stirn gezogen und die Arme verschränkt. Plötzlich fuhr er hoch, stieß mich an und deutete über die Wiesen.

»Stoke Moran?« fragte er den Kutscher.

»Ja, Sir, das ist das Haus von Dr. Grimesby Roylott.« Der Kutscher wies auf das Ziegeldach, das jetzt hinter den Baumwipfeln eines weitläufigen Parkes auftauchte.

»Da wird gebaut«, sagte Holmes; »wir sind also richtig.«

»Dort liegt das Dorf.« Der Kutscher deutete auf ein paar Dächer, die man in der Ferne sehen konnte. »Aber wenn Sie zum Gutshaus wollen, der kürzeste Weg ist der an den Feldern entlang. Da vorn, der Fußweg, wo Sie die Dame sehen.«

»Das wird Miss Stoner sein«, sagte Holmes.

Wir stiegen aus und bezahlten den Kutscher. Der Wagen wendete und fuhr zurück nach Leatherhead.

»Der Bursche soll ruhig glauben«, sagte Holmes, »daß wir Architekten sind oder mit den Bauarbeiten zu tun haben. Dann wird nicht weiter geredet. – Guten Tag, Miss Stoner. Sie sehen, man kann sich auf uns verlassen.«

»Ich habe Sie voll Ungeduld erwartet!« rief sie und drückte uns die Hand.

»Wir hatten das Vergnügen, Dr. Roylott kennenzulernen.«

Holmes erzählte ihr, was geschehen war.

Miss Stoner war aschfahl geworden. »Mein Gott! Er ist mir also gefolgt.«

»Anscheinend.«

»Er ist unberechenbar. Ich weiß nie, wann ich vor ihm sicher bin. Was wird wohl geschehen, wenn er zurückkommt?«

»Wenn er gewalttätig wird, bringen wir Sie am besten zu Ihrer Tante nach Harrow. Jetzt aber müssen wir die Zeit nützen, die uns zur Verfügung steht. Führen Sie uns gleich zu den Räumen, die wir ansehen wollen.«

An dem bewohnten Flügel des Hauses war ein Gerüst aufgerichtet. Eine Seitenwand war teilweise durchgebrochen, aber im Augenblick waren die Bauarbeiter nicht an der Arbeit. Holmes ging auf dem schlechtgeschnittenen Rasen langsam hin und her und betrachtete lange die Fensterfront.

»Dieses Fenster gehört also zu dem Zimmer, in dem Sie schliefen, das mittlere zu dem Ihrer Schwester und das nächstfolgende ist Dr. Roylotts Zimmer?«

»Ja, aber ich schlafe jetzt im mittleren.«

»Wegen der Bauarbeiter. Ich kann allerdings nichts sehen, was an dieser Wand so dringend repariert werden müßte.«

»Ich bin überzeugt, daß es nur ein Vorwand war.«

»Auf der Rückseite dieses Flügels ist wohl der Korridor, auf den die Türen dieser drei Zimmer führen. Hat er Fenster?«

»Ja, aber nur sehr kleine. Zu klein, als daß jemand sich durchzwängen könnte.«

»Würden Sie jetzt bitte in Ihr Zimmer gehen und die Fensterläden von innen schließen?«

Miss Stoner machte die Läden zu. Holmes untersuchte den Verschluß aufmerksam und versuchte, die Läden mit Gewalt zu öffnen. Es gelang ihm nicht. Dann untersuchte er mit seinem Vergrößerungsglas die Angeln, in denen die Läden hingen. Sie waren aus massivem Eisen und fest in den stabilen hölzernen Rahmen eingelassen. »Hm«, sagte Holmes, »diese Läden konnten unmöglich mit Gewalt geöffnet werden. Jetzt wollen wir uns die Sache einmal von innen ansehen, Watson.«

Wir schritten durch den weißgekalkten Flur, auf den die drei Schlafzimmertüren führten. Holmes verzichtete darauf, das dritte Zimmer zu besichtigen. Wir gingen sofort ins Mittelzimmer, in dem Miss Stoner zur Zeit schlief und wo ihre Schwester gestorben war.

Es war ein freundliches kleines Zimmer mit einem offenen Kamin, ein Raum, wie man ihn in vielen alten Landhäusern findet. In der einen Ecke stand eine braune Kommode, ein schmales weißbezogenes Bett in der andern, und links vom Fenster stand ein Frisiertisch. Zwei Rohrstühle und ein Teppich in der Mitte – das war alles. Holmes zog sich einen Korbstuhl in die Ecke und setzte sich. Schweigend ließ er seine Blicke durch den Raum wandern; ich wußte, daß er sich dabei auch die geringste Kleinigkeit einprägte.

»Wohin geht diese Klingel?« fragte er und deutete auf eine Schnur, die über dem Kopfende des Bettes hing.

»Zum Zimmer der Haushälterin.«

»Sieht neuer aus als die anderen Dinge hier.«

»Sie wurde erst vor ein paar Jahren eingerichtet.«

»Bat Ihre Schwester darum?«

»Nein, ich habe auch nie gesehen, daß Julia sie benutzte. Was wir brauchten, holten wir uns selbst.«

Holmes murmelte etwas und legte sich dann mit dem Vergrößerungsglas in der Hand auf den Boden. Er kroch vor und zurück und überprüfte jede einzelne Bodenritze. Dann wandte er seine Aufmerksamkeit den holzverkleideten Wänden zu.

Schließlich trat er vor das Bett. Er betrachtete es ein paar Sekunden schweigend. Dann nahm er die Klingelschnur in die Hand und zog einmal kurz daran. »Nur eine Attrappe«, sagte er. »Sie ist nicht einmal mit einem Draht verbunden. Sehen Sie, sie hängt an einem Haken über der kleinen Ventilatoröffnung.«

»Eigenartig! Das ist mir nie zuvor aufgefallen.«

Holmes zog noch einmal an der Schnur. »Nicht das einzige an diesem Zimmer, das eigenartig ist. Was für ein Idiot von Architekt muß das gewesen sein, der einen Ventilator nach dem anderen Zimmer legt und nicht an die Außenwand.«

»Der Ventilator ist auch noch nicht sehr alt«, sagte Miss Stoner.

»Wurde er gleichzeitig mit der Klingelschnur eingebaut?«

»Ja. Damals wurden verschiedene Kleinigkeiten geändert.«

»Interessante Kleinigkeiten – Klingel-Attrappen und Ventilatoren ohne Frischluft. Wenn Sie erlauben, Miss Stoner, werden wir uns jetzt im nächsten Zimmer umsehen.«

Dr. Grimesby Roylotts Zimmer war größer als das seiner Stieftochter, aber genauso einfach eingerichtet. Ein Bett, ein kleines hölzernes Bücherregal, ein Holzstuhl, ein runder Tisch und ein großer Safe waren die Haupteinrichtungsgegenstände.

»Was ist hier drin?« fragte Holmes und legte die Hand auf den Safe.

»Die Geschäftspapiere meines Stiefvaters.«

»Sie haben den Safe also schon offen gesehen?«

»Einmal nur, vor ein paar Jahren. Damals war er mit Papieren angefüllt.«

»Eine Katze kann nicht drin sein?«

»Nein. Wie kommen Sie denn darauf?«

Holmes hob eine kleine Untertasse mit Milch hoch, die auf dem Safe stand.

»Katzen haben wir nicht im Haus. Aber der Leopard...«

»Natürlich! Auch ein Leopard ist eine Katze, ein bißchen groß allerdings, und ob solch ein Tier mit einer Schale Milch zufrieden sein wird?«

Er kniete vor dem Holzstuhl nieder und untersuchte aufmerksam den Sitz.

»Das hätten wir also auch«, sagte er schließlich. Er erhob sich und steckte das Vergrößerungsglas wieder ein. »Hallo! Noch eine Kleinigkeit!« Er hatte eine kleine Hundepeitsche entdeckt, die über dem Bettende hing. Die Peitschenschnur war am Stiel so festgebunden, daß sie eine Schlinge bildete.

»Was hältst du davon, Watson?«

»Eine ganz alltägliche Peitsche. Aber warum ist sie nur so festgebunden?«

»Das ist nicht ganz so alltäglich, was? Miss Stoner, ich habe genug gesehen. Ich danke Ihnen.«

So grimmig entschlossen und so ernst hatte ich Holmes noch nie gesehen. Wir verließen das Haus und gingen auf dem Rasen auf und ab. Weder Miss Stoner noch ich wagten es, ihn zu stören. Endlich blickte er auf.

»Ihr Leben hängt davon ab, Miss Stoner«, sagte er, »daß Sie sich in jedem einzelnen Punkt so verhalten werden, wie ich es Ihnen jetzt sagen werde.«

»Ich verspreche es Ihnen.«

»Dr. Watson und ich werden diese Nacht in Ihrem Zimmer verbringen.«

Miss Stoner und ich blickten ihn verblüfft an.

»Ich will es Ihnen erklären. Wenn ich mich nicht täusche, liegt in dieser Richtung das Dorfgasthaus?«

»Ja, die ›Krone‹.«

»Sehr gut. Kann man von dort Ihre Fenster sehen?«

»Ja.«

»Sie müssen auf Ihrem Zimmer bleiben, wenn Ihr Stiefvater zurückkommt. Erfinden Sie eine Ausrede. Sagen Sie, Sie hätten Kopfweh. Wenn Sie hören, daß er in sein Zimmer geht, stellen Sie die Lampe als Zeichen für uns auf. Gehen Sie dann leise in das Zimmer, in dem Sie sonst schlafen. Sicher wird das trotz der Bauarbeiten für eine Nacht möglich sein.«

»O ja, das geht.«

»Den Rest überlassen Sie uns.«

»Was wollen Sie tun?«

»Wir werden die Nacht in Ihrem Zimmer verbringen, dem Zimmer Ihrer Schwester, um genau zu sein, und uns mit den Geräuschen beschäftigen, die Sie gehört haben.«

»Ich habe das Gefühl, Mr. Holmes, daß Sie bereits zu einem Schluß gekommen sind«, sagte Miss Stoner. Sie legte ihre Hand auf Holmes' Arm.

»Vielleicht.«

»Dann flehe ich Sie an: sagen Sie mir, wie meine Schwester gestorben ist.«

»Ich möchte Beweise haben, ehe ich darüber spreche.«

»Sagen Sie mir wenigstens, ob meine Vermutung stimmt, daß sie sich zu Tode erschreckt hat.«

»Nein, das glaube ich nicht. Jetzt müssen wir Sie aber verlassen, Miss Stoner. Wenn Dr. Roylott zurückkäme und uns hier fände, dann wäre alles vergeblich. Leben Sie wohl. Seien Sie tapfer. Wenn Sie meinen Rat genau befolgen, werden wir dem Spuk bald ein Ende bereitet haben.«

Wir mieteten in der ›Krone‹ ein Zimmer. Von unserem Fenster aus konnten wir das Eingangstor und den Wohnflügel des Gutshauses beobachten.

Bei Einbruch der Dunkelheit sahen wir Dr. Grimesby Roylott zurückkommen. Ein wenig später ging in einem der Wohnzimmer das Licht an.

»Ich muß gestehen, Watson«, sagte Holmes, als wir im Dunkeln am Fenster saßen, »es sind mir Bedenken gekommen, dich heute nacht mitzunehmen. Die Sache ist sehr gefährlich.«

»Kann ich dir dabei helfen?«

»Deine Gegenwart kann von unschätzbarem Wert sein.«

»Dann komme ich auf jeden Fall mit.«

»Ich danke dir.«

»Du sprichst von Gefahr. Natürlich hast du wieder mehr gesehen als ich.«

»Nein, vielleicht gehen nur meine Schlußfolgerungen etwas weiter. Ich denke doch, daß du genausoviel bemerkt hast wie ich.«

»Außer dieser Klingelschnur fiel mir eigentlich nichts Außergewöhnliches auf.«

»Hast du den Ventilator gesehen?«

»Ja, trotzdem finde ich es nicht so ungewöhnlich. Im übrigen ist die Öffnung zum anderen Zimmer so klein, daß kaum eine Maus durchschlüpfen könnte.«

»Ich wußte von diesem Ventilator, ehe wir überhaupt nach Stoke Moran kamen.«

»Na, na...«

»Erinnerst du dich, daß sie uns erzählte, ihre Schwester habe gerochen, daß Dr. Roylott in seinem Zimmer eine Zigarre rauchte. Es war also anzunehmen, daß zwischen diesen beiden Räumen eine Verbindung bestand. Ich tippte auf einen Ventilator.«

»Nun gut, aber was ist Schlimmes an einem Ventilator?«

»Die eigenartige zeitliche Übereinstimmung. Ein Ventilator wird installiert, eine Klingelschnur wird angebracht, eine junge Dame, die im Bett schläft, stirbt unvermittelt.«

»Ich kann immer noch keinen Zusammenhang entdecken.«

»Das Bett. Fiel dir daran nicht irgend etwas Ungewöhnliches auf?«

»Nein.«

»Es war am Fußboden festgeschraubt. Hast du je schon einmal ein festgeschraubtes Bett gesehen?«

»Nein, nicht daß ich wüßte.«

»Die junge Dame konnte ihr Bett nicht verschieben. Ventilator und Seil – so können wir es ruhig nennen, denn eine Klingelschnur war es nie – mußten immer in gleichbleibender Entfernung vom Bett sein.«

»Holmes«, rief ich, »ich glaube, langsam verstehe ich. Wir sind wirklich im letzten Augenblick gekommen, um ein zweites Verbrechen zu verhindern.«

»Teuflisch und klug. Ein Arzt, der zum Verbrecher wird, ist besonders gefährlich. Er ist kaltblütig, und er kennt viele Mittel und Wege. Heute nacht könnten wir ausziehen, das Fürchten zu lernen.«

Gegen neun Uhr gingen die Lichter zwischen den Bäumen aus. Das Gutshaus versank im Dunkel. Zwei Stunden vergingen. Plötzlich, Punkt elf, leuchtete ein einzelnes helles Licht auf.

»Unser Zeichen!« Holmes sprang auf. »Es ist das mittlere Fenster.«

Durch die dunkle Straße fegte ein kalter Wind. Es war nicht schwierig, in den Park zu gelangen. Im Schutze der Bäume schlichen wir leise bis zum Rasen. Wir wollten eben durchs Fenster steigen, als aus dem verwilderten Buschwerk ein dunkler Schatten hervorstürzte. Er sah aus wie ein grausig verkrüppeltes Kind, warf sich mit zuckenden Gliedern ins Gras und verschwand dann schnellfüßig in der Dunkelheit.

»Mein Gott!« flüsterte ich. »Hast du das gesehen?«

Holmes war im ersten Augenblick genauso erschrokken wie ich. Seine Finger schlossen sich mit hartem Griff um mein Handgelenk. Dann fing er leise zu lachen an.

»Ein reizender Haushalt«, flüsterte er, »das war der Pavian.«

Ich hatte die seltsamen Haustiere des Doktors völlig vergessen. Da war ja auch noch ein Leopard; wenn wir Glück hatten, konnte er uns jeden Moment anspringen. Ich muß gestehen, daß ich aufatmete, als ich schließlich mit Holmes zusammen im Schlafzimmer angelangt war. Er schloß behutsam die Läden, stellte die Lampe auf den Tisch und blickte sich im Zimmer um. Es war alles unverändert.

Holmes kam ganz nahe zu mir heran und flüsterte beinahe unhörbar an meinem Ohr:

»Das geringste Geräusch kann alles verderben.«

Ich nickte, zum Zeichen, daß ich verstanden hatte.

»Schlafe nur nicht ein! Es könnte dich das Leben kosten. Revolver bereit? Ich setze mich aufs Bett, nimm du den Stuhl.«

Ich legte meinen Revolver vor mich auf den Tisch.

Holmes hatte einen langen dünnen Rohrstock mitgebracht und legte ihn neben sich aufs Bett, daneben eine Schachtel mit Streichhölzern und einen Kerzenstumpf. Schließlich löschte er die Lampe.

Wir saßen im Dunkeln. Aus der Ferne hörten wir alle Viertelstunde die tiefen Glockentöne der Kirchenuhr. Eine Ewigkeit schien zwischen diesen Tönen zu liegen! Zwölf Uhr. Eins, zwei. Um drei Uhr saßen wir immer noch in fieberhafter Spannung und warteten auf etwas, das wir nicht kannten.

Plötzlich fiel ein Lichtstrahl durch den Ventilator. Er erlosch sofort wieder. Ich hörte, wie sich im Nebenzimmer jemand leise bewegte. Dann war wieder alles still. Eine halbe Stunde lang lauschte ich angespannt. Dann hörte ich plötzlich wieder etwas – ein schwaches, zischendes Geräusch.

Im gleichen Augenblick sprang Holmes vom Bett auf und schlug wie wild mit seinem Stock auf die Klingelschnur ein.

»Siehst du sie, Watson?« schrie er gellend. »Siehst du sie?«

Ich sah nichts. Als ich die Kerze anzündete, hörte ich ein leises klares Pfeifen. Der Lichtschein blendete mich aber so, daß ich nicht erkennen konnte, worauf Holmes so wild einhieb. Ich sah nur sein bleiches, verzerrtes Gesicht.

Er hielt seinen Stock nun ruhig in der Hand und starrte zum Ventilator hinauf, als plötzlich die Stille der Nacht durch einen entsetzlichen, markerschütternden Schrei zerrissen wurde. Schmerz, Angst und Wut vereinten sich in einem entsetzlichen, heiseren Gebrüll. Ich war wie gelähmt. Ich starrte auf Holmes, bis die Schreie erstarben und uns wieder die Stille der Nacht umgab.

»Was war das?« flüsterte ich mit erstickter Stimme.

»Vielleicht ist es so am besten«, sagte Holmes. »Nimm deinen Revolver, wir gehen in Dr. Roylotts Zimmer.«

Er zündete die Lampe an und öffnete die Tür zum Korridor. Er klopfte zweimal. Es kam keine Antwort. Dann drückte er die Türklinke nieder und trat ein. Ich folgte ihm mit entsichertem Revolver.

Auf dem Tisch stand eine Sturmlaterne. Ihr Licht fiel auf den Safe, dessen Tür weit offenstand. Neben dem Tisch saß Dr. Roylott, in einem langen grauen Morgenrock, die nackten Füße in flachen roten Türkenpantoffeln. Auf seinem Schoß lag die Hundepeitsche.

Seine schrecklich starren Augen waren auf eine Ecke der Zimmerdecke gerichtet. Um seine Stirn wand sich ein eigenartiges gelbes Band mit bläulichen Tupfen. Er rührte sich nicht.

»Das Band! Das gesprenkelte Band!« flüsterte Holmes.

Ich trat einen Schritt vor. In der gleichen Sekunde begann der unheimliche Kopfschmuck sich zu bewegen.

Aus den Haaren des Doktors erhob sich der flache Kopf einer Schlange.

»Eine ›Swamp adder‹!« schrie Holmes. »Die gefährlichste Schlange Indiens. Ihr Biß tötet in zehn Sekunden.«

Er nahm dem Toten die Hundepeitsche aus den Händen, warf dem Reptil blitzschnell die Schlinge um den Hals und trug es mit weitausgestrecktem Arm zum Safe zurück. Die schwere Tür schlug zu.

So starb Dr. Grimesby Roylott von Stoke Moran.

Als der Tag kam, setzten wir die verstörte Miss Stoner in den Zug, der sie nach Harrow zu ihrer Tante brachte. Erst als wir nach London zurückfuhren, klärte Holmes mich über die letzten, mir noch dunklen Punkte auf.

»Ich war zu einem völlig falschen Schluß gekommen, Watson. Das beweist wieder einmal, wie gefährlich es sein kann, aus unzulänglichen Unterlagen Schlüsse zu ziehen. Die Anwesenheit der Zigeuner und die letzten gestammelten Worte, mit denen das arme Mädchen zweifellos das Schreckliche beschreiben wollte, das sie im flackernden Licht ihres Streichholzes gesehen hatte, brachten mich auf eine vollkommen falsche Spur, die Zigeuner nämlich. Korrigieren konnte ich mich erst in dem Augenblick, als ich erkannte, daß die Gefahr weder vom Fenster noch von der Tür her kommen konnte.

Meine ganze Aufmerksamkeit galt jetzt dem Ventilator und der Klingelschnur. Die Entdeckung, daß es sich dabei um eine Attrappe handelte und daß das Bett am Fußboden festgeschraubt war, erweckte sogleich in mir den Verdacht, daß das Seil nur als Brücke dienen konnte. Ich dachte sofort an eine Schlange. Da mir bekannt war, daß der Doktor indische Tiere hielt, baute ich diese Theorie aus.

Siehst du, Watson, die Idee, den Mord mit Hilfe eines Giftes auszuführen, das nicht nachgewiesen werden kann, paßte sehr gut zu einem klugen und kaltblütigen Mann, der lange Jahre im Osten gelebt hat. Wichtig für ihn war auch die schnelle Wirksamkeit des Giftes. Daß bei einer Untersuchung die zwei kleinen dunklen Punkte, die die Giftzähne hinterlassen hatten, bemerkt würden, war unwahrscheinlich.

Dann das Pfeifen. Dr. Roylott mußte die Schlange ja wieder zurückrufen. Wahrscheinlich hat er sie abgerichtet, auf seinen Pfiff hin zurückzukommen. Er ließ sie also durch den Ventilator kriechen. Sie mußte an dem Seil auf das Bett hinabgleiten, eine andere Möglichkeit gab es nicht. Ob sie nun gleich beim erstenmal zubiß oder nicht, konnte er zwar nicht im voraus wissen, aber früher oder später mußte es eben doch geschehen, und das Opfer war rettungslos verloren.

Soviel war mir bereits klar, als ich das Zimmer des Doktors betreten hatte. Als ich dann noch den Stuhl untersuchte, sah ich, daß er oft auf dem Sitz gestanden haben mußte, und das war natürlich unumgänglich, wenn er zum Ventilator reichen wollte.

Der Safe, das Schälchen Milch, die zu einer Schlinge geknüpfte Peitschenschnur – das alles gab mir die letzte Gewißheit.

Das Metallgeräusch, das Miss Stoner gehört hatte, rührte offensichtlich daher, daß der Doktor die Tür zum Safe etwas zu hastig hinter dem unheimlichen Tier geschlossen hatte.

Soviel also wußte ich, als ich die Schlange zischen hörte. Ich schlug auf sie ein.«

»Du triebst sie so wieder durch den Ventilator zurück.«

»Nicht nur das. Ich reizte sie damit, daß sie auf ihren Herrn losging. Indirekt also trifft mich die Schuld an Dr. Grimesby Roylotts Tod, aber ich muß gestehen, Watson, diese Schuld lastet nicht allzuschwer auf meinem Gewissen.«

G. K. Chesterton

Die verdächtigen Schritte

Wenn du einmal ein Mitglied jenes auserlesenen Klubs ›Die zwölf echten Fischer‹ triffst, das anläßlich des jährlichen Klubdiners das Vernon-Hotel betritt, wirst du, wenn es seinen Überzieher abnimmt, bemerken, daß sein Frack grün und nicht schwarz ist. Wenn – vorausgesetzt, daß du die unerhörte Kühnheit hast, solch ein Wesen anzusprechen – du es nach dem Grund fragst, wird es wahrscheinlich antworten, das geschehe, um eine Verwechslung mit dem Kellner zu vermeiden. Du wirst dann ganz niedergeschmettert weggehen, aber auch ein ungelöstes Geheimnis sowie eine erzählenswerte Geschichte hinter dir lassen.

Wenn – um denselben Faden unwahrscheinlicher Mutmaßung weiterzuspinnen – du dann einen milden, hart arbeitenden, kleinen Priester namens Father Brown treffen und ihn fragen solltest, was er für den eigenartigsten Zufall seines Lebens halte, würde er wahrscheinlich antworten, daß, im ganzen genommen, er seinen besten Streich im Vernon-Hotel vollführt habe, wo er einfach dadurch ein Verbrechen verhindert und vielleicht sogar eine Seele gerettet habe, daß er ein paar Schritten auf einem Gange gelauscht hatte. Vielleicht ist er ein klein wenig stolz auf diese seine kühne und wunderbare Mutmaßung, und es ist möglich, daß er darauf zu sprechen kommt. Nachdem es jedoch ziemlich unwahrscheinlich ist, daß du jemals hoch genug in der Gesellschaft steigen wirst, um auf einen der ›Zwölf echten Fischer‹, oder je so tief bis zu den verrufenen Vierteln und Verbrechern hinabsinken wirst, um auf Father Brown zu stoßen, fürchte ich, wirst du die Geschichte überhaupt nie vernehmen, wenn nicht von mir.

Das Vernon-Hotel, in dem ›Die zwölf echten Fischer‹ ihr jährliches Mahl abhielten, war eine Einrichtung, wie sie nur in einer oligarchischen Gesellschaft bestehen kann, die snobistisch auf feine Lebensart erpicht ist. Es war das Erzeugnis einer verkehrten Welt – ein ›exklusives‹ kaufmännisches Unternehmen. Das will besagen: es war eine Sache, die sich nicht dadurch bezahlt machte, daß sie die Leute anzog, sondern daß sie sie von sich wies. Inmitten einer Plutokratie lebend, werden die Geschäftsleute so schlau, zurückhaltender zu werden als ihre Kunden. Sie schaffen geradezu Schwierigkeiten, damit ihre reichen und aufdringlichen Kunden Geld und diplomatisches Geschick aufwenden müssen, um sie zu gewinnen. Wenn es in London ein fashionables Hotel gäbe, das niemand betreten dürfte, der unter sechs Fuß hoch wäre, die Gesellschaft würde sich gehorsam in Gruppen von sechs Fuß hohen Leuten zusammenschließen, um dort speisen zu können. Wenn es ein teures Restaurant gäbe, das aus purer Laune seines Besitzers nur Donnerstag nachmittags offen wäre, es wäre am Donnerstagnachmittag zum Erdrücken voll.

Das Vernon-Hotel stand wie durch Zufall im Winkel eines Platzes in Belgravia. Es war ein kleines Hotel und auch ein sehr unbequemes. Aber eben, seine Beschwerlichkeiten wurden als die Schutzmauern einer besonderen Klasse angesehen. Vor allem aber galt eine derselben als von entscheidender Bedeutung, nämlich der Umstand, daß nicht mehr als vierundzwanzig Personen gleichzeitig dort speisen konnten. Die einzige große Speisetafel war die berühmte Terrassentafel, die auf einer nach dem Freien hinaus fast offenen Veranda stand und den Blick über einen der ausgesuchtesten alten Gärten Londons gewährte. So kam es, daß man selbst der vierundzwanzig Plätze an diesem Tische sich nur bei warmem Wetter erfreuen konnte, und da dies die Schwierigkeit des Genießens erhöhte, machte es das Genießen nur um so begehrenswerter. Der Besitzer des Hotels war ein Jude namens Lever, und er hatte nahezu eine Million dadurch gemacht, daß er es erschwerte, hineinzugelangen. Natürlich verband er mit dieser Beschränkung der Ausdehnung seines Unternehmens den sorgfältigsten Schliff in allem. Weine und Gerichte waren so gut wie nur irgendwo in Europa, und das Benehmen der Aufwärter entsprach aufs allergenaueste den fixen Gewohnheiten der oberen Zehntausend Englands. Der Besitzer kannte alle seine Kellner wie die Finger an seiner Hand; es waren deren insgesamt genau fünfzehn. Volksvertreter im Parlament zu werden war viel leichter, als Kellner in diesem Hotel. Jeder Kellner war ein Meister in ängstlichem Schweigen und unaufdringlicher Zuvorkommenheit, gleich als wäre er der Kammerdiener eines großen Herrn. Und in der Tat stand gewöhnlich wenigstens ein Kellner bereit für jeden speisenden Gast.

Der Klub der ›Zwölf echten Fischer‹ würde nirgend anderswo zu speisen sich herbeigelassen haben, als an einem solchen Orte, denn er bestand auf luxuriöser Abgeschlossenheit, und der bloße Gedanke, daß irgendein anderer Klub im gleichen Hotel auch nur speiste, würde ihn aufs höchste aufgebracht haben. Bei Gelegenheit ihres jährlichen Klubessens pflegten die ›Fischer‹, als wären sie in einem Privathause, all ihre Schätze hervorzuholen, insbesondere das berühmte Gedeck von Fischmessern und -gabeln, die nun einmal das Wahrzeichen des Klubs darstellten und von denen jedes Stück in Form eines Fisches aufs feinste in Silber gearbeitet und am Knaufe mit einer großen Perle verziert war. Sie wurden jedesmal für den Fischgang aufgelegt, und dieser Gang war von jeher der großartigste des großartigen Mahles. Der Verein besaß eine große Zahl von Zeremonien und Gebräuchen, aber weder eine Geschichte noch einen Zweck; darin bestand eben das Aristokratische an ihm. Du brauchtest gar nichts zu sein, um einer der ›Zwölf Fischer‹ sein zu können; wenn du nicht schon eine gewisse Sorte Person warst, hörtest du überhaupt nichts davon. Seit zwölf Jahren bestand er. Sein Vorsitzender war Mr. Audle, sein Vize der Herzog von Chester.

Wenn ich die Atmosphäre dieses Hotels einigermaßen wiedergeben konnte, dürfte sich der Leser mit Recht wundern, wie ich dazu kam, diese zu kennen, und er wird sogar darüber grübeln, wie eine so gewöhnliche Person wie mein Freund Father Brown dazu kam, sich in dieser goldenen Fütterungsanstalt zu finden. Was das anbelangt, ist meine Geschichte einfach, ja sogar alltäglich. Es gibt auf der Welt einen schon sehr bejahrten Aufrührer und Demagogen, der in die vornehmsten Ruhesitze mit dem erschütternden Beweis einbricht, daß alle Menschen Brüder sind, und wo immer dieser Gleichmacher auf seinem fahlen Rosse hinkam, war es Father Browns Aufgabe, ihm zu folgen. Einer der Kellner, ein Italiener, war an jenem Nachmittage von einem Schlaganfall getroffen worden, und sein jüdischer Dienstherr gestattete, wenn auch ob solchen Aberglaubens ein wenig die Nase rümpfend, daß nach dem nächsten katholischen Priester geschickt würde. Was der Kellner Father Brown gebeichtet hat, geht uns nichts an, und zwar aus dem ausgezeichneten Grunde, weil der Geistliche es für sich behielt; anscheinend jedoch veranlaßte es ihn, behufs Absendung einer Mitteilung oder um irgend etwas Krummes gerade zu machen, einen Auftrag oder eine Feststellung niederzuschreiben. Mit der bescheidenen Dreistigkeit, die er auch im Buckingham-Palast hervorgekehrt hätte, bat daher Father Brown um ein Zimmer und um Schreibzeug. Mr. Lever war in zwei Teile zerrissen. Er war ein zuvorkommender Mann und besaß auch jene schlechte Nachbildung von Güte, nämlich die Abneigung gegen jede Schwierigkeit und gegen jeden Auftritt.

Gleichzeitig aber wirkte die Anwesenheit auch nur eines einzigen außergewöhnlichen Fremden innerhalb seines Hotels an diesem Abend wie ein Flecken auf etwas, das eben erst gereinigt worden war. Niemals hatte es im Vernon-Hotel irgendein Grenzgebiet, eine gemischte Zone gegeben, niemand wartete in der Vorhalle, und Zufallsgäste setzten niemals den Fuß hinein. Es gab dort, wie gesagt, fünfzehn Kellner, und zwölf Gäste waren da. Es wäre etwas ebenso Unerhörtes gewesen, an jenem Abend einen neuen Gast vorzufinden, wie in der eigenen Familie beim Frühstück einen ganz neuen Bruder neben sich sitzen zu sehen. Außerdem galt des Priesters Erscheinung als nicht erstklassig, und seine abgetragene Kleidung noch weniger; nur ein kurzer Blick auf ihn aus der Ferne hätte eine Krise im Klub hervorrufen können. Mr. Lever verfiel endlich auf einen Ausweg, um, da er schon das Unglück nicht ungeschehen machen konnte, es zu verschleiern. Wenn du – was du nie tun wirst – das Vernon-Hotel betrittst, kommst du durch einen kurzen, mit einigen nachgedunkelten, aber bedeutenden Gemälden geschmückten Gang in die Hauptvorhalle, die zu deiner Rechten in verschiedene Korridore mündet. Diese führen nach den Gasträumen, und zu deiner Linken bemerkst du einen ähnlichen Gang hin nach der Küche und dem Bureau des Hotels. Unmittelbar zu deiner Linken ist die Ecke eines Glasgehäuses, das in die Vorhalle hereinragt – gewissermaßen ein Haus innerhalb des Hauses, gleich dem alten Hotelbüfett, das wahrscheinlich einst diesen Platz einnahm.

In diesem Geschäftsraum saß der Vertreter des Besitzers (niemand an diesem Ort erschien je in eigener Person, wenn es sich irgend machen ließ), und gerade dahinter, auf dem Wege zum Dienstbotenabteil, befand sich die Herrengarderobe, die letzte Grenze dieses den Gästen zustehenden Gebietes. Zwischen dem Geschäftsraume und der Garderobe lag jedoch ein kleines Privatzimmer ohne anderen Ausgang, das manchmal von dem Besitzer für heikle und wichtige Angelegenheiten benützt wurde, wie zum Beispiel um einem Herzog tausend Pfund zu leihen oder ihm sechs Pence zu verweigern. Es ist ein Beweis der großen Duldsamkeit Mr. Levers, daß dieser geheiligte Ort auf etwa eine Stunde durch etwas wie nur einen Priester, der auf ein Stück Papier vor sich hinkritzelte, profaniert wurde. Die Geschichte, die Father Brown niederschrieb, war höchstwahrscheinlich eine viel bessere als die hier erzählte, nur wird sie nie veröffentlicht werden. Ich kann nur das eine feststellen: daß sie beinahe ebenso lang war und daß die letzten zwei oder drei Abschnitte die am wenigsten aufregenden und fesselnden waren. Denn es war um die Zeit, da der Priester seinen Gedanken nachzuhängen sich erlaubte und seine Sinne zu erwachen begannen. Die Zeit der Dämmerung und des Abendessens rückte heran; sein eigener kleiner, vergessener Raum war ohne Licht, und vielleicht war es, wie es manchmal zu geschehen pflegt, die zunehmende Dunkelheit, die seine Sinne schärfte.

Während Father Brown den letzten und am wenigsten wesentlichen Teil seines Schriftstückes niederschrieb, ertappte er sich, wie er sogar im Rhythmus eines von außen kommenden Geräusches schrieb, gerade wie man häufig im Rhythmus des fahrenden Eisenbahnzuges denkt. Als er sich dessen bewußt wurde, erkannte er auch, was es war: nur das gewöhnliche Auftreten von Füßen, die an der Türe vorbeigingen, was ja in einem Hotel nichts Außergewöhnliches ist. Nichtsdestoweniger starrte er zur dunkelnden Decke empor und lauschte. Nachdem er einige Minuten träumerisch zugehört, sprang er plötzlich auf die Füße, den Kopf ein wenig zur Seite neigend. Dann setzte er sich wieder nieder und vergrub die Stirne in seine Hände, nicht nur ausschließlich lauschend, sondern gleichzeitig denkend.

Die Schritte, die man draußen alle Augenblicke vernahm, waren solche, wie man sie in jedem Hotel hören kann. Und doch, als Ganzes genommen, hatten sie etwas sehr Sonderbares an sich. Man hörte keine anderen Schritte als diese. Es war immer ein sehr stilles Hotel gewesen, denn die wenigen hier verkehrenden Gäste gingen sofort nach ihren Zimmern, und die gutgeschulten Kellner hatten Auftrag, nahezu unsichtbar zu sein, solange man nicht nach ihnen verlangte. Es ließ sich kein Ort denken, an dem weniger Grund vorlag, irgend etwas Unregelmäßiges zu vernehmen. Aber diese Schritte waren so eigentümlich, daß man nicht entscheiden konnte, ob sie regelmäßig oder unregelmäßig waren.

Father Brown folgte ihnen mit dem Finger auf dem Tischrand, wie ein Mann, der auf dem Pianoforte eine Melodie sucht.

Zuerst kam eine lange Reihe von raschen kleinen Schritten, wie sie etwa ein leichtfüßiger Mann machen würde, um ein Wettgehen zu gewinnen. Bei einem gewissen Punkte hielten sie inne und wurden zu einer Art langsamen, schlendernden Auftretens, wobei sie nicht ein Viertel der Zahl jener ersten Schritte ausmachten, jedoch ungefähr dieselbe Zeit einnahmen. Im Augenblick, da das letzte laute Auftreten verhallte, kam wieder das Laufen oder Trippeln leichter, eiliger Schritte, und dann von neuem der dumpfe Ton schwererer Gehens. Es war unzweifelhaft dasselbe Paar Schuhe, teils weil, wie schon gesagt, kein anderes Paar Schuhe unterwegs war, und teils weil sie ein unbedeutendes, jedoch nicht zu überhörendes Knarren an sich hatten.

Father Brown besaß jene Art von Kopf, die nicht umhin kann, Fragen zu stellen, und über diese anscheinend alltägliche Frage zerbrach er sich nun beinahe diesen Kopf. Er hatte Menschen laufen gesehen, die sich anschickten zu springen. Er hatte gesehen, wie Menschen einen Anlauf zum Gleiten nahmen. Doch weshalb um alles in der Welt sollte ein Mensch einen Anlauf nehmen, um zu gehen? Oder anders, weshalb sollte er gehen, um dann zu laufen? Und doch, keine andere Erklärung wollte sich mit den Possen dieses unsichtbaren Paares von Füßen decken. Der Mann lief entweder sehr rasch die Hälfte des Ganges entlang, um sehr langsam die andere Hälfte des Ganges entlang zu schreiten, oder er schritt sehr langsam an dem einen Ende, um am anderen plötzlich in das Tempo des Laufens zu fallen. Keine Vermutung schien viel Sinn zu haben. In dem Kopf des Priesters wurde es dunkler und dunkler wie in seinem Zimmer. Und doch, als er anhaltend zu denken begann, schien das Dunkel der Zelle allein schon seinen Gedanken mehr Leben zu verleihen; wie in einer Art Gesicht, begann er die phantastischen Füße zu schauen, wie sie in unnatürlichem und bedeutungsvollem Tun den Gang entlang hüpften. War es ein heidnischer religiöser Tanz? Oder irgendeine ganz neue Art wissenschaftlicher Übung? Father Brown begann sich eingehend zu befragen, worauf die Schritte schließen lassen konnten. Erst der langsame Schritt; es war sicherlich nicht der des Besitzers. Leute von seiner Sorte bewegen sich in raschem Getrippel, oder sie sitzen still. Es konnte auch kein Kellner oder Bote sein, der auf einen Auftrag wartete; es klang nicht danach. Wesen niederer Ordnung taumeln wohl manchmal umher, wenn sie leicht betrunken sind, im allgemeinen jedoch und in so glanzvoller Umgebung stehen oder sitzen sie in gezwungener Haltung. Nein, dieser schwere und doch springende Schritt mit etwas wie sorglosem Nachdruck, nicht sonderlich geräuschvoll und doch des Geräusches achtend, das er verursachte, war nur einem Lebewesen dieser Erde eigen. Das war ein Mann aus dem westlichen Europa und wahrscheinlich einer, der nie für seinen Lebensunterhalt gearbeitet hatte.

Eben als der Priester zu dieser festen Gewißheit gelangte, wechselte der Schritt zum raschen Tempo, und er rannte an der Türe vorbei so behend wie eine Ratte. Der Lauscher bemerkte, daß, obwohl dieser Schritt viel rascher war, er auch viel geräuschloser war, beinahe, als liefe der Mann auf den Zehenspitzen. Und dennoch verband sich damit in seinem Empfinden nichts Geheimes, sondern irgend etwas anderes, etwas, dessen er sich nicht zu entsinnen vermochte. Er war wütend über dieses halbe Sicherinnern. Sicher, jenen eigenartig raschen Gang hatte er schon irgendwo gehört. Plötzlich sprang er auf die Füße, einen neuen Gedanken im Kopf, und schritt der Türe zu. Sein Zimmer besaß keinen direkten Ausgang nach dem Korridor hinaus, sondern führte auf der einen Seite in den Glasverschlag und auf der anderen in die dahinterliegende Garderobe. Er versuchte die Türe zu dem ersteren zu öffnen und fand sie verschlossen. Dann sah er nach dem Fenster, einer viereckigen Scheibe, jetzt voll purpurner Wolken, gefärbt vom fahlen Sonnenuntergange, und für einen Augenblick witterte er Übles, wie ein Hund Ratten wittert.

Der vernünftigere Teil seines Ichs – vielleicht der klügere, vielleicht auch nicht – gewann die Oberhand. Er erinnerte sich, daß der Besitzer ihm gesagt hatte, er wolle die Türe absperren und werde später zurückkehren, um ihn herauszulassen. Auch sagte er sich, daß noch ein Dutzend Dinge, an die er nicht gedacht hatte, die verrückten Schritte draußen erklären konnten. Dann fiel ihm ein, daß es gerade noch hinreichend licht war, um die Arbeit vollenden zu können. Indem er sein Papier zum Fenster brachte, um noch die letzte Abendhelle auszunützen, beschäftigte er sich fest entschlossen von neuem mit dem nahezu vollendeten Schriftstück. An die zwanzig Minuten hatte er so geschrieben, wobei er sich näher und näher auf das Papier niederbeugte; dann setzte er sich plötzlich aufrecht. Er hatte die merkwürdigen Füße von neuem vernommen.

Diesmal wiesen sie eine dritte Eigentümlichkeit auf. Bisher war der Unbekannte gegangen, flüchtig zwar und mit blitzartiger Behendigkeit, aber er war gegangen. Jetzt lief er. Man konnte die raschen, weichen, springenden Schritte den Gang entlang kommen hören, gleich den Fußballen eines fliehenden und springenden Panthers. Wer immer da kommen mochte: er war ein sehr starker, gelenkiger Mann in stummer, doch heftiger Erregung. Doch als das Geräusch gleich einem flüsternden Wirbelwind beim Glasverschlag angekommen war, verfiel es plötzlich wieder in das alte, langsame Schlendern.

Father Brown warf das Papier zur Seite, und da er wußte, daß die Türe zum Verschlag geschlossen war, trat er ohne weiteres auf der anderen Seite in die Garderobe. Der hier beschäftigte Bedienstete war im Augenblick abwesend, wahrscheinlich weil die einzigen Gäste sich bei Tisch befanden und sein Amt eine Sinekure war. Nachdem er sich durch einen grauen Wald von Überziehern durchgetastet hatte, fand er, daß der dunkle Ankleideraum auf einen erleuchteten Gang mündete, getrennt durch einen Schalter oder eine Halbtüre, wie die meisten Schalter, über die wir alle schon Schirme hinübergereicht und Marken dafür entgegengenommen haben. Unmittelbar über dem halbmondförmigen Bogen dieser Öffnung brannte ein Licht. Es beleuchtete nur schwach Father Brown, der sich als dunkler Umriß gegen das Sonnenuntergangsfenster abhob. Ein nahezu theatralisches Licht aber lag auf dem Mann, der außerhalb der Garderobe im Gang stand.

Er war elegant, aber einfach gekleidet, im Frack; stark, doch ohne daß der Eindruck dieser Stärke sich fühlbar machte. Man hatte das Empfinden, er würde imstande sein, wie ein Schatten dahinzugleiten, wo viel kleinere Männer aufgefallen wären und Anstoß erregt hätten. Sein Gesicht, jetzt zurückgeworfen und von der Lampe beleuchtet, schien gebräunt und lebhaft, das Gesicht eines Ausländers. Seine Gestalt war regelmäßig, sein Auftreten zeugte von guter Laune und Zuversicht; nur ein Kritiker hätte zu erkennen vermocht, daß sein schwarzer Frack um einen Schatten nicht seiner Figur und seinem Auftreten entsprach und sogar in eigentümlicher Weise etwas ausgebaucht und angeschwollen aussah. Im Augenblick, da er Browns schwarzer Umrisse im Sonnenuntergange ansichtig wurde, warf er ein Stückchen Papier mit einer Nummer darauf hin und befahl mit leutseliger Gebietermiene: »Ich möchte meinen Hut und Rock, bitte; ich sehe, ich muß sofort weggehen.«

Father Brown nahm ohne ein Wort das Papier und ging gehorsam, den Rock zu suchen; es war nicht das erstemal in seinem Leben, daß er niedrige Arbeit tat. Er brachte ihn herbei und legte ihn auf den Schalter, während der Fremde, der in seiner Westentasche herumsuchte, lachend bemerkte: »Ich habe kein Silber bei mir; Sie können das behalten«, eine Goldmünze hinwarf und seinen Rock nahm.

Father Browns Gestalt blieb ganz dunkel und still, aber in jenem Augenblick hatte er seinen Kopf verloren. Sein Kopf war immer am wertvollsten, wenn er ihn verloren hatte. In solchen Augenblicken machte er aus zweimal zwei vier Millionen. Oftmals war die katholische Kirche, die mit dem gesunden Menschenverstande vermählt ist, nicht damit einverstanden. Oft auch war er selbst damit nicht einverstanden. Aber es war wirkliche Eingebung – von großer Bedeutung in seltenen Krisen – daß, wer immer seinen Kopf verliert, ihn dadurch rettet.

»Ich glaube, Sir«, erwiderte er höflich, »Sie haben doch Silber in Ihrer Tasche.«

Der große Herr starrte.

»Verflucht noch einmal«, rief er, »wenn ich Ihnen Gold gebe, weshalb halten Sie sich darüber auf?«

»Weil Silber manchmal wertvoller ist als Gold«, erwiderte der Priester sanft, »das heißt, in größeren Mengen.«

Der Fremde sah ihn eigenartig an. Dann blickte er noch eigenartiger gegen den Haupteingang hin den Gang hinab. Schließlich kehrte sein Blick zu Father Brown zurück und wandte sich sehr eingehend zum Fenster über Father Browns Kopf empor, das noch mit dem Nachglühen des Gewitters gefärbt war. Jetzt schien er sich zu etwas entschlossen zu haben. Er legte eine Hand auf den Schalter, schwang sich leicht wie ein Akrobat hinüber und warf sich auf den Priester, indem er die gewaltige Hand um dessen Kragen legte.

»Stillgehalten!« stieß er flüsternd hervor. »Ich will Sie nicht bedrohen, aber –«

» – aber ich will Sie bedrohen«, fuhr Father Brown mit der Stimme einer rollenden Trommel fort, »ich will Sie bedrohen mit dem Wurm, der nicht stirbt, und dem Feuer, das nicht verlöscht!«

»Sie sind eine merkwürdige Sorte von Garderobier«, meinte der andere.

»Ich bin ein Priester, Monsieur Flambeau«, versetzte Father Brown, »und ich bin bereit, Ihre Beichte zu hören!«

Einige Augenblicke stand der andere und schnappte nach Luft, dann taumelte er zurück in einen Stuhl.

Die ersten beiden Gänge des Mahles der ›Zwölf echten Fischer‹ waren als stillschweigender Erfolg vorübergegangen. Ich besitze kein Stück der Speisenfolge, und wenn schon, würde ich niemanden davon wissen lassen. Sie war in einer Sorte von Über-Französisch abgefaßt, wie es Köche anwenden, für Franzosen daher unverständlich. Es gab im Klub eine Überlieferung, daß die Vorspeisen verschiedenartig und mannigfaltig bis zum Punkte der Verrücktheit sein mußten. Sie wurden in tiefem Ernste hingenommen, denn sie waren eingestandenermaßen unnütze Besonderheiten wie das ganze Mahl und der ganze Klub. Es bestand ferner eine Überlieferung, daß die Suppen leicht und anspruchslos zu sein hatten – eine Art einfacher und strenger Vorfasten auf das Fischfest, das bevorstand. Die Unterhaltung war jenes eigenartige, seichte Gerede, das das britische Reich beherrscht, es im geheimen regiert und das doch einem gewöhnlichen Engländer unverständlich bliebe, selbst wenn er es belauschen könnte. Kabinettminister von beiden Seiten wurden mit einer Art gelangweilter, ernster Zurückhaltung bei ihrem Taufnamen genannt. Der radikale Schatzkanzler, von dem man annahm, daß ihn die ganze Torypartei wegen seiner Erpressereien verfluche, wurde wegen seiner minderwertigen Dichtereien oder auch wegen seines Reitsattels beim letzten Rennen hochgenommen. Der Toryführer, den angeblich alle Liberalen als einen Tyrannen haßten, wurde kräftig durchgehechelt und – im ganzen betrachtet – als Liberaler gepriesen. Man gewann den Eindruck, daß Politiker etwas sehr Wichtiges seien. Und dennoch, alles an ihnen schien wichtig, nur nicht ihre Politik.

Mr. Audley, der Vorsitzende, war ein liebenswürdiger, ältlicher Herr, der noch Gladstonekragen trug; er war eine Art Sinnbild jener ganzen verschwommenen und doch bestimmten Gesellschaft. Niemals hatte er etwas getan – nicht einmal etwas Böses. Er war nicht leichtlebig, er war nicht einmal besonders reich. Er war einfach mit von der Partie, und damit hatte die Sache ihr Ende. Keine Partei konnte ihn ignorieren, und wenn er gewünscht hätte, Minister zu sein, würde man ihn gewiß dazu gemacht haben. Der Herzog von Chester, der stellvertretende Vorsitzende, war ein junger und eben emporkommender Politiker, das heißt, er war ein angenehmer, junger Mensch mit flachgebürstetem, tadellosem Haar und einem mit Sommersprossen bedeckten Gesicht, von mäßigem Verstande und enorm begütert. In der Öffentlichkeit war sein Auftreten stets erfolgreich, und sein Grundsatz war außerordentlich einfach. Wenn ihm ein Witz einfiel, machte er ihn, und man pflegte ihn dann als glänzend zu bezeichnen. Wenn ihm kein Witz einfiel, sagte er, es sei nicht die Zeit zu Witzen, und das wurde dann ›fähig‹ genannt. Im Privatverkehr, in einem Klub seiner eigenen Gesellschaftsklasse war er recht nett, freimütig und harmlos wie ein Schuljunge. Mr. Audley, der sich nie mit Politik beschäftigte, behandelte seine Gefährten mit etwas mehr Ernst. Manchesmal brachte er sogar die Gesellschaft in Verwirrung durch Andeutungen, wie, es bestehe ein gewisser Unterschied zwischen einem Liberalen und einem Konservativen. Er selbst war ein Konservativer, selbst in seinem Privatleben. Er hatte eine Locke grauen Haares rückwärts über seinen Kragen herabhängen wie gewisse altmodische Staatsmänner, und von hinten gesehen sah er aus wie der Mann, dessen das Reich bedurfte. Von vorne gesehen sah er aus wie ein gutmütiger, sich etwas gehenlassender Junggeselle, der in Albany wohnt – und das war er auch.

Wie schon bemerkt, gab es vierundzwanzig Sitze längs des Tisches auf der Terrasse und nur zwölf Mitglieder im Klub. Somit stand ihnen die Terrasse in der verschwenderischsten Weise zur Verfügung. Sie saßen längs der inneren Seite der Tafel und daher ohne Gegenüber, und ungehindert beherrschte der Blick den Garten, dessen Farben noch Leben besaßen, wenngleich der Abend für diese Jahreszeit etwas verdüstert sich niedersenkte. In der Mitte der Reihe saß der Vorsitzende, am rechten Ende der Vizepräsident. Bevor die zwölf Gäste sich auf ihre Sitze niederließen, war es aus irgendeinem unbekannten Grunde Sitte, daß alle fünfzehn Kellner wie Truppen, die vor dem König die Waffen präsentieren, in einer Reihe der Wand entlang standen, während der fette Besitzer in froher Überraschung sich gegen die Klubmitglieder verbeugte, als hätte er niemals von ihnen gehört. Doch vor dem ersten Klirren von Messer und Gabel war diese Armee von Dienern verschwunden, während nur noch der eine oder die zwei, die zur Wegnahme oder Verteilung der Teller notwendig waren, in tödlichem Schweigen umherschossen. Mr. Lever, der

Besitzer, war natürlich längst vorher unter Höflichkeitskrämpfen verschwunden. Es wäre übertrieben, ja in der Tat unehrerbietig, zu sagen, daß er jemals noch in voller Wirklichkeit erschien. Wenn jedoch der wichtigste Gang, der Fisch, aufgetragen war, da gab es – wie soll ich es ausdrücken? – so etwas wie einen lebendigen Schatten, ein Aufleuchten seiner Persönlichkeit, das besagte, daß er in der Nähe weilte. Der geheiligte Fischgang bestand – für das Auge des gewöhnlichen Sterblichen – in einer Art ungeheuren Puddings, etwa in der Größe und Gestalt eines Hochzeitskuchens, worin irgendeine beträchtliche Anzahl interessanter Fische schließlich ihre ihnen von Gott verliehene Gestalt verloren hatte. Die zwölf echten Fischer ergriffen ihre berühmten Fischmesser und Fischgabeln und machten sich mit so furchtbarem Ernst daran, als koste jeder Zoll des Puddings soviel wie die Silbergabel, mit der er verspeist wurde. Und das kostete er freilich auch, soviel ich weiß. Dieser Gang wurde mit Interesse und tödlichem Schweigen behandelt, und erst, als sein Teller nahezu geleert war, machte der junge Herzog die vorgeschriebene übliche Bemerkung:

»Das verstehen sie nirgends so wie hier!«

»Nirgends!« bestätigte Mr. Audley in tiefem Basse, indem er sich an den Redner wandte und mit seinem ehrwürdigen Haupte eine Anzahl Male nickte. »Nirgends, auf Ehre, so wie hier. Es wurde mir geschildert, daß man im Café Anglais –«

Hier wurde er unterbrochen und auf einen Augenblick selbst aus dem Geleise gebracht durch das Wegnehmen seines Tellers, doch erfaßte er von neuem den kostbaren Faden seines Gedankens: » – es wurde mir geschildert, daß man das im Café Anglais ebenso zubereite. Nicht die Spur davon, Sir!« versicherte er, indem er sein Haupt in grausamer Wut schüttelte. »Nicht die Spur davon!«

»Überschätzter Ort«, meinte ein gewisser Oberst Pound, indem er seinem Blick nach zum erstenmal seit mehreren Monaten sprach.

»Oh, ich weiß nicht«, erwiderte der Herzog von Chester, der ein Optimist war, »ganz famos für gewisse Dinge! Nicht zu überbieten in –«

Ein Kellner kam rasch den Salon entlang und stand plötzlich starr. Sein Stehenbleiben war so geräuschlos wie sein Gang, doch alle jene bestimmungslosen und liebenswürdigen Herren waren so an den absolut glatten Gang des unsichtbaren Mechanismus, der sie umgab und ihr Leben erhielt, gewöhnt, daß ein Kellner, der etwas Unerwartetes tat, ihnen einen Ruck gab wie ein Mißton. Sie fühlten sich wie du oder ich, wenn auf einmal die leblose Welt den Gehorsam versagte – wie wenn ein Stuhl davonlaufen würde.

Der Kellner stand und starrte einige Sekunden, während auf jedem Gesicht am Tische eine eigentümliche Scham zutage trat, voll und ganz ein Erzeugnis unserer Zeit. Es ist die Vermischung des modernen Menschlichkeitsdusels mit dem schrecklichen modernen Abgrund zwischen den Seelen der Reichen und der Armen. Ein echter historischer Aristokrat würde dem Kellner alles mögliche an den Kopf geworfen haben, anfangend mit leeren Flaschen und aufhörend höchstwahrscheinlich mit Bargeld. Ein echter Demokrat würde mit kameradschaftlicher Geradheit in der Stimme gefragt haben, was zum Teufel er denn habe. Aber diese modernen Plutokraten konnten einen armen Mann nicht in ihrer Nähe vertragen, weder als Sklaven noch auch als Freund. Daß irgend etwas mit der Bedienung nicht stimmte, war für sie eine höchst peinliche Zwickmühle. Brutal wollten sie nicht sein, und wohlwollend sein zu wollen, davor schreckten sie zurück. Sie wollten, das Ding, was immer es auch sei, wäre vorüber. Und es war vorüber. Der Kellner drehte sich, nachdem er ein paar Sekunden steif wie vom Starrkrampf befallen dagestanden hatte, herum und schoß wie verrückt hinaus. Als er wieder erschien, war er in Begleitung eines zweiten Kellners, mit dem er tuschelte und in südländischer Lebhaftigkeit gestikulierte. Dann ging der erste Kellner weg, ließ den zweiten zurück und erschien wieder mit einem dritten. Um die Zeit, als ein vierter Kellner dieser hurtigen Synode sich zugesellt hatte, hielt es Mr. Audley im Interesse des Taktes für notwendig, das Schweigen zu brechen. Das tat er, da keine Präsidentenglocke zur Hand war, mit einem sehr lauten Räuspern, worauf er sagte:

»Famos, wie der junge Moocher in Burma wirkt! Ich glaube, kein anderes Volk der Welt besitzt –«

»Verzeihung! Kann Sie der Besitzer sprechen?«

Der Vorsitzende wandte sich verwirrt um, und in stummem Starren sah er Mr. Lever in schwerfälliger Eilfertigkeit herankommen. Die Haltung des guten Besitzers war in der Tat seine gewöhnliche, sein Gesicht indessen hatte die Farbe gewechselt. Sonst pflegte es ein frisches Kupferbraun zu sein, jetzt war es ein kränkliches Gelb. »Sie werden verzeihen, Mr. Audley«, begann er in asthmatischer Atemlosigkeit. »Ich hege eine große Befürchtung. Nämlich Ihre Fischteller, sie sind mitsamt den Messern und Gabeln weggeräumt worden!«

»Well, ich hoffe«, erwiderte der Vorsitzende mit etwas Wärme.

»Sahen Sie ihn?« schnappte der aufgeregte Hotelwirt. »Sahen Sie den Kellner, der sie wegnahm? Kennen Sie ihn?«

»Den Kellner kennen?« antwortete Mr. Audley entrüstet. »Natürlich nicht!«

Mr. Lever rang mit einer Bewegung von Todesangst die Hände. »Ich habe ihn niemals geschickt«, sagte er. »Ich weiß nicht, wann und weshalb er kommt. Ich schicke meinen Kellner, um die Teller abzuräumen, und er findet sie bereits weggeräumt!«

Mr. Audley blickte beinahe zu verwirrt drein, um wirklich der Mann zu sein, dessen das Reich bedarf; niemand von der Gesellschaft war imstande, etwas zu sagen, ausgenommen der Mann aus Holz – Oberst Pound –, der zu unnatürlichem Leben galvanisiert zu sein schien. Steif erhob er sich von seinem Stuhle, ließ alle anderen sitzen, quetschte sich den Glasscherben ins Auge und sprach mit heiserer, gedämpfter Stimme, als hätte er das Sprechen zur Hälfte verlernt:

»Meinen Sie, daß jemand unser Silber-Fischservice gestohlen hat?«

Der Besitzer wiederholte sein Händeringen, diesmal nur noch mit noch größerer Hilflosigkeit, und im Nu hatten sich alle von ihren Sitzen erhoben.

»Sind Ihre Kellner hier?« fragte der Oberst in seiner leisen rauhen Art.

»Ja, es sind alle hier. Ich habe das selbst konstatiert!« rief der junge Herzog, sein knabenhaftes Gesicht in die Mitte drängend. »Ich zähle sie jedesmal, wenn ich hereinkomme; sie sehen so spaßig aus, wenn sie so längs der Wand dastehen.«

»Aber man kann sich doch gewiß nicht so genau erinnern«, begann Mr. Audley in schwerfälligem Zögern.

»Ich entsinne mich ganz genau, sage ich Ihnen«, rief der Herzog erregt. »Es waren nie mehr als fünfzehn Kellner an diesem Platze, und es waren nicht mehr als fünfzehn heute abend, das kann ich beschwören; nicht mehr und nicht weniger!«

Zitternd, als träfe ihn ein Schlaganfall der Überraschung, wandte sich der Besitzer zu ihm: »Sie sagen – Sie sagen«, stammelte er, »daß Sie sahen alle meine Kellner?«

»Wie gewöhnlich«, bestätigte der Herzog. »Was soll es damit?«

»Nichts«, erwiderte Lever mit vertieftem Nachdruck, »nur daß Sie es nicht taten. Denn einer von ihnen liegt tot in seinem Zimmer oben.«

Für einen Augenblick herrschte beängstigende Stille im Zimmer. Es mag sein – so übernatürlich ist das Wort ›tot‹ –, daß ein jeder von diesen Tagedieben auf eine Sekunde in seine Seele Einblick hielt und sie wie eine kleine vertrocknete Erbse erblickte. Einer von ihnen – der Herzog, glaube ich – meinte sogar mit der idiotischen Liebenswürdigkeit des Reichen:

»Können wir vielleicht etwas tun?«

»Er hat einen Priester gehabt«, antwortete der Jude nicht ohne Rührung.

Dann, wie beim Getöse des Jüngsten Gerichtes, erwachten sie zu ihrer eigenen Lage. Denn ein paar unheimliche Sekunden lang hatten sie wirklich das Empfinden gehabt, der fünfzehnte Kellner könnte der Geist des toten Mannes von dort oben gewesen sein. Sie hatten unter jenem Druck vor sich hingestarrt, denn Geister waren für sie etwas ebenso Entsetzliches wie Bettler. Aber die Erinnerung an das Silber brach den Zauber des Wundersamen, brach ihn unvermittelt und erzeugte eine heftige Gegenwirkung. Der Oberst warf seinen Stuhl rücküber und schritt eilig der Türe zu.

»Wenn ein fünfzehnter Mann hier war, meine Freunde«, sagte er, »war der fünfzehnte Bursche ein Dieb. Sofort hinab an die Vorder- und Hintertüre und alles besetzt! Dann wollen wir weiterreden. Die vierundzwanzig Perlen des Klubs sind es wert, daß wir sie herbeischaffen.«

Mr. Audley schien anfangs zu zögern, ob es sich schicke, wegen irgend etwas so in Eile zu geraten; als er aber den Herzog in jugendlichem Ungestüm die Treppen hinabschießen sah, folgte er mit etwas gereifteren Bewegungen.

Im gleichen Augenblick rannte ein sechster Kellner ins Zimmer und erklärte, er habe den Stoß Fischteller auf einem Anrichtetisch gefunden, aber ohne eine Spur des Silbers.

Der Haufe der Gäste und Kellner, der Hals über Kopf die Gänge hinabstürzte, teilte sich in zwei Gruppen. Die meisten der ›Fischer‹ folgten dem Besitzer zu dem nach vorne gelegenen Raum, um zu fragen, ob irgend jemand hinausgegangen sei. Oberst Pound mit dem Vorsitzenden, dem Vize und noch einigen anderen stürmte den zu den Dienerschaftsräumen führenden Weg, als den wahrscheinlicheren der Flucht, entlang. Dabei kamen sie an der dunklen Nische oder Höhle des Kleiderraumes vorüber und sahen dort eine untersetzte, schwarzberockte Gestalt, vermutlich einen Diener, der sich ein wenig rückwärts im Schatten hielt.

»Hallo! Sie dort!« rief der Herzog. »Haben Sie jemanden vorüberkommen sehen?«

Die untersetzte Gestalt beantwortete die Frage nicht direkt, sondern sagte nur:

»Vielleicht habe ich, was Sie suchen, meine Herren.«

Sie hielten an, unschlüssig und neugierig, während jener ruhig nach dem Hintergrund der Dunkelkammer ging und dann zurückkehrte, beide Hände voll glänzenden Silbers, das er mit der Ruhe eines Verkäufers auf dem Tisch vor sich ausbreitete. Es nahm schließlich die Form eines Dutzend eigentümlich geformter Gabeln und Messer an.

»Sie – Sie«, begann der Oberst endlich ganz außer Fassung. Dann guckte er in das dämmerige, kleine Loch und erkannte zwei Dinge: erstens, daß der untersetzte, schwarzberockte Mann wie ein Geistlicher gekleidet war, und zweitens, daß das Fenster dahinter geborsten war, wie wenn jemand mit Gewalt durchgebrochen wäre.

»Wertvolle Sachen zum Aufbewahren in einer Garderobe, nicht?« bemerkte der Geistliche mit heiterer Ruhe.

»Haben – haben Sie diese Dinger gestohlen?« stotterte Mr. Audley starren Blickes.

»Wenn schon«, erwiderte jener vergnügt, »so bringe ich sie jetzt wenigstens wieder zurück.«

»Aber Sie haben es doch nicht getan? Nicht?« warf der Oberst dazwischen, immer noch das zerbrochene Fenster anstarrend.

»Offen gestanden, nein«, gab jener frohgelaunt zurück und setzte sich ganz ernsthaft auf einen Stuhl nieder.

»Aber Sie wissen, wer!« forschte der Oberst weiter.

»Seinen wirklichen Namen kenne ich nicht«, antwortete der Priester sanft, »aber ich weiß einiges von seinem Kampfwert und ein gutes Stück mehr von seinen geistlichen Nöten. Ich lernte ihn von seiner physischen Seite schätzen, als er versuchte, mich zu erwürgen, und von der moralischen, als er bereute.«

»Oh, wirklich – bereute?« rief der junge Chester unter krähendem Lachen.

Father Brown stand auf, und, die Hände auf dem Rükken, bemerkte er: »Spaßig, nicht, daß ein Dieb und Landstreicher bereuen sollte, wenn so viele andere, die reich sind und ohne Sorgen, hart und leichtfertig bleiben und ohne Früchte für Gott und die Menschheit? Aber verzeihen Sie gefälligst, damit überschreiten Sie ein wenig die Grenze meines Gebietes. Wenn Sie die Reue als eine vorkommende Tatsache bezweifeln, hier, bitte, sind Ihre Messer und Gabeln. Sie sind die ›Zwölf echten Fischer‹, und hier sind all Ihre Silberfische. Er aber hat mich zum Menschenfischer gemacht.«

»Haben Sie den Burschen gefangen?« fragte der Oberst mit gerunzelter Stirne.

Father Brown blickte ihm voll ins Gesicht.

»Ja«, sagte er, »ich fing ihn mit einer unsichtbaren Angel und einer unsichtbaren Leine, die lang genug ist, ihn bis ans Ende der Erde laufen zu lassen und ihn mit einem einzigen Zucken des Garnes zurückzubringen.«

Nur der Oberst mit dem grimmigen Gesicht saß immer

noch auf dem Tisch, seine langen, dürren Beine schlenkernd und seinen dunklen Schnurrbart kauend. Endlich wandte er sich in aller Ruhe zu dem Priester:

»Muß ein geriebener Bursche gewesen sein; aber ich glaube, ich kenne einen noch geriebeneren.«

»Das war er auch«, gab dieser zurück, »aber ich verstehe nicht ganz, welchen anderen Sie meinen.«

»Sie meine ich«, erwiderte der Oberst mit kurzem Lachen. »Ich verlange nicht, daß der Kerl ins Loch kommt, machen Sie sich darüber keine Sorge; aber eine Handvoll Silbergabeln gäbe ich, wenn ich genau wüßte, wie Sie in diese Geschichte verwickelt wurden und wie Sie das Zeug wieder von ihm herausbekamen. Ich denke, Sie sind der allermodernste Gauner der geehrten Anwesenden.«

Father Brown schien die grimmige Biederkeit des alten Soldaten zu gefallen.

»Nun«, meinte er lächelnd, »über die Identität des Mannes darf ich Ihnen nichts sagen, noch auch etwas von seiner Erzählung; aber ich sehe keinen besonderen Grund, weshalb ich Ihnen nicht die rein äußerlichen Tatsachen, die ich selbst herausfand, mitteilen sollte.«

Mit unerwarteter Behendigkeit schwang er sich über die Schranke und setzte sich neben Oberst Pound, indem er, wie ein kleiner Junge auf einem Zaun, die kurzen Beine schlenkerte. Wie wenn er zu einem alten Freunde vor dem Kaminfeuer spräche, so unbefangen begann er seine Geschichte zu erzählen.

»Sehen Sie, Oberst«, hob er an, »ich war in jene kleine Kammer dort eingeschlossen und hatte etwas zu schreiben, als ich ein Paar Füße in diesem Gange einen Tanz aufführen hörte, der so merkwürdig war wie ein Totentanz. Erst kamen kurze, spaßig kleine Schritte wie von einem Manne, der um die Wette auf den Zehenspitzen läuft; dann kamen langsame, sorglose, knarrende Schritte wie von einem großen Manne, der herumschlendert und dabei Zigarren raucht. Aber ich schwöre Ihnen, beide wurden von denselben Füßen hervorgebracht und folgten sich abwechselnd; erst kam das Laufen, dann das Gehen und dann wieder das Laufen. Erst ohne mir etwas dabei zu denken, dann aber tausenderlei vermutend, wunderte ich mich, weshalb ein Mensch diese beiden Rollen auf einmal spielen wollte. Die eine Gangart kannte ich, sie war gerade wie die Ihrige, Oberst. Es war der Schritt eines wohlgenährten Herrn, der auf etwas wartet, der umherschlendert, eher weil er physisch behend, als geistig ungeduldig ist. Ich kannte auch die andere Gangart; aber es fiel mir nicht ein, welche es war. Welches Geschöpf hatte ich doch auf meinen Reisen angetroffen, das auf den Zehenspitzen in dieser ungewöhnlichen Weise einherhüpfte? Dann hörte ich von irgendwoher das Klirren von Tellern, und die Antwort stand klar vor mir, so gewaltig wie die Peterskirche. Es war der Schritt eines Kellners, jenes Laufen mit vorgebeugtem Oberkörper, die Augen gesenkt, mit den Ballen den Boden hinter sich stoßend, mit fliegenden

Frackschößen und wehender Serviette. Dann überlegte ich anderthalb Minuten. Und ich glaube, ich durchschaute das Verbrechen in allen seinen Einzelheiten so klar, als beginge ich es selbst.«

Oberst Pound blickte ihn durchdringend an, doch des Sprechers milde, graue Augen waren in beinahe inhaltslosem Sinnen zur Decke gerichtet.

»Ein Verbrechen ist ein Kunstwerk wie jedes andere. Sehen Sie mich nicht erstaunt an! Verbrechen sind keineswegs die einzigen Kunstwerke, die aus der Höllenwerkstätte hervorgehen. Aber jedes Kunstwerk, ob höllisch oder göttlich, weist ein unerläßliches Kennzeichen auf, nämlich daß sein Kern, so vielgestaltig auch die Ausführung sein mag, durchaus einfach ist. So haben wir zum Beispiel in Hamlet die Groteske des Totengräbers, die Blumen der Wahnsinnigen, den phantastischen Putz Osrics, die Fahlheit des Geistes und den grinsenden Schädel, aber all diese Absonderlichkeiten sind wie ein Drahtgewirr geflochten um die einfache, tragische Gestalt eines Mannes in Schwarz. Nun gut«, fuhr er fort, indem er langsam und mit einem Lächeln von seinem Sitze herabglitt, »auch dies ist die einfache Tragödie eines Mannes in Schwarz. Ja«, bemerkte er unbeirrt, als er den Oberst verwundert aufblicken sah, »diese ganze Geschichte dreht sich um einen schwarzen Frack. Hier, wie in Hamlet, sind die Rokokoverschnörkelungen – Sie selbst zum Beispiel. Da haben wir den toten Kellner, der zur Hand war, als er nicht zur Hand sein sollte, da haben wir die unsichtbare Hand, die von Ihrem Tisch das Silber fegte und die dann in nichts zerrann. Aber jedes geschickt ausgeführte Verbrechen beruht im letzten Grunde auf irgendeiner ganz einfachen Tatsache, einer Tatsache, die an sich selbst nichts Geheimnisvolles hat. Die Täuschung, das Geheimnis entsteht erst durch die Entdeckung, dadurch, daß die Gedanken der Menschen immer weiter und weiter geleitet werden. Dieses fein angelegte und – bei ungestörtem Verlauf – sehr einträgliche Verbrechen war aufgebaut auf die simple Tatsache, daß die Abendkleidung eines Gentleman und die eines Kellners ein und dieselbe ist. Alles übrige war Spiegelfechterei, allerdings ausnehmend gute Spiegelfechterei.«

»Noch bin ich nicht sicher«, meinte der Oberst im Aufstehen, und indem er seine Schuhe besah, »ob ich verstehe.«

»Oberst«, erwiderte Father Brown, »ich sage Ihnen, daß dieser Erzengel von Unverschämtheit, der Ihre Gabeln gestohlen hat, zwanzigmal im vollen Lichte all dieser Lampen auf und nieder gelaufen ist, vor aller Augen! Er ging nicht hin und verbarg sich in finstern Winkeln, wo der Verdacht seine Entdeckung verursacht haben würde. Er war beständig in den erleuchteten Gängen auf den Füßen, und überall, wohin er kam, schien er mit vollem Rechte zu sein. Fragen Sie mich nicht, wie er aussah; Sie haben ihn heute abend selbst sechs- oder siebenmal gesehen. Sie warteten mit all den anderen hohen Herren dort am Ende des Ganges, hinter dem die Terrasse liegt. So oft er unter Sie trat, geschah es in der blitzartigen Weise eines Kellners, mit gesenktem Kopfe, fliegender Serviette und eiligen Laufes. Er schoß auf die Terrasse hinaus, machte sich irgendwie am Tischtuche zu schaffen und schoß wieder zurück zum Bureau und hinab zu den Räumen der Kellner. Sowie er in den Gesichtskreis des Bureauangestellten und der Kellner gekommen war, hatte er sich in jedem Zoll seines Körpers, in jeder instinktiven Bewegung in einen anderen Mann verwandelt. Mit der geistesabwesenden Überlegenheit, die diese von all ihren Herren gewohnt sind, schlenderte er unter den Kellnern umher. Ihnen war es nichts Neues, daß irgendein Taugenichts von der Tischgesellschaft in allen Teilen des Hauses herumrannte wie ein Tier im zoologischen Garten; sie wissen, daß nichts besser die oberen Zehntausend kennzeichnet als ein Herumstrolchen, wo es ihnen paßt. War er dann des Lustwandelns in diesem besonderen Gange müde, so kehrte er um und verschwand wieder hinter dem Bureau; genau dahinter, im Schatten des Bogens, verwandelte er sich wie durch Zauberschlag und lief wieder emsig zwischen den ›Zwölf Fischern‹ hin und her, der Typus des ergebensten Dieners. Weshalb sollte bei den Kellnern ein tadellos umherschlendernder Gentleman Verdacht erregen? Ein paarmal vollführte er sogar die gewagtesten Tricks. In den Privaträumen des Besitzers verlangte er lärmend eine Flasche Soda, er sei durstig. Herablassend bemerkte er, er wolle sie selbst tragen, und das tat er auch. Rasch und korrekt trug er die Flasche mitten zwischen Ihnen hindurch, ohne Zweifel ein Kellner mit einem Auftrag. Natürlich, lange ließe sich das nicht durchhalten, aber es war ja nur notwendig bis nach dem Fischgang.

Sein schlimmster Augenblick war, als die Kellner in einer Reihe standen; doch selbst da brachte er es fertig, gerade um die Ecke herum an der Wand zu lehnen in einer Weise, daß in jenem gefährlichen Augenblick die Kellner ihn für einen Gast und die Gäste ihn für einen Kellner hielten. Alles übrige ging wie der Blitz. Wenn je ein Kellner ihn fern von der Tafel angehalten hätte, würde er einen herablassenden Aristokraten angehalten haben. Er brauchte sich alles nur gut einzuteilen. Zwei Minuten, ehe der Fisch abzutragen war, mußte er ein flinker Kellner werden und selbst abräumen. Er stellte die Teller auf einen Anrichtetisch beiseite, stopfte das Silber in seine Brusttasche, gab dieser ein gerundetes Aussehen und rannte dann wie ein Wiesel – ich hörte ihn kommen –, bis er den Ankleideraum erreichte. Dort hatte er wieder ein Plutokrat zu sein, ein Plutokrat, der unerwartet in irgendeiner Sache abgerufen wurde. Er brauchte nur seine Marke dem Garderobier zu reichen und dann, elegant, wie er gekommen war, wegzugehen. Nur – nur, daß eben zufällig ich der Garderobier war.«

»Und Sie, was machten Sie mit ihm?« unterbrach ihn der Oberst. »Was sagten Sie zu ihm?«

»Verzeihen Sie«, antwortete der Priester, »aber hier hört die Geschichte auf.«

»Nein, hier beginnt erst der interessante Teil«, brummte Pound. »Ich glaube, seinen Gaunerstreich verstehe ich; aber mir scheint, den Ihrigen habe ich noch nicht begriffen.«

»Ich muß gehen«, schloß Father Brown.

Sie schritten mitsammen den Gang entlang der Vorhalle zu, wo sie das frische Sommersprossengesicht des Herzogs von Chester erblickten, der ihnen frohgestimmt entgegenlief.

»Kommen Sie mit, Pound«, rief er atemlos. »Überall habe ich nach Ihnen gesucht. Das Diner nimmt ganz prächtig seinen Fortgang, und der alte Audley ist beauftragt, zu Ehren der Rettung der Gabeln eine Rede zu halten. Wir müssen irgendeine neue Zeremonie einführen, nicht? Zum Andenken an das Ereignis. Was schlagen Sie vor?«

»Nun«, erwiderte der Oberst, indem er ihn mit einer gewissen grimmigen Zustimmung ins Auge faßte, »ich würde vorschlagen, wir tragen in Zukunft grüne Fräcke anstatt der schwarzen. Man weiß nie, was für Mißverständnisse entstehen können, wenn man wie ein Kellner aussieht.«

»Ach, wo«, wehrte der junge Mann, »ein Gentleman sieht nie wie ein Kellner aus!«

»Noch auch ein Kellner wie ein Gentleman, denke ich«, gab Oberst Pound mit demselben bitteren Lachen auf dem Gesicht zurück. »Hochwürdiger Herr, Ihr Freund muß sehr gerieben gewesen sein, um den Gentleman spielen zu können.«

Father Brown knöpfte sich seinen Alpakaüberzieher bis zum Halse hinauf zu, denn die Nacht war windig; dann nahm er sein Alltagsregendach vom Ständer. »Ja«, meinte er, »es muß eine sehr harte Arbeit sein, ein Gentleman zu sein; aber manchmal schon habe ich mir gedacht, es muß beinahe ebenso anstrengend sein, Kellner zu sein.«

Und mit einem »guten Abend« stieß er die schweren Türen dieses Vergnügungspalastes auf. Die goldenen Pforten schlossen sich hinter ihm, und schnellen Schrittes wanderte er durch die dunstigen, finsteren Straßen dahin auf der Suche nach einem Omnibus.

Anthony Berkeley

Der rächende Zufall

Hinterher war Roger Sheringham geneigt zu glauben, daß der Gift-Konfekt-Fall, wie die Zeitungen ihn nannten, vielleicht der am vollkommensten geplante Mord war, den er je erlebt hatte. Das Motiv war zwar unübersehbar, wenn man erst wußte, wo man danach zu suchen hatte – aber man wußte es eben nicht; die Methode war zwar so einleuchtend, wenn man die wesentlichen Punkte erkannt hatte – aber man erkannte sie einfach nicht; die Spuren waren zwar so leicht zu lesen, wenn man herausgefunden hatte, was sie verdeckte – aber man fand es nicht. Wenn nicht ein winziger Zufall mitgespielt hätte, den der Mörder unmöglich vorhergesehen haben konnte, wäre das Verbrechen in die Liste der klassischen ungelösten Fälle eingegangen.

Dies sind die Tatsachen, wie sie Chefinspektor Moresby etwa eine Woche nach dem Geschehen Roger erzählte, als sie eines Abends in Rogers Wohnung im Albany beisammensaßen:

An einem Freitagmorgen, dem fünfzehnten November, spazierte Sir William Anstruther um halb elf, wie es seiner unverrückbaren Gewohnheit entsprach, in seinen Klub in der Piccadilly – den sehr exklusiven ›Rainbow Club‹ – und verlangte seine Post. Der Portier händigte ihm drei Briefe und ein kleines Päckchen aus. Sir William begab sich an den Kamin im großen Aufenthaltsraum, um sie zu öffnen.

Wenige Minuten später betrat ein weiteres Mitglied

den Klub, ein Mr. Graham Beresford. Für ihn waren ein Brief und ein paar Rundschreiben hinterlegt worden, und auch er schlenderte zum Kamin hinüber. Er nickte Sir William zu, sprach ihn aber nicht an. Die beiden Männer kannten einander nur sehr flüchtig und hatten wahrscheinlich bis dahin nicht mehr als ein Dutzend Worte miteinander gesprochen.

Nachdem er seine Briefe durchgesehen hatte, öffnete Sir William das Päckchen. Einen Augenblick später schnaubte er ärgerlich. Beresford blickte zu ihm hinüber, und Sir William streckte ihm mit einem Grunzen einen Brief entgegen, der sich in dem Päckchen befunden hatte. Ein Lächeln verbergend (Sir Williams Art war seinen Klubkameraden eine Quelle heimlichen Vergnügens), las Beresford den Brief. Er kam von einer großen Schokoladenfirma, Mason & Söhne, und kündigte an, daß sie eine neue Sorte Likör-Konfekt auf den Markt brächten, die ganz besonders den Geschmack der Männer ansprechen sollte; Sir William möge ihnen die Ehre erweisen, die beigefügte Zwei-Pfund-Packung anzunehmen und der Firma seine aufrichtige Meinung darüber mitzuteilen.

»Die denken wohl, ich bin ein dummes kleines Chormädchen!« empörte sich Sir William. »Soll ihnen Empfehlungen für ihr komisches Konfekt schreiben! So eine Zumutung! Ich werde mich beim Vorstand beschweren.«

»Nun, jedes Ding hat seine zwei Seiten«, beschwichtigte ihn Beresford; »mich erinnert es nämlich an etwas.

Meine Frau und ich hatten gestern abend eine Loge im ›Imperial‹. Ich habe mit ihr um eine Schachtel Konfekt gegen hundert Zigaretten gewettet, daß sie den Schurken im Stück nicht vor dem Ende des zweiten Aktes herausfinden würde. Sie hat gewonnen. Ich darf nicht vergessen, eine Schachtel für sie zu besorgen. Haben Sie's gesehen – *Der knarrende Schädel* heißt es? Kein schlechtes Stück.«

Sir William hatte es nicht gesehen, wie er nachdrücklich feststellte.

»Sie brauchen eine Schachtel Konfekt?« fragte er etwas besänftigt. »Bitte schön, nehmen Sie diese Neuerscheinung. Ich will sie nicht haben.«

Beresford weigerte sich zuerst anstandshalber, nahm aber dann, sehr zu seinem Unglück, doch an. Das so ersparte Geld bedeutete nichts für ihn, denn er war ein reicher Mann; doch es lohnte sich immer, eine Mühe zu sparen.

Infolge eines günstigen Zufalls waren weder die äußere Verpackung noch das Begleitschreiben der Konfektschachtel vernichtet worden; dies war um so glücklicher, als beide Männer die Umschläge ihrer Briefe in die Flammen geworfen hatten. Sir William hatte zwar aus dem Papier, dem Brief und dem Bindfaden ein Bündel gemacht, es dann aber Beresford übergeben, der es einfach hinter das Kamingitter fallen ließ. Der Portier nahm später dieses Bündel heraus, und da er ein Mann war, der auf Ordnung hielt, steckte er es säuberlich in den Papierkorb. Dort wurde es später von der Polizei gefunden.

Von den drei nichtsahnenden Hauptakteuren der drohenden Tragödie war Sir William zweifellos der bemerkenswerteste. Noch ein oder zwei Jahre unter fünfzig, sah er mit seinem flammend roten Gesicht und seiner massigen Gestalt wie ein typischer Landedelmann der alten Schule aus, und sowohl seine Manieren als auch seine Sprechweise stimmten mit seinem Äußeren überein. Seine Gepflogenheiten, besonders was die Frauen betraf, entsprachen ebenfalls dem überlieferten Tun dieser Herren – er war ganz der alte draufgängerische, schlimme Baron.

Verglichen mit ihm war Beresford ein ganz gewöhnlicher Mensch: ein großer, dunkelhaariger, durchschnittlich gut aussehender Mann von Zweiunddreißig, ruhig und reserviert in seinem Wesen. Sein Vater hatte ihm ein Vermögen hinterlassen, aber Faulheit lag ihm nicht, und er hatte seine Finger in zahlreichen geschäftlichen Unternehmen.

Geld zieht an; Graham Beresford hatte Geld geerbt, Geld dazuverdient und unvermeidlicherweise auch Geld erheiratet. Und zwar in Gestalt der Tochter eines verstorbenen Reeders aus Liverpool, die nicht viel weniger als eine halbe Million ihr eigen nannte. Aber ihr Geld war für Beresford nebensächlich, denn er liebte sie und würde sie ebenso unvermeidlich geheiratet haben (sagten seine Freunde), wenn sie nicht einen roten Heller besessen hätte. Sie war die ideale Ehefrau für ihn. Als Beresford das große, ziemlich ernst veranlagte Mädchen vor drei Jahren geheiratet hatte, war sie fünfundzwanzig, also alt genug, um einen selbständigen Charakter entwickelt zu haben. Vielleicht war sie in manchen Dingen etwas puritanisch; aber Beresford, der seine überschüssige Kraft rechtzeitig, wenn auch nicht übermäßig ausgetobt hatte, war gern zu einer puritanischen Lebensführung bereit, wenn sie das gleiche tat. Kurz gesagt, die Beresfords hatten mit Erfolg jenes achte Wunder der modernen Welt verwirklicht, eine glückliche Ehe zu führen.

Und mitten in dieses Idyll traf mit unaufhaltsamer Tragik die Schachtel mit dem Likör-Konfekt.

Als sie nach dem Mittagessen beim Mokka saßen, überreichte Beresford sie seiner Frau und machte dabei eine spaßhafte Bemerkung über das Bezahlen seiner Ehrenschulden. Sie öffnete die Schachtel sogleich und entdeckte, daß die obere Schicht anscheinend nur aus Kirsch und Maraschino bestand. Beresford, der sich den Kaffeegenuß nicht verderben wollte, lehnte ab, als sie ihm die Schachtel hinhielt. Seine Frau aß also das erste Konfektstück allein. Dabei rief sie erstaunt aus, daß die Füllung außerordentlich stark zu sein schiene und ihr fast die Zunge verbrannt hätte.

Beresford erklärte ihr, daß es Muster einer neuen Sorte seien. Durch den Ausruf seiner Frau neugierig gemacht, nahm er jedoch auch eins. Ein brennender Geschmack, nicht gerade unerträglich, aber doch zu stark, um noch angenehm zu sein, folgte der flüssigen Füllung, und das Mandelaroma war etwas sehr hervorstechend.

»Beim Jupiter!« sagte er, »die sind wirklich stark. Die müssen mit reinem Alkohol gefüllt sein.«

»Ach, das können sie doch nicht tun«, sagte seine Frau und nahm noch eins. »Aber sie sind tatsächlich sehr stark. Doch ich glaube, ich mag sie trotzdem.«

Beresford aß ebenfalls ein zweites und mochte es noch weniger. »Ich nicht«, sagte er mit Nachdruck. »Meine Zunge fühlt sich davon ganz taub an. An deiner Stelle würde ich keine mehr essen; ich glaube, etwas stimmt nicht damit.«

»Na ja, sie sind eben nur ein Versuch«, sagte sie beschwichtigend. »Aber sie brennen jedenfalls ganz schön. Ich weiß noch nicht genau, ob ich sie mag oder nicht.«

Ein paar Minuten später ging Beresford aus, um eine Verabredung in der City einzuhalten. Als er seine Frau verließ, probierte sie immer noch von dem Konfekt, um festzustellen, ob sie es mochte. Beresford erinnerte sich nachher lebhaft an diese kurze Unterhaltung, da es das letzte Mal war, daß er seine Frau lebend gesehen hatte.

Das war so gegen halb drei passiert. Um Viertel vor vier traf Beresford, dem Zusammenbrechen nahe, in einem Taxi von der City her kommend vor seinem Klub ein. Der Chauffeur und der Portier halfen ihm in das Gebäude. Beide sagten später, er sei geisterhaft bleich gewesen, mit stieren Augen, blauen Lippen und feuchter, kalter Haut. Seine Sinne schienen jedoch nicht in Mitleidenschaft gezogen zu sein, denn als sie ihn die Treppen hinaufgebracht hatten, konnte er mit Hilfe des Portiers in den Aufenthaltsraum gehen.

Der entsetzte Portier wollte sofort nach einem Arzt schicken, aber Beresford, der als letzter in der Welt seinetwegen Aufsehen erregen mochte, widersprach und sagte, es müsse eine Verdauungsstörung sein; in wenigen Minuten würde es bestimmt wieder gut sein. Zu Sir William gewandt, der um diese Zeit auch im Aufenthaltsraum war, fügte er nach dem Weggehen des Portiers hinzu:

»Wenn ich mich recht besinne, glaube ich, daß dieses teuflische Konfekt daran schuld ist. Schon als ich es probierte, kam es mir komisch vor. Ich sollte besser nach Hause gehen und nach meiner Frau sehen, ob – – –« Er brach jäh ab. Sein Körper, der bis dahin schlaff im Sessel gelegen hatte, richtete sich plötzlich krampfartig auf; seine Kiefer preßten sich zusammen, während seine blauen Lippen in einem gräßlichen Grinsen die Zähne entblößten und seine Hände die Armlehnen umklammerten. Gleichzeitig bemerkte Sir William Anstruther einen unverwechselbaren Geruch nach bitteren Mandeln.

Aufs tiefste entsetzt und im Glauben, daß der Mann unter seinen Augen stürbe, rief Sir William laut nach dem Portier und nach einem Arzt. Die übrigen Insassen des Raumes stürzten herbei, und gemeinsam brachten sie den verkrampften Körper des bewußtlosen Mannes in eine bequemere Lage. Noch bevor der Arzt eintraf, klingelte das Telephon, und ein erregter Butler fragte, ob Mr. Beresford sich im Klub befände; wenn ja, so möchte er bitte sofort nach Hause kommen, da Mrs. Beresford ernstlich erkrankt sei. Zu dieser Zeit war sie in Wirklichkeit jedoch bereits tot.

Beresford starb nicht. Er hatte weniger von dem Gift geschluckt als seine Frau, die nach seinem Fortgehen mindestens noch drei Stücke Konfekt gegessen haben mußte. Die Wirkung war also bei ihm nicht so stark, und der Arzt konnte ihn noch retten. Hinterher stellte sich allerdings heraus, daß seine Dosis nicht tödlich gewesen wäre. Gegen acht Uhr desselben Abends war er wieder bei Bewußtsein, und am nächsten Tage war er praktisch genesen.

Um die unglückliche Mrs. Beresford zu retten, kam jedoch jede ärztliche Hilfe zu spät. Sie starb sehr schnell in tiefer Bewußtlosigkeit.

Die Polizei hatte die Sache sofort in die Hände genommen, als ihr der Tod und die Tatsache einer Vergiftung von Mrs. Beresford gemeldet worden war. In kürzester Zeit hatte man das Konfekt als die Quelle des Unglücks erkannt.

Sir William Anstruther wurde befragt, der Brief und die Verpackung aus dem Papierkorb geborgen, und noch bevor sich der erkrankte Ehemann außer Gefahr befand, ließ sich ein Detektivinspektor bei dem geschäftsführenden Direktor von Mason & Söhne zu einer Unterredung melden. Scotland Yard handelt schnell.

In diesem Stadium der Untersuchung verfolgte die Polizei auf Grund der Berichte von Sir William und der beiden Ärzte noch die Theorie, daß durch einen Akt verbrecherischer Nachlässigkeit von seiten eines der Angestellten von Mason & Söhne der Konfektfüllung eine übermäßige Menge Bittermandelöl beigemischt worden war; denn das, so hatten die Ärzte entschieden, wäre der giftige Bestandteil gewesen. Der geschäftsführende Direktor konnte diese Ansicht jedoch sofort entkräften: Bittermandelöl, so versicherte er, würde bei Masons niemals verarbeitet.

Und er konnte mit noch interessanteren Neuigkeiten aufwarten. Nachdem er mit unverhohlenem Staunen das Begleitschreiben gelesen hatte, erklärte er sofort, daß es sich um eine Fälschung handelte. Kein solcher Brief, keine solchen Muster seien je von seiner Fabrik verschickt worden. Eine neue Sorte Likör-Konfekt sei nie in Erwägung gezogen worden. Das fragliche tödliche Konfekt sei ihre normale Sorte.

Indem er ein Stück auswickelte und genauer betrachtete, zog er die Aufmerksamkeit des Inspektors auf einen Punkt an der Unterseite, wo seiner Meinung nach ein kleines Loch hineingebohrt worden war. Durch dieses Loch hätte man die Füllung absaugen, die tödliche Flüssigkeit einfüllen und es hernach mit erweichter

Schokolade wieder schließen können – eine ganz einfache Sache.

Er untersuchte das Stück sorgfältig mit einem Vergrößerungsglas, und auch der Inspektor stimmte zu. Er zweifelte nun nicht mehr daran, daß jemand mit voller Absicht Sir William Anstruther zu ermorden versucht hatte.

Scotland Yard verdoppelte seine Anstrengungen. Das Konfekt wurde zur Analyse geschickt, Sir William und der wieder zu Bewußtsein gelangte Beresford wurden nochmals verhört. Da dem letzteren auf Anordnung des Arztes der Tod seiner Frau bis zum nächsten Tage verschwiegen werden mußte – der Schock hätte bei seiner geschwächten Kondition tödlich sein können –, war von ihm nicht viel Sachdienliches zu erfahren.

Auch Sir William konnte kein Licht in dieses Rätsel bringen oder auch nur eine einzige Person angeben, die ihm nach dem Leben trachten könnte. Er lebte getrennt von seiner Frau, die er als Haupterbin in seinem Testament eingesetzt hatte; aber diese hielt sich in Südfrankreich auf, wie auch die französische Polizei auf Anfrage bestätigte. Sein Grundbesitz in Worcestershire, schwer mit Hypotheken beladen, war ein unveräußerliches Erbgut und sollte an einen Neffen fallen; aber die Pacht, die er dafür bekam, deckte kaum die Hypothekenzinsen, und der Neffe war wesentlich besser gestellt als er selbst. Also lag auch hier kein Motiv vor. Die Polizei war an einem toten Punkt angelangt.

Die Analyse brachte noch einige interessante Tatsachen ans Licht. Nicht Bittermandelöl, sondern Nitrobenzol, eine dem ersteren verwandte Substanz, die hauptsächlich zur Herstellung von Anilinfarben gebraucht wurde, war das einigermaßen überraschende Gift. Jedes Konfektstück in der oberen Schicht enthielt genau sechs Tropfen davon, in einer Mischung von Kirsch und Maraschino. Die Stücke in den übrigen Lagen waren harmlos.

Die sonstigen Spuren schienen gleichfalls nutzlos zu sein. Der Bogen von Masons Briefpapier wurde von Merton, der Druckerei, als ihre Arbeit erkannt, aber nichts deutete darauf hin, wie er in den Besitz des Mörders gelangt war. Man konnte lediglich sagen, daß es sich um einen alten Bogen handeln mußte, da die Kanten deutlich vergilbt waren. Die Maschine, auf welcher der Brief geschrieben worden war, konnte natürlich nicht entdeckt werden. Aus der Umhüllung, einem Stück normalen braunen Packpapier, auf dem sich in großen, handgeschriebenen Druckbuchstaben die Adresse von Sir William befand, war ebenfalls nichts Besonderes zu ersehen. Lediglich der Poststempel verriet, daß das Päckchen am vorherigen Abend zwischen halb neun und halb zehn Uhr auf dem Amt in der Southampton Street eingeliefert worden war.

Nur eines war ganz klar: wer auch immer Sir William nach dem Leben getrachtet hatte, beabsichtigte keinesfalls, mit seinem oder ihrem Leben dafür zu zahlen.

»Und jetzt wissen Sie genau soviel wie wir, Mr. Sheringham«, schloß Chefinspektor Moresby, »und wenn Sie sagen können, wer dieses Konfekt an Sir William gesandt hat, wissen Sie noch ein gut Teil mehr.«

Roger nickte sinnend.

»Es ist ein ganz gemeiner Fall. Erst gestern traf ich einen Mann, der mit Beresford zur Schule gegangen ist. Er kennt ihn nicht sehr gut, denn Beresford besuchte den naturwissenschaftlichen Zweig und mein Freund den klassischen, aber sie waren doch immerhin im selben Gebäude. Er sagt, Beresford sei restlos verzweifelt über den Tod seiner Frau. Ich wünschte, Sie könnten herausfinden, wer dieses vergiftete Konfekt geschickt hat, Moresby.«

»Das möchte ich ja auch, Mr. Sheringham«, versicherte Moresby verdrießlich.

»Jedermann in der ganzen Welt könnte es getan haben«, grübelte Roger. »Was halten Sie zum Beispiel von weiblicher Eifersucht? Sir Williams Privatleben scheint nicht gerade makellos zu sein. Ich möchte sagen, daß er seine Lieben fast so oft gewechselt hat, wie andere Leute das Hemd.«

»Aber gerade das habe ich doch sofort überprüft, Mr. Sheringham«, entgegnete Chefinspektor Moresby vorwurfsvoll. »Es war das erste, woran ich dachte. Denn wenn etwas an diesem Verbrechen auffällt, so ist es die Handschrift einer Frau: niemand anders als eine Frau würde einem Manne vergiftetes Konfekt schicken. Ein

Mann würde zu diesem Zweck vergifteten Whisky oder so etwas Ähnliches wählen.«

»Das ist eine sehr vernünftige Überlegung, Moresby«, meditierte Roger. »Wirklich sehr vernünftig. Und Sir William konnte Ihnen nicht helfen?«

»Konnte entweder nicht oder wollte nicht«, entgegnete Moresby mit einer Spur von Groll in der Stimme. »Zuerst war ich geneigt zu glauben, daß er einen Verdacht hätte und irgendeine Frau schützen wollte. Aber jetzt glaube ich das nicht mehr.«

»Hm!« Roger schien nicht so sicher zu sein. »Dieser Fall kommt einem bekannt vor, nicht wahr? Hat nicht einmal so eine Wahnsinnige vergiftetes Konfekt an den Polizeipräsidenten persönlich geschickt? Sie wissen doch, ein gutes Verbrechen wird immer nachgeahmt.«

Moresby strahlte.

»Es ist spaßig, daß Sie das gerade sagen, Mr. Sheringham, denn genau zu diesem Schluß bin ich auch gekommen. Ich habe jede nur mögliche andere Theorie geprüft, und soweit ich weiß, gibt es nicht eine einzige Seele, die ein Interesse an Sir Williams Tod haben könnte, weder aus Gewinnsucht, Rache oder was man sonst annehmen wollte. Diesen Gedanken habe ich völlig aus meinen Erwägungen streichen müssen. Wirklich, ich bin fast sicher, daß die Absenderin dieses Konfekts irgendeine unverantwortliche Wahnsinnige, eine soziale oder religiöse Fanatikerin ist, die Sir William wahrscheinlich nicht einmal gesehen hat. Und wenn das tatsächlich der Fall ist«, Moresby seufzte, »habe ich wohl kaum eine Chance, sie jemals dingfest zu machen.«

»Wenn nicht, wie schon so oft, der Zufall eingreift und Ihnen hilft«, entgegnete Roger fröhlich. »Sehr viele Fälle werden mit einem bißchen reinen Glück gelöst, ist es nicht so? *Der rächende Zufall!* Das gäbe einen ausgezeichneten Filmtitel. Aber es ist viel Wahres daran. Wenn ich abergläubisch wäre, was ich allerdings nicht bin, würde ich sagen, daß es nicht der Zufall, sondern die Vorsehung ist, die das Opfer rächt.«

»Wissen Sie, Mr. Sheringham«, sagte Moresby, der auch nicht abergläubisch war, »wenn ich die Wahrheit gestehen soll – mir ist es schnuppe, was es ist, solange es mich auf die richtige Spur führt.«

Wenn Moresby gehofft hatte, bei seinem Besuch das Gehirn von Roger Sheringham ein wenig anzapfen zu können, so zog er sehr enttäuscht wieder ab.

Um die Wahrheit zu sagen, Roger war geneigt, die Ansicht des Chefinspektors zu teilen. Auch er nahm an, daß der Mordversuch an Sir William Anstruther und die Ermordung der unglücklichen Mrs. Beresford das Werk einer unbekannten, verbrecherischen Wahnsinnigen sein mußte. Aus diesem Grund machte er während der nächsten Tage auch keinen Versuch, sich des Falles anzunehmen, wenn er auch viel darüber nachdachte. Es war eine Angelegenheit, die endlose Nachforschungen erforderte, zu denen eine Privatperson weder die Zeit noch die nötigen Vollmachten hatte. Nur die Polizei konnte einen solchen Fall handhaben. Rogers Interesse daran war rein akademischer Natur.

Es war ein Glücksfall, eine zufällige Begegnung eine Woche später, die sein akademisches Interesse in ein persönliches umwandeln sollte.

Roger schlenderte durch die Bond Street und wollte sich gerade der Unannehmlichkeit unterziehen, einen neuen Hut zu kaufen. Plötzlich sah er Mrs. Verreker-le-Flemming über den Bürgersteig auf sich zustürzen. Mrs. Verreker-le-Flemming war zierlich gebaut, von erlesenem Geschmack und reich. Außerdem war sie eine Witwe, und wann immer Roger ihr eine Gelegenheit dazu gab, saß sie, bildlich gesprochen, zu seinen Füßen. Aber sie *konnte* vielleicht reden! Sie redete und redete und redete. Wie ein Wasserfall. Und Roger, der selbst gern redete, konnte das nicht ausstehen. Er versuchte, schnell über die Straße zu entkommen, aber der Verkehrsstrom gab ihm keine Möglichkeit dazu. Er war gefangen.

Mrs. Verreker-le-Flemming schoß glückstrahlend auf ihn zu.

»Oh, Mr. Sheringham! Sie sind *genau* der Mann, den ich sehen wollte. *Bitte*, Mr. Sheringham, erzählen Sie's mir. Im Vertrauen, *werden* Sie diese schreckliche Geschichte um den Tod der armen Joan Beresford in die Hand nehmen?«

Roger, das eingefrorene, einfältige Lächeln zivilisierter Unterhaltung im Gesicht, versuchte vergeblich zu Worte zu kommen.

»Ich war entsetzt, als ich davon hörte – einfach entsetzt. Wissen Sie, Joan und ich waren nämlich so *eng* miteinander befreundet. Wirklich, wir waren sehr intime Freundinnen. Und das Schreckliche daran ist, das wirklich Schreckliche, daß Joan sich die ganze Geschichte selbst zuzuschreiben hat. Ist das nicht *entsetzlich*?«

Roger wünschte nicht mehr zu entkommen.

»Was haben Sie da gesagt?« gelang es ihm ungläubig einzuflechten.

»Ich glaube, man nennt es Ironie des Schicksals«, schnatterte Mrs. Verreker-le-Flemming weiter. »Bestimmt war es tragisch genug, und ich habe noch nie etwas so schrecklich Ironisches erlebt. Sie wissen natürlich von jener Wette, die sie mit ihrem Mann gemacht hat, so daß er ihr eine Schachtel Konfekt beschaffen mußte. Wenn sie nämlich nicht gewettet hätte, würde Sir William ihm niemals das vergiftete Konfekt gegeben haben; er hätte es vielleicht selbst gegessen und wäre gestorben und – gute Reise! Nun, Mr. Sheringham – – –« Mrs. Verreker-le-Flemming dämpfte ihre Stimme zu einem verschwörerhaften Flüstern und blickte auf die für solche Gelegenheiten erprobte Weise um sich. »Ich habe dies noch niemandem erzählt, aber Ihnen will ich es verraten, weil ich weiß, daß Sie es zu schätzen wissen: *Joan spielte nicht fair!*«

»Was meinen Sie damit?« fragte Roger verwundert.

Mrs. Verreker-le-Flemming fühlte sich angesichts seiner Überraschung sichtlich geschmeichelt.

»Nun, weil sie das Stück doch schon vorher gesehen hatte. Wir sind zusammen hingegangen, gleich in der ersten Woche, in der es lief. Sie *wußte* also ganz genau, wer der Schurke war!«

»Beim Jupiter!« Roger war so beeindruckt, wie es sich Mrs. Verreker-le-Flemming nur gewünscht haben konnte. »Der rächende Zufall! Keiner von uns ist dagegen gefeit.«

»Ausgleichende Gerechtigkeit, meinen Sie wohl?« zwitscherte Mrs. Verreker-le-Flemming, der diese Bemerkung dunkel erschien. »O ja, aber ausgerechnet Joan Beresford! Das ist ja das Ungewöhnliche. Ich hätte nie gedacht, daß Joan *so etwas* tun würde. Sie war so ein nettes Mädchen. Ein wenig knickerig mit Geld, wenn man bedenkt, wie gut sie gestellt waren, aber das hat natürlich nichts zu bedeuten. Bestimmt war es nur Spaß, und sie wollte ihrem Mann einen Streich spielen. Aber ich habe immer geglaubt, daß Joan ein so *ernsthaftes* Mädchen wäre, Mr. Sheringham. Ich meine, gewöhnliche Leute reden nicht über Ehre und Wahrheit und die Spielregeln einhalten und all diese Dinge, die man für selbstverständlich hält. Aber Joan tat das. Sie sagte immer, dies sei nicht ehrlich, oder jenes sei kein faires Spiel. Nun, sie hat dafür bezahlen müssen, daß sie selbst nicht fair gespielt hat, das arme Mädchen, nicht wahr? Doch das bestätigt nur wieder die Wahrheit des alten Sprichworts, meinen Sie nicht auch?«

»Welches alten Sprichworts?« fragte Roger, von ihrem Redefluß hypnotisiert.

»Nun, daß stille Wasser tief sind. Joan muß so ein tiefes Wasser gewesen sein, fürchte ich.« Mrs. Verreker-le-Flemming seufzte. Offensichtlich war es ein gesellschaftlicher Fehler, tief zu sein. »Ich meine, sie hat mich bestimmt getäuscht. Sie kann einfach nicht ganz so ehrlich und wahrheitsliebend gewesen sein, wie sie immer vorgab, nicht? Und ich kann mir nicht helfen, ich weiß nicht, ob nicht ein Mädchen, das ihren Mann in so einer Kleinigkeit betrügt, nicht auch – oh, nun, ich möchte nichts Schlechtes über die arme Joan sagen, wo sie jetzt tot ist, die arme Kleine, aber nach alledem *kann* sie einfach nicht so eine Gipsheilige gewesen sein, nicht wahr? Ich meine«, fügte Mrs. Verreker-le-Flemming mit einem hastigen Versuch hinzu, diese Andeutungen abzuschwächen, »ich halte Psychologie für so interessant, Sie nicht auch, Mr. Sheringham?«

»Manchmal sehr«, stimmte Roger ernst zu. »Aber Sie erwähnten gerade Sir William Anstruther. Kennen Sie den auch?«

»Ich habe ihn gekannt«, erwiderte Mrs. Verreker-le-Flemming ohne besonderes Interesse. »Schrecklicher Mensch! Stets hinter der einen oder anderen Frau her. Und wenn er sie satt hat, läßt er sie einfach fallen – piff! – und er ist sie los. Wenigstens«, fügte Mrs. Verreker-le-Flemming etwas hastig hinzu, »habe ich es so gehört.«

»Und was passiert, wenn sie sich weigert, fallengelassen zu werden?«

»Ach du meine Güte, das weiß ich natürlich nicht. Ich nehme an, Sie haben das Neuste schon gehört?«

Mrs. Verreker-le-Flemming plapperte eilig weiter, dabei vielleicht etwas rosiger angehaucht, als die zarte Nachhilfe auf ihren Wangen rechtfertigte:

»Er hat sich gerade mit dieser Bryce eingelassen. Sie wissen doch, die Frau von diesem Öl-Mann – oder Benzin, oder womit er sein Geld gemacht haben mag. Vor drei Wochen hat es angefangen. Man hätte glauben sollen, daß diese furchtbare Geschichte, wo er doch in gewisser Weise für den Tod der armen Joan Beresford mitverantwortlich ist, ihn etwas ernüchtert hätte, nicht wahr? Aber nicht die Spur; er – – –«

Roger, der eine andere Gedankenverbindung verfolgte, unterbrach sie:

»Was für ein Jammer, daß Sie nicht an jenem Abend mit den Beresfords zusammen im ›Imperial‹ waren. Dann hätte sie diese Wette bestimmt nicht abgeschlossen.« Roger blickte betont unschuldig drein. »Sie waren doch nicht mit, nehme ich an?«

»Ich?« fragte Mrs. Verreker-le-Flemming überrascht. »Du meine Güte, nein. Ich sah mir die neue Revue im ›Pavillon‹ an. Lady Gravelstroke hatte eine Loge und bat mich mitzukommen.«

»Ach ja. Ein gutes Programm, nicht wahr? Ich fand diesen Sketch, *Das ewige Dreieck*, sehr witzig. Sie nicht auch?«

»*Das ewige Dreieck?*« meinte Mrs. Verreker-le-Flemming unschlüssig.

»Ja, in der ersten Hälfte.«

»Oh! Dann habe ich es nicht gesehen. Ich bin nämlich abscheulich spät gekommen. Aber es scheint einfach mein Schicksal zu sein«, fuhr Mrs. Verreker-le-Flemming feierlich fort, »überall zu spät zu kommen.«

Roger beschränkte den Rest der Unterhaltung rigoros auf Theater. Aber bevor er sich von ihr trennte, vergewisserte er sich, daß sie Photos von Mrs. Beresford und Sir William Anstruther besaß. Er erhielt die Erlaubnis, sie gelegentlich einmal auszuborgen. Sobald er sich außer Sicht befand, rief er ein Taxi und gab dem Chauffeur die Adresse von Mrs. Verreker-le-Flemming. Er hielt es für besser, ihre Genehmigung auf der Stelle auszunutzen, damit er nicht ein zweites Mal mit seiner kostbaren Zeit dafür zu bezahlen brauchte.

Das Stubenmädchen schien nichts Seltsames an seinem Anliegen zu finden und führte ihn sofort in das Wohnzimmer. Eine Ecke des Zimmers war den silbergerahmten Photographien von Mrs. Verreker-le-Flemmings sehr zahlreichen Freunden gewidmet. Roger betrachtete sie interessiert und nahm schließlich nicht zwei, sondern sechs mit: die von Sir William, Mrs. Beresford, Graham Beresford, zwei unbekannten Männern, die der Sir William-Periode anzugehören schienen, sowie letztlich noch eines, das eine entfernte Ähnlichkeit mit Mrs. Verreker-le-Flemming selbst aufwies. Roger liebte es, seine Spuren zu verwischen.

Für den Rest des Tages war er sehr beschäftigt.

Seine Tätigkeit würde Mrs. Verreker-le-Flemming zweifellos nicht nur verwirrend, sondern sogar ziellos vorgekommen sein. Er stattete zum Beispiel einer öffentlichen Bibliothek einen Besuch ab und konsultierte ein Nachschlagewerk. Danach nahm er ein Taxi und fuhr zu den Büros der Anglo-Eastern-Parfümerie-Gesellschaft, wo er nach einem gewissen Mr. Joseph Lea Hardwick fragte. Er schien sehr verstimmt zu sein, als er hörte, daß kein Herr dieses Namens der Firma bekannt sei und auch gewiß nicht in einer ihrer Filialen beschäftigt würde. Er stellte noch eine Menge Fragen über die Firma und ihre Zweigunternehmen, bevor er sich entschloß, seine Nachforschungen aufzugeben.

Danach fuhr er zu Messrs. Weall & Wilson, dem wohlbekannten Institut, das die Geschäftsinteressen von Privatpersonen wahrnimmt und seine Mitglieder bei Kapitalanlagen berät. Hier schrieb er sich als Mitglied ein, erklärte, daß er eine größere Summe zu investieren beabsichtigte, und füllte einen jener besonderen Fragebogen aus, die mit ›Streng vertraulich‹ überschrieben sind.

Dann begab er sich zum Rainbow Club in der Piccadilly.

Indem er sich dem Portier ohne zu erröten als Mitarbeiter von Scotland Yard ausgab, stellte er ihm eine

Menge mehr oder weniger belangloser Fragen im Zusammenhang mit der Tragödie.

»Wie ich gehört habe«, sagte er wie nebensächlich zum Schluß, »hat Sir William am vorhergehenden Abend nicht hier im Klub gespeist?«

Hier stellte es sich heraus, daß Roger sich im Irrtum befand. Sir William hatte im Klub gespeist, wie er es ungefähr dreimal die Woche zu tun pflegte.

»Aber ich meine, man hat mir gesagt, er sei an jenem Abend nicht hier gewesen«, sagte Roger anklagend.

Der Portier war jedoch ganz sicher. Er erinnerte sich ganz genau, und auch ein Kellner, den er zur Unterstützung herbeirief, bestätigte seine Angaben. Sir William hätte sehr spät zu Abend gegessen und den Speisesaal nicht vor etwa neun Uhr verlassen. Auch den weiteren Abend hatte er im Klub verbracht, wie der Kellner zu berichten wußte, oder zumindest einen Teil desselben, denn er hatte ihm nur knapp eine halbe Stunde später einen Whisky mit Soda in den Aufenthaltsraum gebracht.

Roger zog sich zurück.

Er fuhr mit einem Taxi zu Mertons.

Dort gab er vor, sich neues Briefpapier von einer ganz besonderen Art drucken lassen zu wollen. Er erklärte der jungen Frau hinter dem Ladentisch des langen und breiten und mit ermüdender Ausführlichkeit, was er wünschte. Die junge Frau reichte ihm die Mustermappen und bat ihn, nachzusehen, ob er darin etwas fände, was ihm im Stil zusagen würde. Roger blätterte die Mappen durch, während er geschwätzig bemerkte, daß er von einem sehr lieben Freund an Mertons verwiesen worden sei, dessen Photo er zufällig gerade bei sich trage. Wäre das nicht ein komisches Zusammentreffen? Die junge Frau stimmte ihm darin zu.

»Ich glaube, mein Freund war vor ungefähr vierzehn Tagen zum letzten Mal hier«, sagte Roger und zog das Photo aus der Tasche. »Erkennen Sie ihn?«

Die junge Frau nahm das Bild und betrachtete es ohne sonderliches Interesse.

»Oh, ja. Ich erinnere mich. Auch wegen Briefpapier, nicht wahr? Das ist also Ihr Freund. Ja, ja, die Welt ist ein Dorf. – Das da ist in der Art, wie wir es jetzt häufig verkaufen.«

Roger fuhr zum Abendessen nach Hause ins Albany. Da er danach noch ruhelos war, ging er hinaus und spazierte die Piccadilly hinauf. Angestrengt nachdenkend wanderte er um den ›Circus‹ und blieb gewohnheitsmäßig vor dem ›Pavillon‹ stehen, um sich die Photos der neuen Revue in den Schaukästen anzusehen. Als er das nächste Mal aus seinen Gedanken erwachte, stellte er fest, daß er bis zur Jermyn Street gekommen war und vor dem ›Imperial-Theater‹ stand. Aus dem Reklameaushang sah er, daß *Der knarrende Schädel* um halb neun begann. Er blickte auf seine Uhr und stellte fest, daß es genau neunundzwanzig Minuten später war. Da er jedoch den Abend irgendwie herumbringen mußte, ging er hinein.

Am nächsten Morgen, sehr früh noch für Roger, besuchte er Moresby in Scotland Yard.

»Moresby«, sagte er ohne jede Einleitung, »ich möchte Sie bitten, etwas für mich zu tun. Können Sie mir einen Taxichauffeur auftreiben, der einen Fahrgast am Abend vor der Ermordung von Mrs. Beresford gegen zehn Minuten nach neun vom Piccadilly Circus oder dessen näherer Umgebung irgendwo in die Gegend der unteren Southampton Street gefahren hat, und einen zweiten, der diese Person von dort zum Piccadilly Circus zurückgebracht hat? Ob allerdings diese Person für die erste Tour nicht eventuell den Bus oder die U-Bahn genommen hat, weiß ich nicht genau. Vielleicht ist auch dasselbe Taxi für beide Fahrten benutzt worden, aber das bezweifle ich. Hauptsache, Sie können es ausfindig machen. Wollen Sie mir diesen Gefallen tun?«

»Was führen Sie denn jetzt wieder im Schilde, Mr. Sheringham?« fragte Moresby argwöhnisch.

»Ich bin dabei, ein interessantes Alibi zu zerschlagen«, antwortete Roger heiter. »Nebenbei bemerkt, ich weiß jetzt, wer dieses Konfekt an Sir William geschickt hat. Ich stelle gerade ein hübsches Beweismaterial für Sie zusammen. Rufen Sie mich im Albany an, wenn Sie die Chauffeure zusammengetrommelt haben.«

Damit schlenderte er hinaus und ließ Moresby mit staunend geöffnetem Munde zurück.

Den Rest des Tages verbrachte er mit dem merkwürdigen Versuch, eine gebrauchte Schreibmaschine zu kaufen. Er bestand darauf, daß es eine Hamilton Nummer vier sein sollte. Wenn ein Verkäufer ihn zu überreden versuchte, die Vorzüge anderer Marken zu beachten, weigerte er sich, sie auch nur anzusehen. Seine Weigerung begründete er damit, daß ein Freund, der eine Hamilton Nummer vier vor etwa drei Wochen gekauft hatte, ihm diese Maschine so sehr empfohlen hätte. Vielleicht hätte er sie sogar in diesem Geschäft gekauft? Nein? Sie hätten in den letzten drei Monaten keine Hamilton Nummer vier verkauft? Wie seltsam.

Doch in einem Geschäft hatten sie im letzten Monat eine Hamilton Nummer vier verkauft, und das war noch seltsamer.

Um halb fünf fuhr Roger nach Hause, um den Anruf von Moresby zu erwarten. Um halb sechs kam er.

»Hier sind vierzehn Taxichauffeure und verstopfen mein Büro«, sagte Moresby bissig. »Was soll ich jetzt mit ihnen anfangen?«

»Behalten Sie die Leute dort, bis ich komme, Chefinspektor«, erwiderte Roger würdevoll.

Die Unterhaltung mit den vierzehn Mann war recht kurz. Einem nach dem anderen zeigte Roger eine Photographie, die er jedoch so hielt, daß Moresby sie nicht sehen konnte. Er fragte jeden, ob er darauf seinen Fahrgast wiedererkenne. Der neunte bejahte dies ohne Zögern.

Auf ein Nicken von Roger entließ Moresby die Leute, setzte sich dann an seinen Schreibtisch und versuchte, ein dienstliches Gesicht aufzusetzen. Roger setzte sich auf den Schreibtisch, blickte gänzlich undienstlich drein und ließ seine Beine baumeln. Dabei fiel ihm unbemerkt ein Photo aus der Tasche und flatterte, mit der Bildseite nach unten, auf den Boden unter dem Schreibtisch. Moresby sah es, hob es aber nicht auf.

»Und nun, Mr. Sheringham«, sagte er, »werden Sie vielleicht die Güte haben und mir verraten, was das alles bedeuten soll?«

»Aber gewiß doch, Moresby«, erwiderte Roger freundlich. »Ihre Arbeit habe ich Ihnen abgenommen. Ich habe tatsächlich den Fall gelöst, wissen Sie. Hier ist Ihr Beweismaterial.« Er nahm einen alten Brief aus seiner Brieftasche und reichte ihn dem Chefinspektor. »Ist der auf derselben Maschine geschrieben worden wie der gefälschte Brief von Masons oder nicht?«

Moresby studierte ihn einen Moment, zog dann den gefälschten Brief aus einer Schublade seines Schreibtischs und verglich die beiden aufs genaueste.

»Mr. Sheringham«, fragte er dann ernst, »wo haben Sie diesen Brief her?«

»Aus einem Laden für gebrauchte Schreibmaschinen in der Sankt-Martin's-Lane. Die Maschine wurde vor etwa einem Monat an einen unbekannten Kunden verkauft. Sie erkannten ihn nach demselben Bild wieder, das ich den Taxichauffeuren gezeigt habe. Wie es das Schicksal wollte, wurde die Maschine nach der Reparatur einige Zeit im Büro benutzt, um festzustellen, ob sie in Ordnung wäre; dadurch konnte ich mit Leichtigkeit diese Schriftprobe bekommen.«

»Und wo befindet sich diese Maschine jetzt?«

»Oh, auf dem Grund der Themse, nehme ich an«, lächelte Roger. »Ich sage Ihnen, dieser Verbrecher nimmt kein unnötiges Risiko auf sich. Aber das spielt keine Rolle. Sie haben ja hier Ihren Beweis.«

»Hm! Soweit ist alles in bester Ordnung«, gab Moresby zu. »Aber was ist mit Masons Briefpapier?«

»Das«, sagte Roger ruhig, »wurde aus Mertons Mustermappe entwendet, wie ich schon auf Grund der vergilbten Kanten angenommen hatte. Ich kann beweisen, daß der Verbrecher das Buch in der Hand gehabt hat. In diesem Buch aber befindet sich eine leere Seite; wie sich bestimmt herausstellen wird, hat dieser Briefbogen da gelegen.«

»Das ist schon besser«, sagte Moresby um einige Grade herzlicher.

»Was sein Alibi angeht, so haben Sie gerade selbst gehört, wie der Taxichauffeur es zum Einsturz brachte. Zwischen zehn nach neun und fünfundzwanzig nach neun, also während der Zeit, in welcher das Päckchen aufgegeben worden sein muß, unternahm der Mörder eine eilige Fahrt in jene Gegend, wahrscheinlich mit Bus oder U-Bahn; zurück aber fuhr er mit einem Taxi, wie ich erwartet hatte, weil wahrscheinlich die Zeit knapp wurde.«

»Und wer ist nun der Mörder, Mr. Sheringham?«

»Die Person, deren Photo ich in der Tasche habe«, antwortete Roger unfreundlich. »Erinnern Sie sich übrigens daran, was ich Ihnen neulich über den rächenden Zufall erzählte, meinen ausgezeichneten Filmtitel? Nun, er hat wieder einmal eingegriffen. Durch eine zufällige Begegnung mit einer albernen Frau in der Bond Street kam ich in den Besitz einer Information, die mir augenblicklich und auf der Stelle zeigte, wer dieses Konfekt an Sir William geschickt hat. Natürlich blieben auch noch andere Möglichkeiten offen, und ich habe sie nachgeprüft; aber dort auf dem Gehsteig durchschaute ich die ganze Geschichte von Anfang bis Ende.«

»Aber wer ist denn nun der Mörder, Mr. Sheringham?« wiederholte Moresby seine Frage.

»Alles war so schön geplant«, fuhr Roger fort. »Nicht einen Augenblick lang kapierten wir, daß wir genau den fundamentalen Fehler begingen, den der Mörder uns die ganze Zeit zu machen beabsichtigte.«

»Und was war das?« fragte Moresby.

»Nun, die Annahme, daß sein Plan fehlgeschlagen war; daß die falsche Person getötet worden war. Das ist ja gerade das Geniale daran. Sein Plan ist aber *nicht* fehlgeschlagen; er ist ausgezeichnet gelungen. Nicht die falsche Person wurde getötet, sondern genau die richtige.«

Moresby staunte mit offenem Mund.

»Woran, um Himmels willen, wollen Sie das erkennen, Sir?«

»Mrs. Beresford war von Anfang an sein Ziel. Deshalb auch war sein Plan so genial. Er hatte alles vorausberechnet. Es war ganz natürlich, daß Sir William das Konfekt an Beresford weitergeben würde. Es war beabsichtigt, daß wir unter Sir Williams Bekannten nach dem Verbrecher suchen sollten, und nicht unter denen der Toten. Wahrscheinlich hatte er sogar vorausgesehen, daß wir das Verbrechen für die Tat einer Frau halten würden.«

Moresby, unfähig noch länger zu warten, angelte sich das Photo vom Boden.

»Großer Gott! Mr. Sheringham, Sie wollen mir doch nicht weismachen, daß ... Sir William selbst!«

»Er wollte Mrs. Beresford loswerden«, fuhr Roger unbeirrt fort. »Zu Anfang hatte er sie zweifellos wirklich gern gehabt, wenn es auch schon immer ihr Geld war, auf das er es abgesehen hatte.

Der Ärger war nur, daß sie ihr Geld zu fest hielt. Er brauchte es aber, oder zumindest einen Teil davon, sehr nötig. Sie aber wollte sich nicht davon trennen. Über das Motiv gibt es keinen Zweifel. Ich habe eine Liste der Firmen aufgestellt, an denen er beteiligt ist, und einen Bericht darüber erhalten. Sie sind alle wackelig. Sein ganzes Geld hatte er schon hineingesteckt und mußte jetzt unbedingt neues auftreiben.

Wie er auf das Nitrobenzol verfallen ist, was uns so viele Rätsel aufgab, war unschwer festzustellen. Ich habe nachgeschlagen und herausgefunden, daß es neben den Fabrikationszweigen, die Sie mir sagten, auch noch viel in der Parfümerie-Industrie Verwendung findet. Und auch an diesem Geschäft ist er beteiligt – an der Anglo-Eastern-Parfümeriegesellschaft. Daher wußte er auch, daß dieses Zeug giftig ist. Aber ich glaube nicht, daß er es sich dorther beschafft hat. Dazu ist er viel zu gerissen. Wahrscheinlich hat er das Zeug selbst hergestellt. Jeder Junge lernt ja auf der höheren Schule im Chemieunterricht, wie man Benzol mit Salpetersäure behandelt, um Nitrobenzol daraus zu gewinnen.«

»Aber«, stammelte Moresby, »aber Sir William ... er war doch in Eton?«

»Sir William?« fragte Roger scharf. »Wer spricht von Sir William? Ich sagte Ihnen doch, daß ich das Bild des Mörders in meiner Tasche habe.« Mit einer raschen Bewegung zog er ein Photo aus der Tasche und hielt es dem erstaunten Chefinspektor unter die Nase. »Beresford, Mann! Beresford ist der Mörder seiner eigenen Frau!

Beresford, der sich immer noch nach einem ungebundenen Leben sehnte«, fuhr er etwas nachsichtiger fort, »wollte nicht mehr seine Frau, wohl aber ihr Geld. Er heckte einen Plan aus und traf dabei, wie er dachte, gegen jeden nur möglichen Zufall Vorsorge. Er baute sich ein kleines Alibi auf, indem er mit seiner Frau ins ›Imperial‹ ging, falls doch irgendein Verdacht aufkommen sollte. In der ersten Pause schlüpfte er aus dem Theater. Ich habe übrigens gestern abend selbst einen Teil des ersten Aktes von diesem gräßlichen Stück durchgestanden, um den Zeitpunkt des Pausenbeginns festzustellen. Dann eilte er zum Postamt in der unteren Southampton Street, gab sein Päckchen auf und nahm für den Rückweg ein Taxi. Er hatte zehn Minuten Zeit, aber niemand wäre es aufgefallen, wenn er eine Minute zu spät in die Loge zurückgekehrt wäre.

Der Rest folgte ganz einfach. Er wußte, daß Sir William jeden Morgen mit der Regelmäßigkeit eines Uhrwerks um zehn Uhr dreißig in den Klub kam; er wußte mit psychologischer Sicherheit, daß er das Konfekt von ihm bekommen würde, wenn er eine diesbezügliche Andeutung fallen ließe; er wußte, daß die Polizei hinter allen möglichen falschen Spuren herjagen würde, die alle von Sir William ausgingen. Das Packpapier und den gefälschten Brief hat er mit Vorbedacht nicht vernichtet, denn sie sollten nicht nur den Verdacht zerstreuen, sondern direkt von ihm weg zu irgendeinem anonymen Wahnsinnigen deuten.«

»Das haben Sie ja sehr geschickt ausgetüftelt, Mr. Sheringham«, sagte Moresby mit einem kleinen Seufzer, aber ohne jeden Groll. »Wirklich, sehr geschickt. Was hat Ihnen denn die Dame erzählt, daß Sie den ganzen Plan auf der Stelle durchschauten?«

»Nun, eigentlich war es nicht ihre Erzählung, sondern das, was ich sozusagen zwischen ihren Worten heraushörte. Sie erzählte mir, daß Mrs. Beresford die Antwort auf jene Wette im voraus wußte; daraus schloß ich, daß es nach dem ganzen Wesen und der ganzen Veranlagung von Mrs. Beresford völlig unglaubhaft war, daß sie eine Wette abgeschlossen haben sollte, auf die sie die Antwort im voraus wußte. *Ergo*, sie hatte nicht. *Ergo*, eine solche Wette hatte nie existiert. *Ergo*, Beresford hatte gelogen. *Ergo*, Beresford brauchte das Konfekt aus irgendeinem anderen Grund, als er angab. Und letzten Endes hatten wir doch nur Beresfords Wort für die Existenz dieser Wette, nicht wahr?

Natürlich würde er sie an jenem Nachmittag nicht eher verlassen haben, als bis sie entweder aus freien Stücken oder auf seine Veranlassung hin wenigstens sechs Stücke Konfekt gegessen hätte, mehr als die tödliche Dosis. Deshalb waren auch so peinlich genau sechs Tropfen auf jedes Stück verteilt, damit er auch selbst ein oder zwei Stück nehmen konnte. Ein kluger Streich, das.«

Moresby erhob sich.

»Mr. Sheringham, ich bin Ihnen zu tiefstem Dank verpflichtet. Doch jetzt werde ich mich an die Arbeit machen müssen.« Er kratzte sich den Kopf. »Der rächende Zufall, eh? Nun, ich kann Ihnen ein ganz dickes Ding verraten, das Beresford dem rächenden Zufall überlassen hat, Mr. Sheringham. Angenommen, Sir William hätte ihm das Konfekt nicht übergeben? Angenommen, er hätte es behalten und einer seiner Freundinnen geschenkt?«

Roger schnaubte verächtlich. Mit der Zeit hatte er geradezu seinen Stolz in Beresford gesetzt.

»Also wissen Sie, Moresby! Überhaupt nichts Schlimmes wäre passiert, wenn Sir William das getan hätte. Halten Sie meinen Mann doch nicht für dümmer, als er ist. Sie bilden sich doch nicht etwa ein, daß er das vergiftete Konfekt an Sir William geschickt hat, oder? Natürlich nicht! In dem Päckchen war völlig harmloses Konfekt, das er auf dem Heimweg gegen das vergiftete ausgetauscht hat. Verflixt noch mal, er wird doch nicht von seiner Linie abweichen und dem Zufall eine Chance bieten!

Wenn«, fügte Roger hinzu, »Zufall wirklich das richtige Wort dafür ist.«

H. S. Harrison

Miss Hinch

Wenn man von einem bestimmten Punkt in der hundertsechsundzwanzigsten Straße zur U-Bahnstation in der hundertfünfundzwanzigsten Straße geht, schlägt man gewöhnlich nicht einen Bogen um den Block der hundertsiebenundzwanzigsten Straße – besonders nicht bei Graupelregen, Dunkelheit und beißender Kälte. Wenn aber zwei Leute gleichzeitig diesen Weg verfolgen und sich dabei möglichst unauffällig auf den gegenüberliegenden Straßenseiten bewegen, liegt es in der Natur der Dinge, daß dieser Zufall wahrscheinlich die Aufmerksamkeit des einen oder anderen erregt.

Im hellen Licht des Eingangs zum Tunnel begegneten sie sich fast, und der Geistliche warf einen forschenden Blick auf sie. Aus der Nähe betrachtet entpuppte sie sich als ein gewiß recht gut und anständig aussehendes Wesen: weißhaarig, faltig, bebrillt und gebeugt. Mit ihrem alten schwarzen Hut, dem fadenscheinigen Schleier und dem grauen Umschlagtuch sah sie wie eine ärmliche, aber respektierliche Dienerin der besseren Klasse aus: und der kurze Blick, den sie dem Geistlichen zuwarf, drückte genau das aus, was man von einer Frau ihres Standes erwarten sollte – offene Ehrerbietung. Trotzdem fuhr er fort, sie mit angespannter Aufmerksamkeit zu mustern, als er langsam hinter ihr die zugigen Treppen hinunterstieg.

Ein Expreßzug donnerte gerade herein, und der Geistliche mit seinem dicken Krückstock hätte ihn fast nicht mehr erreicht, da er von einem Klumpfuß behindert war. Er stieg in denselben Wagen wie die alte Frau und setzte sich, wie zufällig, auf einen Platz direkt ihr gegenüber. Es mußte schon nach zwölf Uhr sein, und das rauhe Wetter ermutigte niemanden, so spät noch unterwegs zu sein. Das Abteil war fast leer. Selbst in dieser unterirdischen Zuflucht blies und biß die bittere Nachtkälte, und die alte Frau zitterte unter ihrem Tuch. Ihre Zähne klapperten, und schließlich stand sie mit einem entschuldigenden Blick auf und begab sich in den besser geschützten hinteren Teil des Wagens. Während sie dorthin ging, befühlte sie die freien Sitze auf der Suche nach warmen Heizungsrohren. Der Geistliche blickte ihr nach und beobachtete, wie sie kurz darauf auf einen Platz an seiner Seite des Wagens sank. Ein junges Paar saß jetzt zwischen ihnen, und er konnte die alte Frau nicht mehr sehen; lediglich ihre schwarzen Knie und ihr altmodisches Häubchen, das mit einer langen, metallenen Hutnadel befestigt war, schauten ab und zu hervor.

Nichts hätte natürlicher oder belangloser scheinen können als dieser Platzwechsel eines ältlichen, halberfrorenen Fahrgastes. Aber es geschah zu einer Zeit, da jeder jedem mißtraute; in einer Zeit gegenseitiger Zweifel und gespanntester Wachsamkeit, da die Menschen argwöhnisch in jedes fremde Gesicht blickten und die unbedeutendste Begebenheit mit fast hysterischer Wichtigtuerei aufgenommen wurde. Tagelange, fruchtlose Suche nach einer flüchtigen Verbrecherin mit außerordentlichen Fähigkeiten hatte die Nerven der

Stadt langsam fast bis zum Zerreißen gespannt. Alle schraken zusammen, wenn jemand ›Buh!‹ rief, und zwanzigmal am Tage wurde blind Zeter und Mordio geschrien.

Der Geistliche begann zu grübeln; mechanisch schlug er dabei seinen Kragen hoch und fing an, mit seinen eisigen Füßen zu stampfen. Seiner Kleidung nach war er ein Geistlicher der Episkopalkirche – ein ziemlich kurz geratener, recht stark gebauter, um nicht zu sagen dicker, pausbäckiger und bärtiger Mann, dessen schwere Wangen von tiefen Falten durchfurcht waren. So gut er also auch gegen die Kälte gepolstert war, begann er doch ebenfalls sichtlich darunter zu leiden und sah sich in Kürze gezwungen, seinerseits den Rückzug anzutreten und einen anderen Sitzplatz zu suchen, wo die Heizung sich besser bemerkbar machte. Er fand einen, zwei Plätze neben der alten Dienerin, ließ sich hineinfallen und versank bald wieder in seine eigenen Gedanken.

Das junge Paar, das jetzt eine halbe Wagenlänge entfernt von ihm saß, war eingehend nur mit sich selbst beschäftigt. Der fünfte Mitreisende, ein verwitterter alter Herr, der in der Nähe der Mitteltür auf der anderen Seite des Ganges saß, war unruhig eingenickt, Hände und Kinn auf seinen Krückstock gestützt. Die Frau mit Hut und Umschlagtuch saß in einer Art traurigen Schweigens; und der Zug warf sich heulend durch den Tunnel.

Nach einiger Zeit sah sie furchtsam zu dem in Nachdenken versunkenen Geistlichen hinüber, und ihr Blick glitt schnell von seinem Gesicht auf das abgelegte ›Zehn-

Uhr-Extrablatt‹ an seiner Seite. Sie sah rasch wieder weg und ließ ihren verschwommenen Blick ziellos durch den Wagen wandern; aber schon bald kehrte er zurück und blieb begehrlich auf dem Zeitungsblatt haften. Dann, offensichtlich etwas gehemmt, beugte sie sich vor und fragte:

»Entschuldigen Sie bitte, Pater, aber würden Sie mich vielleicht einen Blick in Ihre Zeitung werfen lassen?«

Der Geistliche erwachte sofort aus seiner Versunkenheit und blickte mit einem fast eifrigen Lächeln auf.

»Gewiß. Behalten Sie es, wenn Sie wollen; ich habe es durchgelesen. Aber«, fügte er mit tiefer, angenehmer Stimme hinzu, »ich bin ein Pfarrer der Episkopalkirche, kein Pater.«

»Oh, Sir – ich bitte Sie um Verzeihung! Ich dachte – – –«

Mit einem freundlichen Lächeln und einer Handbewegung wehrte er ihre Entschuldigung ab.

Die Frau entfaltete die Zeitung mit sittsam in Baumwollhandschuhe gekleideten Fingern. Die schreienden Schlagzeilen verrieten auf einen Blick die ganze Geschichte: ›Miss Hinch wie vom Erdboden verschluckt – Polizei hat den Fall so gut wie aufgegeben – Selbst Jessie Dark‹ – so lauteten die Riesenlettern weiter – ›scheint vor einem Rätsel zu stehen‹. Unter den Schlagzeilen stand ein sensationell aufgemachter, aber dünner Bericht ›Von Jessie Dark‹, der sogleich die Folgerungen aus der Überschrift bestätigte.

›Jessie Dark‹ war eines der außergewöhnlichsten Geschöpfe, die die Boulevardpresse hervorgebracht hatte – ein weiblicher ›Kriminalexperte‹, der sich über diesen Fall hergemacht hatte. Darüber hinaus war sie jedoch anscheinend ein ›Kriminalexperte‹, den man ernst nehmen mußte; keine bloße Schnüfflerin vom sicheren Hort ihres Schreibtisches aus, sondern eine wirkliche Akteurin, die, so unwahrscheinlich es auch aussah, eine ansehnliche Reihe von Kreuzen auf ihrer Abschußliste aufweisen konnte. Soviel war wenigstens aus der Veröffentlichung von ›Jessie Darks triumphalen Erfolgen‹ in ihrer Zeitung zu entnehmen:

2. März 1901: Julia Victorian *alias* Gregory gefangen, das Gehirn der ›Healey Ring‹-Kidnapper-Bande.

7.–29. Oktober 1903: Mrs. Trotwood aufgespürt und den Brief sichergestellt, der sie des Mordes an ihrem Liebhaber Ellis E. Swan überführte.

17. Dezember 1903: Charles Bartsch in einer Wäscherei in Newark zur Strecke gebracht und ihm ein Geständnis entlockt.

4. Juli 1904: Mary Calloran gefangen und die Stratford-Juwelen wiederbeschafft.

Und so weiter – neun ›Triumphe‹ insgesamt; und bei fast jedem, wie es auch dem unaufmerksamsten Leser auffallen mußte, handelte es sich um die Gefangennahme einer Frau.

Und trotzdem konnten die forschen Aufzeichnungen

in dem Extrablatt dieses Abends nicht darüber hinwegtäuschen, daß nichts auf einen baldigen neuen, zehnten Triumph für Jessie Dark hindeutete. Mit einem nicht zu unterdrückenden Seufzer legte die alte Dienerin in dem U-Bahnabteil das Blatt weg.

Der Geistliche blickte freundlich zu ihr hinüber. Der Seufzer war so vernehmlich gewesen, daß er fast wie eine Aufforderung klang. Außerdem war das öffentliche Interesse an diesem großen Fall ein Bindeglied, das eine Unterhaltung zwischen völlig Fremden zur Regel machte, wo zwei oder drei Leute zusammentrafen.

»Sie haben sicher den Artikel über die geheimnisvolle Angelegenheit gelesen?«

Mit einem lauten, tiefen Atemzug antwortete die Frau: »Ja, Sir. Ach, wissen Sie, mir ist, als könnte ich an nichts anderes mehr denken.«

»So?« sagte er ohne Überraschung. »Das scheint ja wirklich eine bemerkenswerte Sache zu sein.«

Die Sache war in der Tat bemerkenswert. In einem winzig kleinen Zimmer, zehn Schritte vom Broadway entfernt, hatte Miss Hinch an einem schönen Abend um halb zehn John Catherwood mit ihrem leichten Schwert getötet, das sie bei ihrem berühmten Auftritt in ›Der Landesvater‹ benutzte. Catherwood, so hatte man erfahren, war gekommen, um ihr seine bevorstehende Heirat mitzuteilen; und zehntausend belohnungshungrige Amateurdetektive hatten kein weiteres ›Motiv‹ dieses

Geschöpfes, das so bekannt für seine brennende Eifersucht war, in Erwägung gezogen. Soweit war die Tragödie alltäglich genug und sogar vulgär; was sie darüber hinaus aber fast in den Bereich der Romantik gerückt hatte, war die außerordentliche Begabung dieser Frau, die sie schon berühmt gemacht hatte, als sie noch ein Backfisch war. Mochte sie auch roh, gewalttätig, völlig unmoralisch sein, so war sie doch gleichzeitig die erstaunlichste Verwandlungskünstlerin ihrer Zeit. Ihre brillante Darbietung bestand aus einer Reihe von Gestaltwechseln, die sie meist im vollen Blickfeld ihrer Zuschauer vornahm, nur mit Unterstützung eines kleinen Tisches voller Hilfsmittel, der halb unter einem Netz verborgen war. Einige dieser Verwandlungen waren so erstaunlich, daß sie unbegreiflich schienen, selbst wenn man dabeigesessen und zugesehen hatte. Nicht nur ihre äußere Erscheinung, sondern auch ihre Stimme, Sprechweise, Haltung und Bewegungen wechselten unglaublich, wenn sie in eine Rolle hineinschlüpfte – so sehr, daß die Frau keine beständige eigene Gestalt zu haben, sondern aus plastischem menschlichem Material zu bestehen schien, aus dem ihre Kunstfertigkeit nach Belieben Mann, Weib oder Kind formen konnte, eine große Dame am Hofe König Ludwigs oder einen demokratischen Politiker mit den modernsten Forderungen der Neuzeit auf den Lippen.

Mit dieser seltenen Geschicklichkeit, bisher nur benutzt, um große Zuschauermengen zu begeistern und den Veranstaltern beispiellose Kontrakte abzunötigen, kämpfte diese Frau, bekannt unter dem Namen Miss Hinch – sie schien keinen Vornamen zu besitzen –, jetzt irgendwo gegen die Polizei eines ganzen Landes um ihr Leben. Ohne Schminke und Kostüm war sie eine große, flachbrüstige junge Frau mit scharfgeschnittenen Gesichtszügen und von beachtlicher, herber Schönheit. Wie sie im Augenblick aussehen mochte, wagte niemand zu raten. Nachdem sie John Catherwood in ihrer Garderobe im Amphitheater niedergestochen hatte, war sie in Hut und Mantel geschlüpft, hatte zwei Perücken und ihren Schminkkasten in ihre Handtasche gestopft und war hinaus auf den Broadway gegangen. Innerhalb von zehn Minuten war die Leiche von John Catherwood entdeckt worden, und die Jagd hatte begonnen. Am Bühnenausgang hatte Miss Hinch beim Weggehen einen Bekannten getroffen, einen jungen Schauspieler namens Dargis, und ein paar Grußworte mit ihm gewechselt. Das war vor zehn Tagen geschehen. Nach Dargis hatte niemand mehr sie gesehen. Die Erde schien sich in der Tat geöffnet und sie verschluckt zu haben. Doch ihr Aussehen war fast so bekannt wie das des Präsidenten, und die Zeitungen eines ganzen Kontinents druckten täglich ihr Bild in tausend Variationen ab.

»Ein sehr bemerkenswerter Fall«, wiederholte der Geistliche ziemlich abwesend; und seine Nachbarin, die alte Frau, stimmte ihm respektvoll bei. Nach kurzem Zögern fügte sie mit plötzlicher Bitterkeit hinzu:

»Ach, sie werden sie nie fangen, Sir – niemals! Sie ist zu gerissen für die alle, diese Miss Hinch.«

Durch ihren Ton aufmerksam geworden, fragte sie der stämmige Geistliche, ob sie sich besonders für diesen Fall interessierte.

»Ja, Sir – und ich habe einen guten Grund dafür. John Catherwoods Mutter und ich waren zusammen in der Schule und unser ganzes Leben lang eng miteinander befreundet. Ach, Sir«, fuhr sie fort, wie als Antwort auf seinen überraschten Blick, »John war so ein feiner Herr, der in Manieren und Aussehen weit über seinen Leuten stand. Aber er hat seine alte Mutter nie verleugnet – nein, Sir, niemals! Und ich glaube, es ist nie ein Sonntag verstrichen, an dem er nicht hinaufstieg und den Nachmittag mit ihr zusammensaß, lachend und erzählend, als wäre er wieder ein kleiner Junge. Vielleicht hat er Dinge getan, die er nicht hätte tun sollen, wie eben übermütige junge Leute so sind, aber in seinem Herzen war er ein guter Junge – ein guter Junge, Sir. Daß er so sterben mußte, ist ein zu hartes Schicksal für ihn – und diese Dirne läuft weiter frei herum, mordend und unheilstiftend – – –«

»Meine gute Frau«, fiel ihr der Geistliche ins Wort, »beruhigen Sie sich. Ganz gleich, wie teuflisch die Geschicklichkeit dieser Frau auch sein mag, ihre Sünde wird gewißlich über sie kommen.«

Die alte Frau ließ folgsam ihr Taschentuch sinken und versuchte sich zu beruhigen.

»Aber ach, sie ist so gerissen – eben teuflisch, wie Sie gerade sagten, Sir. Von dem armen John hörten wir natürlich eine Menge Klatsch über sie, und man sagt, daß sie ihre besten Tricks nicht auf der Bühne gezeigt hat. Man sagt, Sir, wenn sie mit ihren Freunden an einem Tische beisammensaß, begann sie manchmal ihr Gesicht so seltsam und entsetzlich zu verzerren, daß alle sie baten, aufzuhören, und aufsprangen und fortliefen – erwachsene Leute, Sir, zu Tode erschrocken von den gräßlichen Fratzen, die sie schnitt. Und wenn man sie nur eine Minute hinter ihrem Wandschirm verschwinden ließ – denn sie hat ihre Geheimnisse wohl gehütet, Miss Hinch, das hat sie – und sie kam wieder hervor, konnte man bei hellem Licht auf sie zugehen und ihr die Hand geben und glaubte doch nicht, daß sie es war.«

»Ja«, sagte der Geistliche, »ich habe gehört, daß sie erstaunlich geschickt ist, wenn ich auch als Fremder in diesem Teil des Landes nie ihre Darbietungen gesehen habe. Ich muß schon sagen, das ist alles sehr interessant und sonderbar.«

Er wandte seinen Kopf und starrte durch die Hintertür des Wagens auf die dunklen, fliehenden Wände. Im selben Augenblick drehte auch die Frau ihren Kopf und starrte den Geistlichen voll an. Als er sich wieder umwandte, hatte sie ihren Blick bereits auf das Vorderteil des Wagens gerichtet, und er hob nachdenklich die Zeitung auf.

»Ich bin zu Besuch aus Denver in Colorado hier in

der Stadt«, sagte er unvermittelt, »und wußte bis vor ein oder zwei Tagen, als ich einer Zusammenkunft von Männern beiwohnte, wenig oder nichts über diesen Fall. Vielleicht kennen Sie ihn – den Männerverein der Sankt-Matthias-Gemeinde? Auf mein Wort, sie sprachen von nichts anderem. Ich gestehe, daß ich mich sehr für ihren Klatsch interessierte. Deshalb kaufte ich mir heute abend auch diese Zeitung, um einmal nachzulesen, was dieser außerordentliche weibliche Detektiv, den sie da beschäftigen, darüber zu sagen hat. Solche Sachen kennen wir im Westen nicht, wissen Sie. Aber ich muß sagen, ich war enttäuscht, nach allem, was man über sie erzählt.«

»Ja, Sir, und das ist nicht verwunderlich, denn sie hat Mrs. Catherwood selbst erzählt, daß sie noch nie so einen Mißerfolg gehabt hat, wie bisher bei diesem Fall. Bisher schien es so, als ob sie Frauen immer fangen könnte. Als wüßte sie genau, was eine Frau tun würde, wo sie hingehen und sich verstecken würde, so daß sie ihr jedesmal folgen konnte, wenn die männlichen Detektive nicht wußten, wo sie suchen sollten. Aber ach, Sir, so eine Frau wie Miss Hinch hat sie noch nie jagen müssen!«

»Nein? Das wird wohl stimmen«, erwiderte der Geistliche. »Ihr Bericht hier in der Zeitung kommt mir auch wirklich sehr kärglich vor.«

»*Bericht*, Sir? Bei meiner Seele!« explodierte plötzlich zur Überraschung der beiden der alte Mann auf der anderen Seite des Mittelganges. »Sie nehmen doch nicht an, daß diese schlaue kleine Frau in ihren Berichten ihre Karten aufdeckt, mit Miss Hinch in der Stadt, die jede ihrer Zeilen liest! In der Stadt, Sir – das ist meine feste Überzeugung!«

Die Annäherung an seine Station hatte ihn scheinbar gerade rechtzeitig aus seinem Nickerchen geweckt, um die geistliche Kritik mit anzuhören. Die Blicke der alten Frau und des Geistlichen beantwortete er jetzt mit einem ältlichen Gekakel:

»Bestimmt werden Sie meine Einmischung entschuldigen! Aber ich kann nicht stillsitzen und zuhören, wie jemand Jessie Dark schlechtmacht – Miss Matthewson im privaten Leben, wie Sie vielleicht nicht wissen werden. Nein, Sir! Also, in meiner Pension wohnt ein Mann – ein erstaunlicher junger Mann namens Hardy, Tom Hardy – der sie seit *Jahren* kennt! Was jene Berichte betrifft, Sir, so kann ich Ihnen versichern, daß sie darin *genau das Gegenteil von dem schreibt, was sie wirklich denkt!*«

»Was Sie nicht sagen!« ermunterte ihn der Geistliche.

»Ja, Sir! Oh, sie macht schon das Spiel – ja, ja! Sie hat ihre privaten Ideen, ihre Spuren, ihre Pläne. Die Frau lebt nicht, die schlau genug ist, um Jessie Dark reinzulegen. Ich warte jeden Tag auf neue Entwicklungen, Sir – jeden Tag!«

Eine neue Stimme mischte sich ein. Das junge Paar weiter vorn im Abteil, dessen Aufmerksamkeit durch den beschwörenden Tonfall des alten Mannes erregt worden war, hatte offen zugehört. Und es war beispielhaft für die öffentliche Stimmung zu jener Zeit, daß der junge Mann, als sie jetzt vor ihrer Station aufstanden, sich völlig berechtigt fühlte, seine Meinung zu der Unterhaltung beizusteuern:

»Ungeheuer dramatische Situation, nicht wahr, meine Herren? Diese beiden gerissenen Frauen, die sich feindlich und auf Leben und Tod gegenüberstehen, es irgendwo stumm im Verborgenen ausfechten – besessener beruflicher Ehrgeiz auf der einen Seite und die Furcht vor dem elektrischen Stuhl auf der anderen. Gott im Himmel, es gibt – – –«

»Schon! Schon!« rief der alte Herr ziemlich gereizt aus. »Aber, mein lieber Herr, es ist keineswegs *beruflicher Ehrgeiz*, weswegen Jessie Dark so entschlossen ist zu gewinnen. Es ist *geschlechtliche Eifersucht*, wenn Sie mir folgen können – nichts für ungut, Madame! Jawohl, Sir! Frauen haben nicht die geringste Achtung für ihre gegenseitigen Fähigkeiten – nicht die geringste. Geschweige denn Mitleid füreinander! Ich sage Ihnen, Jessie Dark würde sich schämen, von einer anderen *Frau* geschlagen zu werden. Lesen Sie die Berichte zwischen den Zeilen, Sir – wie ich es tue. Unerbittliche Entschlossenheit – kein Nachgeben – keine Gnade! Sie verstehen, was ich meine, Sir?«

»Es klingt ganz vernünftig«, antwortete der Geistliche aus Colorado mit seinem höflichen Lächeln. »Alle

Frauen, erzählt man uns, sind von Natur aus heimliche Rivalen in ihrem Herzen – – –«

»Oh, ich stimme jederzeit für Jessie Dark!« fiel der junge Bursche eifrig ein. »Besonders, seit die Polizei es praktisch aufgegeben hat. Aber – – –«

»Ha, sie hat meinem jungen Freund Hardy erzählt«, übertönte ihn der alte Herr, »daß sie die Hinch finden wird, und wenn es ihr ganzes Leben dauert! Mit Schauspielerinnen weiß sie Bescheid, hat sie gesagt. Die Welt ist nicht groß genug, daß diese Kreatur sich vor ihr verstecken kann, sagt sie. Nun! Was sagen Sie dazu?«

»Erzähle doch, worüber wir gerade gesprochen haben, George«, forderte die junge Frau ihren Mann auf und sah ihn dabei mit großen, bewundernden Augen an.

»Aber ach, Sir«, begann die alte Frau schüchtern, »John Catherwood ist nun schon zehn Tage tot, und – und – – –«

»Eine Frau stieg heute abend um neun in meinen Wagen«, rief der Bahnschaffner dazwischen, der die Türen für die nächste Station aufgeschoben hatte und aufgeregt dem Stimmengewirr lauschte; »trug einen braunen Schleier und Brille. Ich wette um all mein Geld – – –«

»Zehn Tage, Madame! Und was ist das schon, bitte?« explodierte der alte Herr, indem er sich triumphierend erhob. »Ein Leben lang, wenn es sein muß! Oh, haben Sie keine Angst! Mrs. Victorian hielt man doch auch für sehr gerissen, wie? War sie's denn nicht? Und was hat Jessie Dark mit ihr gemacht? Und mit Nan Parmalee – wenn auch die Polizei alles getan hat, ihr Verdienst für sich in Anspruch zu nehmen. Genauso wird sie es mit Miss Hinch machen – das lassen Sie sich von mir gesagt sein!«

»Aber wie wird sie die Gefangennahme anstellen, Leute?« schrie der junge Mann, der endlich wieder zu Worte kam. »Das ist der springende Punkt, über den meine Frau und ich uns gerade unterhalten haben. Angenommen, daß sie diese Teufelin aufspürt, was wird sie tun? Nun – – –«

»Tun! Nach der Polizei rufen!« wetterte der alte Herr von der Tür her.

»Damit Miss Hinch erst sie und dann sich selbst erschießt? Müßte sie nicht – – –«

»Grand Central!« rief der Schaffner zum zweiten Mal; und der junge Mann unterbrach sich widerstrebend, während seine Frau ihn mit aller Kraft zur Tür hinzerrte.

»Hoffe nur, daß sie sie bald schnappt«, rief er über die Schulter zu dem Geistlichen. »Die Sache geht mir langsam auf die Nerven. Einer dieser Kindergarten-Belohnungsjäger folgte meiner Frau neulich fünf Häuserblöcke weit, nur weil sie ein spitzes Kinn hat, und ich weiß nicht, was noch passiert wäre, wenn ich nicht dazugekommen und – – –«

Die Türen rollten hinter ihm zu, und der Zug warf sich in den nächsten Tunnel. Ein längeres Schweigen im

Wagen folgte. Der Geistliche starrte nachdenklich auf den Boden, und die alte Frau beugte sich wieder über ihre geschenkte Zeitung. Anscheinend las sie die Beobachtungen der Jessie Dark mit großer Aufmerksamkeit noch einmal durch. Bald aber ließ sie die Zeitung sinken und begann still nach etwas unter den Falten ihres Umschlagtuches zu suchen; schließlich aber kamen ihre Hände leer wieder darunter hervor, und sie unterbrach das Schweigen mit der schüchternen Bitte:

»Ach, Sir – haben Sie vielleicht einen Bleistift, den Sie mir bitte leihen könnten? Ich würde gern etwas in dem Bericht anstreichen und ihn Mrs. Catherwood schicken. Das, was sie hier über Verkleidungen schreibt, Sir.«

Der freundliche Gottesdiener fühlte in seinen Taschen und brachte nach einigem Suchen einen Bleistift zum Vorschein – einen weißen mit blauer Mine. Sie bedankte sich überschwenglich.

»Wie trägt Mrs. Catherwood all diese Anspannung und diesen Kummer?« fragte er plötzlich. »Waren Sie heute bei ihr?«

»O ja, Sir. Ich habe seit neun Uhr den ganzen Abend bei ihr verbracht und bin gerade erst von dort gekommen. Ach, sie ist sehr niedergeschlagen, Sir.«

Sie blickte ihn zögernd an. Er starrte wortlos vor sich hin, obwohl er, wie die übrige zeitungslesende Welt, mit Sicherheit wußte, daß John Catherwoods Mutter nicht in der hundertsechsundzwanzigsten Straße, sondern in der East Houston Street wohnte. Vielleicht dachte er auch darüber nach, ob sein Schweigen wohl verkehrt war. Vielleicht war diese falsche Angabe gar nicht ein Versehen, sondern irgendeine Gerissenheit?

Mit einem gewissen Eifer fuhr die Frau fort: »Ach, Sir, ich hoffe und bete nur, daß diese Herren recht haben mögen. Aber Mrs. Catherwood und auch mir scheint es doch, daß Jessie Dark sie schon gefangen hätte, wenn es ihr überhaupt möglich wäre. Denken Sie an ihre großen, kühnen blauen Augen, Sir, mit zweieinhalb Zentimeter langen Wimpern, wie man sagt, und an ihr schreckliches, langes Kinn. Man sagt, daß sie die Farbe ihrer Augen tatsächlich ändern kann – nicht für immer natürlich, aber doch eine Zeitlang, mit ein paar von ihren Tropfen. Aber dieses Kinn, sollte man meinen – – –«

Sie unterbrach sich, denn der Geistliche stand ganz unerwartet auf und ergriff seinen schweren Stock.

»Vierzehnte Straße«, sagte er mit einem freundlichen Nicken. »Ich muß hier umsteigen. Gute Nacht. Viel Glück für Jessie Dark, wünsche ich!«

Er beobachtete das verblaßte Gesicht der alten Frau und sah genau jene plötzliche, respektvolle Überraschung darin aufkeimen, die er erwartet hatte.

»Vierzehnte Straße! Ich hatte keine Ahnung, daß wir schon so weit gefahren sind. Da muß ich ja auch aussteigen, Sir, der Expreßzug hält nicht in meiner Station.«

»Ah!« sagte der Geistliche trocken.

Er ging voran, humpelnd und auf seinen Stock gestützt. Sie traten auf den kalten, trostlosen Bahnsteig hinaus – nicht gerade zusammen, aber doch so, daß man ihre Zugbekanntschaft erkennen konnte. Doch nachdem der Geistliche ein paar Schritte weitergehumpelt war, bemerkte er mit einem Male, daß er allein ging, und drehte sich um. Die Frau war stehengeblieben. Über den Zwischenraum hinweg trafen sich ihre Augen.

»Kommen Sie«, sagte der Mann liebenswürdig. »Kommen Sie, lassen Sie uns gemeinsam umhergehen, damit wir warm bleiben.«

»Oh, Sir – Sie sind so freundlich«, entgegnete die alte Frau und kam näher.

Aus den anderen Wagen waren zwei oder drei Leute mit blaugefrorenen Nasen gestiegen, um ebenfalls umzusteigen; ein oder zwei kamen vereinzelt von der Straße hereingestolpert; aber weit über den bleichen Zementboden verstreut, beeinträchtigten sie nur wenig die Einsamkeit, die den Geistlichen und die Frau zu umgeben schien. Schritt für Schritt machte das seltsame Paar sich auf den Weg zum äußersten nördlichen Ende des Bahnsteiges.

»Übrigens«, sagte der Geistliche, unvermittelt stehenbleibend, »darf ich die Zeitung noch einmal für einen Augenblick sehen?«

»Aber gewiß, Sir – natürlich«, erwiderte die alte Frau, indem sie die Zeitung unter ihrem Umschlagtuch hervornestelte. »Ich dachte, Sie hätten sie schon ausgelesen, und ich – – –«

Er entgegnete, daß er nur einen Blick hineinwerfen

wollte, sah sie dann aber mit äußerster Sorgfalt Blatt für Blatt durch. Die Frau blickte ihn dabei einige Male an. Schließlich sagte sie zögernd:

»Ich glaube, Sir, ich werde den Fahrkartenkontrolleur fragen, wie lange es bis zum nächsten Zug dauert. Ich habe mich nämlich sehr verspätet, Sir, und ich muß irgendwo noch etwas essen, bevor ich schlafen gehe.«

»Eine ausgezeichnete Idee«, meinte der Geistliche.

Er erklärte, daß auch er schon eine Stunde über seine Zeit unterwegs geblieben sei und die Nacht noch bei Vettern in Newark verbringen wollte. Seite an Seite schritten sie zurück über den Bahnsteig, fragten den Kontrolleur, erhielten eine dürftige Auskunft und gingen, wie in schweigender Übereinkunft, langsamer wieder zurück. Doch bevor sie weit gekommen waren, blieb die Frau unvermittelt stehen und lehnte sich mit weißem Gesicht gegen die Wand.

»Ach, Sir, es tut mir leid, aber ich muß unbedingt irgendwo einen Happen essen, bevor ich weiterfahre. Sie werden mich für närrisch halten, Sir, aber ich bin heute ganz um mein Abendessen gekommen und habe plötzlich so ein schwaches Gefühl in den Beinen.«

Der Geistliche blickte sie mit offensichtlicher Anteilnahme an. »Wissen Sie, meine Freundin, daß Sie alle meine Wünsche vorauszuahnen scheinen? Da Sie gerade vom Essen sprechen, kommt es mir zum Bewußtsein, daß auch ich beinahe am Verhungern bin.« Scheinbar überlegend blickte er auf seine Uhr. »Ja – es wird sicher nicht lange dauern. Kommen Sie, wir wollen gemeinsam ein bescheidenes Lokal suchen.«

»Oh, Sir«, stammelte sie, »aber – Sie werden doch nicht mit einer armen alten Frau wie mir zusammen essen wollen.«

»Und warum nicht? Sind wir nicht alle gleich vor Gottes Angesicht?«

Zusammen stiegen sie die Treppen hinan, wie irgendein wohlhabender Pfarrer und sein armes Gemeindemitglied. Als sie auf die vierzehnte Straße hinaustraten, wandten sie sich nach Westen. Am ersten Häuserblock kamen sie zu einem hellerleuchteten, gekachelten und blitzblanken Restaurant von der Art der Schnellimbiß-Stuben. Aber die Frau zog es vor weiterzugehen, indem sie schüchtern einwandte, daß das blendende Licht sehr ungesund für ihre alten Augen sei. Der Geistliche akzeptierte diesen Einwand ohne Widerrede. Zwei Blocks weiter fanden sie an einer Ecke ein ruhiges Lokal, eine anspruchslose kleine Zuflucht, die sich jedoch trotzdem mit einem ›Lieferanteneingang‹ in der Seitenstraße brüstete.

Sie gingen durch den Haupteingang und setzten sich einander gegenüber an einen Tisch. Die Frau las die Speisekarte durch und bestellte schließlich, nach ein paar Minuten verlegener Unsicherheit, verlorene Eier auf Toast. Der Geistliche bestellte dasselbe. Das einfache Mahl war rasch verspeist. Als sie gerade bei den letzten Bissen waren, fragte die alte Frau:

»Wenn Sie bitte entschuldigen wollen, Sir – darf ich die Speisekarte für einen Moment haben? Ich würde mir gern noch eine Tasse Tee zum Aufwärmen bestellen, wenn sie hier nicht zu viel dafür verlangen.«

»Ich habe die Speisekarte nicht«, erwiderte der Geistliche.

Sie suchten eingehend nach dem Kartonblatt, aber es war nirgends zu sehen. Der Kellner trat näher.

»Ja, Sir! Ich ließ sie hier auf dem Tisch liegen, als ich die Bestellung entgegennahm.«

»Ich kann mir nicht vorstellen, wo sie geblieben ist«, wiederholte der Geistliche mit ziemlichem Nachdruck.

Er sah die Frau mit einem durchbohrenden Blick an und bemerkte, daß sie genauso fest zurückblickte. Beide Augenpaare senkten sich sofort wieder.

Der Kellner kam mit einer neuen Speisekarte. Die Frau bestellte ihren Tee, den der Kellner bald darauf brachte. Der Geistliche bezahlte für beide Bestellungen mit einem Geldschein, der schwerverdient aussah.

Der Tee erwies sich als sehr heiß; sie konnte ihn nicht ohne abzusetzen trinken. Während der Pfarrer die Frau beim Teeschlürfen beobachtete, schien er immer unruhiger zu werden. Seine Finger trommelten auf das Tischtuch – er konnte kaum noch stillsitzen. Ganz plötzlich fragte er: »Was bedeutet das Rufen auf der Straße? Es hört sich an wie von Zeitungsjungen.«

Die alte Frau legte ihren Kopf auf die Seite und lauschte. »Ja, Sir. Ein Extrablatt scheint herausgekommen zu sein.«

»Auf mein Wort«, sagte er nach einer Pause, »ein Verbrechen ist doch eine äußerst interessante Angelegenheit! Du lieber Gott! Ich denke, ich werde mir eins holen gehen.«

Er erhob sich langsam, nahm seinen Schaufelhut vom Haken neben seinem Platz, ergriff seinen schweren Stock und humpelte zur Tür. Sehr zum Unwillen des Inhabers an der Kasse ließ er sie hinter sich offenstehen, verweilte einen Augenblick in dem kleinen Vorraum und blickte die Straße hinauf und hinunter. Dann winkte er mit der Hand und tat ein paar langsame Schritte nach Osten, während er dabei den Blicken der Frau am Tische entschwand.

Das Speiselokal lag an einer Ecke, und der Geistliche blieb draußen einen halben Atemzug lang stehen und blickte nach Norden, Osten, Süden und Westen. Doch nirgends fand sein suchendes Auge, wonach er Ausschau hielt. Er ging um die Ecke in die dunklere Nebenstraße, zunächst langsam und fortwährend um sich blickend. Bald aber wurde sein Schritt schneller, so schnell, daß er sich kaum noch auf seinen dicken Stock stützen konnte. Im nächsten Augenblick rannte er fast, und sein Klumpfuß hämmerte schwer auf das gefrorene Pflaster. Ein Zeitungsjunge hielt ihm ein Extrablatt direkt unter die Nase, aber er sah es nicht einmal.

Weiter die Straße hinunter, fast zwei Häuserblocks entfernt, stand eine große Gestalt in einem blauen Mantel und stampfte mit den Füßen auf dem hartgefrorenen

Graupelmatsch. Der voranstürmende Gottesdiener eilte geradewegs auf sie zu; aber er kam nicht sehr weit. Denn als er an dem Hintereingang des Restaurants vorbeieilte, stürzte ein Gast so rücksichtslos heraus, daß er direkt in ihn hineinrannte und ihn auf der Stelle zum Halten brachte.

Ohne hinzusehen wußte er, wer es war. Er würdigte die Gestalt auch weiterhin keines Blickes, sondern wandte seinen Kopf eilig von Ost nach West und überflog mit schnellen Blicken die dunkle Straße. Aber die alte Frau, die bei dem Zusammenprall mit einem schrillen Ausruf zurückgesprungen war, begann sich atemlos zu entschuldigen.

»Oh, Sir – verzeihen Sie bitte! Ein Zeitungsjunge steckte seinen Kopf durch die Seitentür, gerade als Sie hinausgegangen waren, und ich rannte hin, um Ihnen eine Zeitung zu holen. Aber er verschwand so schnell, Sir, und da bin ich – – –«

»Wie ich es mir gedacht habe«, sagte der Geistliche mit seiner ruhigen, tiefen Stimme. »Das muß derselbe Junge gewesen sein, hinter dem ich auch her war.«

Auf der anderen Seite waren gerade zwei Männer in die Straße eingebogen, dick gegen die Kälte vermummte Gestalten, die im Vorübergehen fröhlich miteinander sprachen. Der Geistliche blickte die Frau jetzt voll an, und sie sah, daß ein Lächeln auf seinem Gesicht lag.

»Da er uns beiden entkommen zu sein scheint – was halten Sie davon, wenn wir zur U-Bahn zurückkehrten?«

»Aber gern, Sir. Es ist höchste Zeit, daß ich – – –«

»Das Pflaster ist so schlüpfrig«, fuhr er freundlich fort, »vielleicht nehmen Sie lieber meinen Arm«.

Hinter dem Paar, in dem kleinen Restaurant, trat der Kellner zur Tür und schloß sie; er blieb bei dem Inhaber stehen, um mit ihm über den plötzlichen Aufbruch seiner beiden Gäste zu reden. Da die Rechnung jedoch mit einem großzügigen Trinkgeld beglichen worden war, gab es keinen besonderen Grund zur Klage. Nachdem er einige ungünstige Bemerkungen über das Wesen der Geistlichkeit über sich hatte ergehen lassen, kehrte der Kellner an seinen Tisch zurück, um ihn abzuräumen.

Auf dem Läufer im Mittelgang zwischen den Tischen lag ein weißes Stück Karton, das sein geübtes Auge als einen Teil der Speisekarte erkannte; es lag mit der Oberseite nach unten. Er bückte sich und hob es auf. Auf der Rückseite stand etwas mit einem Blaustift hingekritzelt. Die Handschrift war unterbrochen und unregelmäßig, als hätte der Schreiber seine Augen dabei irgendwo anders gehabt, und der Kellner hatte einige Mühe, folgende Botschaft zu entziffern:

Miss Hinch U-Bahn 14. Str. Sofort Polizei holen

Der Kellner trug das seltsame Dokument zu dem Inhaber, der es mehrere Male durchlas. Er war ein schwerfälliger Mann und wie alle Leute dieser Art dazu geneigt, hinter solchen Dingen einen dummen Scherz zu vermuten. Jedoch nach einem unentschlossenen Hin und Her mit dem Kellner zog er seinen Überzieher an und ging hinaus, um einen Polizisten zu suchen. Er wandte sich westwärts, und auf halber Höhe des nächsten Blocks traf er einen ältlichen Blaumantel, der nach Osten schlenderte. Der Polizist warf einen Blick auf das Gekritzel und tat es unwirsch als die Narretei eines Spaßvogels ab, wie sie ihn ein dutzendmal am Tag halb zur Verzweiflung brächten. Er begleitete den Inhaber zurück, und als sie in die Nähe von dessen Lokal kamen, hörten sie das Geräusch von schnellen Schritten, die aus der nach Süden führenden Nebenstraße heranklapperten. Als sie aufblickten, sausten zwei junge Polizisten in Begleitung eines Mannes in der Uniform eines Bahnschaffners um die Ecke und stürmten geradewegs in das Restaurant.

Der erste Polizist und der Inhaber rannten hinter ihnen her und fanden sie, wie sie reichlich verblüfft im Lokal umherstarrten. Einer der Gesetzeshüter verlangte Auskunft, ob hier jemandem verdächtige Elemente aufgefallen seien, und der begriffsstutzige Wirt sagte nein. Ziemlich betreten dreinblickend, erklärten die Beamten ihre Mission. Es stellte sich heraus, daß der dritte Mann, ein Fahrkartenkontrolleur in der U-Bahnstation, vor ein paar Minuten eine geheimnisvolle Botschaft auf dem Boden neben seinem Häuschen gefunden hatte. Woher sie gekommen war, wie lange sie dort gelegen hatte, war ihm völlig ungewiß. Jedenfalls waren sie nun hier. Der Polizist zeigte ihnen einen zerknitterten weißen Fetzen von einer Zeitung, auf dem mit Blaustift die Worte standen:

Miss Hinch Millers Restaurant. Sofort Polizei holen

Der erste Polizist, der sowohl der älteste als auch der beleibteste der drei war, zog die Botschaft auf dem Speisekartenrest hervor, die so völlig im Gegensatz zu dieser hier stand. Der schwerfällige Inhaber, dem jetzt etwas einfiel, erzählte von dem Geistlichen und der alten Frau, die zusammen verlorene Eier auf Toast zu sich genommen hatten und dann so unvermittelt durch verschiedene Türen verschwunden waren. Der Fahrkartenkontrolleur erinnerte sich, daß er dasselbe Paar auf seiner Station gesehen hatte: sie wären zu ihm gekommen und hätten ihn nach den Abfahrtszeiten der Züge gefragt. Die drei Polizisten waren einen Augenblick lang über diese Aussage verblüfft. Aber bald wurde ihnen klar, wenn entweder der Geistliche oder die alte Frau tatsächlich eine Information über Miss Hinch besessen hätten – eine überhaupt höchst unwahrscheinliche Annahme –, dann hätten sie sich niemals damit aufgehalten, die Nachbarschaft mit törichten kleinen, gegensätzlich lautenden Botschaften zu bepflastern.

»Das ist ein Paar alter Narren, die sich mit der Polizei einen Spaß erlauben wollen«, knurrte der dickste der drei Beamten grimmig. »Ich hätte nicht übel Lust, sie dafür einzulochen.« Und das war auch die Ansicht der übrigen.

Die kleine Zusammenkunft brach auseinander. Der Inhaber kehrte zu seiner Kasse zurück, der Kellner zu seinen Tischen; der Fahrkartenkontrolleur lief eilends zu seiner Station, und die drei Polizisten begaben sich wieder in die bittere Kälte der Nacht hinaus. Vor sich hin schimpfend gingen sie nebeneinander her, und unbewußt schlugen ihre Füße den Weg nach Osten zur U-Bahnstation ein. In der Mitte des nächsten Häuserblocks kam ein Mann auf sie zugerannt.

»Wachtmeister, sehen Sie, was ich vor einer Minute auf dem Gehsteig gefunden habe! Lesen Sie das!«

Er hielt einen weißen Fetzen hoch, der sich als Teil einer Speisekarte aus Millers Restaurant herausstellte. Auf der Rückseite sahen die drei scharfblickenden Beamten die fast unleserlich mit Blaustift hingekritzelten Worte:

Polizei! Miss Hinch 14. Str. U-Bah

Bei dem h war der Blaustiftstrich weggerutscht, als wäre der Schreiber plötzlich unterbrochen worden. Der fette Polizist fluchte und drohte mit Arrest. Aber der zweite Polizist, dunkelhaarig und sehnig, hob seinen Blick von dem Speisekartenfetzen und sagte plötzlich: »Tim, ich glaube, an der Sache ist etwas dran!«

»Zehn Tage auf der Insel müßten für sie dran sein«, knurrte der fette Tim.

»Angenommen«, sagte der andere Polizist, intensiv ins Nichts starrend, »die alte Frau ist selbst Miss Hinch, zum Beispiel, und der Pfaffe beschattet sie, während er so tut, als habe er nicht den geringsten Verdacht, und Miss Hinch traut sich nicht auszureißen, bevor sie nicht ganz sicher ist, daß sie ungeschoren davonkommt? Also, Tim, was könnte er Besseres tun als – – –«

»Das ist richtig!« rief der dritte Polizist aus. »Besonders, wenn man bedenkt, daß die Hinch eine Pistole trägt und sie auch anwenden wird! Wir drei könnten doch auf alle Fälle einen Blick in die Bahnstation werfen, was meint ihr?«

Es war der Vorschlag des Tages. Die drei Beamten machten sich auf den Weg zur U-Bahn, der Zivilist folgte ihnen. Sie schritten zügig aus, ohne sich weiter zu unterhalten; ihr schneller Gang und ihr Schweigen hatten eine verborgene psychologische Reaktion zur Folge. Während sich die Gedanken der Männer nach innen richteten, fiel ihnen das seltsame Benehmen des Paares in Millers Restaurant ein, und die Überzeugung, daß vielleicht doch etwas Wichtiges im Gange sein könnte, wuchs und verstärkte sich in jedem von ihnen. Unbewußt beschleunigten sie ihre Schritte. Zuerst begann der sehnige Polizist zu laufen, aber die drei anderen Männer waren seit zwanzig Schritten ebenfalls drauf und dran gewesen, dasselbe zu tun.

Das Beraten und Zaudern hatte jedoch Zeit gekostet. Der beleibte Geistliche und die arme alte Frau hatten einen Vorsprung von fünf Minuten vor den Gesetzeshütern, und wie es sich herausstellen sollte, genügte dies gerade für den Ausgang der Angelegenheit. Während sie sich Arm in Arm auf dem Weg zur Station befanden, wurden sie in der vierzehnten Straße von mehreren späten Fußgängern gesehen, die sich nachher daran erinnerten. Einige hatten beobachtet, daß die Frau etwas nachhinkte, als ob sie ermüdet wäre, während der klumpfüßige Geistliche ihren Arm stützte und sie ständig raschen Schrittes mit sich zog.

Auf diese Weise stieg das Paar die Stufen zur U-Bahn hinunter, betrat wieder den nackten Bahnsteig und befand sich bald zum zweiten Male an seinem äußersten nördlichen Ende, wo es bereits vor einer guten halben Stunde gestanden hatte. Ein unachtsamer Gepäckträger hatte in der Nähe einen Eimer mit Wasser umgestoßen, und ein Flecken dünnen Eises lief an dieser Stelle bis über den Rand des Bahnsteiges. Zwei junge Männer, die lebhaft auf und ab wanderten, hörten deutlich, wie der Geistliche die Frau davor warnte. Weit weg, von Norden her, konnte man das schwache Grollen eines herannahenden Zuges vernehmen.

Die Frau war dem Geleise am nächsten, und der Geistliche stand vor ihr. Im schwachen Licht trafen sich ihre Blicke, und beide waren von der Blässe ihrer Gesichter betroffen. Die Frau atmete außerdem hastig, und ihre Hände und Füße verrieten eine gewisse Nervosität. Es war deutlich zu erkennen, daß sie sich nun schon seit einer Stunde verzweifelt und um jeden Preis bemühten, beieinander zu bleiben. Der Geistliche machte jedoch glaubwürdige Anstalten, diese Tatsache zu übersehen. Ziellos sprach er drauflos, mit nur wenig unnatürlich klingender Stimme, hauptsächlich über das Wetter und seinen Zug nach Newark, wohin er nun so viel zu spät kommen würde. Und währenddessen blickten beide immer wieder zum Eingang der Station hin, als erwarteten sie dort die Ankunft von irgend jemand.

Beim Sprechen machte der Geistliche sich unauffällig mit seinen Händen zu schaffen. Aus der Unterkante seines schwarzen, halblangen Überwurfs zog er eine Nadel und stach sie tief in die Spitze seines Mittelfingers. Unter seinem Überwurf preßte er sein Taschentuch gegen den blutenden Einstich und zog es dann hervor, um die hartgefrorenen Graupeln von seinem Hut zu wischen. Während er diese kleinen Vorbereitungen traf, hielt er die Augen der Frau mit seinem Blick gebannt, unaufhörlich weitersprechend. Plötzlich aber unterbrach er seinen Wortschwall und blickte voller Besorgnis auf ihre Wange.

»Meine gute Frau, Sie haben sich irgendwo Ihre Wange aufgerissen! Meiner Seele, es blutet ziemlich schlimm!«

»Das macht nichts, das macht nichts«, erwiderte die Frau und ließ ihre Blicke hastig zum Eingang schweifen.

»Aber, du lieber Gott, ich muß es abtupfen! Das Blut wird auf Ihr Umschlagtuch tropfen. Wenn Sie gestatten – ah!«

Zu schnell für sie hatte er sich vorgebeugt und durch ihren dünnen Schleier hindurch hart ihre Wange mit seinem Taschentuch abgewischt; er zog es zurück und hielt es hoch, damit sie das Blut selbst sehen konnte.

Aber weder sie noch er blickten auf das Taschentuch. Seine Augen waren auf ihre Wange gerichtet, die glatt und zart unter der Schminke hervorsah, wo er diese mitsamt den täuschenden Falten weggewischt hatte.

Die Treppe hinunter donnerten die Füße der drei fliegenden Polizisten. Aber es war offensichtlich, daß der Zug noch vor ihnen hereinbrausen würde. Der Geistliche, der dicht vor der Frau stand, faßte seinen Stock fester, und ein Blick harten Triumphs kam in sein Gesicht.

»So furchtbar schlau sind Sie also letzten Endes auch nicht!«

Mit einem unwillkürlichen Aufschrei war die Frau zurückgesprungen, und in diesem Augenblick gewahrte sie die Polizei.

Ihr Fuß glitt jedoch auf dem trügerischen Eis aus – oder sie mochte über den dicken Stock des Geistlichen gestolpert sein, als dieser plötzlich seine Stellung änderte. Und mit dem nächsten Atemzug brauste donnernd der Expreßzug vorbei.

Infolge eines jener seltsamen Zufälle, die manchmal aller Erfahrung spotten, war der Körper der Frau nicht im geringsten gequetscht oder entstellt. An der linken Schläfe war eine tiefe blaue Einbeulung, und das war augenscheinlich alles; selbst der altmodische Hut, von der langen Nadel festgehalten, war nicht verrutscht. Es war der Geistliche, der den reglosen Körper neben dem dunklen Schienenstrang fand, wo der Zug ihn hingeschleudert hatte – er war es auch, der das stille Gesicht bedeckte und den Transport auf den Bahnsteig zurück überwachte. Zwei Augenzeugen der Tragödie deuteten auf das Eis, auf dem die unglückselige Frau ausgerutscht war, und beschrieben ihr Entsetzen, als sie ihren Begleiter gerade einen Augenblick zu spät zuspringen sahen, um sie noch retten zu können.

Um keine unmäßige Aufregung unter den Umstehenden zu verursachen, zogen zwei Polizisten den Geistlichen unauffällig beiseite und zeigten ihm die drei geheimnisvollen Botschaften. So sehr er auch von dem erschütternden Ausgang seines Detektivspiels ergriffen war, gab er doch bereitwillig zu, sie geschrieben zu haben. Er berichtete kurz, wie das sonderbare Verhalten der Frau in der hundertsechsundzwanzigsten Straße seine Aufmerksamkeit erregt hatte, und wie er durch scharfe Beobachtung im Zugabteil schließlich entdeckt hatte, daß sie eine Perücke trug. Unglücklicherweise war jedoch durch sein Interesse auch ihr Verdacht geweckt worden, und ein langer Kampf, Geist gegen Geist, hatte sich zwischen ihnen entsponnen – er hatte versucht, die Polizei ohne ihr Wissen herbeizurufen, sie hatte sich an seine Fersen geheftet, um das zu verhindern, gleichzeitig aber stets auf dem Sprung, ihm unauffällig zu entwischen. Er erzählte, wie er sie im Restaurant unter einem Vorwand einen Augenblick allein gelassen hatte und sie ihm dabei fast entkommen wäre;

und schließlich, wie er sie zum Bahnhof zurückbegleitet und beim Herannahen der Polizei das Risiko auf sich genommen hatte, ihre Maske zu lüften – mit diesem unerwarteten, erschütternden Ergebnis.

»Und jetzt«, schloß er mit bebender Stimme, »bin ich natürlich äußerst besorgt zu wissen, ob ich recht hatte – oder einem schrecklichen Irrtum zum Opfer gefallen bin. Wollen Sie bitte nachsehen, Wachtmeister, und mir sagen, ob – ob sie es tatsächlich ist?«

Aber der dicke Polizist schüttelte seinen Kopf, eingedenk der wohlbekannten Fähigkeit von Miss Hinch, wie jede andere auf der Welt auszusehen, nur nicht wie sie selbst.

»Nur Gott der Allmächtige kann Ihnen das sagen, Sir. Ich möchte es den Leuten im Hauptquartier überlassen«, fügte er dann hinzu, als käme das aufs selbe heraus. »Aber wenn sie es ist, hat sie nur ihren verdienten Lohn empfangen, Sir.«

»Gott sei ihr gnädig!« sagte der Geistliche.

»Amen! Geben Sie mir jetzt bitte Ihren Namen an, Sir. Wahrscheinlich wird man Sie morgen früh brauchen.«

Der Geistliche nannte ihn: Pfarrer Theodore Shaler, Denver; seine hiesige Adresse: eine Nummer in der hundertsechsundzwanzigsten Straße. Nachdem er sich so seiner Pflichten in dieser Angelegenheit entledigt hatte, wandte er sich traurig zum Gehen. Aber als er an der stillen Gestalt vorbeikam, die auf einer Bank unter dem

Mantel des Fahrkartenkontrolleurs lag, entblößte er sein Haupt und blieb stehen, um einen letzten Blick auf sie zu werfen.

Die Anteilnahme und Tatkraft des Pfarrers hatte bereits wohlwollende Kommentare von den Umstehenden geerntet, und von der erstgenannten Eigenschaft gab er nun noch einen letzten Beweis. Das zusammengeknüllte Taschentuch der toten Frau, das jemand von den Geleisen geholt und ihr auf die Brust gelegt hatte, war auf den Boden gefallen; er bemerkte dies und bückte sich schweigend, um es wieder an seinen Platz zu legen. Dieser letzte kleine Dienst brachte seinen Kopf zufällig dicht neben den Kopf der toten Frau, und als er sich wieder aufrichtete, streifte ihre hervorstechende Hutnadel seine Wange und fügte ihm einen langen Kratzer zu. Das allein wäre nur unbedeutend gewesen, denn Kratzer heilen schnell. Aber zufällig verfing sich die Spitze der Nadel in dem so vollkommenen Bart des Geistlichen und riß ihn glatt herunter. Mit einem unerwartet schrill tönenden Schrei sprang er hoch und zeigte den erstaunten Zuschauern das nackte, glatte Kinn einer Frau, das merkwürdig lang und spitz zulief.

Solch ein Kinn gab es nicht oft auf der Welt, und die Bettler auf der Straße würden es erkannt haben. Inmitten eines plötzlichen Aufruhrs, der in Gegenwart der Toten unangebracht wirkte, umringten die Polizisten Miss Hinch und legten ihr gewaltsam Handschellen an, da sie einen Selbstmord befürchteten, wenn nicht gar eine neue Teufelei. Und auf der Wache beraubte eine leidenschaftslose Matrone die berühmte Verwandlungskünstlerin der letzten und besten ihrer zahlreichen Verkleidungen.

Soviel hatte die Polizei zu ihrer Unschädlichkeitmachung beigesteuert. Aber überall wußte man, daß Jessie Dark in Wirklichkeit ihre Gefangennahme bewirkt hatte, und die Zeitungen brachten am nächsten Morgen Bilder der unbesiegten kleinen Frau und ihrer Hutnadel, mit der sie aus einer anderen Welt zurückgelangt hatte, um ihre größte Gegnerin der Gerechtigkeit zu überliefern.

Roy Vickers

Miss Paisleys Katze

Einige Menschen hegen eine besondere Liebe zu Katzen, andere dagegen empfinden körperliche oder sogar sittliche Abscheu gegen sie. Zäh hält sich der Glaube, daß Katzen einen Menschen beeinflussen können – vor allem alte Jungfern und hauptsächlich zum Bösen. Es ist wahr, daß Miss Paisleys Katze die unmittelbare Ursache dafür war, daß diese seelisch verkümmerte alte Jungfer einen gewissen Grad irregeleiteter Größe – oder moralischer Verderbtheit erreichte, je nachdem, von welchem Standpunkt aus man es sieht. Aber dies läßt sich erklären, ohne Zuflucht zum Mystizismus nehmen zu müssen. Das Verhalten der Katze war jedenfalls durchaus katzenmäßig.

Die Katze sprang in Miss Paisleys Leben, als sie vierundfünfzig und die Katze vielleicht zwei Jahre alt war. Miss Paisley war körperlich gesund und rührig – eine harmlose, adrett gekleidete, in sich gekehrte alte Schraube. Als Tochter eines wohlhabenden Geschäftsmannes – die Mutter war gestorben, als das Kind laufen lernte – hatte sie ihre Jugendjahre in dem goldenen Zeitalter des Mittelstandes verbracht, als jede alleinstehende Vorstadtvilla die Attribute eines freiherrlichen Landsitzes aufwies: wenn auch keine Gutsbesitzer zu Besuch kamen, so gingen doch stets ein paar gewohnheitsmäßig servile Händler aus und ein – ganz zu schweigen von einer ständigen zahlreichen Dienerschaft.

Als sie mit achtzehn Jahren ein Mädchenpensionat in Paris besuchte, das ihrer Erziehung den letzten Schliff geben sollte, zog ihr Vater sich mitten in der Neugestaltung seines Geschäftsunternehmens eine Lungenentzündung zu und starb. Miss Paisley erbte die Möbel des Hauses, ein paar Hunderter in bar und eine jährliche Rente von hundertzwanzig Pfund.

Ihre Verwandten in den verschiedenen Teilen des Landes zeigten sich der veränderten Sachlage gewachsen. Ohne sachverständigen Rat erklärten sie eine weitere Erziehung oder Berufsausbildung des Mädchens für unnötig und kamen unter sich überein, daß sie es verheiraten müßten – was nicht zu schwierig sein sollte. Miss Paisley hatte es nie zur Schönheitskönigin eines Balles gebracht, aber sie war ein gutgewachsenes Mädchen, wohlerzogen und mit dem üblichen Liebreiz der Jugend.

In der ersten Runde des Herumgereichtwerdens nahm sie die warmen Willkommensbezeugungen unbesehen entgegen – obwohl sie kein übermäßig eingebildetes Mädchen war. Ihr Vater hatte in ihr den Glauben bestärkt, daß allein ihre Gesellschaft schon eine Gunst bedeutete. Und auch die Erziehungstechnik des Pensionats war auf der gleichen Grundlage aufgebaut gewesen.

Während der zweiten Besuchsrunde – jede dauerte ungefähr ein halbes Jahr – machte sie jedoch die Entdeckung, daß ihre Gesellschaft eher geduldet als erwünscht war – eine harte Wahrheit, der Miss Paisley auf der Stelle zu entfliehen suchte.

Es folgte eine Zeit als Gouvernante bei Kindern reicher Eltern und als Gesellschafterin alter Damen. Die Kinder machten ihr harte Arbeit, und die alten Damen waren sehr enttäuschend. Wenn man für seine Gesellschaft bezahlt wird, muß man nämlich selbst den Erzählungen vergangener Herrlichkeit lauschen.

An Geiz grenzende Sparsamkeit und alte Damen machten sie zu einem demütigen Geschöpf, dankbar für die Brosamen des Lebens. Sie war Anfang Zwanzig, als sie eine ständige Beschäftigung als ›Büroangestellte‹ in einem Regierungsamt erhielt. Damals machte sie Rumbold Chambers in Marpleton zu ihrem Heim, ungefähr fünfzehn Meilen von London und etwa eine Meile von dem Haus entfernt, das einst ihrem Vater gehört hatte. ›The Chambers‹ – ein elegantes Wort aus dem Zeitalter König Edwards VII., das in diesem Falle nichts anderes als Kleinwohnungen bezeichnete – hatten schon bessere Tage gesehen und sollten noch viel schlimmere erleben.

Die Miete würde zwar die Hälfte ihrer jährlichen Rente verzehren, aber ihrer Meinung nach hatten ›The Chambers‹ Atmosphäre. Von dem freigewordenen Appartement aus konnte man über den alten Friedhof zu der Flußbrücke aus dem siebzehnten Jahrhundert blikken. Sie unterzeichnete einen Mietvertrag auf Lebenszeit. Also wohnte sie in jenem Appartement, als zweiunddreißig Jahre später die Katze kam.

Von ihren geerbten Möbeln hatte sie so viele aus dem Speicher geholt, wie sie nur in der kleinen Wohnung unterbringen konnte. Die Wände hatte sie mit sechs vergrößerten, etwas pompös gerahmten Photographien von dem Haus und Garten ihres Vaters geschmückt.

Das Radio wurde zum allgemeinen Gebrauchsgegenstand, der Tonfilm kam auf und die zivile Luftfahrt gewann immer mehr an Bedeutung – Ereignisse, die ihr Leben völlig unberührt ließen. Die Leichtindustrie hatte in Marpleton und dem umliegenden Bezirk ihren Einzug gehalten. Ungefähr alle drei Monate pflegte sie an ihrem früheren Heim vorüberzugehen, bis es abgerissen wurde, um einer Fabrik Platz zu machen.

Wenn sie sich keine Feinde schuf, so doch auch gewiß keine Freunde. Die Erziehung im Pensionat hatte mit Erfolg ihren von Natur aus vorhandenen Geselligkeitstrieb verkrüppelt. Am Ende eines jeden Arbeitstages pflegte sie sich um rund dreißig Jahre in ihre Vergangenheit zurückzuversetzen.

Als die Katze erschien, sprach Miss Paisley gerade angeregt mit sich selbst, wie es die Gewohnheit der Einsamen ist.

»Manchmal glaube ich, Vater hat einen Fehler gemacht, den Rasen als Croquetplatz zu belassen. Croquet ist so altmodisch ... Oh! Wie, um alles in der Welt, bist du hier heraufgekommen!«

Eine Katze stand auf dem Fensterbrett – ein ganzes Stockwerk und einen guten Meter über dem Erdboden. »Tiere sind in den Chambers nicht erlaubt, also mußt du wieder gehen ... Geh, bitte. *Husch*!«

Die Katze blinzelte und sprang mit einem etwas unbeholfenen Satz in das Zimmer.

»Was für eine häßliche Katze! Ich werde nie Tante Lisas Perserkatze vergessen. Sie sah wunderschön aus, und alle waren ganz vernarrt in sie. Ich glaube kaum, daß jemand *dich* streicheln möchte. Die Leute dulden dich und wünschen wahrscheinlich, du wärest lieber nicht geboren, armes Ding!« Die Katze hatte sich auf ihre Hinterbeine gesetzt und starrte Miss Paisley an. »Na schön, meinetwegen kannst du zum Tee dableiben. Ich habe keinen Fisch, aber da ist noch etwas Bücklingspaste, die ich vergessen habe wegzuwerfen – und auch noch etwas Milch von gestern.«

Miss Paisley machte sich daran, ihren Tee zu bereiten. Es war Sonnabendnachmittag. Sie hatte zwei Schokoladenbiskuits und zwei Sahneéclairs für heute sowie zwei Schokoladenbiskuits und zwei Baisers für Sonntag besorgt. Als das Wasser im Kessel gekocht und sie den Tee aufgegossen hatte, kratzte sie aus einer fast leeren Dose einen Rest Bücklingspaste, den sie auf eine dünne Scheibe Brot strich. Auf den Teppich – er war aus dem Teppich geschnitten worden, der vor vierunddreißig Jahren im großen Wohnzimmer gelegen hatte – breitete sie eine Zeitung. Die Katze, die diese Vorbereitungen beobachtete, schnurrte beifällig.

»Armes Ding! Wie dankbar es ist«, sagte Miss Paisley, während sie das Brot mit der Bücklingspaste und eine Untertasse mit der Milch vom Vortage auf die Zeitung setzte.

Die Katze beugte ihren Kopf herunter und roch an der Bücklingspaste, berührte sie aber nicht. Sie probierte die Milch, schleckte einmal daran, setzte sich wieder auf die Hinterbeine und starrte Miss Paisley an.

Das Starren von Miss Paisleys Katze war für Menschen nicht gerade angenehm. Natürlich war es ein ganz normales Starren, wie Katzen es eben tun, und aus ebenfalls ganz normalen Augen, wenn sie auch fast nicht so aussahen; denn ein weißer Streifen lief von einem Augenlid zum gegenüberliegenden Ohr und von dort aus in feinen Spritzern über den Rücken. Eine Narbe von einem Luftbüchsengeschoß hatte die eine Wange etwas verkürzt und entblößte die Zähne an dieser Seite, wodurch ihr Ausdruck an ein höhnisches menschliches Grinsen erinnerte. Wenn man sich dazu noch ihr steifes Vorderbein denkt, das ihren Gang unbeholfen machte, kann man sich leicht eine äußerst garstige Katze vorstellen – eine ständige Herausforderung für jugendliche Zielübungen.

»Eine dumme Katze bist du auch noch«, sagte Miss Paisley. »Eine gute Gelegenheit weißt du anscheinend nicht zu schätzen.«

Miss Paisley setzte sich zum Tee. Die Katze sprang auf den Tisch, packte eines der Eclairs, stieg vorsichtig herunter und fraß es auf dem Teppich, etliche Zentimeter von der Zeitung entfernt.

Jetzt starrte Miss Paisley die Katze an.

»Das ist ja ein unerhörtes Benehmen!« rief sie aus.

»Du drängst dich mir auf, obwohl ich dich gar nicht haben will. Ich erweise dir jede Freundlichkeit, und du...«

Die Katze hatte das Eclair verspeist. Miss Paisley starrte sie weiter an. Dann wanderte ihr Blick zu ihrer Hand, die sich anscheinend unabhängig von ihrem Willen bewegte. Sie beobachtete sich selbst, wie sie das zweite Eclair ergriff und sich damit zu der Katze herabbeugte, die es behutsam aus ihren Fingern nahm.

Sie zog die Untertasse unter ihrer noch immer leeren Teetasse hervor, goß frische Milch hinein und stellte sie auf den Fußboden. Fasziniert hörte sie zu, wie die Katze sie ausschleckte. Ihr Herz klopfte in der Aufregung einer inhaltsschweren Entdeckung.

Und dann, zum ersten Mal seit rund dreißig Jahren, brach Miss Paisley in Tränen aus.

»Geh weg!« schluchzte sie. »Ich will dich nicht. Es ist zu spät – ich bin vierundfünfzig!«

Als ihre Atemzüge wieder ruhiger wurden, hatte die Katze sich auf Miss Paisleys Schlafsofa zusammengerollt.

Es dauerte einen Monat oder länger, bis Miss Paisley mit Sicherheit wußte, daß sie hoffte, die Katze würde für immer bei ihr bleiben. Ihre Einstellung war frei von jener Art Sentimentalität, die man von einer alten Jungfer mit einer Katze erwartet. Sie respektierte die Eigenart der Katze, ohne ihr menschliche Qualitäten beimessen zu wollen. Ihre Beziehungen zu diesem Tier waren zu subtil, um einen derartigen Vorwand zu benötigen. Zugegeben, sie sprach viel zu ihr. Aber sie sprach wie zu einer Zimmergenossin, von der man nicht erwartet, daß sie gerade zuhört. In dieser Beziehung konnte man die Rolle der Katze mit der einer bezahlten Gesellschafterin vergleichen.

»Entschuldigen Sie bitte, Madame!« Jenkins, der Wachhund und Mieteneinzieher zugleich darstellte und den Portier glücklicherer Tage ersetzte, hatte sie in der kleinen Halle angehalten. »Ist diese Katze mit der schwarzweißen Schnauze zufällig die Ihre?«

Noch vor einem Monat würde Miss Paisley zitternd Entschuldigungen wegen der Übertretung der Regeln gestammelt und sofortige Befolgung gelobt haben.

»Es ist meine Katze, Jenkins. Und ich würde Ihnen sehr gern eine halbe Krone pro Woche für die Umstände zahlen, die sie Ihnen vielleicht bereiten könnte.«

»Das ist sehr freundlich von Ihnen, Madame, vielen Dank. Ich wollte Ihnen nur sagen, daß ich sie aus Mr. Rinditchs Fenster springen sah, mit einem Stück Fisch im Maul, das Mr. Rinditch vom Frühstück übriggelassen hatte.« Er blickte den Korridor hinunter, um sich zu vergewissern, daß Mr. Rinditchs Tür geschlossen war. »Sie wissen, wer Mr. Rinditch ist!«

Miss Paisley wußte, daß er ein Winkelbuchmacher war und eine Anzahl Hilfsleute beschäftigte, die umherliefen und Wetten für ihn annahmen, und daß Jenkins vor ihm als dem einzigen Mieter mit finanzieller Substanz in Ehrfurcht erstarrte. Mr. Rinditch war ein untersetzter, beleibter Mann mit einem breiten, mürrischen Gesicht und einem sehr breiten Nacken. Miss Paisley fand, daß er vulgär aussah, und zwar aus charakterlichen Gründen, während die übrigen Mieter eben nur gewöhnlich aussahen, wofür sie nichts konnten.

»Ich werde ihr in Zukunft ein anständiges Stück Fleisch geben, dann wird sie nicht mehr stehlen.«

»Ich danke Ihnen, Madame.«

Das ›Madame‹ kostete Miss Paisley ungefähr vier Pfund im Jahr. Keine der anderen Frauen war ›Madame‹, und keiner der Männer war ›Sir‹ – nicht einmal Mr. Rinditch. Zwei Pfund zu Weihnachten und hier und da eine halbe Krone für kleine, meist überflüssige Dienste. Für Miss Paisley war dieses Geld gut angelegt. In ihrem Traumleben sah sie sich als eine Emigrantin, die auf den Heimruf in einen Lebensstil wartete, der in Wirklichkeit – was sie jedoch nicht erkannte – in England aufgehört hatte zu existieren. Sie tat, als bedeuteten diese rund dreißig Jahre ungelernter Büroarbeit nur eine zeitliche Überbrückung. Durch die Katze eignete sie sich eine neue Philosophie an, aber der Traum blieb davon unberührt.

»Ich muß dein Fleisch schneiden«, erklärte sie an jenem Abend, »und eigentlich habe ich Angst davor. Du mußt wissen, daß ich noch nie zuvor rohes Fleisch angefaßt habe. In meiner Erziehung wurde das nicht als eine notwendige Kenntnis angesehen. Ich erinnere mich allerdings – wir machten ein Picknick am Fluß – zwei Diener wurden mit dem Essenkorb herausgefahren...«

Sie mußte Jenkins um Rat fragen. Er lieh ihr ein Messer – ein fürchterliches Ding mit einem schwarzen Griff und einer spitz zulaufenden Klinge. Ein Tranchiermesser, erzählte er ihr, und sie könnte ein solches in jeder Eisenwarenhandlung kaufen – was sie dann auch am folgenden Tage tat. Das schauerliche Geschäft des Fleischschneidens aber blieb ihr. Sie opferte ein Erinnerungsstück – ein Paar lederne Handschuhe, die sie während der Schulferien zum Reiten getragen hatte.

Am dritten Tag des vierten Monats erschien die Katze nicht zu ihrer Abendmahlzeit. Miss Paisley war beunruhigt. Sie ging eine Stunde später als gewöhnlich zu Bett und lag bis zur Morgendämmerung wach, gegen die jetzt unausweichliche Tatsache ankämpfend, daß die Katze ihr unentbehrlich geworden war – wenn sie sich auch nicht erklären konnte, weshalb das sich so verhielt. Sie versuchte sich zu beweisen, daß es nicht wahr sei. Miss Paisley wußte, wie vernarrt einige alte Jungfern in ihre Katzen waren, sie dauernd hätschelten und kindisches Zeug auf sie einredeten. Sie empfand für ihre Katze keine derartigen Regungen. Sie wußte, daß ihre Katze ziemlich schmutzig war, und berührte sie überhaupt nicht gern. Im Grunde mochte sie Katzen gar nicht. Aber an dieser Katze war etwas Besonderes...

Kurz nach der Morgendämmerung kletterte die Katze durch das offene Fenster. Miss Paisley stieg aus dem Bett und deckte das Fleisch auf. Die Katze gähnte, streckte sich und beachtete es nicht; dann sprang sie auf das Fußende des Bettes, ging einmal im Kreis herum, ließ sich nieder und war bereits eingeschlafen, bevor Miss Paisleys Kopf noch das Kissen wieder berührt hatte. Miss Paisley hatte sich inzwischen genügend Katzenverstand angeeignet, um zu wissen, daß sie irgendwo anders gefressen haben mußte; und daraus zog sie den beunruhigenden Schluß, daß eine Katze, die einmal herumgestreunt war, wieder herumstreunen würde.

Am nächsten Tag kaufte sie ein Halsband, in dessen Metallschild sie ihren Namen und ihre Adresse eingravieren ließ sowie, in Klammern, *Ein Pfund Belohnung für Rückgabe*. Sie konnte unbesorgt Ausgaben dieser Art entgegensehen, denn in diesen rund dreißig Jahren hatte sie über fünfhundert Pfund gespart.

Am gleichen Abend legte sie dem Tier das Halsband an. Die Katze streifte es ab. Miss Paisley machte den Sicherheitsverschluß auf und versuchte es wieder – versuchte es fünfmal, bevor sie weitere Anstrengungen auf später verschob.

»Du hast mir ja selbst gezeigt, wie man eine solche Situation meistert«, sagte sie am nächsten Abend. »Du hast die Bücklingspaste und die nicht mehr ganz frische Milch abgelehnt. Du hattest recht! Nun wäre es zwar jammerschade, wenn wir uns wegen dieser Angelegenheit entzweien würden und auseinandergingen, aber – kein Halsband – kein Fleisch!«

Nach kleinen anfänglichen Mißverständnissen duldete die Katze das Halsband für die Dauer der Mahlzeit. Am dritten Abend vergaß sie, es nach dem Fressen abzustreifen. Nach einer Woche unverdrossener Bemühungen von Miss Paisley stellte sich heraus, daß die Katze das Halsband nicht mehr als Fremdkörper empfand. Selbst wenn sie beim Kratzen einmal hinter den Riemen hakte, machte sie keine Anstalten, es herunterzureißen. Sie trug das Halsband für den Rest ihres Lebens.

Nach dem Zwischenspiel mit dem Halsband fußten ihre Beziehungen auf einer festeren Grundlage. Miss Paisley kaufte sich neue Kleider – darunter einen Hut, der eigentlich viel zu jugendlich für sie war, und eine Jacke aus grünem Wildleder, so grün wie die Augen einer Katze.

Es folgte ein friedlicher Monat, nur durch eine Warnung von Jenkins überschattet, daß die Katze ihre gewohnheitsmäßigen Besuche von Mr. Rinditchs Zimmer nicht eingestellt hätte. Sie bemerkte etwas Hämisches in der Art, wie Jenkins es ihr erzählte, als ob er es sichtlich genoß. Zum ersten Mal kam ihr der Verdacht, daß sein ›Madame‹ ironisch gemeint und eine Quelle heimlichen Vergnügens für Jenkins sein könnte.

Am folgenden Sonnabend erhielt sie den Beweis, daß Jenkins wenigstens in dieser Sache die Wahrheit gesprochen hatte. Für gewöhnlich erreichte sie ihr Heim an Wochenenden kurz nach ein Uhr. Während sie nun durch die Halle zur Treppe ging, öffnete sich die Tür zu

Mr. Rinditchs Zimmer. Miss Paisleys Katze wurde sichtbar, gefolgt von Mr. Rinditchs Fuß. Der Tritt schleuderte die Katze etwa eineinhalb Meter über den Korridor. Als sie gegen die Holzverkleidung der Treppe schlug, fühlte Miss Paisley einen heftigen Schmerz in ihren Rippen. Sie sprang hinzu und versuchte, das Tier aufzunehmen. Die Katze fauchte sie an und hinkte fort. Einen Moment lang starrte sie verletzt wegen dieses Benehmens hinter ihr her. Dann aber klärte sich plötzlich ihr Gesicht.

»Du willst kein Mitleid!« murmelte sie. Sie warf den Kopf in den Nacken, und ihre Augen funkelten in einem Glücksgefühl, das ihr völlig neu war. Sie klopfte an Mr. Rinditchs Tür. Als das breite, mürrische Gesicht erschien, begegnete sie ihm mit einem katzenartigen Starren.

»Sie haben meine Katze getreten!«

»Ihre Katze ist das also! Dann wäre ich Ihnen dankbar, wenn Sie das Tier von meinem Zimmer fernhalten würden.«

»Ich bedaure den Übertritt –«

»Ich ebenfalls. Wenn ich sie noch einmal hier erwische, muß sie baumeln, das lassen Sie sich von mir gesagt sein.« Mr. Rinditch warf die Tür zu.

Miss Paisley, in deren Traumwelt volkstümliche Redeweisen keinen Eingang gefunden hatten, fragte sich nach dem Sinn seiner Worte. Und da sie etwas anzudeuten schienen, was sie einfach nicht wahrhaben konnte, beruhigte sie sich damit, daß sie wohl nichts auf sich hätten. Sie begann sich über ihre Kühnheit zu wundern, mit der sie einem rohen, gemeinen Mann wie Mr. Rinditch getrotzt hatte, der gut einen Streit hätte anfangen können.

In der Zwischenzeit war die Katze die Treppe hinaufgekrochen und wartete vor ihrer Wohnungstür auf sie. Sie wollte sich immer noch nicht berühren lassen. Aber als Miss Paisley vor der Bereitung ihres Mittagessens noch ein wenig im Lehnstuhl ausruhte, sprang die Katze, zum ersten Mal seit ihrem Einzug, ihr auf den Schoß. Sie knurrte, räkelte sich und stemmte sich mit ihren Krallen ab, die Miss Paisleys Kleid durchdrangen und sie kratzten. Dann ließ sie sich nieder, schnurrte ein wenig und schlief ein. Die Uhr, die früher im Speisezimmer ihres Vaters gestanden hatte, schlug zwei: Miss Paisley entdeckte, daß sie keinen Hunger verspürte.

Am Sonntag nahm die Katze ihren üblichen Lebenswandel wieder auf; der Fußtritt schien ihr nichts geschadet zu haben. Sie verzehrte ihre Fleischration mit Heißhunger und beschloß ihr Mahl mit Miss Paisleys zweitem Baiser. Aber das entschuldigte nicht die übertriebene Roheit von Mr. Rinditch.

Am Montagmorgen hielt sie Jenkins auf dem Treppenabsatz im ersten Stock an und fragte ihn nach Mr. Rinditchs vollem Namen, indem sie erklärte, sie wollte ihn wegen Tierquälerei anzeigen.

»Wenn ich dazu etwas sagen darf, Madame, *den* werden Sie nicht mit einer Strafe von zehn Schilling beeindrucken können. Der zahlt ja schon seinen Laufburschen an die fünfzig Pfund Provision im Monat und macht sich nicht mehr daraus als Sie aus Ihrem Zugfahrgeld!«

Miss Paisley war etwas niedergeschlagen. Jenkins ließ sich weiter über Mr. Rinditch aus.

»Sie würden staunen, Madame, wenn Sie wüßten, wieviel Geld so bei ihm zusammenläuft. Am Abend vor einem großen Rennen kommt er um sechs Uhr mit mehreren hundert Pfund in seiner Aktentasche nach Hause, und um Viertel vor acht geht er noch einmal los, um die Kneipen abzuklappern; gegen zehn Uhr dreißig kommt er dann mit genausoviel Zaster wieder.«

Die Höhe der Geldstrafe, sagte sich Miss Paisley, war unwesentlich. Es ging ihr einfach um das Prinzip. Dem Rechtsanwalt, den sie während ihrer Mittagspause konsultierte, leuchtete das Prinzip nicht ein. Er sagte ihr, daß er ihre Behauptungen nicht beweisen könnte: da die Katze zugegebenerweise keine sichtbaren Zeichen des Angriffs trüge, würde der Fall wegen Geringfügigkeit ›aus dem Gerichtssaal gelacht werden‹.

Sie hatte diesen Fachausdruck noch nie gehört und nahm ihn übel; ihr Verdruß darüber war jedoch von einer unbestimmten ängstlichen Vorahnung begleitet.

Als sie ihr Heim erreichte, fand sie die Katze an der Seite des Schreibsekretärs kauern. Das Tier nahm keine Notiz von ihr, aber sie konnte nicht länger warten, ihr Herz auszuschütten.

»Wir sollen aus dem Gerichtssaal gelacht werden«,

sagte sie. »Mit anderen Worten, Mr. Rinditch kann uns einen Fußtritt versetzen, und das Gericht lacht auch noch über uns. Wahrscheinlich müssen wir sehr lächerlich aussehen, wenn wir in Not sind!«

Miss Paisley konnte keinen unglücklicheren Augenblick für diese Bemerkung wählen. Wenn sie nicht so sehr mit sich selbst beschäftigt gewesen wäre, hätte sie das Verhalten der Katze deuten können, hätte sie erkennen müssen, daß sie auf der Lauer lag. Sie sprach noch über ihre Unterredung mit dem Rechtsanwalt, als die Katze zusprang und sich dann ihr zuwendete, eine lebendige, zappelnde Maus zwischen den Zähnen.

»Du meine Güte!« Sie akzeptierte die Situation mit einem Seufzer. Sie kannte die eingewurzelte Furcht der meisten Frauen vor Mäusen nicht – sie hielt sie für niedliche kleine Dinger und würde sie noch in ihrem Treiben bestärkt haben, wenn sie nicht so unhygienische Angewohnheiten besäßen.

Miss Paisley wußte nun wohl – wenn schon nicht aus Erfahrung, so doch vom Hörensagen – wie eine Katze mit einer Maus umzugehen pflegt. Jedoch traf dies Ereignis sie unvorbereitet und stürzte sie in einen unüberwindbaren seelischen Konflikt.

»Nicht – oh, *bitte nicht*! Halt ein! Verstehst du denn nicht? ... Wir sind nicht besser als Mr. Rinditch! O Gott, bitte, laß sie aufhören! Ich kann das nicht zulassen. Ich *darf* das nicht zulassen! Hilft denn kein Beten? Lachst du auch?«

Miss Paisley hatte ihren Körper in diesem Augenblick nicht in der Gewalt; sie konnte sich nicht bewegen. Die Kälte in ihrem Rückgrat wechselte zu Hitze und breitete sich prickelnd über ihren ganzen Körper aus. In ihren Ohren brauste es, als ob trockenes Unkraut prasselnd verbrannte.

Ihre Atemzüge wurden gelöster. Das seit undenklichen Zeiten geübte Ritual zog erst ihre Aufmerksamkeit, dann ihr Interesse auf sich.

Nach einigen Minuten lächelte Miss Paisley. Dann kicherte sie. Die Katze, der von den Menschen so viele menschliche Züge angedichtet werden, schien mit ihrer Maus vor einem Theaterpublikum zu spielen und hart um ein Lachen zu kämpfen.

Miss Paisley lachte.

Es kam eine ruhige Zeit, ereignislose Monate, in denen ein Tag dem anderen zu gleichen schien, und Miss Paisley sah sich als eine ganz normale ältere Dame, die zufällig eine Katze hielt.

Sie schloß aus ihren Beobachtungen, daß die Katze ziemlich weit herumstreifte und manchmal Nahrung von unbekannten Personen erbettelte oder stahl. Sie hatte sich fast eingeredet, daß die Katze ihre gefährliche Gewohnheit, Mr. Rinditchs Zimmer zu besuchen, aufgegeben hatte. Eines Abends im Frühsommer, ungefähr vierzehn Tage vor dem Ende, wurde diese Hoffnung zunichte.

Um halb neun, kurz nach ihrer Abendmahlzeit, war die Katze nach draußen gegangen. Miss Paisley sah aus dem Fenster und wartete träge auf ihre Rückkehr. Nach kurzer Zeit sah sie das Tier auf der Mauer, die den Hof von dem alten Friedhof trennte. Sie winkte ihm zu; es starrte zu ihr herüber und fuhr dann fort, sich zu putzen. Zehn Minuten lang. Dann glitt es über einen Werkzeugschuppen hinunter; aber anstatt geradewegs auf das Regenrohr zuzulaufen, das an Miss Paisleys Fensterbrett vorbeiführte, wechselte es die Richtung. Indem Miss Paisley sich aus dem Fenster beugte, konnte sie schräg auf das Fenster von Mr. Rinditchs Zimmer hinabsehen.

Sie eilte die Treppe hinunter und den Korridor entlang, vorbei an Mr. Rinditchs Wohnung zu der Hoftür, bog um eine Gruppe von sechs Aschkübeln und gelangte unter Mr. Rinditchs Schiebefenster, das vom Sims aus gerechnet etwa vierzig Zentimeter offenstand. Sie konnte die Katze auf Mr. Rinditchs Bett liegen sehen. Sie wußte, daß das Tier so kurz nach seiner Mahlzeit nicht mit Nahrung zu verführen war. Zuerst rief sie zärtlich lockend, dann verzweifelt.

»Wir befinden uns in großer Gefahr«, flüsterte sie. »Fürchtest du dich denn gar nicht?«

Die Katze starrte sie an und schloß dann die Augen. Miss Paisley musterte das Zimmer. Es war spärlich, aber nicht billig möbliert. Die Wandtäfelung war mit Kalendern und metallenen Kleiderhaken verunziert.

Das Fensterbrett lag etwas über ein Meter zwanzig

über der Erde. Sie drängte ihre Schultern durch die Öffnung und wand sich mit dem ganzen Körper hinein. Dann packte sie die Katze im Genick, mit einem Finger unter dem Halsband und hielt sie fest, während sie in die Sicherheit des Hofes zurückkletterte. Dabei vergaß sie, das Fenster wieder in seine übliche Stellung herabzuziehen. Beide erreichten ihre Wohnung, ohne jemandem zu begegnen.

Während dieser letzten vierzehn Tage, die ihnen noch verblieben, erhielt Miss Paisley – wie sie sich ausgedrückt haben würde – eine letzte Lehre von der Katze. Es war an einem warmen Abend, und sie kam gerade von der Arbeit nach Hause. Fünfzig Schritte von den Chambers entfernt sah sie die Katze, die sich auf dem Bürgersteig sonnte. Aus der entgegengesetzten Richtung kam ein Mann mit einem Dobermann an der Leine. Plötzlich machte der Hund einen Satz und riß dem Mann die Leine aus der Hand.

»*Gefahr!* Lauf weg!« schrie Miss Paisley.

Die Katze sah ihren Feind eine Sekunde zu spät. Ihr steifes Bein machte außerdem eine Flucht unmöglich. Während Miss Paisley vorwärtsrannte, den heißen Atem des Hundes im Nacken spürend, hörte sie im Geist schon ihre Knochen knacken. Doch da geschah, wie es ihr schien, das Unglaubliche: der Hund prallte von der Katze zurück, rannte im Kreis umher und jaulte vor Schmerz, während die Katze auf den nächsten Zaunpfahl baumte.

Der Mann hatte die Leine aufgegriffen und besänftigte den Hund. Miss Paisley sprach in Gedanken ein schnelles Dankgebet. Doch dann gewann langjährige Gewohnheit die Oberhand über die Lehre, die sie von der Katze erhalten zu haben glaubte.

»Ich fürchte, Sir, meine Katze hat Ihren Hund verletzt. Es tut mir sehr leid. Wenn ich irgendwie helfen kann –«

»Schon gut, Miss«, antwortete eine freundliche Stimme in der Cockney-Mundart des waschechten Londoners. »Was er haben wollte, hat er bekommen.« Der Hund blutete am Hals, und zwei lange Striemen liefen über seine Brust. »Das ist die Art, wie Katzen zu kämpfen pflegen – ran an den Feind und nach oben geschlagen!«

»Ich habe etwas Jod in meiner Wohnung –«

»Ach was, das braucht er nicht! Vielleicht hat Ihre Katze ihn davor bewahrt, bei der nächsten ein Auge zu verlieren. Denken Sie nicht mehr daran, Miss!«

Miss Paisley gab nach, traurig verwirrt in ihrer sozialen Rangeinstufung, nach der sich auch ihre moralische Bewertung der Umwelt richtete. Der Cockney-Akzent des Mannes und seine vorzüglichen Manieren waren bis vor kurzem unvereinbar für sie gewesen. Miss Paisleys Welt änderte sich zu rasch für sie.

Sie genoß noch sechs Tage und Nächte die Gesellschaft der Katze. Die viereinhalb Tage im Büro kann man dabei getrost mitrechnen, denn die Aufmerksamkeit, die sie ihrer Arbeit widmete, war automatisch geworden und störte nicht ihre spürbare innere Verbundenheit mit dem Tier. Sie hatte nie versucht, sich dieses Verhältnis zu erklären, und hatte es auch nicht einmal merkwürdig empfunden, daß sie der Katze keinen Namen gegeben hatte...

Es war ein Dienstagabend. Die Katze war nicht zu Hause, als sie aus der Stadt kam.

»Du fängst schon wieder an, zu spät zum Essen zu kommen«, brummte sie. »Aber zufällig kann ich dir heute abend noch zehn Minuten genehmigen.« Ihr Abonnement für ein wöchentlich erscheinendes illustriertes Gesellschaftsblatt war abgelaufen. Sie füllte das Erneuerungsformular aus und ging los, um eine Zahlkarte zu kaufen.

In der Halle vernahm sie Mr. Rinditchs Stimme durch die geschlossene Tür seines Appartements – er schien vor sich hin zu fluchen. Ein gedämpfter, zischender Laut folgte, als würde eine Schnur stramm über Metall gezogen. Dann hörte sie ein seltsames knurrendes Keuchen und Kratzen – ein Geräusch, wie es wohl die Krallen einer Katze an einer Holztäfelung machen konnten, wenn ihr Körper frei in der Luft über dem Boden schwebte.

Sie blieb stehen und hielt den Atem an, gelähmt von dem Gefühl, etwas unternehmen zu müssen, das ihre Sinne zu erklären sich weigerten. Sie schien in sich selbst gefangen zu sein, unfähig, ein Entrinnen zu wünschen. Das Geräusch des Kratzens wurde schwächer und schwächer, bis sie schließlich daran zweifelte, überhaupt etwas gehört zu haben.

›Du siehst schon am hellen Tage Gespenster!‹ sagte sie sich.

Sie lächelte und setzte ihren Weg zum Postamt fort. Das Lächeln blieb wie eingefroren auf ihrem Gesicht stehen. Man muß in seinen Handlungen sehr vorsichtig sein, sagte sie sich. Wenn sie jedesmal mit ihren Nachbarn zu streiten anfinge, wenn sie sich einbildete – nun, dies oder das – würden die Leute sie bald für eine überspannte alte Jungfer halten. Sie wünschte, sie könnte aufhören zu lächeln.

Sie kaufte die Zahlkarte, füllte sie aus, zahlte das Geld ein und kehrte zu ihrem Appartement zurück; dabei versicherte sie sich, daß überhaupt nichts passiert sei.

Nach dieser Einsicht konnte alles seinen gewohnten Gang nehmen.

»Noch nicht zu Hause! Auch gut, ich werde nicht auf dich warten. Ich werde jetzt dein Fleisch aufschneiden, und wenn es trocken wird, hast du es dir selbst zuzuschreiben.« Sie zog die Handschuhe an, mit denen sie vor siebenunddreißig Jahren die Zügel gehalten hatte. »Etwas über ein Jahr ist es jetzt her! Über dreihundertmal muß ich sie nun benutzt haben, um das Fleisch für dich aufzuschneiden, und sie eignen sich immer noch zum Tragen. Heutzutage kann man solche Handschuhe nicht mehr kaufen. Ich mag keinen Lachs aus der Konservendose. Ich glaube, ich werde mir eine Omelette machen. Unsere Köchin hatte immer Schwierigkeiten mit ihren Omeletten.«

Sie bereitete ihre Omelette sorgfältig, aß sie aber hastig. Nachdem sie Kaffee getrunken hatte, trat sie an ihr Bücherregal über dem Schreibsekretär. Seit über zehn Jahren hatte sie die Glastüren nicht mehr geöffnet. Sie nahm *Ivanhoe* heraus, das ihr Vater ihrer Mutter vor der Hochzeit geschenkt hatte.

Um Viertel vor zehn schloß sie das Buch.

»Du weißt, ich bin niemals aufgeblieben, bis du kommst! Und ich werde auch jetzt nicht damit anfangen.«

Gewöhnlich ließ sie die Vorhänge ein wenig geöffnet – ungefähr so weit, daß eine Katze durchschlüpfen konnte. Heute abend schloß sie die Gardinen. Als sie im Bett lag, konnte sie das Mondlicht durch die Öffnungen neben den Ringen sehen … und schließlich das Tageslicht.

Am Morgen gab sie sich Mühe, nicht mit Jenkins zusammenzutreffen. Aber als ob er auf sie gewartet hätte, schoß er aus der Pförtnerloge heraus.

»Guten Morgen, Madame. Ich habe Ihre Pussykatze heute früh noch nicht gesehen.«

Pussykatze! Was für eine ekelhafte Art, von ihrer Katze zu sprechen!

»Ich mache mir keine Sorgen, Jenkins! Sie verschwindet oft für ein paar Tage. Ich habe mich heute morgen etwas verspätet.«

Sie hatte sich nicht verspätet – sie erreichte ihren Zug nach London mit dem üblichen Spielraum bis zur Abfahrt. Ihre Kollegen im Büro schienen lebhafter als sonst zu sein. Bruchstücke ihrer Unterhaltung drangen bis zu ihr. »Wenn *Einsamer* morgen nicht gewinnt, werde ich meinen Sommerurlaub in London verbringen.« Natürlich ein Rennpferd. Eines der sogenannten klassischen Rennen morgen, aber sie wußte nicht, welches. Es erinnerte sie an Mr. Rinditch. Ein sehr gemeiner, brutaler Mann! Ihre Gedanken wechselten zu dem so netten Mann mit dem Hund über. Ein Gentleman von Natur aus! ›Ran an den Feind und nach oben geschlagen!‹

In der Mittagspause verließ sie nicht das Büro, kaufte also auch kein Fleisch für ihre Katze.

An jenem Abend, ein paar Minuten vor acht Uhr, hörte sie Jenkins' Schritte auf dem Treppenabsatz. Er klopfte an ihre Tür.

»Guten Abend, Madame. Hoffentlich störe ich Sie nicht. Wenn Sie ein paar Minuten Zeit hätten, würde ich Ihnen gerne etwas zeigen.«

Während sie mit ihm die Treppe hinunterstieg, ging Miss Paisley die Wahrheit über sich selbst und Jenkins auf. Madame! Sie erkannte jetzt den Hohn in seiner Stimme, konnte fast das wiehernde Gelächter seiner Bekannten über seine Anekdoten von der Büroangestellten hören, die sich den Anschein einer Lady in vorübergehend bedrängten Umständen gab. Aber ihre unnahbare Würde war mit der Zeit zu einem Teil ihrer selbst geworden.

Er führte sie den Korridor entlang, durch die Tür zum Hof und zu den sechs Aschkübeln. Er hob einen Deckel hoch. Oben auf dem Müll sah sie den Kadaver ihrer Katze. Um den Hals lag noch die Schlinge von einem Ende grüner Vorhangschnur.

»Nun, Jenkins?« Ihr starres Lächeln machte ihn unsicher.

»Sie war wieder in Mr. Rinditchs Zimmer, bald nachdem Sie gestern abend nach Hause kamen. Sie können sich eigentlich nicht beklagen. Sie wußten ja, was er gesagt hat. Und wenn man es richtig macht, wie er es getan hat, ist es keine Quälerei, ein Tier zu erhängen. Ich glaube nicht, daß Ihre arme kleine Pussykatze Schmerzen gehabt hat. Er hat einfach die Schnur über den Kleiderhaken gezogen, und alles war vorüber.«

»Das ist unwesentlich!« Sie wußte, daß ihre kalte Unbeteiligtheit diesem Schakal nicht die sadistische Befriedigung verschaffte, die er sich versprochen hatte. »Woher sollen wir wissen, daß Mr. Rinditch verantwortlich ist? Jeder hier im Haus kann es getan haben, Jenkins.«

»Ich versichere Ihnen, er war es! Gestern abend, als meine Frau wie immer mit seinem Abendbrot zu ihm hineinging, sah sie ein Stück von dieser Vorhangschnur unter seinem Bett hervorlugen. Und ein paar grüne Fusseln klebten an dem Kleiderhaken, wo die Schnur gescheuert hatte. Meine Frau spionierte noch etwas weiter herum, als sie das Geschirr abräumen ging, und da sah sie das Halsband der Katze im Papierkorb. Wegen des Metallteils daran kann man eine Katze mit so einem Halsband nicht richtig hängen. Sie sagte, der Lederriemen daran wäre glatt durchgeschnitten – wie mit einem Rasiermesser.«

Miss Paisley blickte ein zweites Mal in den Ascheimer. Das Halsband war tatsächlich entfernt worden. Jenkins, der sie beobachtete, dachte, sie wollte ihm immer noch nicht glauben. Und wie alle gewohnheitsmäßigen Lügner, versuchte er stets übertrieben ängstlich seine Worte zu beweisen, wenn er zufällig einmal die Wahrheit sprach.

»Da fällt mir ein, das Halsband wird sicher noch in seinem Papierkorb liegen«, sagte er, wie zu sich selbst. »Hören Sie! Er hat ihn dicht neben dem Fenster nach der Vorderseite stehen; kommen Sie mit ums Haus herum, dann können Sie es selbst sehen.«

Der Papierkorb war aus geflochtenem Rohr. Durch die Zwischenräume konnte Miss Paisley genug von dem Halsband sehen, um alle Zweifel zu bannen.

Sie konnte sich hören, wie sie zu Jenkins sprach, genau wie sie sich auch neben dem Ascheimer hatte stehen sehen, schon im voraus wissend, was unter dem Deckel lag, bevor Jenkins ihn lüftete. Wie einfach war das doch, ruhig zu bleiben, wenn man sich entschieden hatte!

Als sie in ihr Zimmer zurückkehrte, war es erst fünf Minuten nach acht. Das machte nichts. Ihre Ruhe würde so lange andauern, wie sie sie benötigte. In zwei Stunden und fünfundzwanzig Minuten würde Mr. Rinditch nach Hause kommen. Sie fröstelte. Sie zog sich die grüne Wildlederjacke an und setzte sich aufrecht in ihren Lehnsessel; die ausgestreckten Hände steckte sie in die Falten zwischen Sitz- und Lehnpolster.

»Bevor Mr. Rinditch zurückkehrt, möchte ich dir noch sagen, daß ich dich an seiner Wand habe kratzen hören. Da warst du noch am Leben. Wir haben bereits eingesehen, daß du noch jetzt leben würdest, wenn ich an die Tür gehämmert und – Lärm geschlagen hätte. Darüber wollen wir uns nicht streiten. Wir könnten beide eine Menge gegeneinander vorbringen – wollen wir also gar nicht erst anfangen, uns Vorwürfe zu machen.«

Miss Paisley saß schweigend bis fünfundzwanzig Minuten nach zehn. Dann stand sie auf und zog die Reithandschuhe an, als wollte sie Fleisch für ihre Katze schneiden. Das Messer lag an seinem üblichen Platz auf dem Regal. Ihre Hand schnappte nach dem Griff, als wollte jemand es ihr wegnehmen.

»*Ran an den Feind und nach oben geschlagen!*« flüsterte sie – und dann war Miss Paisley plötzlich zum wiederholten Mal nicht Herrin über ihren Körper. Sie umklammerte den Griff des Messers, aber sie konnte es nicht vom Regal wegziehen. Sie bildete sich ein, ihre

Muskeln anzuspannen und mit aller Kraft an einem überaus schweren Gewicht zu ziehen. Verschwommen hörte sie, wie Mr. Rinditch nach Hause kam und die Tür zuschlug.

»Ich habe mich zu sehr aufregen lassen! Ich muß mich erst beruhigen.«

Noch immer in Handschuhen und Wildlederjacke, ging sie zu ihrem Sessel zurück.

»In meinem Alter kann ich die Gewohnheiten eines Lebens nicht mehr ändern – und wenn ich es versuche, zieht es mich in zwei Richtungen zugleich. Ich habe dir schon zu Beginn unserer Bekanntschaft gesagt, daß du zu spät gekommen bist. Du hättest nicht in Mr. Rinditchs Zimmer gehen dürfen. Er hat dich heimtückisch getötet, und ich habe dich verraten – o ja, das habe ich! – und jetzt kann ich nicht einmal beten.«

Miss Paisleys Gedanken wälzten Rätsel und verursachten Alpträume, die nicht mit ihrer feinen Erziehung im Einklang standen. Als sie ihre Umgebung wieder mit vollem Bewußtsein wahrnahm, war es ein Viertel vor drei in der Frühe. Das elektrische Licht brannte, und sie trug weder die Handschuhe noch die grüne Wildlederjacke.

»Ich kann mich nicht erinnern, daß ich das Licht angedreht habe – ich bin auch zu müde, mich an irgend etwas zu erinnern.« Sie nahm sich vor, am Morgen auszuschlafen und einen Tag nicht ins Büro zu gehen. Sie zog sich aus und ging ins Bett. Zum ersten Mal seit über einem Jahr schlief sie ein, ohne an die Katze zu denken.

Kurz nach sieben wurde sie durch eine Anzahl ungewöhnlicher Geräusche geweckt – Klappern in der Halle und laute Stimmen, Kommen und Gehen auf den Treppen. Sie setzte sich auf und lauschte. Im Erdgeschoß schrie und weinte Mrs. Jenkins zu gleicher Zeit – eine Angewohnheit des Arbeitervolkes, die Miss Paisley erbärmlich fand. Jemand, den sie an seiner Stimme als den Heizer erkannte, der im obersten Stockwerk wohnte, rief laut die Treppe hinauf zu seiner Frau.

»O Emma! Sie haben ihn mitgenommen. Mit Handschellen und so!«

Miss Paisley zog ihren langen Wintermantel an, schlug den Kragen bis übers Kinn hoch und öffnete die Tür.

»Was hat dieser ganze Lärm zu bedeuten?« fragte sie den Heizer.

»Dieser Buchmacher im Erdgeschoß, Miss. Jemand hat ihm heute nacht die Kehle durchgeschnitten. Die Polizei hat Jenkins einkassiert.« Er fügte hinzu: »Handschellen und so!«

»Oh!« sagte Miss Paisley. »Ich verstehe!«

Miss Paisley schloß die Tür. Sie zog sich an und machte sich mit mehr Sorgfalt als gewöhnlich zurecht. Sie erinnerte sich daran, wie sie versucht hatte, das Messer aufzunehmen – erinnerte sich, wie sie sich voller Selbstverachtung hingesetzt hatte und wie dann eine Bewußtseinstrübung sie umnebelte, in der Zeit und Raum versanken. Aber in diesem Nebel waren Lichtpunkte. »*Ran an den Feind und nach oben geschlagen!*« war ein Lichtpunkt – der Wahlspruch, begleitet von einem Gefühl unbändigen Stolzes. Gab es noch mehr Lichtpunkte? Eine verschwommene Erinnerung, daß sie wie eine Katze durch nächtliche Schatten geschlichen war – zum Fluß?... Händewaschen in kaltem Wasser... Rückkehr zu ihrem Sessel. Rückkehr... Rückgabe. *Ein Pfund Belohnung für Rückgabe*. In ihrem Kopf drehte es sich. Gleichviel, ›jemand hat ihm heute nacht die Kehle durchgeschnitten‹.

Weit davon entfernt, sich niedergeschmettert zu fühlen, fand Miss Paisley, daß sie die Kraft zum Beten wiedererlangt hatte.

»Ich habe gemordet und sehe daher ein, daß es absurd wäre, um etwas zu bitten. Aber für die nächsten Stunden muß ich unbedingt Ruhe bewahren. Wenn du mir dazu verhelfen willst, bitte, kann ich mit dem Rest allein fertigwerden.«

Auf der örtlichen Polizeiwache gab Miss Paisley eine geschickte Zusammenfassung der Ereignisse, die zu der Vernichtung ihrer Katze geführt hatten, sowie ihrer eigenen nachfolgenden Handlungen, ›während deren sie sich in einem hypnoseartigen Zustand befunden hätte‹.

Der wachhabende Sergeant unterdrückte ein Gähnen. Er holte ein Formular hervor und stellte ihr eine Anzahl Fragen über ihre Person und ihre Beschäftigung, fragte aber überhaupt nicht nach dem Mord. Nachdem er die Antworten niedergeschrieben hatte, las er sie ihr vor.

»Und Sie behaupten, Miss Paisley«, sagte er dann, »daß Sie William Rinditch getötet haben, in – in einem hypnoseartigen Zustand, sagten Sie, nicht wahr?«

Miss Paisley bestätigte dies und unterzeichnete ihre Aussage.

»Im Augenblick ist der Inspektor gerade sehr beschäftigt«, erklärte der Sergeant. »Ich muß Sie daher bitten, im Warteraum Platz zu nehmen.«

Miss Paisley, die erwartet hatte, daß die Unterredung mit Handschellen enden würde, bewahrte eisern ihre Ruhe und saß über eine Stunde im Warteraum – unbewacht, was sie beinahe als eine Beleidigung empfand. Dann lud man sie mürrisch ein, in einen Polizeiwagen zu steigen, der sie zum Polizeihauptamt des Bezirks brachte.

Chefinspektor Green, der seine Lehrzeit bei Scotland Yard verbracht hatte, waren schon zwanzig oder mehr Fälle hysterischer Selbstankläger begegnet. Er wußte, daß ungefähr einer von vieren zu behaupten pflegte, er hätte den Mord in einem hypnoseartigen Zustand begangen; er wußte aber auch, daß diese Sorte am unangenehmsten werden konnte, wenn sie glaubten, nicht ernst genommen zu werden.

»Dann glauben Sie also, Miss Paisley, Rinditch hat Ihre Katze getötet, weil Jenkins es Ihnen erzählt hat?«

»Aber keinesfalls!« Sie beschrieb das Halsband der Katze und die Methode des Tötens, welche die Entfernung des Halsbandes notwendig machte. Sie erzählte auch, wie sie mit Jenkins das Halsband im Papierkorb gesehen hatte.

»Dann ist das Halsband also immer noch in jenem Papierkorb, wenn Jenkins die Wahrheit gesagt hat?«

Aber eine sofortige Untersuchung ergab, daß sich weder im Papierkorb noch sonstwo im Appartement von Mr. Rinditch ein Katzenhalsband befand. Miss Paisley war erstaunt – sie wußte genau, daß sie es in jenem Papierkorb gesehen hatte.

Die Unterredung wurde in ihrer kleinen Wohnung fortgesetzt, wo sie dem Inspektor versicherte, daß sie Mr. Rinditch schon bei seiner Rückkehr um zehn Uhr dreißig zu töten beabsichtigt hätte, zu jener Zeit aber ungenügend vorbereitet gewesen wäre. Sie wüßte nicht, um welche Zeit sie ihn getötet hätte, sie wüßte aber, daß es nicht später als ein Viertel vor drei in der Frühe gewesen sein könnte. Als Waffe hätte sie das Messer benutzt, das sie ausschließlich zum Schneiden des Katzenfleisches angeschafft und verwendet hätte.

»An die Tat selbst kann ich mich überhaupt nicht erinnern, Inspektor. Ich weiß lediglich, daß ich nur von dem einen Gedanken besessen war: ran an den Feind und nach oben geschlagen!«

Der Inspektor blinzelte, zögerte und versuchte es in einer anderen Richtung.

»Sie sagten, daß es nach zehn Uhr dreißig gewesen wäre – also nachdem er sich für die Nacht eingeschlossen hatte. Wie sind Sie hineingekommen?«

»Das kann ich wieder nicht sagen. Ich kann nicht gut gegen seine Tür gehämmert haben, denn dann hätte mich jemand gehört. Vielleicht bin ich – ja, so wird es gewesen sein – ich bin sicher durch sein Fenster geklettert. Leider muß ich gestehen, daß ich schon früher einmal auf diese Weise in seine Wohnung gedrungen bin, um meine Katze herauszuholen, die auf mein Rufen nicht kommen wollte.«

»Wie sind Sie auf den Hof gelangt? Die Tür ist des Nachts abgeschlossen.«

»Wahrscheinlich hat Jenkins den Schlüssel darin stekken lassen – er ist sehr nachlässig.«

»Demnach haben Sie also überhaupt keine Erinnerung an das Verbrechen selbst? Sie reimen sich da etwas zusammen, weil Sie glauben, Sie müßten es getan haben?«

Miss Paisley erinnerte sich daran, daß sie um Ruhe gebetet hatte.

»Ich erkenne das Gewicht Ihrer Bemerkung an, Inspektor. Aber ich möchte Ihnen zu bedenken geben, daß es für eine Frau meines Vorlebens und meiner Gepflogenheiten zumindest ungewöhnlich wäre, sich einer traurigen Berühmtheit wegen fälschlich anzuklagen. Ich bitte Sie, mir zu glauben, daß ich um zehn Uhr dreißig in diesem Stuhl hier saß, und daß meine nächste klare Erinnerung daran ist, wie ich um ein Viertel vor drei wieder in diesem Stuhl saß. Außerdem gibt es noch andere Anzeichen –«

»Richtig! Wir wollen also annehmen, daß Sie diesen

Sessel verlassen haben – wenn Sie sich auch nicht daran erinnern können. Sie mögen auch irgendwelche andere Sachen getan haben, aber ich will Ihnen beweisen, daß *Sie nicht* Mr. Rinditch getötet haben. Als erstes zeigen Sie mir einmal das Mordmesser.«

Miss Paisley ging zu dem Regal.

»Es ist nicht da!« rief sie aus. »Aber ja, natürlich! Ich muß es – ich meine, haben *Sie* nicht das Messer gefunden?«

Inspektor Green war enttäuscht. Er hätte die Angelegenheit sofort erledigt haben können, wenn sie das Messer vorgezeigt hätte – das in der Tat im Körper des Ermordeten gefunden worden war. Ein Messer, wie man es im ganzen Land bei jedem Eisenwarenhändler kaufen und das man nicht von einem gleichen unterscheiden konnte.

»Wenn Sie Rinditchs Zimmer betreten hätten, würden Sie Fingerabdrücke hinterlassen haben –«

»Aber ich habe doch Reithandschuhe getragen –«

»Zeigen Sie die einmal, Miss Paisley.«

Miss Paisley ging wieder ans Regal. Die Handschuhe mußten auf dem obersten Bord liegen. Sie waren nicht da.

»Ich kann mich nicht erinnern, wo ich sie hingetan habe«, stammelte sie.

»Das spielt auch keine Rolle!« seufzte Green. »Lassen Sie sich dies von mir sagen, Miss Paisley: der Mann – oder wenn Sie wollen, die Frau – wer also Rinditch getötet hat, kann nicht ohne ein paar recht ansehnliche Blutflecken auf seinen – oder ihren – Kleidern davongekommen sein.«

»Es würde nicht durch meine Lederjacke gesickert sein«, murmelte Miss Paisley.

»Durch welche Lederjacke?«

»Oh! Ich vergaß sie zu erwähnen – beziehungsweise, ich hatte noch keine Gelegenheit dazu. Als ich mich um zehn Uhr dreißig in diesen Sessel setzte, trug ich eine grüne Wildlederjacke. Als ich in den frühen Morgenstunden wieder zu mir kam, trug ich sie nicht mehr.«

»Dann müßten wir also irgendwo in diesem Appartement eine Damen-Lederjacke finden, die stark mit Blut befleckt ist. Ich werde unter alle Gegenstände sehen, und Sie sehen bitte in allen nach.«

Als die Suche ergebnislos verlaufen war, fuhr Miss Paisley, die sich in die Enge getrieben fühlte, verzweifelt auf den Inspektor los.

»Sie glauben mir nicht!«

»Ich glaube, daß Sie das alles glauben, Miss Paisley. Sie fühlten, daß Sie den Mann töten mußten, der Ihre Katze umgebracht hatte. Ihr Unterbewußtsein sagte Ihnen aber, daß Sie zu einem Mord nicht fähig sein würden, besonders nicht mit einem Messer. Und so bekamen Sie einen Nervenzusammenbruch, oder wie man es nennen mag, in dem Sie sich einbildeten, daß Sie den Mord begangen hätten.«

»Dann habe ich also mein Fleischmesser, meine alten Reithandschuhe und meine Lederjacke versteckt, um Sie zu täuschen?« rief Miss Paisley schrill.

»Nicht um mich zu täuschen, Miss Paisley – um sich selbst zu täuschen! Wenn Sie meine Meinung hören wollen, haben Sie das Messer und die Jacke und die Handschuhe versteckt, weil sie *nicht* blutbefleckt waren. Nervenzusammenbruch, wie ich schon sagte. Vielleicht werden Sie sich später daran erinnern können, wo Sie die Sachen versteckt haben.«

Miss Paisley wurde es ein wenig schwindlig. Green führte sie zu ihrem Lehnsessel.

»Es braucht Ihnen nicht übel zu werden, weil Sie ihn *nicht* getötet haben«, sagte er, in sich hineinlächelnd. »Ich will Ihnen etwas verraten – in ein oder zwei Tagen werden Sie es in den Zeitungen lesen können: heute früh um sieben Uhr sah ein Polizist, wie Jenkins eine Aktentasche im Fluß versenken wollte. Die Tasche gehörte Rinditch, der sie nachts unter sein Bett zu legen pflegte. Und Jenkins hatte an die zweihundertdreißig Pfund in bar bei sich, für die er keine Erklärung geben konnte.«

Miss Paisley antwortete nicht. Sie hatte ihre Ruhe bewahrt, aber sie hatte nichts erreicht. Die recht offensichtlich noble Absicht, die sie zu dem Geständnis des Verbrechens getrieben hatte, schrumpfte zu der Anstrengung zusammen, das Gesicht zu wahren.

»Vielleicht haben Sie immer noch so ein Gefühl, als ob Sie Rinditch getötet hätten?« Miss Paisley nickte zustimmend. »Dann denken Sie immer daran: wenn Ihnen der Verstand einmal einen Streich gespielt hat, kann er Ihnen auch leicht wieder einen spielen.«

Inspektor Green hatte sich sehr freundlich und verständnisvoll gezeigt, sagte sich Miss Paisley hinterher. Es war ihre Pflicht, seine Entscheidung zu respektieren – besonders, da sie keinen anderen Ausweg sah – und seine Deutung ihrer Handlungsweise zu akzeptieren. Der nichtswürdige Jenkins – ein abscheulicher Mensch, der sie jahrelang zur Zielscheibe seines Gespötts gemacht hatte – würde wahrscheinlich gehängt werden. Letzten Endes, so dachte Miss Paisley, kamen doch alle Dinge ganz von selbst wieder ins richtige Geleise ...

Jenkins wurde dem Amtsrichter vorgeführt und des Mordes angeklagt. Sein Fall sollte im Herbst im Old Bailey* zur Verhandlung kommen. Miss Paisley wandte ihr Interesse anderen Dingen zu.

Eines Abends im Frühherbst saß Miss Paisley in ihrem Lehnstuhl und legte sich in Gedanken wieder einmal die Frage vor, ob ihr Vater mit dem Croquet-Rasen einen Fehler gemacht hatte. Sie entdeckte neue Argumente zu seinen Gunsten, die es zu widerlegen galt. In ihrem Eifer stieß sie ihre Hände tief zwischen die Polsterfalten. Ihre Finger berührten einen harten Gegenstand. Sie fuhr mit dem Fingernagel, dann mit dem Finger darunter – und zog das Halsband ihrer toten Katze hervor.

* Schwurgericht in London.

Mit beiden Händen hielt sie es fest, während sie sich lebhaft daran erinnerte, wie sie an der Seite von Jenkins durch Mr. Rinditchs Fenster gespäht und das Halsband im Papierkorb liegen gesehen hatte... Der Verschluß war noch ungeöffnet. Das Lederband war wie von einem Rasiermesser durchtrennt. Sie las die Inschrift: ihren Namen und ihre Adresse und *Ein Pfund Belohnung für Rückgabe.*

»Ich habe es aus dem Papierkorb genommen – *hinterher*!« Sie erlebte noch einmal den ekstatischen Augenblick, in dem sie Rinditch getötet hatte. Der Nebel in ihrem Hirn war wie fortgeblasen, nachdem er seinen Dienst getan hatte. Jede Einzelheit sah sie jetzt klar umrissen. Nach *oben* geschlagen! – wie die Katze es getan hatte – und in die Sicherheit entsprungen. Sie hatte einen Handschuh abgestreift, das Halsband aus dem Papierkorb geschnappt und unter den Kragen ihres Pullovers gesteckt; dann hatte sie den Handschuh wieder angezogen, bevor sie aus dem Zimmer geklettert und zum Fluß geschlichen war. Wieder in ihrem Sessel, hatte sie das Halsband hervorgeholt.

Da war es nun, zwischen ihrem Daumen und Zeigefinger... Miss Paisley war in Rechtsangelegenheiten nicht bewandert, aber sie wußte ganz sicher, daß sie ein Beweisstück in Händen hielt – ein Beweisstück, das sie den Rechtsanwälten melden mußte, die Jenkins verteidigten.

Verschwunden war die Begeisterung, die sie bei

ihrem ersten Gang zur Polizei gestützt hatte. Sie erhob sich und blieb aufrecht stehen, wie damals, als sie in der Halle auf das Kratzen an der Wandtäfelung gelauscht und sich geweigert hatte, eine unerträgliche Wahrheit zu glauben. Und wieder hatte sie die Illusion, eingeschlossen zu sein – in der Erkenntnis, daß es kein Entrinnen vor sich selbst gab. All die Ereignisse im Bannkreis des Mordes, die noch vor einem Augenblick mit erschreckender Deutlichkeit umrissen waren, begannen jetzt zu verblassen.

Es blieb das Halsband – unwiderlegbarer Beweis, aber man konnte ihm entrinnen.

»Wenn ich dies zur Erinnerung aufhebe, werde ich bald wieder durcheinander geraten und mich des Mordes anklagen! Was hat doch dieser nette Inspektor gesagt? – ›Wenn einem der Verstand einmal einen Streich gespielt hat, kann er einem auch leicht wieder einen spielen.‹«

Sie lächelte, als sie das Halsband in ihre Handtasche gleiten ließ, einen Mantel überzog und – diesmal auf dem geradesten Wege – zu der Brücke aus dem siebzehnten Jahrhundert ging. Sie warf das Halsband in den Fluß und wußte, daß es unter dem Gewicht seines Metallbeschlages versinken würde – anders als die blutbefleckte Wildlederjacke und die Reithandschuhe, die sie – wie Miss Paisley sich plötzlich erinnerte – mit aus der Erde des alten Friedhofs gekratzten Steinen beschwert hatte...

Cyril Hare

Ein perfekter Mord

Zu einem Mord gehören mindestens zwei. Das Seelenleben des Mörders ist schon oft genug untersucht worden; was aber einen Mann dazu qualifiziert, ermordet zu werden, ist ein seltener erörtertes Thema, obwohl es vielleicht manchmal interessanter wäre.

Derek Walton, der an einem dunklen Dezemberabend von Ted Brackley in Boulter's Mews*, Mayfair, getötet wurde, war für seine Rolle in jenem ziemlich schmutzigen, gemeinen kleinen Drama einmalig geeignet. Er war ein gut gewachsener junger Mann, einen Meter und dreiundsiebzig Zentimeter groß, mit dunklem Haar und haselnußbraunen Augen. Er trug einen kleinen, bürstenartigen Schnurrbart und hinkte leicht beim Gehen. Er war bei Mallard beschäftigt, jener kleinen blühenden Juwelenhandlung ganz in der Nähe der Bond Street, und zur Zeit seines Todes trug er in einer seiner Taschen ein Päckchen mit wertvollen Brillanten, die er in Mallards Auftrag nach Birmingham zum Neufassen bringen sollte. Wie nicht anders zu erwarten, ergaben die Brillanten das Motiv für den Mord; aber Walton wäre nicht zu eben diesem Zeitpunkt und auf diese Art gestorben, wäre er fett oder blauäugig oder größer als einsdreiundsiebzig gewesen, denn Brackley war ein vorsichtiger Mensch. Und noch eine andere

* Mews sind mittelalterliche, enge Gassen, in denen sich die Stallungen der Herrschaftshäuser mit darübergebauten Wohnräumen für das Gesinde befanden; heute werden die ehemaligen Stallungen meist als Garagen verwendet, während die Räume darüber häufig zu luxuriösen kleinen Wohnungen ausgebaut sind.

Tatsache gab es in Waltons Leben, die schließlich und letzten Endes die Waagschale zu seinen Ungunsten ausschlagen ließ – durch seine Leidenschaft für Windhundrennen war er tief in Wettschulden geraten.

Es gab nur sehr wenig, was Brackley nicht über Walton wußte, nachdem er ihn über einen Zeitraum von mehreren Monaten sorgfältig studiert hatte. Geduldig und ohne jede Gewissensbisse hatte er sein Opfer aus jedem nur möglichen Blickwinkel heraus beobachtet. Jede Einzelheit in seiner Erscheinung, seiner Gangart und Sprechweise bis zu den unbedeutendsten Gesten hatte er sich mit einer Hingabe eingeprägt, wie sie selbst ein Liebhaber seiner Angebeteten gegenüber nicht hätte aufbringen können. Als Mensch mit festen Gewohnheiten war Walton ein leichtes Ziel für Beobachtungen, und den Zeitpunkt seines Kommens und Gehens kannte Brackley schon lange auswendig. Brackley wußte alles über Waltons Nachtquartiere in West-London, die Kneipen, die er regelmäßig besuchte, die Buchmacher, die er bevorzugte, seine heimlichen und uninteressanten Liebesaffären. Mehr als einmal war er ihm nach Birmingham gefolgt, wo seine Eltern lebten; bis vor die Türschwelle von Walkinshaws war er ihm nachgegangen, jener großen Juwelierfirma, wo die vortrefflichen Geschmeide angefertigt wurden, welche das Ansehen des alten Nicholas Mallard begründet hatten. Das einzige, was er nicht genau kannte – so dachte Brackley, als er im Schatten von Boulter's Mews wartete –, waren

Waltons Gedankengänge. Aber das war eine gänzlich unbedeutende Einzelheit – so unbedeutend wie die Gefühle eines äsenden Hirsches für einen pirschenden Jäger in dem Augenblick, wo er den Finger am Abzug krümmt. Walton war an diesem Abend später als gewöhnlich. Brackley warf einen schnellen Blick auf seine Armbanduhr und runzelte die Stirn. In zehn Minuten mußte der wachhabende Polizist auf seiner Runde am Ende der Mews erscheinen. Er entschied sich, daß er höchstens noch zwei Minuten warten durfte. Danach würde der Zeitraum für die sichere Durchführung seines Planes zu kurz sein, und das Unternehmen müßte für diesen Abend abgeblasen werden. Zweifellos würde sich später eine neue Gelegenheit bieten, und er konnte es sich leisten zu warten; trotzdem wäre es jammerschade, denn die Bedingungen waren sonst einfach ideal. Die Geschäfte hatten geschlossen, und die Schritte der letzten Gehilfen und Büroangestellten waren längst verhallt. Der Ansturm des Vergnügungsverkehrs nach Westend hatte noch nicht eingesetzt. Ein schwacher Dunst, zu dünn, um Nebel genannt zu werden, begann von den feuchten Trottoirs aufzusteigen. Was zum Kuckuck hielt denn Walton auf?

Dreißig Sekunden fehlten noch bis zum Ablauf der zwei Minuten, als Brackley das Geräusch vernahm, auf das er wartete. Er hörte, wie etwa sechzig Schritte entfernt, in der Fentiman Street, die Hintertür von Mallards Geschäft geschlossen wurde und der Schlüssel im

Schloß rasselte, als Walton hinter sich zusperrte. Offenbar ging er wie gewöhnlich als letzter aus dem Laden. Dann trat eine Pause ein, lange genug, um Brackley zweifeln zu lassen, ob sein Opfer ihn im Stich lassen und sich dazu entscheiden würde, dem Bogen der Bond Street zu folgen, anstatt wie gewöhnlich den kurzen Weg durch die Mews zu nehmen. Doch dann hörte er die unverwechselbaren, hinkenden Schritte auf sich zukommen. Als er rückwärts in den offenen Torweg hinter sich schlüpfte, bemerkte er, daß die Schritte entschieden schneller als sonst klangen. Das war nicht sehr günstig, da alles von einer genauen Zeiteinteilung abhing. Jetzt, in diesem kritischen Augenblick, den er so lange vorbereitet, so oft geprobt hatte, würde er vielleicht improvisieren müssen – und Improvisation war gleichbedeutend mit Risiko. Brackley hatte sich unendlicher Mühe unterzogen, um jedes Risiko in dieser Sache auszuschalten. Der Gedanke daran war ihm unangenehm.

Wie es sich herausstellte, hätte er sich keine Sorgen zu machen brauchen. Alles verlief vollkommen nach seinem Plan. Als Walton den Torweg passierte, trat Brackley hinter ihm heraus. Ein schneller Blick nach beiden Seiten versicherte ihm, daß die Mews verlassen war. Gleichzeitig mit seinem Opfer machte er zwei geräuschlose Schritte. Dann schlug er einmal mit dem gummiüberzogenen Kabelende zu, genau hinter das rechte Ohr, wie er es sich vorgenommen hatte, und Walton fiel ohne einen Laut vornüber.

Der Körper berührte nicht den Boden. Schon während er den Schlag ausführte, war Brackley vorgesprungen, hatte Walton den linken Arm um die Hüfte gelegt und ihn aufgefangen. Einen Augenblick blieb er so stehen und stützte ihn, dann warf er sich den Körper mit einem Schwung über die Schulter und trug ihn in den Eingang, aus dem er gekommen war. Der ganze Vorgang hatte nicht länger als zehn Sekunden gedauert. Außer dem dumpfen Auftreffen des Schlages und dem schwachen Klappern des kleinen Koffers, den Walton im Tode hatte fallen lassen, hatte kein Geräusch die Stille der Nacht durchbrochen. Der Koffer und Waltons Hut lagen Seite an Seite in der Gosse und bildeten die einzigen Zeugen des Geschehens. Innerhalb kürzester Frist war Brackley wieder herausgeschossen und hatte sie an sich genommen. Leise schloß sich die Tür hinter ihm. Moulter's Mews war schweigsam wie ein Grab und leer wie eine Gedenkstätte.

Etwas schwer atmend von der Anstrengung, aber sonst völlig kühl, machte sich Brackley beim Licht einer Taschenlampe schnell an die Arbeit. Er befand sich jetzt in einer kleinen Garage, deren legitimer Mieter er war. Die Leiche hatte er auf eine grobe Decke hinter die rückwärtige Tür eines kleinen Lieferwagens gelegt, dessen Papiere auf seinen Namen lauteten. Der Totschläger lag daneben.

Es war nur wenig Blut geflossen, und er hatte dafür gesorgt, daß es von der Decke aufgesaugt worden war.

Schnell und methodisch untersuchte er Waltons Taschen. Wie er erwartet hatte, befanden sich die Brillanten in einem kleinen versiegelten Paket in einer Innentasche der Jacke. Eine braune, lederne Brieftasche enthielt Waltons Personalausweis, ein paar Pfundnoten und einige persönliche Papiere. Und dann kam eine angenehme Überraschung. In einer Gesäßtasche, zusammen mit einem billigen Zigarettenetui, steckte ein dickes Bündel Pfundnoten. Brackley hielt sich nicht damit auf, sie zu zählen; aber er schätzte, daß es ungefähr hundert waren. Er grinste in die Dunkelheit. Andere Verabredungen hatten ihn in den beiden letzten Wochen gezwungen, Walton allein zu den Hunderennen gehen zu lassen. Augenscheinlich hatte sein Glück im Spiel sich gewendet – gerade zur rechten Zeit. Er stopfte die Geldscheine zusammen mit den anderen Dingen in seine Taschen. Dann betrachtete er sorgfältig von Kopf bis Fuß das Äußere des Toten.

Was er sah, befriedigte ihn vollkommen. Walton, dieser Gewohnheitsmensch, hatte sich für seine Arbeit an diesem Tage dieselben Kleider angezogen wie immer. Die Kleidung, die Brackley jetzt trug, war genau die gleiche. Brackleys Schultern waren nicht ganz so breit wie Waltons, aber ein Paar kleine Polster in der Jacke hatten den Unterschied verschwinden lassen. Brackley maß auf Strümpfen nur einen Meter und siebzig, aber in den Schuhen, die er für dieses Unternehmen vorbereitet hatte, sah er genauso groß aus wie Walton.

Eine leichte Tönung hatte die geringe Verschiedenheit in der Farbe ihrer Haare beseitigt. Brackley strich über den kleinen, bürstenartigen Schnurrbart, den er sich während des letzten Monats hatte wachsen lassen, und kam zu dem Ergebnis, daß die Ähnlichkeit ausreichen würde.

Ein zufälliger Beobachter würde nicht vermutet haben, daß der Mann, der mit einem kleinen Koffer in der Hand aus dem südlichen Ende der Mews hinkte, ein anderer sein könnte als derjenige, der vor knapp fünf Minuten die Gasse von Norden her betreten hatte. Der Zeitungsverkäufer in der Bond Street jedenfalls merkte nichts. Automatisch streckte er ihm die von Walton regelmäßig gekaufte Abendzeitung entgegen, automatisch machte er die gleiche banale Bemerkung über das Wetter wie jeden Abend und hörte ohne Entgegnung die Antwort in einer ausgezeichneten Imitation von Waltons mittelenglischem Akzent. Das Glück wollte es, daß eben in diesem Augenblick ein Polizist vorbeikam. Er würde sich an diese Begebenheit erinnern, falls der Zeitungsverkäufer es vergessen sollte. Waltons Erscheinen in der Bond Street war nun unerschütterlich bewiesen; er brauchte jetzt nur noch eine deutliche Fährte nach Birmingham auszulegen.

Ein Taxi erschien im rechten Augenblick, Brackley hielt es an und stieg ein. Gerade laut genug, daß der Polizist es hören könnte, gab er dem Chauffeur den Auftrag, nach Euston zu fahren. Um ganz sicher zu gehen, fragte er ihn auch, ob er den Zug um 18.55 nach Birmingham noch erreichen würde, und dankte mit überschwenglicher Erleichterung, als der Chauffeur ihm versicherte, daß er noch reichlich Zeit hätte.

Walton hatte stets den Zug um 18.55 Uhr nach Birmingham genommen und war erster Klasse auf Kosten der Firma gereist. Brackley tat das gleiche. Mit ein wenig übertriebener Umständlichkeit und einem etwas zu hohen Trinkgeld bemühte er sich, bei dem Gepäckträger, der seinen Koffer zum Zug brachte, eine Erinnerung an sein Erscheinen auf dem Bahnhof zu hinterlassen. Walton hatte immer im Speisewagen gegessen. Brackley war sich nicht ganz klar darüber, ob er die Verkörperung Waltons damit auf die Spitze treiben sollte. Der Wagen war hell erleuchtet, und Kellner haben gewöhnlich scharfe Augen und ein gutes Gedächtnis. Er entschloß sich, es zu wagen, und brauchte es auch nicht zu bereuen. Der Tischkellner fragte ihn, ob er wie gewöhnlich ein Guinness trinken wolle, und bemerkte, daß er ihn seit längerer Zeit nicht mehr gesehen habe. Hätte er seitdem nicht etwas abgenommen? Brackley stimmte zu und bemühte sich, bei der Antwort nicht seine Zähne zu zeigen, die etwas unregelmäßiger als Waltons Zähne waren. Dann schlürfte er geräuschvoll sein Bier, wie Walton es zu tun pflegte. Kurz bevor der Zug in den Bahnhof von New Street einlief, verließ er den Speisewagen und nahm sich dabei in acht, das Hinken nicht zu übertreiben.

Auf dem Wege zu seinem Abteil wiegte er sich in dem selbstbewußten Stolz eines guten Schauspielers, dessen Rolle ein voller Erfolg gewesen ist. Was nun noch zu tun übrig blieb, war verhältnismäßig einfach, und auch das hatte er mit der gleichen methodischen Sorgfalt vorbereitet wie alles andere bisher.

Am Bahnhof New Street würde Walton plötzlich und endgültig verschwinden. Sein Koffer würde in die Gepäckaufbewahrung wandern und zweifellos im ordnungsgemäßen Verlauf der Nachforschungen entdeckt werden, wenn die Jagd nach ihm begonnen hatte. Durch sorgsam ausgekundschaftete Nebenstraßen würde Brackley sich vom Bahnhof zu dem möblierten Zimmer begeben, um dort Kleidung und Identität zu wechseln. Am nächsten Tag, in London, würde der Lieferwagen, in dem Waltons Körper zur Zeit steif wurde, unauffällig von Boulter's Mews zu einer Garage in Kent fahren, wo ein Ruheplatz für ihn unter einer fünfzehn Zentimeter starken Schicht frisch gelegten Zements vorbereitet war. Nichts würde diese unverdächtige Fahrt mit einem jungen Mann in Verbindung bringen, den man zum letzten Mal in einer Entfernung von hundertsechzig Kilometern in der entgegengesetzten Richtung von London gesehen hatte.

Die Spur würde sich in Birmingham verlieren, und dort würden auch die Nachforschungen beginnen – und enden. Waltons Eltern, die ihn an diesem Abend erwarteten, würden wohl kaum die Polizei benachrichtigen, wenn er nicht eintraf. Als erste würden wahrscheinlich Walkinshaws Alarm schlagen, wenn die erwarteten Brillanten nicht am Vormittag bei ihnen abgeliefert werden würden. Ob man Waltons Verschwinden für freiwillig oder nicht halten würde, war eine rein akademische Frage, die er mit Interesse in den Zeitungsberichten verfolgen würde. Aber er nahm an, daß die Polizei nach Aufdeckung von Waltons finanzieller Lage zynisch genug sein würde, ihn als einen weiteren Fall des ›vertrauenswürdigen‹ Angestellten abzuschreiben, der unter dem Druck seiner Schulden der Versuchung nachgegeben hatte. Eine Jagd nach dem lebenden Walton würde eine zusätzliche Sicherheit dafür bieten, daß der tote Walton ungestört ruhen könnte.

Als die Lichter von New Street durch das Abteilfenster zu sehen waren, prüfte Brackley in Gedanken noch einmal die Glieder der gefälschten Beweiskette, die er geschmiedet hatte. Waren sie stark genug? Der Zeitungsverkäufer – der Taxichauffeur – der Gepäckträger – der Kellner – würden sie mit ihrem Zeugnis zur rechten Zeit in Erscheinung treten? Letzten Endes war auf keine menschliche Aussage hundertprozentiger Verlaß, und die Kette konnte an irgendeiner Stelle brechen. Doch außer sich öffentlich auf dem Bahnsteig als Walton auszugeben, blieb nichts mehr, was er noch tun konnte.

Geistesabwesend starrte er die ältere Dame an, die mit ihm im Abteil saß, als ihm plötzlich zum Bewußtsein kam, daß er doch noch etwas tun konnte: er würde seiner Leistung den letzten künstlerischen Anstrich geben, die sie über alle Zweifel erhaben machen mußte. Der Koffer der Dame lag im Gepäcknetz über ihrem Kopf, und seiner – Waltons – lag daneben. Er nahm jetzt zum ersten Mal wahr, daß sie sich bemerkenswert ähnlich sahen. Sie stammten beide aus dem billigen Angebot eines Geschäftes in der Oxford Street; er wußte es, denn er hatte sich dort den gleichen gekauft für den Fall, daß er ihn für seine Verkörperung Waltons brauchen sollte. Er hatte ihn jedoch nicht benötigt. Die Gelegenheit ergreifend, die ein günstiges Geschick ihm bot, stand er rasch auf, als der Zug hielt, nahm das Köfferchen der alten Dame aus dem Gepäcknetz und trat damit hinaus auf den Bahnsteig.

Es kam, wie er es vorausgesehen hatte. Bevor er die halbe Länge des Zuges entlanggehinkt war, hatte seine ältliche Begleiterin ihn eingeholt. Sie trug seinen Koffer und rief ihm nach, stehenzubleiben.

»Entschuldigen Sie bitte«, rief sie mit einer hohen, weittragenden Stimme, »aber Sie haben sich geirrt. Das ist mein Koffer, den Sie da in der Hand halten.«

Brackley lächelte geduldig.

»Ich fürchte, Sie haben sich selbst geirrt, gnädige Frau«, sagte er. »Da haben Sie ja Ihren eigenen Koffer. Sehen Sie selbst, wie ähnlich sie sich sind.«

»Aber ich bin völlig sicher!« kreischte die alte Dame. Sie spielte ihre unfreiwillige Rolle so großartig, als ob sie sie einstudiert hätte. »Er lag genau über meinem Kopf, und Sie haben ihn genommen. Das ist mein Koffer, den Sie da haben. Und außerdem erkenne ich ihn auch.«

Genau wie er gehofft hatte, erschien ein Bahnpolizist auf der Szene seines kleinen Theaterstückes.

»Was geht hier vor?« fragte er.

Die Dame holte Atem, um zu sprechen, aber Brackley kam ihr zuvor. Er war nicht gesonnen, die günstige Gelegenheit zu verschenken, für die er gearbeitet hatte.

»Diese Dame scheint zu denken, ich hätte ihren Koffer gestohlen, Wachtmeister«, sagte er. »Ich habe nichts dergleichen getan. Ich bin ein völlig unbescholtener Mann. Mein Name ist Walton, und ich bin bei dem Londoner Juwelier Mallard beschäftigt. Ich habe meinen Personalausweis hier, wenn Sie ihn sehen wollen, und –«

»Schon gut, schon gut«, unterbrach ihn der Polizeibeamte lächelnd. »Niemand hat bisher etwas von stehlen gesagt.«

»Selbstverständlich nicht«, warf die Dame ein. »Es ist nur ein Irrtum, und ich versuche es ihm klarzumachen. Aber nichtsdestoweniger bestehe ich darauf, meinen Koffer zurückzubekommen!«

»Natürlich, meine Dame, natürlich!« Der Beamte genoß sichtlich die Situation. »Wir wollen einmal einen Blick darauf werfen.« Er legte sie nebeneinander auf den Bahnsteig. »Die sehen sich aber wirklich sehr ähnlich! Keine Kofferanhänger, keine besonderen Kennzeichen. Ihr sorglosen Leutchen! Genau auf diese Art und Weise pflegen Gepäckstücke verlorenzugehen, und dann wird die Schuld der Eisenbahn zugeschoben. Was meinen Sie, Mister – –«

»Walton ist mein Name.«

»Haben Sie etwas dagegen, wenn ich einen der beiden öffne? Das wird die Angelegenheit wohl endgültig aufklären.«

»Nicht das geringste.«

»Und Sie, meine Dame?«

»Ganz im Gegenteil.«

»Na, dann wollen wir mal sehen.«

Er nahm Waltons Koffer, legte ihn auf eine Bank und öffnete die Verschlüsse. Er schlug den Deckel zurück, und der helle Schein der Bahnsteiglampen fiel erbarmungslos auf seinen Inhalt. Myriadenfach brach sich ihr Licht in den Facetten einer großen Menge von Juwelen, die augenscheinlich hastig zusammengerafft waren. Und obenauf lag ein gummiüberzogenes Kabelstück, dessen eines Ende mit einer scheußlich verklebten Masse von Blut und Haaren besudelt war. Mit weißen Haaren – den Haaren des alten Nicholas Mallard, der zur Zeit zusammengekrümmt unter seinem Ladentisch in der Fentiman Street lag, so wie Walton ihn verlassen hatte.

Joseph Smith Fletcher

Der Sträfling und der Klerus

Einem Manne, dem gerade der Ausbruch aus dem Gefängnis von Brychester gelungen ist, bietet das kleine Städtchen eine Menge günstiger Möglichkeiten. Medhurst, der vor Beginn seiner Verbrecherlaufbahn ein geachteter Bürger und Mann von Welt gewesen war, bemerkte das schnell und zog seinen Nutzen daraus.

Brychester, eine der kleinsten englischen Städte mit einem Bischofssitz und einer Kathedrale, ist einzigartig in seiner Anlage. Es ist auf sehr kleinem Raume zusammengedrängt, so daß man seine Mauern in einer halben Stunde umschreiten kann. Das Städtchen besitzt zwei Hauptstraßen, von denen die eine von Norden nach Süden, die andere von Osten nach Westen verläuft; sie treffen sich bei dem Kruzifix in der Mitte der Stadt und teilen sie in vier Viertel. Kleine Gassen und Seitenstraßen führen zu alten Häusern und Villen, hinter denen sich weitläufige, baum- und strauchreiche Gärten befinden. In einem dieser Gärten, einer regelrechten Wildnis, hatte Medhurst sich gegen drei Uhr morgens versteckt, nachdem er aus dem Gefängnis entwichen war, das etwa eine Meile außerhalb der Stadtmauern steht.

Der Ausbruch hatte ihm keine großen Schwierigkeiten bereitet. Man hatte Medhurst, der kürzlich zu einer beträchtlichen Gefängnisstrafe verurteilt worden war, in das Gefängnis von Brychester eingeliefert, wo er seine eventuelle Überweisung nach Dartmoor oder Portland abwarten sollte. Von dem Augenblick an, in dem er seinen gediegenen Anzug gegen die schäbige gestreifte Sträflingskleidung eintauschen mußte, hatte er seine wachsamen Augen weit offen gehalten. Er war von Natur aus ein findiger und einfallsreicher Mann und hatte nichts anderes im Sinn, als den unangenehmen Folgen seiner Missetaten zu entgehen.

Das Gefängnis von Brychester war altmodisch und seine Wärter etwas nachlässig in der Erfüllung ihrer Pflichten. Medhurst nahm die erste Gelegenheit wahr. Mit etwas Nachhilfe an seinem Zellenschloß, wachsamer Beobachtung der Rundgänge der Männer vom Nachtdienst und einer gründlichen Kenntnis der äußeren Befestigungsanlagen seines Kerkers hatte er ohne große Anstrengungen seine Freiheit wiedererlangt.

Da stand er nun in der Sommerlaube eines dunklen Gartens, ein wenig fröstelnd zwar in den ersten Stunden eines Oktobertages, aber frisch und unternehmungslustig, und überlegte, wie es weitergehen sollte.

Die größte Schwierigkeit, der sich Medhurst wie alle Ausbrecher als erstes gegenübersah, war seine Kleidung. Auch der Mangel an Geld stellte ein Problem dar, aber die Kleiderfrage war am naheliegendsten und wichtigsten. Wenn er erst einen Anzug hatte, konnte er entkommen; er zweifelte nicht daran, daß es ihm auch ohne einen Penny in der Tasche gelingen würde. Natürlich, mit Geld wäre es leichter. Aber die oberste Notwendigkeit blieb Zivilkleidung – und sie mußte erstklassig sein! Er sah außergewöhnlich gut aus – ein großer, vorzüglich gebauter Mann von blendender Erscheinung, wie viele Leute gesehen hatten, als er in der Anklagebank saß. Er wußte, daß er in einer wirklich guten Kleidung – in der er sich von Natur aus wie zu Hause fühlte – weniger Verdacht erregen würde als zum Beispiel in der Garderobe eines Straßenarbeiters oder Handwerkers. Eines war sicher: vor Tagesanbruch mußte er ein paar Kleidungsstücke finden, in denen er aus Brychester entkommen konnte.

Aus Gründen, die hier nicht näher erörtert zu werden brauchen, glaubte Medhurst, daß seine Flucht nicht vor sechs Uhr morgens entdeckt werden würde. Ihm blieben also noch drei Stunden, in denen er etwas in dieser Sache unternehmen mußte. Und da er zu den Leuten gehörte, die eine bevorstehende Arbeit nicht erst auf die lange Bank schieben, schlich er leise aus seinem Versteck und begann, seine Umgebung zu studieren. Er konnte erkennen, daß der Garten, in dem er sich befand, einer von mehreren war, die hinter den wunderlich geformten Giebeln alter Häuser lagen und nach einer Seite hin von den hohen Mauern der Kathedrale von Brychester begrenzt wurden. In diesen Häusern aber wohnten die leitenden kirchlichen Würdenträger von Brychester. Sicher mußte es möglich sein, überlegte er, in eines dieser stillen Heime einzudringen und ein paar einfache, anständige Kleidungsstücke zu ergattern. Und da er wußte, wieviel davon abhing, wollte er es auf jeden Fall versuchen.

Es war sehr ruhig, beinahe schmerzhaft ruhig in diesen geheiligten Schatten. Ein- oder zweimal hörte Medhurst eine Eule von ihrem Schlupfwinkel aus in einem der eingefallenen Gebäude am Rande der Stadt schreien; dann und wann vernahm er schwach das schrille Pfeifen einer entfernten Lokomotive; jede Viertelstunde erklang das helle Geläut der Kirchenglocke über seinem Kopf – aber kein schwerer Schritt eines die Runde machenden Polizisten drang an sein Ohr. In diesen ruhigen Gärten brauchte er wohl kaum eine Entdeckung zu befürchten. Er überkletterte ein oder zwei Mauern, überwand ein oder zwei Bretterzäune und inspizierte die Rückseiten einiger Häuser, stets vorsichtig, stets auf der Hut. Bei einem der größten Häuser fand er schließlich ein offenes Fenster. Es war nicht weit geöffnet – nur ein paar Zentimeter –, aber es gab Medhurst die Chance, die er brauchte. In der nächsten Minute hatte er es ganz aufgeschoben, sich durch die Öffnung gezwängt und war leise eingestiegen. Anscheinend befand er sich in einem Flur, der mit weichen Läufern ausgelegt war.

Medhurst hatte sich in letzter Zeit viel im Dunkeln aufgehalten, so daß seine Augen das Sehen darin gewohnt waren. Jeder, der darauf Wert legt, kann sich leicht diese Fähigkeit aneignen; er muß nur geduldig warten, bis die Dunkelheit nicht mehr ganz so undurchdringlich scheint, wie er zuerst glaubt. Die Gegenstände beginnen Form anzunehmen – besonders gegen die Fenster zu – und lassen graduelle Unterschiede der

Dunkelheit erkennen. Medhurst fand bald heraus, daß er sich in einem Seitenflur befand, der in die Diele führte. Von dort aus gelangte er an eine breite Treppe. Der Teppichbelag des Flures, der Diele und der Treppe war besonders dick und weich. Sicherheitshalber setzte sich Medhurst aber doch auf eine der untersten Stufen und zog seine Schuhe aus. Er wollte nach oben gehen, wo in solchen Häusern gewöhnlich Bekleidung zu finden ist.

Obwohl er ein großer, schwerer Mann war, stieg Medhurst die Treppe mit weniger Geräusch hinauf, als eine Katze gemacht hätte. Er segnete den Erbauer des Hauses, denn offenbar hatte dieser kein minderwertiges Holz verarbeitet, das auf den leichtesten Druck mit Knarren reagierte. Er segnete auch den Geschmack des Hausbesitzers, der augenscheinlich Samtflor-Teppiche liebte. Und gerade begann er sich Licht zu wünschen, als er welches sah.

Es war gewiß nicht viel Licht – nur ein kleiner Strahl, der durch eine angelehnte Tür fiel. Medhurst ging auf Zehenspitzen darauf zu, durch eine Stille, wie sie tiefer nicht in den Hallen der angrenzenden Kathedrale herrschen konnte. Hier hatte er zum zweiten Mal Grund, sich herzlich zu gratulieren: die Bewohner des Hauses waren offensichtlich alle gesunde Schläfer. Er stellte sich an die Tür und lauschte. Er blickte durch den schmalen Spalt und sah, daß das Licht von einem Ölofen ausging, der mit halber Stärke brannte. Ihm kam der Gedanke, daß er sich vielleicht in einem Kinderheim befände; daher lauschte er noch intensiver, ob er nicht die leichten Atemzüge eines Kindes hören konnte. Da er jedoch überhaupt kein Geräusch wahrnehmen konnte, drückte er sachte die Tür weiter auf, bis er Kopf und Schultern hindurchschieben konnte. Und da sah er, daß dies ein Ankleidezimmer war. Er zögerte noch etwas, lauschte aufmerksam und glitt dann über die Türschwelle.

Stets geschwind im Erfassen einer Situation, sah Medhurst mit einem einzigen, schnellen Blick die glänzenden Möglichkeiten, die sich ihm hier boten. Er befand sich im Palaste des Bischofs von Brychester! Geziemend auf einer Ankleidebank ausgebreitet, fix und fertig für die Morgentoilette, lagen da die bischöflichen Gewänder – die Hosen, der Schurz, die Gamaschen, die schlichtgeschnittene Alba. Und dort lagen die Stola, die bischöfliche Halsbinde und der runde Kragen – einfach alles. Nach dem Morgenbad brauchte der Bischof nur in sein angenehm warmes Ankleidezimmer zu gehen und seine bereitliegenden Gewänder überzustreifen.

›Bischöfe‹, meditierte Medhurst, ›haben zweifellos mehrfach Garderobe zum Wechseln. Jedenfalls werden Seine Hochwürden von Brychester diese Kleider hier nicht mehr finden, wenn sie sich heute morgen ankleiden wollen.«

Denn Medhurst sah seine Gelegenheit, seine einmalige Chance: er würde Brychester im bischöflichen Gewand verlassen – in der Maske des rechtmäßigen Bischofs. Er kannte den Bischof vom Ansehen her, denn Seine Hochwürden hatten zu Medhursts Zeit das Gefängnis besucht. In Körperbau und Erscheinung waren sich der Sträfling und der Bischof nicht unähnlich. Beide waren große, gutgebaute und sportlich aussehende Männer. Das paßte ausgezeichnet – ausgezeichnet! An diesem dunklen Herbstmorgen würde niemand in den wenigen Minuten auf dem Bahnhof den echten von dem falschen Bischof unterscheiden können. Das Schicksal meinte es gut mit ihm.

Immer die Ohren gespitzt, streifte Medhurst schnell seine Sträflingskleidung ab und schlüpfte in die bischöflichen Gewänder. Mit dem Schurz, der Halsbinde und den Gamaschen hatte er ein wenig Mühe; aber er war ein geschickter Mann, mit scharfem Verstand und geschmeidigen Fingern, und in wenigen Minuten hatte er sich richtig angezogen. An einer Wand des Zimmers befand sich ein mannshoher Spiegel, und im Dämmerlicht des Zimmers prüfte er darin sein Aussehen und lächelte zufrieden. Aber er lächelte noch mehr, als er sich zum Tisch umwandte und auf dem fleckenlosen Tuch einen Sovereign, einen halben Sovereign und etwas Silbergeld liegen sah. Geräuschlos sammelte er die Münzen ein und versenkte sie in die bischöflichen Hosentaschen, von Herzen dankbar, daß ihr Eigentümer den Inhalt seiner Taschen vor dem Zubettgehen auf den Tisch entleert hatte. Auch hier schien das Schicksal ihn offensichtlich zu begünstigen.

Medhurst brauchte jetzt nur noch drei sehr wichtige Dinge: einen Schal, einen Überzieher und den Doktorhut der Theologie, den Bischöfe stets zu tragen pflegen. Diese, so schloß er, würde er in der Diele finden. Er wollte sich gerade danach auf die Suche machen, als ihm seine Sträflingskleidung einfiel. Er durfte sie keinesfalls hier liegen lassen. Sicher würde es bald herauskommen – in wenigen Stunden bestimmt – daß ein Sträfling aus dem Gefängnis entflohen, in den Palast eingebrochen war und seine Kleider gegen die des Bischofs ausgetauscht hatte. Aber Medhurst wünschte, daß diese Tatsachen so lange wie möglich verborgen blieben. Und auch jetzt war das Glück wieder auf seiner Seite. Er entdeckte ein unauffälliges, abgetragenes Handköfferchen, auf dessen Deckel in verblichenen weißen Buchstaben die Worte ›Der Bischof von Brychester‹ standen. Er setzte es auf einen Stuhl und öffnete es. Darin fand er einen kompletten Sportanzug aus dunkelgrauem Tuch, eine Sportkappe aus demselben Material und verschiedenes Zubehör, wie Hemden, Socken und Krawatten. Dies war augenscheinlich die Ausrüstung, die der Bischof zum Golfspielen bereithielt. Wann immer er Lust dazu verspürte, brauchte er nur das Köfferchen in die Hand zu nehmen und loszumarschieren. Medhurst erblickte darin weitere glänzende Möglichkeiten. Ohne zu zögern zwängte er seine Sträflingskleidung in einen freien Spalt, schloß das Köfferchen und trug es leise in die Diele hinunter.

Hier ging Medhurst ein Risiko ein. Nachdem er eine Zeitlang am Ende der Treppe stehengeblieben war, wagte er es, ein Streichholz anzuzünden. Im kurzen Aufflackern der Flamme sah er den Mantel, den Hut und den Schal. Alle diese Dinge legte er im Dunkeln an. Kein Geräusch drang von oben oder aus dem Erdgeschoß an sein Ohr; das Haus lag ruhig da wie bisher. Und so, komplett ausgerüstet für seine Reise, setzte Medhurst sich auf einen Stuhl neben der Tür und wartete.

Medhurst kannte Brychester. In den Tagen vor Beginn seiner Verbrecherlaufbahn hatte er die Stadt oft besucht; ja er hatte sogar noch kurz vor seiner Verhaftung eine Woche hier verbracht. Und er wußte, daß jeden Morgen, zehn Minuten nach vier, ein Eilzug den Bahnhof von Brychester verließ, der ein paar Minuten vor sechs in den Victoria-Bahnhof von London einlief. Mit diesem Zug beabsichtigte er zu reisen, als Bischof der hiesigen Diözese. Nach seiner Berechnung würde sich vor sechs Uhr niemand in diesem Hause regen, und danach würde es noch einige Zeit dauern, bis der Diebstahl der bischöflichen Gewänder entdeckt werden würde. Bevor Alarm geschlagen werden konnte, würde er, Medhurst, sicher in der Stadt sein. Er brauchte jetzt nur zu warten, bis die Glocke von der Kathedrale vier schlug. Dann würde er hinausgehen, ruhig durch den Hof der Abtei und zum Bahnhof schreiten, seine Fahrkarte lösen und davonfahren.

Medhurst fand es nicht schwierig, seine Theorie in die

Praxis umzusetzen. Beim ersten der vier Glockenschläge öffnete er vorsichtig die Tür, nahm das Handköfferchen auf und stahl sich leise über den Hof und die verlassenen Straßen zu dem kleinen Bahnhof. Und dort lief alles noch reibungsloser ab, als er zu hoffen gewagt hatte. Er hatte sich die bebänderte Krempe des Bischofshutes in die Stirn gedrückt, den Schal bis an die Nase ins Gesicht gezogen und den Kragen des bischöflichen Mantels über die Ohren geschlagen. Nur wenige Leute waren in der halberleuchteten Station, und sowohl der Beamte am Fahrkartenschalter als auch der unterwürfige Gepäckträger, der ihm das Handköfferchen abnahm und die Tür zu einem Abteil erster Klasse öffnete, hatten nicht den geringsten Zweifel, daß der Herr, dem sie zu einer schnellen Reise verhalfen, der Bischof von Brychester war.

»Bald glaube ich tatsächlich selbst, daß ich der Bischof von Brychester bin«, lachte Medhurst, als der Zug mit zunehmender Geschwindigkeit über das dunkle Land raste. »Na, wenigstens bin ich es für die nächsten zwei Stunden. Ich bin nur neugierig, wie es dann weitergehen wird.«

Als Vorspiel für weitere Unternehmungen untersuchte er die Taschen seines gestohlenen Gewandes. Er fand nichts darin als ein paar Visitenkarten in einer abgetragenen Brieftasche. Darüber war er jedoch nicht betrübt; er sah voraus, daß sie sich später als nützlich erweisen würden. Dann durchsuchte er noch einmal das

Köfferchen. Es war nichts darin, was er nicht schon gesehen hatte. Als er die breitgestreifte Sträflingskleidung erblickte, dachte er zuerst daran, sie aus dem Fenster zu werfen, und dann, sie unter den Sitzpolstern zu verbergen. Nach kurzem Überlegen aber ließ er sie im Köfferchen liegen und schloß wieder den Deckel über ihr und dem Anzug des Bischofs.

Der Besitz dieses Anzugs gab Medhurst eine neue Idee. Er wollte das Haus eines alten Freundes in Kent zu erreichen versuchen, eines Freundes, dem er völlig vertrauen konnte. Bestimmt würde es dem Freund gelingen, ihn heimlich auf den Kontinent hinüberzubringen. Er lebte in einem kleinen Dorfe in der Nähe von Sevenoaks, einem so kleinen Dörfchen, daß seine Einwohner sicher ganz aus dem Häuschen geraten würden, wenn sich ein Bischof bei ihnen zeigte. Aber von einem Herrn in unauffälligem Sportjackett und Knickerbockers würden sie wohl nicht besonders Notiz nehmen. Das Nächstliegende war also, die Garderobe zum zweitenmal zu wechseln.

Als der Eilzug in den Victoria-Bahnhof einlief, ergriff Medhurst sein Köfferchen und ging zu einem Taxi hinüber, das fast genau gegenüber der Stelle stand, wo sein Abteil zum Stillstand gekommen war. Der Morgen dämmerte gerade erst, und der Chauffeur war noch ganz verschlafen. Er sah so etwas wie einen kirchlichen Würdenträger in vollem Ornat und mit einem komischen Hut, sprang von seinem Sitz und öffnete die Tür.

»Fahren Sie mich zum Hotel«, sagte der angebliche Würdenträger mit vom Schal gedämpfter Stimme. Der Chauffeur fuhr zum Grosvenor-Hotel, sein Fahrgast stieg aus, nahm sein Köfferchen und sprach nur zwei Worte: »Warten Sie!«

Der Chauffeur legte grüßend die Hand an die Mütze, und Medhurst trat in die Halle, wo er von einem unterwürfigen Bediensteten in Empfang genommen wurde, der einen Bischof wohl von einem gewöhnlichen Sterblichen unterscheiden konnte.

»Ich möchte ein Zimmer«, sagte Medhurst, »in dem ich meine Kleider wechseln kann. Und bitte, senden Sie mir ein Kännchen Kaffee hinauf. Ich möchte nämlich heute morgen zum Golfspielen aufs Land fahren und muß mir dazu einen passenden Anzug anziehen. Mein Köfferchen werde ich hierlassen und es gegen Abend abholen kommen – natürlich auch, um mich wieder umzuziehen. Selbstverständlich berechnen Sie mir das Zimmer für den ganzen Tag.«

Eine knappe halbe Stunde später kam Medhurst, der sich in Zivil wesentlich wohler fühlte, in die Halle hinunter und wollte wieder sein Taxi besteigen. Er hatte die Hand schon auf dem Türdrücker, als er plötzlich überrascht stehenblieb. Durch die Glasscheibe der Tür sah er das Taxi abfahren. Und darin, sich gerade bequem in die Polster zurücklehnend, saß – ein Bischof!

Medhurst blickte sich vorsichtig um. Außer ein oder zwei Dienstmädchen, die mit Saubermachen beschäftigt waren, befand sich niemand in der Halle. Auf einem Ständer in der Nähe des Fensters, neben der Anmeldung, lag das Gästebuch. Medhurst ging hinüber, öffnete den schweren Deckel und sah die letzten Eintragungen durch. Unter dem Datum des vorhergehenden Tages fand er eine Zeile, die sich für ihn auffällig unter den übrigen hervorhob:

»Der Bischof von Tuscaloosa und Mrs. Sharpe-Benham.«

Medhurst schloß das schwere Buch und wandte sich leise grinsend ab. Er verstand jetzt die Situation. Und er begann seinen Sternen zu danken, daß ein ungewöhnlich dämmeriger Morgen, ein verschlafener Chauffeur und die Gegenwart eines Kolonialprälaten hier in diesem Hotel, der zweifellos eine Frühmesse besuchen wollte, seine eigene Lage um vieles vereinfachten. Äußerst zufrieden mit sich und der Welt, verließ er das Hotel und schlenderte hinaus in die ungewohnte Freiheit der Straßen.

Der Chauffeur, den Medhurst angewiesen hatte, vor dem Hotel zu warten, hatte seinem Fahrgast keine besondere Aufmerksamkeit gewidmet. Mit den Besonderheiten geistlicher Gewandung war er nicht sehr vertraut; gewiß konnte er keinen Dekan von einem Archidiakon unterscheiden, geschweige denn einen Archidiakon von einem Bischof. Er wußte nur, daß es auch Geistliche gab, die Gamaschenhosen trugen (wie er es nannte) und die Krempen ihrer Hüte mit Bändern über dem Kopf zusammengebunden hatten, und daß diese Leute große Nummern in ihrer Laufbahn darstellten.

Er sah den Herrn in das Hotel gehen und glaubte, es wäre sein Fahrgast, der zwanzig Minuten später eilig wieder herauskam, schnell in den Wagen sprang und ihn beauftragte, geschwind zur Sankt-Paul's-Kathedrale zu fahren. Er hatte nicht die geringste Ahnung, daß es nicht sein Fahrgast von vorhin, sondern der echte Bischof von Tuscaloosa war, ein Kolonialprälat, der fünf Minuten vor sieben in Sankt Paul's sein mußte, ein wenig verschlafen hatte und nun aus dem Hotel in das erste beste Taxi stürzte, das er sah.

Und als er seinen echten Prälaten bei Sankt Paul's absetzte und Gelegenheit hatte, ihn einmal näher zu betrachten, hielt er ihn immer noch für denselben, den er vor gerade einer Stunde aus dem Eilzug von Brychester am Victoria-Bahnhof übernommen hatte. Der Bischof von Tuscaloosa blickte zur Uhr von Sankt Paul's hinauf und wandte sich zu dem Chauffeur.

»Sie könnten eigentlich auf mich warten«, sagte er. »Ich werde nicht sehr lange hierbleiben, und danach möchte ich noch woanders hinfahren.«

Selbst jetzt fiel dem Chauffeur kein Unterschied auf. Er warf nur noch einen Blick hinter der großen, athletischen Gestalt her, die dort die Treppen von Sankt Paul's hinaufstürmte (Sharpe-Benham war in der Zeit vor Antritt seines Kolonialdienstes ein bekannter Mann auf den Sportplätzen Englands gewesen), zündete seine Pfeife an und kaufte sich von einem vorübergehenden Zeitungshändler ein Morgenblatt. Dann setzte er sich bequem auf seinen Sitz, um zu warten, bis der Bischof seine Besorgungen oder seine Andacht beendet hätte. Vierzig Minuten später – er las noch an den letzten Meldungen vom Pferderennen – trat der Bischof in Begleitung eines anderen Geistlichen wieder aus der Kathedrale. Der andere Geistliche machte eine witzige Bemerkung über die Sündhaftigkeit des Wartenlassens von Taxis, während die Taxameter unkontrolliert weiterliefen.

»Ich weiß – ich weiß«, erwiderte der Bischof lächelnd. »Aber ich muß noch ein schönes Stück weit in den Ostteil der Stadt fahren, und dieses Taxi ist so gut und bequem, daß ich beschlossen habe, es zu behalten.«

Der andere Geistliche lachte, schüttelte dem Bischof die Hand und ging in Richtung auf das Dekanat fort. Der Bischof wandte sich wieder dem Chauffeur zu.

»Ich möchte«, sagte er, »daß Sie mich zur Sankt-Hedwigs-Kirche in East Ham fahren. Das ist ein weiter Weg, nicht wahr?«

Der Chauffeur faltete die Zeitung zusammen und stopfte sie in die Tasche.

»Eine ganz nette Strecke, Sir«, antwortete er. »Wo liegt diese Kirche denn ungefähr?«

»Das müssen wir ausfindig machen, wenn wir nach East Ham kommen«, sagte der Bischof. »Aber – ich glaube, ich muß erst einmal etwas frühstücken, bevor ich mich auf einen so weiten Weg mache.« Er unterbrach sich einen Moment und blickte sehnsüchtig auf die großen Gebäude ringsherum. »Hier gibt es wohl kein Restaurant oder so etwas ähnliches?« fragte er dann.

»Cannon Street Bahnhofshotel, Sir«, schlug der Chauffeur vor. »Eben um die Ecke. Frühstücken Sie dort, Sir.«

»Das«, erwiderte der Bischof, indem er in das Taxi kletterte, »ist ausgezeichnet. Fahren wir also zuerst dorthin.«

Der Chauffeur lenkte seinen Wagen zur Cannon Street, zeigte seinem Fahrgast den Hoteleingang und schickte sich an, weiter zu warten. Der Bischof, von Natur aus ein freundlicher Mensch, blickte seinen Fahrer nachdenklich an.

»Vielleicht würden Sie auch gern frühstücken?« fragte er. »Wenn ja, bitte, tun Sie es. Ich werde sicher auch eine Dreiviertelstunde dazu brauchen.«

»Danke sehr, Sir«, sagte der Chauffeur. Er warf einen Blick auf seine Uhr und stellte fest, daß es kurz vor acht war. »Zwanzig vor neun bin ich wieder hier, Sir«, fuhr er fort. »Hab' bis jetzt auch noch kein Frühstück gehabt!« fügte er mit einem Grinsen hinzu.

Der Bischof lächelte, nickte und schritt in das Hotel. Mit der Höflichkeit, die seiner Würde gebührte, geleitete man ihn in das Frühstückszimmer. Er bestellte sein Essen und bat um die *Times*. Dann widmete er sich bequem und zufrieden seinem Frühstück und nahm sich dabei Zeit. Der Kellner, der ihn bediente, hatte ihm einen Platz in der Nähe des Kamins verschafft. Ganz in seine augenblickliche Beschäftigung vertieft, schenkte der Bischof den anderen Personen im Raum keine Aufmerksamkeit. Auf keinen Fall aber bemerkte er einen großen Mann mit dienstlichem Gesichtsausdruck, der ruhig eintrat und unter dem Vorwand eines allgemeinen Überblicks ihn, den Bischof, forschend betrachtete.

Um Viertel vor neun legte der Bischof die *Times* linkerhand und die Serviette rechterhand vor sich hin und fingerte in der Tasche herum, in der er für gewöhnlich einige Münzen bereithielt. Zu seinem Schrecken fand er die Tasche leer. Hastig faßte er nach seiner Brieftasche, in der er stets ein oder zwei größere Scheine für Notfälle bei sich führte. Aber auch die Brieftasche war nicht da – alle seine Taschen waren leer. Dann erinnerte er sich plötzlich, daß er in der Eile seines verspäteten Aufstehens sein loses Geld, seine Börse, seine Brieftasche und alle seine Kleinigkeiten auf dem Ankleidetisch im Hotel hatte liegen lassen. Das war unangenehm, aber schließlich kein großes Unglück. Er winkte dem Oberkellner, der ihm mit respektvoller Zurückhaltung die Rechnung präsentierte.

»Es tut mir leid, aber ich habe meine Börse und alle meine Habseligkeiten im Grosvenor-Hotel liegen lassen, wo ich abgestiegen bin«, sagte der Bischof. »Ich mußte heute morgen sehr eilig aufbrechen, um eine Verabredung in Sankt Paul's einzuhalten. Aber mein Taxi wartet draußen, und ich will sofort den Fahrer schicken, meine Börse zu holen.«

Der Oberkellner erwiderte, das wäre in Ordnung, und der Bischof spazierte aus dem Frühstückszimmer, etwas ärgerlich über sich selbst, weil er zehn Minuten über seine Zeit geschlafen hatte. Er ging die Treppen hinunter und wollte gerade in den Bahnhof treten, wo er das Taxi auf sich warten sah, als jemand ihn überholte und mit einer höflichen, aber frostigen Verbeugung stoppte. Es war der Mann mit dem dienstlichen Gesicht, der ihn von der Tür des Frühstückszimmers aus beobachtet und mit dem Oberkellner ein paar Worte gewechselt hatte, als er hinausging.

»Darf ich Sie bitte sprechen, Sir?« fragte er.

Der Bischof war überrascht. In der Stimme des Mannes lag eine gewisse Festigkeit, welche die Bitte fast wie einen Befehl klingen ließ. Der Bischof, ein heißblütiger Mann, fühlte sein Gesicht langsam erröten.

»Sie möchten mit mir sprechen?« fragte er zurück.

»Bitte«, erwiderte der Mann. Er deutete auf die Tür eines Seitenzimmers und lud den Bischof mit einer leichten Verbeugung ein, einzutreten.

»Es tut mir leid«, fuhr er dann in demselben festen und frostigen Ton fort; »aber ich habe gehört, daß Sie Ihre Rechnung nicht bezahlt haben?«

Des Bischofs Gesicht wurde noch um einige Grade dunkler.

»Wirklich!« rief er aus. »Das ist – – –« Aber dann nahm er sich zusammen; schließlich lag der Fehler ja bei ihm. »Ich habe gerade Ihrem Oberkellner erklärt, daß ich nach meiner Börse schicken werde«, fuhr er fort. »Ich habe sie auf meinem Ankleidetisch liegen lassen, da ich heute morgen sehr in Eile war. Draußen wartet mein Taxi – der Fahrer wird sie mir holen.«

Der Mann mit dem dienstlichen Gesicht schien immer noch argwöhnisch zu bleiben. Er musterte das bischöfliche Gewand.

»Sie sind der Bischof von – – –« begann er fragend.

»Ich bin der Bischof von Tuscaloosa«, antwortete dieser ziemlich schroff.

»Wo liegt das?« forderte der Frager, fester als je zuvor.

»Wirklich, wirklich!« rief der Bischof aus. »Das ist – mein guter Mann, nehmen Sie tatsächlich an, daß – – –«

»Ich nehme nichts an«, erwiderte der andere. »Ich bitte Sie nur um eine Auskunft. Sie kommen daher, machen eine Rechnung, gehen hinaus ohne zu zahlen, und – um aufrichtig zu sein – ich kann Ihnen auch gleich verraten, daß ich ein Polizeibeamter bin. Die Tatsachen des Falles sind«, fuhr er fort, als ein weiterer furchteinflößender Mann den Raum betrat, »die Tatsachen des Falles sind, daß in den frühen Morgenstunden des heutigen Tages in den Palast des Bischofs von Brychester eingebrochen wurde. Der Täter ist ein entflohener Sträfling, der mit dem Vieruhrzug in den Kleidern des Bischofs von Brychester entkommen sein soll, Sie aber entsprechen der Beschreibung dieses Sträflings.«

Dem Bischof verschlug es die Sprache. Ganz plötzlich jedoch mußte er lachen.

»Mein Gott, Herr!« rief er aus. »Das ist doch lächerlich! Völlig lächerlich! Ich bin der Bischof von Tuscaloosa, und das liegt in Kanada. Gegenwärtig wohne ich im Grosvenor-Hotel. Ich bin gerade von der Sankt-Paul's-Kathedrale gekommen, wo ich vielen Mitgliedern des Kapitels gut bekannt bin. Der Chauffeur draußen wird Ihnen bestätigen, daß er mich gerade vom Grosvenor-Hotel gefahren hat, und – – –«

Der erste Mann gab dem zweiten ein Zeichen, der daraufhin den Raum verließ und einen Augenblick später mit dem Fahrer des Taxis zurückkam. Der erste Mann lenkte die Aufmerksamkeit des Fahrers auf den Bischof.

»Von wo haben Sie diesen Herrn gefahren?« fragte er ohne Umschweife.

Mit Anzeichen steigenden Verdachts blickte der Fahrer alle drei der Reihe nach an. »Nun, zuletzt von Sankt Paul's«, antwortete er, »und davor vom Grosvenor-Hotel, und davor vom Victoria-Bahnhof!«

Der Bischof war wie vom Donner gerührt.

»Vom Victoria-Bahnhof!« rief er aus. »Mein guter Mann, Sie haben mich nicht vom Victoria-Bahnhof gefahren! Sie haben mich – – –«

Der Fahrer schöpfte nun vollends Verdacht; bis jetzt hatte er noch kein Geld von dem Bischof gesehen. Und außerdem hatte er zwanzig Minuten vor dem Grosvenor-Hotel warten müssen.

»Ha, habe ich nicht!« rief er aus. »Ich habe Sie wohl nicht vom Ankunftsbahnsteig im Victoria zum Grosvenor gefahren, wie, wo ich dann zwanzig Minuten warten mußte? O nein!« Er zog ein höhnisches Gesicht, als er sah, wie der Hase lief, und wandte sich dann an die beiden Männer.

»Er kam mit dem Eilzug aus Brychester im Victoria an«, fuhr er fort. »Mit dem, der kurz vor sechs einläuft – klar, mit dem ist er gekommen!«

Die Detektive nahmen den unglücklichen Bischof in ihre Mitte. Sie zweifelten nicht daran, daß sie einen geschickten, wenn auch vom Glück begünstigten Fang gemacht hatten. Und es lag ganz in der Natur der Dinge, daß sie ihren Gefangenen zur nächsten Polizeiwache führten.

Medhurst schlenderte nachdenklich vom Hotel in Richtung auf die Victoria Street. Seine nächsten Schritte, nahm er sich vor, mußten ihn endgültig in die Freiheit führen. Inzwischen würde man sein nächtliches Treiben im Palast zu Brychester entdeckt haben. Nun – einige Zeit würde es noch dauern, bis die örtliche Polizei sich mit London in Verbindung gesetzt haben würde. Man würde ausfindig machen – nichts leichter als das –, daß er Brychester mit dem Vieruhrzug verlassen hatte. Na schön, aber selbst dann hatte er nach seiner Berechnung noch ein oder zwei Stunden Vorsprung. Als erstes mußte er jedenfalls zu seinem vertrauenswürdigen Freund gelangen. Und plötzlich erinnerte er sich daran, daß sein Freund ein Büro in London hatte, gleich neben dem Mansion House, dem Amtssitz des Oberbürgermeisters. Warum sollte er sich nicht dorthin begeben, anstatt das Risiko einer Eisenbahnfahrt nach Kent einzugehen? Die Hauptstationen würde man bewachen; er sollte sich besser nicht in ihrer Nähe sehen lassen, bevor er nicht nochmals die Kleidung gewechselt hatte.

Medhurst machte sich also auf den Weg zur City. Er stieg zur U-Bahn hinab und löste eine Fahrkarte zum Mansion House. Zwischen der Menschenmenge, die sich auf dem Wege zu Büros und Geschäften befand, fühlte er sich sicher; wie sehr sich die Polizei auch anstrengen mochte, ihn wieder einzufangen, sie konnte doch nicht Streifen in jede Straße von London schicken. Er würde bis gegen neun Uhr durch die City bummeln, dann würde sein Freund wohl in seinem Büro angelangt sein. Medhurst erinnerte sich, daß sein Freund ein Frühaufsteher war, der stets mit einem der ersten Züge hereinzukommen pflegte. Er hatte jetzt keine Befürchtungen mehr – alles schien in der Tat glatt zu gehen.

In der U-Bahn machte Medhurst eine interessante Entdeckung. In der Brusttasche des Sportjacketts fand er ein Zigarrenetui. Vier ungewöhnlich erlesene Zigarren steckten darin. Im Nu hatte er eine angezündet und genoß sie mit dem prickelnden Reiz und dem Behagen eines Mannes, der seit langen, mühseligen Wochen keinen Tabak mehr gekostet hatte. Aber während er das Etui untersuchte, bevor er es in die Tasche zurücksteckte, entdeckte er noch etwas anderes. In einem kleinen Seitenschlitz für Briefmarken oder ähnliche Kleinigkeiten fand er zwei unausgefüllte Schecks auf die ›Brychester and County Bank‹. Ihr rechtmäßiger Besitzer, der Bischof, war offensichtlich ein vorsichtiger Mann, der für unvorhergesehene Fälle vorsorgte. Falls er einmal Bargeld brauchte, würde selbstverständlich jedermann gern einen Scheck von einem Bischof einlösen.

Medhurst lachte über diese Entdeckung. Im Augenblick allerdings waren die Schecks nicht besonders interessant für ihn. Er steckte sie also an ihren Platz zurück, das Zigarrenetui in seine Tasche und rauchte mit großem Genuß, bis die U-Bahn in den Mansion-House-Bahnhof einlief. Dort stieg er aus und ging hinauf in die Straßen, die sich bereits mit geschäftigen Menschen zu füllen begannen.

Es war unwesentlich für ihn, wohin er während der nächsten Stunde ging. Er bummelte also in der Gegend herum, gab aber dabei acht, daß es so aussah, als habe er ein bestimmtes Ziel vor Augen. Er schlenderte an der Bank vorbei, um die Guildhall herum und an der Post vorbei in die Aldersgate. Durch verschiedene kleine Nebenstraßen gelangte er nach Smithfield; hier wendete er sich nach Süden und wanderte bis Ludgate Hill. Während er dort herumstrich, blieb er vor dem Schaufenster einer Buchhandlung stehen; auf einem Bord, direkt vor seinen Augen, lag dort ein Buch, dessen Hülle und Titelblatt besonders herausgestellt waren. Das Titelblatt verriet, daß es sich um ein Werk über Leichtathletik und Christentum handelte, verfaßt von dem Bischof von Brychester. Auf der Buchhülle befand sich eine Photographie des hochwürdigen Autors und darunter ein Faksimile seiner Unterschrift.

Medhurst war ein Mann von schneller Auffassungsgabe und geschwind im Ergreifen günstiger Gelegenheiten. Diesmal offenbarte sich ihm eine besondere Chance. In seiner Tasche ruhten zwei von des Bischofs Schecks, und vor seinen Augen lag eine ausgezeichnete Reproduktion der Unterschrift des Bischofs. In der Tat, eine selten gute Gelegenheit, denn Medhurst war ein Experte im Fälschen von Handschriften. Das war auch der Grund, weswegen er mit dem Gesetz in Konflikt geraten war. Und die Gesetzeshüter waren so sehr von seiner Geschicklichkeit auf diesem Gebiet beeindruckt, daß sie es für gut hielten, ihn auf etliche Jahre in Regionen zu verbannen, wo seine Fähigkeit keinen Schaden anrichten konnte. Der Richter, der ihm sein Geschick verkündet hatte, war sogar so unfreundlich gewesen, trokken und lakonisch zu bemerken, daß in der Geschichte der Menschheit schon viele Fälscher mit dem Galgen und dem Henker Bekanntschaft geschlossen hätten.

Medhurst faßte nach seinem losen Geld und trat in den Laden. Sein ausgeprägter Sinn für Humor ließ ihn lächeln, als er das Buch des Bischofs mit dessen eigenem Geld kaufte. Es war ein kleines, dünnes und elegantes Büchlein – lediglich ein Nachdruck von zwei oder drei Vorlesungen, die der Bischof vor jungen Männern gehalten hatte. Er ließ es in eine Außentasche seines Jacketts gleiten und ging weiter. An seinem erstgefaßten Plan festhaltend, schlenderte er wieder die Straßen hinauf und hinunter, jedoch immer in leicht erreichbarer Nähe des Häuserblocks neben dem Mansion House, in dem sein vertrauter Freund sein Büro hatte. Aber Medhurst hatte eine Aufgabe zu erledigen, ein Abenteuer zu bestehen, bevor er zu seinem Freund ging – er beabsichtigte, von seiner kriminellen Fähigkeit im Handschriftennachahmen Gebrauch zu machen.

Schließlich ging er in ein Teehaus und bestellte sich ein leichtes Frühstück. Bis es ihm gebracht wurde, studierte er gründlich das Faksimile von des Bischofs Unterschrift. Sie war leicht nachzuahmen und ohne markante Besonderheiten; sie hatte keine Ähnlichkeit mit der Schrift eines Literaten oder eines Gelehrten, sondern eher mit der eines nüchternen Geschäftsmannes: geradlinig und ohne Kringel, Schnörkel oder verlängerte Grundstriche. Als Medhurst sein einfaches Frühstück beendet hatte, kannte er diese Handschrift so genau, trug er ihr Bild so fest in seinem Gehirn, daß er davon überzeugt war, sie originalgetreu auf einem Scheck wiederholen zu können – selbst der Bischof würde Mühe haben, eine Fälschung zu erkennen.

Medhurst machte sich sofort ans Werk. Er dachte an ein wohlbekanntes Juweliergeschäft in der Cheapside, wo er seinen Plan ausführen wollte. Das Geschäft hatte außerdem den unschätzbaren Vorteil, ganz in der Nähe des Häuserblocks zu liegen, in dem er nach gelungener Transaktion zu verschwinden gedachte. Mit größter Gelassenheit betrat er den Laden. Der Geschäftsführer, der den schlicht gekleideten Mann mit dem Kragen eines Geistlichen für einen Landpfarrer hielt, der in seinem dörflichen Habitus in die Stadt gekommen war, grüßte ihn höflich. Aber Medhurst beraubte den Geschäftsführer schnell dieses Eindrucks. Indem er die abgetragene Brieftasche hervorzog, legte er eine Visitenkarte des Bischofs von Brychester auf die Glasplatte des Ladentisches. Der Geschäftsführer verbeugte sich ein zweites Mal, höflicher noch als zuvor, und bot seinem hohen Besuch einen Stuhl an.

»Ich habe häufig Ihre Uhren in den Zeitungsanzeigen gesehen«, sagte der vermeintliche Bischof, »und da ich noch etwas Zeit habe, bevor ich zum Golfspielen aufs Land fahre, wollte ich Sie einmal besuchen und mir Ihre Auswahl ansehen. Ich möchte nämlich meinem Hauskaplan, der just zu diesem Amt befördert worden ist, ein Geschenk machen. Dabei dachte ich, eine gute Uhr – aus Gold, natürlich – würde sich am besten dazu eignen. Wie ich schon sagte, habe ich Ihre Zeitungsanzeigen gesehen. Ich glaube, Sie haben da eine sehr gute Hunter-Uhr für ungefähr – etwas unter vierzig Pfund?«

Der Geschäftsführer beeilte sich, seinem Kunden eine Anzahl goldener Uhren in verschiedenen Preislagen vorzulegen. Medhurst sah sie sich sorgfältig und mit Interesse an, während er sich dabei freundlich mit dem Geschäftsführer unterhielt. Schließlich wählte er ein elegantes und zugleich brauchbares Stück aus, das mit etwas über vierunddreißig Pfund angezeichnet war. Dann zog er einen Scheck aus der Tasche.

»Ich will Ihnen diesen Scheck auf fünfzig Pfund ausstellen«, bemerkte er, als der Geschäftsführer ihm Tinte und Feder brachte. »Vielleicht können Sie mir den Differenzbetrag herausgeben?«

»Mit Vergnügen, Hochwürden«, antwortete der Geschäftsführer. Er hegte keinen Zweifel an der Identität seines Besuchers. Hatte er nicht des Bischofs Visitenkarte empfangen? Lag da nicht, neben den Handschuhen des Bischofs, ein Exemplar seines Buches, *Leichtathletik und Christentum*, mit des Bischofs Unterschrift? Er händigte ihm fünfzehn Pfund und sieben Schillinge aus und dankte ihm für seine Kundschaft.

Medhurst deutete eine würdige Verbeugung an und ließ sein gewinnendstes Lächeln sehen. Dann blickte er auf eine Uhr hinter dem Ladentisch und begann sich zu beeilen.

»Du meine Güte!« rief er aus. »Ich habe ja nur noch wenig Zeit, um meinen Zug in der Cannon Street zu erreichen. Ich muß mich sputen.«

Der Geschäftsführer flitzte um den Ladentisch und öffnete mit einer tiefen Verbeugung die Tür.

»Eben um die Ecke, Hochwürden«, sagte er. »Eure Lordschaft werden es in zwei Minuten schaffen.«

Medhurst lächelte, nickte dankend und trat schnell hinaus. Er ging auch um die Ecke, die der Geschäftsführer ihm gezeigt hatte. Dann aber ging er um noch zwei Ecken und verschwand in einem Gebäudewirrwarr, der nach dem Prinzip eines Kaninchenbaus angelegt zu sein schien. Innerhalb von fünf Minuten, nachdem er das Juweliergeschäft verlassen hatte, befand er sich im Privatbüro seines gutes Freundes, der selbst gerade gekommen war und sich nun beeilte, die Tür hinter ihnen beiden zu schließen.

Inzwischen war der Geschäftsführer, nachdem er den vermeintlichen Bischof um die Ecke gehen sehen hatte, in den Laden zurückgetreten. Er rieb sich die Hände vor Befriedigung, daß der Tag so gut begonnen hatte.

Plötzlich sah er das Buch und die Handschuhe – Medhurst hatte sie völlig vergessen – die auf dem Ladentisch liegengeblieben waren. Er griff sie schnell auf, rief seinen Gehilfen ein paar Worte zu und lief hinter seinem Kunden her. Er sauste die Bucklersbury hinunter, schoß über die Queen Victoria Street, raste den Walbrook entlang und stürzte in gefährlichen Sätzen über die Cannon Street und in den Bahnhof hinein. Er war fast atemlos, als er suchenden Blicks an die Sperre des Abfahrtsbahnsteigs gelangte.

»Haben Sie einen Bischof hindurchgehen sehen?« keuchte er, als er sich dem Fahrkartenkontrolleur näherte. »Ein großer Mann – der Bischof von Brychester!«

Der Fahrkartenkontrolleur warf dem Geschäftsführer einen vielsagenden Blick zu.

»Heut früh wurde hier so ein Kerl verhaftet, der sich Bischof von Brychester nannte«, grollte er. »Hat im Hotel die Zeche geprellt, der Bursche. Sich vollstopfen und dann nicht bezahlen wollen – das lieb' ich! Wollen Sie ihn sehen? Dann gehen Sie mal zur Polizeiwache hinüber.«

Dem Geschäftsführer des Juwelierladens wurde plötzlich sehr übel. Seine Gedanken schwammen. Er ging hinaus. Genauso plötzlich aber faßte er sich wieder. Der Zechpreller konnte nicht derselbe Mann sein, der ihn gerade besucht hatte – unmöglich! Trotzdem, er würde sich nichts dabei vergeben, wenn er die Polizeiwache aufsuchte. Er kannte dort ein paar Beamte. Da es ihn interessierte, wie dieses ungewöhnliche Zusammentreffen zustande gekommen war, ging er also hin, um ihnen seine Geschichte zu erzählen.

Der Polizeibeamte, dem der Geschäftsführer sein Erlebnis berichtete, lauschte schweigend – um auch noch danach ein paar Minuten schweigend zu verharren.

»Gerade eben passiert?« fragte er plötzlich.

»Vor einer knappen halben Stunde«, antwortete der Geschäftsführer. Er lächelte tapfer. »Selbstverständlich war der meine der richtige Bischof«, sagte er. »Aber wo haben Sie Ihren Mann – den Betrüger?«

Der Beamte winkte ihm mit dem Finger.

»Kommen Sie mit – hier entlang!« sagte er.

Er geleitete den Geschäftsführer in einen gewissen sicheren Raum, in welchem der unglückliche Bischof von Tuscaloosa seinen ungläubigen Bewachern immer noch ernste Vorhaltungen machte. Doch im selben Augenblick, als sie durch die eine Tür eintraten, wurde durch die gegenüberliegende ein hoher geistlicher Würdenträger geführt, der in der City bekannt war wie Sankt Paul's selbst; bei seinem Anblick verstummte respektvoll jegliches Gespräch im Raum.

Mit ausgestreckten Händen schritt er auf den Kolonialprälaten zu.

»Mein lieber Bischof!« rief er aus. »Welch ein jammervoller, welch ein lächerlicher Irrtum! Welch ein unglücklicher – – –«

Der Polizeibeamte, der den Geschäftsführer in den Raum gebracht hatte, zog ihn plötzlich mit sich hinaus.

»Schnell, schnell!« sagte er. »Kommen Sie und beschreiben Sie den Burschen, von dem Sie erzählt haben! Das ist unser Mann! Wir müssen uns ihm sofort auf die Fersen setzen! Kommen Sie! Was sagten Sie, wohin ist er gegangen? Aber natürlich ist er da nicht hingegangen – der nicht!«

In diesem Punkt hatte der Polizeibeamte völlig recht. Medhurst, der inzwischen zum dritten Mal seine Kleidung gewechselt hatte, fuhr in diesem Augenblick ruhig und mit begründeter Hoffnung auf gutes Gelingen seiner endgültigen Freiheit entgegen.

Graham Greene

Das Kellerzimmer

I

Als sich die Haustüre geschlossen hatte und Baines, der Diener, in die dämmrige leere Halle zurückgekehrt war, begann für Philipp das Leben. Er stand vor der Türe des Kinderzimmers und lauschte auf das Geräusch des abfahrenden Taxis. Seine Eltern waren eben für vierzehn Tage verreist, und er war ›zwischen zwei Kindermädchen‹; das alte war entlassen worden und das neue noch nicht eingetroffen. Er war allein in dem großen Haus am Belgrave-Platz, allein mit Baines und dessen Frau.

Nun konnte er überall hingehen, selbst durch die Türe mit dem grünen Vorhang, die zur Speisckammer und hinunter zur Kellerwohnung des Dienerpaares führte. Alles kam ihm fremd vor in diesem Haus, weil er jeden Raum betreten konnte und niemand darin war.

Und doch spürte er überall einen Hauch der Abwesenden: im Rauchzimmer mit dem Pfeifenständer zwischen den Elefantenzähnen, mit dem geschnitzten Tabakstopf; im Schlafzimmer mit den rosa Tapeten und Vorhängen, mit dem kaum spürbaren Hauch verflüchtigten Parfums und den halbgeleerten Gesichtscremetöpfchen, die Frau Baines noch nicht weggeräumt hatte; im Salon mit dem schwarzglänzenden, nie berührten Flügel, der Kaminuhr aus Porzellan, den kleinen geschweiften Tischchen und dem Silber. Aber hier war Frau Baines bereits an der Arbeit; sie nahm die Vorhänge ab und bedeckte die Fauteuils mit weißen Überzügen, um sie vor Staub zu schützen. »Verschwinde hier, Philipp!« rief sie und sah ihn aus ihren wässerigen und verdrossenen Augen an; dann machte sie sich an die Arbeit, brachte alles in Ordnung, peinlich genau und ohne Liebe, nur in Erfüllung ihrer Pflicht.

Philipp Lane ging schnell hinaus und öffnete zögernd die Türe hinter dem grünen Vorhang. Er warf einen Blick in die Speisekammer; aber Baines war nicht da. Dann betrat er zum erstenmal die Treppe, die in den Keller führte.

Wieder hatte er das Gefühl: ›Das ist das Leben.‹ All die sieben Jahre, die er im Kinderzimmer zugebracht hatte, vibrierten in der Erregung dieses fremden, neuartigen Erlebnisses. Sein übersprudelnder, rastloser Geist glich einer Stadt, in der man verspürt, wie unter der Wirkung eines fernen Erdbebens der Boden erzittert. Philipp war in ängstlicher Erwartung und doch glücklicher als zuvor. Denn alles war jetzt bedeutungsvoller als ehedem.

Baines las in Hemdärmeln die Zeitung. Er sagte: »Komm herein, Phil, und mach dir's bequem. Wart einen Moment, ich werde dir gleich etwas geben.« Damit trat er an einen weißen, blitzsauberen Schrank und holte eine Flasche Ingwerbier und ein halbes Früchtebrot hervor. »Halb zwölf Uhr«, sagte er, »jetzt machen die Wirtshäuser auf, mein Junge.« Mit diesen Worten schnitt er den Kuchen auf und füllte dann ein Glas für

Philipp. Er war freundlicher und ungezwungener, als Philipp ihn je gekannt hatte: ein Mann in seinem eigenen Heim.

»Soll ich Frau Baines rufen?« fragte Philipp und war froh, als Baines abwehrte. Sie sei an der Arbeit, sie tue die Arbeit gern; warum sollte sie also in ihrem Vergnügen gestört werden?

»Ein Tröpfchen um halb zwölf«, begann Baines wieder und goß auch sich ein Glas Ingwerbier ein, »das macht Appetit aufs Kotelett und hat noch keinem geschadet.«

»Aufs Kotelett?« fragte Philipp.

»Wer lange an der Goldküste war«, erklärte Baines, »sagt zu jedem Essen Kotelett.«

»Aber es gibt heute doch kein Kotelett?«

»Könnte aber eines geben, fein in Palmöl gebraten, und nachher eine Papajafrucht.«

Philipp blickte durch das Kellerfenster auf den trokkenen, gepflasterten Lichthof hinaus, auf den Mülleimer und auf die Beine der Leute, die oben auf der Straße jenseits des Gitters vorübergingen.

»War es dort heiß?«

»Ah, du hast noch nie solche Hitze erlebt. Weißt du, keine angenehme Hitze, wie du sie an einem Tag wie heute hier bei uns im Park verspürst. Feucht«, sagte Baines, »Fäulnis«. Er schnitt sich ein Stück vom Früchtebrot ab. »Alles riecht verfault«, fuhr er fort und ließ dabei seine Augen rundum durch das kleine Kellerzimmer wandern, von einem sauberen Wandschrank zum andern, die alle so nüchtern wirkten und das Gefühl erweckten, daß niemand dort seine Geheimnisse verbergen könnte. Aus der Miene des Butlers sprach die Trauer um etwas Unwiederbringliches, und er tat einen tiefen Zug aus seinem Glas.

»Warum war Vater in Afrika?«

»Es war seine Arbeit«, erwiderte Baines, »wie das jetzt meine ist. Damals war es auch meine Arbeit, eine Arbeit für Männer. Du würdest es heute nicht glauben, aber ich hatte vierzig Neger unter mir; die taten, was ich ihnen gebot.«

»Warum haben Sie es aufgegeben?«

»Weil ich Frau Baines heiratete.«

Philipp nahm die Schnitte Früchtebrot in die Hand und ging geräuschvoll kauend im Zimmer umher. Er kam sich sehr alt, unabhängig und erfahren vor und war sich bewußt, daß Baines mit ihm wie zu einem Mann redete. Er nannte ihn nie Master Philipp, wie seine Frau es tat, die unterwürfig kroch, wenn sie nicht herrisch auftrat.

Baines hatte die Welt gesehen; er hatte über das Eisengitter vor dem Haus hinausgesehen, über die müden Beine der Maschinenschreibfräulein, über die Parade der kleinen Leute, die vom Bezirk Pimlico nach Victoria und wieder zurück gingen. Da saß er nun über seinem Ingwerbier mit der resignierten Würde eines Mannes in der Verbannung; aber Baines klagte nicht;

er hatte sich sein Schicksal selbst ausgesucht; und wenn dieses Schicksal Frau Baines hieß, so hatte er die Schuld nur sich selbst zuzuschreiben.

Heute aber stand das Haus beinahe leer. Seine Frau arbeitete in den oberen Stockwerken, und für ihn gab es nichts zu tun; so erlaubte er sich ein paar bittere Worte.

»Ich würde morgen wieder hinfahren, wenn sich eine Gelegenheit ergäbe.«

»Haben Sie jemals einen Neger erschossen?«

»Das hatte ich nie nötig«, antwortete Baines. »Natürlich trug ich eine Pistole. Aber es war gar nicht nötig, die Leute schlecht zu behandeln. Damit hätte man sie nur blöd gemacht. Ich sage dir«, fuhr Baines fort und beugte dabei sein schütteres graues Haar über das Glas, »ich habe ein paar von diesen verdammten Niggern direkt gern gehabt, konnte einfach nicht anders. Da standen sie lachend herum, und einer hielt den anderen an der Hand. Sie haben sich gern berührt; es gab ihnen ein angenehmes Gefühl, zu wissen, daß ihr Nebenmann da war.« Und weiter: »Das können wir gar nicht begreifen; zwei von ihnen gingen oft den ganzen Tag herum, ohne einander loszulassen, erwachsene Männer; aber es war nicht Liebe; es war nichts, was wir begreifen können.«

»Zwischen den Mahlzeiten essen«, tönte die Stimme von Frau Baines dazwischen. »Was würde deine Mutter dazu sagen, Philipp?«

Sie kam die steinernen Stufen zum Keller herab, ihre Hände voll Creme- und Salbentiegel, Schminke- und Pastetuben. »Du solltest ihm anders zureden, Baines«, sagte sie zu ihrem Mann, ließ sich in einem Korbsessel nieder und kniff beim Anblick von Coty-Lippenstift, Pond's Cream, Leichner-Rouge, Cyclex-Puder und Elizabeth Arden Adstringent ihre kleinen Augen mißmutig zusammen.

Sie warf eines nach dem andern in den Papierkorb. Nur die Tube Cold Cream behielt sie zurück. »Dem Buben Geschichten erzählen«, brummte sie. »Geh ins Kinderzimmer, Philipp, während ich dir das Mittagessen richte.«

Philipp kletterte die Treppe zum grünen Vorhang hinauf. Er vernahm Frau Baines' Stimme wie die Stimme in einem bösen Traum, wenn das kleine Nachtlicht in der Untertasse zerronnen ist und sich die Vorhänge bewegen; es war eine scharfe, schrille Stimme; Bosheit klang aus ihr, und sie war lauter, als man sprechen sollte, und hielt nichts zurück.

»Du machst mich ganz krank, Baines, wie du den Buben verwöhnst. Höchste Zeit, daß du im Hause was arbeitest.«

Philipp konnte nicht hören, was Baines ihr zur Antwort gab. Er stieß die Tür auf und trat in seiner kurzen grauen Flanellhose – gleich einem kleinen, unter der Erde lebenden Tier – in einen Flecken Sonnenlichts auf dem Parkettboden, in den Widerschein von Spiegeln, die Frau Baines abgestaubt, poliert, auf Glanz gebracht hatte.

Unten im Kellerzimmer zerbrach irgend etwas. Baines tat ihm leid; es kam ihm der Gedanke, wie glücklich er und der Diener in dem leeren Haus zusammen leben könnten, wenn Frau Baines fortgerufen würde. Er hatte keine Lust, mit seinem Meccano zu spielen; keine Lust, seine Eisenbahn oder seine Zinnsoldaten hervorzuholen. Er saß am Tisch, das Kinn in die Hände gestützt: ›Das ist also das Leben‹; und plötzlich fühlte er sich für Baines verantwortlich, als wäre er der Herr des Hauses und Baines ein alternder Diener, der seine Fürsorge verdiente. Viel konnte er nicht für ihn tun; so entschloß er sich, wenigstens brav zu sein.

Es überraschte ihn nicht, als Frau Baines beim Mittagessen liebenswürdig war; er kannte ihre Launen. Jetzt hieß es: »Noch ein Stückchen Fleisch, Philipp?« oder: »Philipp, nimm noch eine kleine Portion von diesem guten Pudding!« Es war ein Pudding, der ihm herrlich schmeckte, Queen's Pudding mit einer wunderbaren Kruste aus Baiser obendrauf; Philipp aber wollte nicht noch einmal zulangen, damit Frau Baines das nicht als Sieg über ihn buchen könnte. Sie war die Sorte Frau, die glaubt, jede Ungerechtigkeit könnte durch ein gutes Essen wieder wettgemacht werden.

Sie war säuerlich, aber sie kochte gerne Süßigkeiten; man konnte sich in ihrem Haushalt nie über einen Mangel an Marmelade oder Zuckerpflaumen beklagen. Sie aß selbst gut und tat feinsten Staubzucker zum Baiser und zur Erdbeermarmelade. Das gedämpfte Licht, das durch das Kellerfenster fiel, ließ über ihrem farblosen Haar die Stäubchen tanzen, während sie den Zucker seihte und während Baines wortlos über seinem Teller brütete.

Wieder empfand Philipp ein Gefühl der Verantwortung. Baines hatte sich auf diese Stunde gefreut und war jetzt enttäuscht; alles war ihm verdorben. Das Gefühl der Enttäuschung konnte Philipp teilen; da er von Liebe, Eifersucht oder Leidenschaft nichts wußte, vermochte er besser als jeder andere den Schmerz zu verstehen, den der Diener empfand, weil etwas Ersehntes nicht eintrat, ein Versprechen nicht erfüllt wurde, etwas freudig Erregendes in öder Langeweile versank. »Baines«, sagte der Knabe, »wollen Sie heute nachmittag mit mir spazierengehen?«

»Nein«, erklärte Frau Baines, »nein, das geht nicht. Es ist ja noch das ganze Silber zu putzen.«

»Dazu habe ich 14 Tage Zeit«, entgegnete Baines.

»Zuerst die Arbeit, dann das Vergnügen.« Frau Baines nahm sich noch einmal vom Baiser.

Plötzlich warf Baines Löffel und Gabel hin und stieß den Teller von sich. »Verdammt!« rief er.

»Ein Temperament hast du«, sagte Frau Baines leise. »Daß du mir nicht noch etwas zerschlägst! Und ich will nicht, daß du vor dem Kind fluchst. Philipp, wenn du fertig bist, darfst du aufstehen.« Bei diesen

Worten schabte sie das restliche Baiser vom Pudding herunter.

»Ich will spazierengehen«, sagte Philipp.

»Du gehst dich jetzt hinlegen!«

»Ich will aber spazierengehen.«

»Philipp«, sagte Frau Baines. Sie erhob sich, ließ das Baiser auf dem Teller zurück und trat auf den Knaben zu, mager, drohend und staubig in ihrem Kellerzimmer. »Philipp, du wirst tun, was ich dir gesagt habe.« Sie faßte ihn am Arm und drückte diesen ganz leicht; dabei beobachtete sie das Kind mit einem freudlosen, aber leidenschaftlichen Glitzern in den Augen; über ihrem Kopf schleppten sich nach der Mittagspause die Füße der Stenotypistinnen zurück in die Büros von Victoria.

»Warum soll ich nicht spazierengehen?« fragte Philipp, aber seine Entschlossenheit erlahmte; er hatte Angst und schämte sich seiner Angst. Das war das Leben; eine fremde Leidenschaft, die ihm unbegreiflich war, regte sich in diesem Kellerzimmer. Er sah, daß in der Ecke neben dem Papierkorb ein kleines Häufchen zerbrochenen Glases zusammengefegt lag. Er wandte sich hilfeheischend an Baines, fing aber nur einen haßerfüllten Blick auf, den traurigen, hoffnungslosen Haß eines Lebewesens hinter Gitterstäben.

»Warum sollte ich nicht gehen?« wiederholte er.

»Du tust, was man dir befiehlt«, erklärte Frau Baines. »Du darfst nicht glauben, bloß weil dein Vater fort ist, daß dir niemand hier...«

»Sie würden sich nicht getrauen«, rief Philipp und fuhr erschreckt zusammen, als ihn Baines ganz leise unterbrach:

»Die würde sich alles getrauen.«

»Ich hasse Sie«, sagte Philipp zu Frau Baines. Er entwischte ihr und rannte zur Tür, sie aber war vor ihm dort; sie war zwar schon alt, aber noch flink.

»Philipp«, herrschte sie ihn an, »du wirst mich jetzt um Verzeihung bitten.« Zitternd vor Erregung stand sie vor der Tür. »Was würde dein Vater sagen, wenn er dich so reden hörte?«

Damit streckte sie ihre Hand nach ihm aus, eine trockene, von der vielen Sodalauge gebleichte Hand, deren Nägel bis ins Fleisch hinein abgeschnitten waren; der Knabe aber wich vor ihr zurück und brachte den Tisch zwischen sich und die Frau; und plötzlich, sehr zu seiner Überraschung, lächelte sie; sie wurde wiederum so unterwürfig, wie sie eben noch anmaßend gewesen war. »Schau, daß du raus kommst, Philipp«, sagte sie aufgeräumt. »Ich sehe schon, du wirst mir ordentlich zu schaffen machen, bis deine Eltern zurückkommen.«

Sie ließ die Türe unbewacht, und als er an ihr vorbeiwischte, gab sie ihm einen scherzhaften Klaps. »Ich habe heute so viel zu tun, daß ich mich um dich nicht kümmern kann. Nicht einmal die Hälfte der Stühle habe ich zugedeckt.« Unvermittelt überkam Philipp das Gefühl, daß nun auch der obere Teil des Hauses unausstehlich geworden sei; er dachte nämlich daran, wie Frau Baines dort umherschleichen, die Sofas zudecken und überall die Tücher auslegen würde. Also ging er nicht hinauf, um seine Mütze zu holen, sondern trat durch die schimmernde Halle geradewegs auf die Straße hinaus, und als er dort seinen Blick bald hierhin, bald dorthin wandte, stand er wiederum inmitten des Lebens.

II

Die Torten mit rosa Zuckerguß, die auf Spitzendeckchen aus Papier im Schaufenster lagen, der Schinken, die Teller mit bläulicher Wurst, die Wespen, die gleich winzigen Torpedos an der Glasscheibe dahinsausten, sie alle zogen Philipps Aufmerksamkeit an. Seine Füße waren müde vom Pflastertreten; er hatte sich gefürchtet, die Straße zu überqueren, war einfach erst in der einen Richtung und dann in der andern gegangen. Jetzt war er fast wieder zu Hause; der Platz lag am Ende der Straße; dies war ein ärmlicher Vorposten Pimlicos. Er verschmierte mit seiner Nasenspitze den Schmutz auf der Auslagenscheibe, während er nach den Süßigkeiten spähte, und erblickte dabei hinter den Torten und dem Schinken einen ganz anderen Herrn Baines. Die kugelrunden Augen und die Glatze erkannte er kaum wieder. Es war ein glücklicher, ein kühner, ein unternehmungslustiger Baines, obgleich es auch, sah man näher hin, ein verzweifelter Baines war.

Philipp hatte das Mädchen noch nie gesehen. Er erinnerte sich daran, daß Baines eine Nichte hatte, und meinte, daß sie es wäre. Sie war mager und abgezehrt, und sie trug einen weißen Regenmantel. Philipp wußte nichts mit ihr anzufangen; sie gehörte einer Welt an, die ihm völlig unbekannt war. Er konnte über sie keine Geschichten erfinden, wie er es mit dem vertrockneten Sir Hubert Reed, einem Ministerialsekretär, oder mit Frau Wince-Dudley tun konnte, die einmal im Jahr mit einem grünen Regenschirm und einer riesigen schwarzen Handtasche bewaffnet von Penstanley in Suffolk nach London kam, oder wie er es mit den höheren Bediensteten in all den Häusern tun konnte, die er zum Tee oder zum Spielen aufsuchte. Sie gehörte einfach nicht in seine Welt. Er mußte an Meerjungfern, an Undine denken; aber auch dort gehörte sie nicht hin und auch nicht zu den Abenteuern Emils und seiner Detektive.. Sie saß da und starrte auf ein Stück rosabeeister Torte, in einer Welt für sich und vom Geheimnis umgeben wie nur die völlig Enterbten, starrte auf die halb aufgebrauchten Pudertiegel, die Baines auf der Marmorplatte des Tisches vor sie hingestellt hatte.

Baines drängte, war hoffnungsvoll, flehte und war wieder herrisch, und das Mädchen blickte auf den Tee und die Porzellantiegel herab und weinte. Über den Tisch hinweg reichte ihr Baines sein Taschentuch, aber sie wischte sich nicht die Augen ab; sie zerknüllte das Taschentuch in der Hand und ließ die Tränen über die

Wangen fließen; sie tat nichts, sie sprach kein Wort, sie stemmte sich nur mit stummem, verzweifeltem Widerstand gegen das, was sie fürchtete und herbeisehnte und doch um keinen Preis hören wollte. Über den Teetassen trugen die beiden Liebenden einen geistigen Kampf aus, und Philipp, der draußen stand, jenseits des Schinkens und der Wespen und der staubigen Glasscheibe, empfing eine verworrene Andeutung dieses Ringens.

Er war neugierig, begriff nicht, was hier vorging, wollte es aber doch wissen. So trat er an die Tür, um besser sehen zu können, und war nun schutzloser dem Leben preisgegeben, als er es je zuvor gewesen war. Zum erstenmal berührte ihn das Leben anderer Menschen, drängte sich an ihn und formte ihn. Dieser Szene sollte er nie mehr entrinnen können. In einer Woche hatte er sie vergessen, aber sie gestaltete seinen ganzen Lebensweg, die endlose nüchterne Selbstzucht seines ganzen Daseins; als er auf dem Sterbebette lag, fragte er noch: »Wer ist sie?«

Nun hatte Baines gesiegt; er war keck, und das Mädchen war glücklich. Sie wischte sich das Gesicht ab, sie öffnete einen der Tiegel, und ihre Finger berührten über der Tischfläche die des Butlers. Da kam Philipp der Gedanke, daß es belustigend wirken müßte, wenn er jetzt Frau Baines' Stimme nachahmte und von der Türe aus »Baines!« riefe.

Die beiden sackten in sich zusammen; anders kann man die Wirkung nicht beschreiben; sie wurden ganz klein, sie waren nicht mehr glücklich und sie waren nicht mehr keck. Baines erholte sich zuerst und entdeckte, woher die Stimme kam; trotzdem gelang es ihm nicht, seine frühere Stimmung wiederzugewinnen. Dem Nachmittag war wie einer Puppe seine Füllung von Sägespänen ausgeronnen; was immer man tun mochte, es half nichts, und Philipp war zu Tode erschrocken. »Ich wollte ja nicht ...«

Er wollte Baines sagen, daß er ihn gern hatte, daß er nichts weiter habe tun wollen, als sich über Frau Baines lustig machen. Aber nun hatte er erfahren müssen, daß man sich über Frau Baines nicht lustig machen konnte. Sie war nicht Sir Hubert Reed, der mit Stahlfedern schrieb und einen Federwischer in der Tasche trug. Sie war auch nicht Frau Wince-Dudley; sie war die Finsternis, wenn ein Luftzug das Nachtlicht ausgelöscht hatte; sie war das gefrorene Erdreich, das er eines Winters in einem Friedhof gesehen hatte, als jemand die Worte sprach: »Einen pneumatischen Bohrer würde man dazu brauchen«; sie war der verfaulte Blumenstrauß, der in dem kleinen Kabinett in Penstanley einen üblen Geruch verbreitet hatte. An allen diesen Dingen gab es nichts, worüber man sich hätte lustig machen können. Man mußte Frau Baines dulden, wenn sie da war, und sie schnell vergessen, wenn sie fort war, den Gedanken an sie unterdrücken, ihn in seinem Herzen ganz tief hinunterdrücken.

Baines sagte: »Es ist ja nur Philipp«, winkte dem Knaben zu und gab ihm das Tortenstück mit dem rosa Zuckerguß, das das Mädchen nicht gegessen hatte. Aber der Nachmittag war verdorben, die Torte steckte Philipp wie trockenes Brot in der Kehle. Das Mädchen verabschiedete sich sofort: sie vergaß sogar den Puder mitzunehmen; wie ein kleiner, stumpfer Eiszapfen stand sie in ihrem weißen Regenmantel in der Tür, wandte ihnen den Rücken zu und war auch schon im Nachmittag untergetaucht.

»Wer ist sie?« erkundigte sich Philipp. »Ist sie Ihre Nichte?«

»Ja, ja, meine Nichte«, antwortete Baines und goß die letzten Tropfen Wasser auf die groben, schwarzen Blätter in der Teekanne.

»Jetzt können wir ruhig noch eine Tasse Tee trinken«, sagte Baines; »die Tasse, die einen wieder in Stimmung bringt«, fuhr er in hoffnungslosem Ton fort, während er zusah, wie die bittere, schwarze Flüssigkeit aus dem Schnabel der Kanne floß.

»Magst du ein Glas Ingwerbier, Philipp?«

»Bitte nicht böse sein, Baines.«

»Du kannst ja nichts dafür, Philipp. Wirklich, ich könnte jetzt noch glauben, daß nicht du es warst, sondern meine Frau; sie kriecht überall hinein.« Er fischte zwei Teeblätter aus seiner Tasse und legte sie auf den Rücken seiner Hand, ein dünnes zartes Flöckchen und einen harten Stengel. Dann schlug er mit der andern Hand drauf. »Heute«, sagte er, und der Stengel hob sich vom Handrücken ab; »morgen, Mittwoch, Donnerstag, Freitag, Samstag, Sonntag«, aber das zarte Blättchen wollte nicht kommen und ihm eine gute Auskunft geben. Es blieb, wo es war, starb unter seinen Schlägen mit einer Widerstandskraft, die man ihm nicht zugetraut hätte. »Der Hartnäckige gewinnt«, stellte Baines fest.

Er erhob sich, beglich seine Rechnung, und dann traten sie auf die Straße hinaus. Baines begann: »Ich verlange nicht von dir, daß du was Unwahres sagst, aber du brauchst Frau Baines nicht zu erzählen, daß du uns hier getroffen hast.«

»Natürlich nicht«, entgegnete Philipp und nahm dabei ein klein wenig von der Haltung Sir Hubert Reeds an. »Ich verstehe, Baines.« Aber er verstand nicht; dunkle Vorahnung hatte ihn verschlungen.

»Eine Dummheit war's«, sagte Baines, »so nahe der Wohnung. Aber ich hatte keine Zeit zu überlegen, verstehst du. Ich mußte sie jetzt sehen.«

»Natürlich, Baines.«

»Ich darf keine Zeit verschwenden«, fuhr Baines fort. »Ich bin nicht mehr jung, ich muß darauf sehen, daß es dem Mädel gut geht.«

»Natürlich müssen Sie das, Baines.«

»Aber meine Frau wird es herauskriegen, wenn sie irgendwie kann.«

»Auf mich können Sie sich verlassen, Baines«, sagte Philipp mit der trockenen, wichtigtuerischen Stimme

Sir Hubert Reeds; und dann: »Achtung! Sie ist am Fenster und beobachtet uns.« Da stand sie tatsächlich und blickte durch die Spitzenvorhänge des Kellerfensters nachdenklich zu ihnen herauf. »Müssen wir jetzt hineingehen, Baines?« fragte Philipp mit einem kalten Gefühl im Magen, wie wenn er zuviel Pudding gegessen hätte. Er klammerte sich fest an den Arm des Dieners.

»Vorsicht!« sagte Baines leise. »Vorsicht!«

»Aber müssen wir wirklich schon hineingehen, Baines? Es ist ja noch früh. Führen Sie mich doch im Park spazieren.«

»Lieber nicht.«

»Ich fürchte mich aber, Baines.«

»Das brauchst du nicht«, erwiderte Baines. »Niemand wird dir was tun. Lauf nur schnell hinauf ins Kinderzimmer. Ich gehe über die Dienerstiege hinunter und rede mit meiner Frau.«

Aber auch er zauderte auf der obersten Steinstufe und tat so, als sähe er sie nicht hinter dem Fenster stehen, von wo sie ihn durch die Vorhänge beobachtete. »Vorne hinein durch die Haustür, Philipp, und gleich hinauf ins Kinderzimmer!«

Philipp verweilte nicht in der Halle; er rannte und rutschte über das Parkett, das Frau Baines glänzend poliert hatte, zur Treppe hin. Durch die offene Tür des Salons sah er die verhangenen Sessel; sogar die Porzellanuhr auf dem Kaminsims war zugedeckt wie ein Vogelkäfig; als er vorübereilte, schlug sie die Stunde, gedämpft und geheimnisvoll unter ihrem Tuch. Auf dem Tisch des Kinderzimmers stand sein Abendbrot bereit: ein Glas Milch, ein Butterbrot, ein süßes Keks und ein kleines Stück vom kalten Queen's Pudding ohne die Schneekruste. Er hatte keinen Appetit. Angestrengt lauschte er, ob Frau Baines käme, ob jetzt von unten herauf Stimmen zu vernehmen wären; aber der Keller hütete sein Geheimnis; der grüne Vorhang schloß jene Welt ihm ab. Er trank die Milch und aß das Keks; die übrigen Speisen rührte er nicht an. Kurz danach konnte er die leisen, präzisen Schritte von Frau Baines auf der Stiege hören; sie war eine gute Dienerin, sie ging fast lautlos; sie war eine entschlossene Frau, denn sie ging mit genau abgezirkelten Schritten.

Als sie eintrat, war sie gar nicht böse. Sie öffnete die Tür zum Kinderzimmer und sagte einschmeichelnd: »War der Spaziergang nett, Philipp?« Sie ließ die Vorhänge herab, legte Philipps Pyjama bereit und kam dann wieder, um sein Abendessen abzuservieren. »Ich bin froh, daß Baines dich gefunden hat. Deiner Mutter wäre es gar nicht recht, daß du allein draußen gewesen bist.« Sie warf einen prüfenden Blick auf das Tablett. »Nicht viel Appetit, Philipp, nicht wahr? Warum nahmst du nichts von dem guten Pudding? Ich bring dir noch ein bißchen Marmelade dazu herauf.«

»Nein, danke, Frau Baines«, wehrte Philipp ab.

»Du solltest mehr essen«, mahnte sie und schnupperte dabei wie ein Hund im Zimmer umher. »Du hast keine

Tiegel aus dem Papierkorb in der Küche genommen, gelt?«

»Nein«, antwortete Philipp.

»Natürlich würdest du das nicht tun. Ich wollte mich nur vergewissern.« Sie klopfte ihm auf die Schulter, und dann fuhren ihre Finger blitzschnell nach seinem Rockaufschlag. Sie zupfte ein winziges Stückchen rosafarbenen Zuckers aus dem Stoff. »Ha, Philipp, deshalb hast du keinen Appetit. Du hast dir Süßigkeiten gekauft. Dafür bekommst du dein Taschengeld nicht!«

»Aber ich habe mir ja nichts gekauft, bestimmt nicht«, verteidigte sich Philipp.

Frau Baines kostete den Zucker mit der Zungenspitze.

»Lüg mich nicht an, Philipp. Ich lasse mir das genau so wenig gefallen wie dein Vater.«

»Ich habe es bestimmt nicht getan«, sagte Philipp. »Die haben es mir gegeben. Ich meine Baines.« Sie aber stürzte sich auf das Wort ›die‹. Sie hatte erfahren, was sie wissen wollte; darüber bestand kein Zweifel, wenn Philipp auch nicht wußte, was es war. Er war enttäuscht, unglücklich, wütend, weil er Baines' Geheimnis nicht gewahrt hatte. Baines hätte ihm nicht vertrauen sollen; erwachsene Menschen sollten ihre Geheimnisse für sich behalten; und doch vertraute ihm Frau Baines sofort wieder ein neues an.

»Laß mich deine Hand kitzeln und sehen, ob du ein Geheimnis für dich behalten kannst.« Der Knabe aber barg die Hand hinter seinen Rücken; er wollte sich von ihr nicht anrühren lassen. »Es ist ein Geheimnis nur zwischen dir und mir, Philipp: ich weiß über die beiden ganz genau Bescheid. Sie hat wohl mit ihm Tee getrunken«, überlegte sie laut.

»Warum sollte sie das nicht?« entgegnete Philipp; dabei lag ihm das Gefühl, daß er für Baines verantwortlich sei, schwer auf der Seele, und der Gedanke, daß er Frau Baines' Geheimnis wahren müsse, nachdem er das ihres Mannes verraten hatte, machte ihn tief unglücklich, weil er daran erkannte, wie ungerecht das Leben ist. »Nett war sie.«

»Nett war sie, so?« sagte Frau Baines in einem bitteren Ton, der ihm fremd war.

»Sie ist seine Nichte.«

»Das hat er also gesagt«, gab Frau Baines so leise zurück wie das Schlagen der Uhr unter dem Staubtuch. Sie versuchte zu scherzen: »Der alte Gauner! Sag ihm nur nicht, daß ich davon weiß, Philipp.« Unschlüssig stand sie zwischen dem Tisch und der Tür, dachte angestrengt nach und plante irgend etwas. »Versprich mir, daß du nichts sagen wirst. Dann gebe ich dir den Meccano...«

Philipp wandte ihr den Rücken zu; er wollte ihr dieses Versprechen nicht geben, aber er würde auch nichts sagen. Er wollte mit den Geheimnissen der beiden Menschen überhaupt nichts zu tun haben und auch nicht mit der Verantwortung, die sie ihm aufbürdeten. Er wollte nur vergessen. Er hatte schon eine größere Dosis Leben erhalten, als er erwartet hatte, und es war ihm bange. »Den Meccanokasten 2A, Philipp.«

Nie wieder wollte er seinen Meccanokasten öffnen, nie wieder mit ihm bauen; denn fortan mußte er sich dabei immer wieder an den boshaften Ton erinnern, mit dem Frau Baines ihm an jenem Abend gute Nacht gesagt hatte, und an den Klang der leisen, entschlossenen Schritte, mit denen sie die Treppe hinuntergegangen war, immer tiefer, bis in den Keller.

III

Die Sonne strömte durch die Vorhänge herein, und Baines trommelte auf der Wasserkanne einen Marsch. »Prächtig, prächtig«, rief er. Er saß am Bettende und sagte: »Ich erlaube mir mitzuteilen, daß Frau Baines weggerufen worden ist. Ihre Mutter ist sterbenskrank, und sie kommt erst morgen zurück.«

»Warum haben Sie mich so früh aufgeweckt?« fragte Philipp. Er betrachtete Baines mit Unbehagen; er wollte sich nicht in die Sache hineinziehen lassen; er hatte aus der Erfahrung gelernt. Es war nicht recht, daß ein Mann von Baines' Alter so heiter gestimmt war. Das machte einen Erwachsenen so menschlich, wie man selber war. Denn wenn ein Erwachsener sich so kindisch benehmen konnte, dann mochte es einem Kind widerfahren, daß es sich plötzlich in der Welt der Großen befand. Es war genug, daß diese Welt im Traum auf einen eindrang: die Hexe an der Straßenecke, der Mann mit dem Messer. Also sagte er: »Es ist ja noch so früh«, obgleich er Baines liebte, obgleich er nichts anders konnte als sich freuen, daß Baines glücklich war. Er war mit sich selbst uneins: er hatte Angst vor dem Leben, und doch lockte es ihn wieder.

»Ich möchte mir einmal einen ganzen, langen Tag frei nehmen«, sagte Baines. »Jetzt ist die beste Zeit dazu.« Er zog die Vorhänge zurück und fuhr fort: »Es ist ein bißchen neblig. Die Katze ist die ganze Nacht aus gewesen. Da ist sie; sie schnuppert im Lichthof herum. Bei Nr. 59 haben sie die Milch nicht hineingenommen. Emma auf Nr. 63 schüttelt gerade die Fußmatten aus. Daran habe ich an der Goldküste in Afrika immer wieder denken müssen: wie die Dienstmädchen die Fußmatten ausschütteln und wie die Katze nach Hause schleicht. Ich sehe das heute noch so vor mir, wie wenn ich noch in Afrika wäre. Meist wird einem ja gar nicht bewußt, was man hat. Das Leben ist schön, wenn man nur nicht schwach wird.« Er legte eine Pennymünze auf den Waschtisch. »Wenn du dich angezogen hast, Philipp, dann lauf runter und hol mir die ›Daily Mail‹ vom Zeitungsstand an der Ecke. Inzwischen brate ich die Würste.«

»Würste?«

»Ja, freilich, Bratwürste«, antwortete Baines. »Heute müssen wir feiern, einmal ordentlich über die Schnur hauen.« Er war aufgeräumt beim Frühstück, unruhig, mit vielen Scherzen, unerklärlich lustig und zugleich nervös. Sie würden den Tag wirklich ausnützen. Auf das eine kam er immer wieder zurück: durch Jahre hatte er sich auf einen solchen ganzen freien Tag gefreut; er hatte in der feuchten Hitze der Goldküste geschwitzt, sein Hemd gewechselt, war an Fieber erkrankt, hatte zwischen den Decken gelegen und geschwitzt, alles in der Hoffnung auf diesen langen Feiertag, an dem die Katze im Lichthof herumschnupperte, ein leichter Nebel in der Luft hing und bei Nr. 63 die Türmatten ausgeklopft wurden. Er pflanzte die ›Daily Mail‹ vor der Kaffeekanne auf und las kleine Stücke laut daraus vor: »Cora Down hat zum vierten Mal geheiratet«, verkündete er. Das erheiterte ihn, entsprach aber nicht seiner Vorstellung von einem vollen freien Tag. Der bestand für ihn aus einem Spaziergang im Hyde Park, wo er sich die eleganten Reiter in Rotten Row ansah, unter ihnen Sir Arthur Stillwater, der hinter dem eisernen Geländer vorüberritt (»er dinierte einmal bei uns in Bo; kam von Freetown herauf, war dort Gouverneur«); aus einem Lunch im Corner House – Philipps wegen, denn er hätte ein Glas Starkbier und ein paar Austern in der Yorkbar vorgezogen; aus einem Besuch im Zoo und aus der langen Heimfahrt im Autobus im letzten Licht des Sommerabends; im Green Park begannen sich die Blätter zu verfärben, und die Autos, die ihre Nasen aus der Berkeley Street hervorschoben, spiegelten mit ihren

Windschutzscheiben die milde Glut der sinkenden Sonne wider. Baines beneidete niemanden, nicht Cora Down noch Sir Arthur Stillwater oder Lord Sandale, der eben über die Schwelle des Army and Navy Clubs heraustrat und dann wieder hineinging, weil er nichts zu tun hatte und sich deshalb noch eine weitere Zeitung ansehen konnte. »Ich sagte zu ihm, lassen Sie sich nicht noch einmal dabei erwischen, daß Sie diesen Schwarzen anrühren.« Baines hatte eben wie ein Mann gelebt; alle Fahrgäste auf dem Oberdeck des Autobus spitzten die Ohren, als er Philipp diese Geschichte erzählte.

»Und hätten Sie ihn erschossen?« fragte Philipp, und Baines legte seinen Kopf zurück und setzte den dunklen, vornehmen Dienerhut schmissiger auf, während sich der Autobus in der Kurve am Artilleriedenkmal zur Seite neigte.

»Ich hätte mich nicht lange besonnen. Ich hätte geschossen, um ihn umzulegen«, prahlte er, und draußen zog die gebeugte Soldatengestalt auf dem Denkmal vorbei, der Stahlhelm, der schwere Mantel, das auf die Mündung gestellte Gewehr und die gefalteten Hände.

»Haben Sie den Revolver noch?«

»Selbstverständlich«, antwortete Baines. »Brauche ich ihn denn nicht, wo's doch so viele Einbrüche gegeben hat?« Das war der Baines, den Philipp liebte; nicht ein singender, sorgloser Baines, sondern ein verantwortungsbewußter Baines, ein wachsamer Baines, ein Baines, der das Leben eines echten Mannes führte.

Vom Victoria-Bahnhof her ergossen sich in einem wahren Strom die Autobusse – gleich einem Ehrengeleit von Flugzeugen, um Baines nach Hause zu bringen. »Vierzig Schwarze unter mir«, erklärte er; und dort an der Dienertreppe harrte seiner schon die gebührende, die konventionelle Belohnung, die Liebe im Dämmerlicht.

»Es ist Ihre Nichte«, sagte Philipp, der den weißen Regenmantel, nicht aber das glückliche, schläfrige Gesicht erkannte. Das Mädchen jagte ihm einen Schrecken ein wie eine Unglückszahl, so daß er Baines beinahe erzählte, was seine Frau gesagt hatte; aber Philipp wollte sich in keine Unannehmlichkeiten stürzen, er wollte die Dinge auf sich beruhen lassen.

» Richtig, sie ist's«, rief Baines. »Würde mich gar nicht überraschen, wenn sie zu einem kleinen Abendessen bei uns bliebe.« Dann aber schlug er vor, mit ihr einen kleinen Scherz zu treiben und so zu tun, als sei sie ihnen unbekannt, und über die Dienertreppe in den Keller hinunterzuhuschen – »da sind wir schon«, sagte Baines; dann würden sie den Tisch decken und die kalten Würste, eine Flasche Bier, eine Flasche Ingwerbier und eine mit Spätburgunder bereitstellen. »Jedem sein Getränk nach Geschmack«, sagte Baines. »Geh, lauf hinauf, Philipp, und schau, ob Post gekommen ist.«

Philipp fühlte sich in dem leeren, dämmrigen Haus, ehe die Lichter angezündet wurden, etwas unbehaglich. Er beeilte sich. Er wollte rasch wieder bei Baines sein.

Die Halle lag ganz still und dunkel da, bereit, ihm einen Anblick zu bieten, den er nicht sehen wollte. Da fielen raschelnd ein paar Briefe durch den Schlitz in der Tür, und es klopfte jemand. ›Öffnet im Namen der Republik‹, ging es Philipp durch den Sinn. Die Schinderkarren rollten, das Haupt purzelte blutig in den Korb. Poch, poch, und dann entfernten sich die Schritte des Briefträgers. Philipp hob die Briefe auf. Der Schlitz in der Tür war wie das Gitterwerk im Schaufenster eines Juweliers. Philipp fiel der Polizist ein, den er einst durch diesen Schlitz hatte hindurchlugen sehen. Damals hatte er sein Kindermädchen gefragt: »Was tut er denn?«, und als sie ihm erklärte: »Er sieht nur nach, ob im Hause alles in Ordnung ist«, da füllte sich sein Geist gleich mit allen möglichen Phantasiebildern und Vorstellungen, was alles nicht in Ordnung sein könnte. Er rannte zur Dienertür und hinunter in den Keller. Das Mädchen war bereits da, und Baines küßte es gerade. Atemlos lehnte sie sich gegen den Geschirrschrank. »Das ist Emmy, Phil.«

»Ein Brief für Sie, Baines.«

»Emmy, der ist von ihr«, erklärte Baines, wollte aber den Brief nicht öffnen. »Wetten wir, daß sie zurückkommt.«

»Jedenfalls werden wir zu Nacht essen«, entgegnete Emmy. »Das kann sie uns nicht verderben.«

»Du kennst sie nicht«, sagte Baines. »Nichts ist vor ihr sicher. Verdammt!« rief er aus. »Ich war doch einmal ein Mann!« Mit diesen Worten öffnete er den Brief.

»Darf ich anfangen?« fragte Philipp, aber Baines hörte ihn gar nicht. In seiner regungslosen und gespannten Haltung bot er ein Beispiel für die Bedeutung, die erwachsene Menschen dem geschriebenen Wort beimessen: man muß seinen Dank schriftlich ausdrücken, man kann nicht warten und ihn mit Worten sagen, als ob Briefe nicht lügen könnten. Philipp aber wußte das besser; er hatte seinen Dank an Tante Alice, die ihm eine Puppe geschenkt hatte, für die er schon zu alt war, in großen Buchstaben über eine ganze Seite gemalt. Briefe können sehr wohl lügen, aber sie verewigen auch die Lüge; sie liegen da als Beweismittel gegen den Schreiber; sie machen ihn noch gemeiner, als das gesprochene Wort es tut.

»Sie kommt erst morgen abend zurück«, sagte Baines. Er öffnete die Flaschen, zog die Stühle an den Tisch heran und drängte zwischendurch mit seinen Küssen das Mädchen wieder gegen den Geschirrschrank.

»Das sollst du nicht«, rief sie, »wo doch der Bub da ist.«

»Der muß es auch lernen«, erwiderte Baines, »wie wir alle«, und legte dabei drei Würste auf Philipps Teller. Er selbst nahm nur eine; er erklärte, er sei nicht hungrig; als aber Emmy sagte, sie sei auch nicht hungrig, da trat er zu ihr hin und zwang sie zu essen. Er war schüchtern und zugleich barsch zu ihr und drängte sie dazu, vom Burgunder zu trinken, weil sie kräftiger werden müsse, wie er sich ausdrückte. Ein Nein als Antwort ließ er nicht gelten; aber als er sie anrührte, waren seine Hände leicht und zugleich unbeholfen, als fürchtete er sich, er könnte etwas Zartes beschädigen, und als wisse er nicht, wie man etwas so Federleichtes anzufassen habe.

»Das schmeckt besser als Milch und Keks, gelt, Phil?«

»Ja«, antwortete Philipp, aber es war ihm bange, bange um Baines ebensosehr wie um sich selbst. Bei jedem Bissen, bei jedem Schluck Ingwerbier mußte er daran denken, was Frau Baines sagen würde, wenn sie von diesem Mahl erführe; er konnte es sich nicht vorstellen, weil in Frau Baines Bitternis und Groll von unergründlicher Tiefe wohnten. Er fragte: »Sie wird also heute abend nicht zurückkommen?« Aber aus der Art, wie ihn die beiden sofort verstanden, konnte er erkennen, daß sie in Wahrheit gar nicht fort war; sie war da, mitten im Kellerzimmer, sie trieb sie zu immer tieferen Zügen aus ihren Gläsern und zu immer lauteren Worten an und wartete nur auf die Gelegenheit zu einer treffenden, beißenden Bemerkung. Baines war nicht wirklich glücklich; er beobachtete das Glück nur jetzt aus nächster Nähe anstatt, wie sonst, aus weiter Ferne.

»Nein, sie wird erst morgen am späten Abend heimkommen«, gab er Philipp zur Antwort. Er konnte seine Blicke nicht vom Glück losreißen. Er hatte wohl ebensoviel herumgespielt wie andere Männer, brachte aber immer wieder die Rede auf die Goldküste, als wollte er damit seine Unerfahrenheit entschuldigen; freilich wäre er nicht so unerfahren gewesen, wenn er sein Leben in London verbracht hätte, nicht so unerfahren, wenn es darauf ankam, zärtlich zu sein. »Wenn du es wärst, Emmy«, sagte er mit einem Blick auf den weißen Schrank und die blankgeschrubbten Stühle, »dann wäre dies hier wie ein eigenes Heim.« Schon war der Raum nicht mehr ganz so abweisend sauber; in den Ecken lag ein wenig Staub, das Silber bedurfte einer letzten Politur, die Morgenzeitung lag unordentlich gefaltet auf einem Sessel. »Geh jetzt schlafen, Phil. Du hast einen langen Tag hinter dir.«

Sie ließen ihn nicht allein durch das finstere, tücherverhangene Haus hinaufgehen, sondern gingen mit ihm, drehten überall das Licht an, und einer berührte die Finger des andern auf den Schaltern; Stockwerk um Stockwerk trieben sie die Nacht zurück; inmitten der zugedeckten Lehnstühle sprachen sie mit leiser Stimme und sahen dann Philipp beim Auskleiden zu. Sie befahlen ihm nicht, sich zu waschen und die Zähne zu putzen, sie legten ihn zu Bett, entzündeten sein Nachtlicht und ließen die Tür einen Spalt offen. Der Knabe konnte ihre Stimmen auf der Treppe hören, freundliche Stimmen wie die der Gäste bei Dinnergesellschaften, wenn sie in die Halle hinuntergingen und gute Nacht sagten. Die beiden gehörten zum Haus; wohin immer sie gingen, schufen sie ein Zuhause. Er hörte, wie eine Tür ging und eine Uhr schlug, und vernahm noch lange ihre Stimmen, so daß er das Gefühl hatte, sie seien nicht weit fort und er sei geborgen. Die Stimmen verklangen nicht allmählich, sie hörten einfach auf, und Philipp hatte das sichere Empfinden, sie seien noch irgendwo in seiner Nähe, in gemeinsamem Schweigen in einem der vielen leeren Räume, wo sie miteinander in Schlaf versanken, so wie er nach diesem langen Tag in Schlaf verfiel.

Er fand gerade noch Zeit, einen leisen Seufzer der Befriedigung auszustoßen, weil auch dieses letzte Erlebnis wohl ein Stück Leben gewesen war, da schlief er auch schon ein, und die unentrinnbaren Schrecken des Schlafes drängten sich um ihn: ein Mann mit dem Trikoloreband am Hut pochte im Namen seiner Majestät an die Tür, ein blutiges Haupt lag in einem Korb auf dem Küchentisch, und die Wölfe Sibiriens schlichen sich immer näher heran. Er war an Händen und Füßen gefesselt und konnte sich nicht rühren; keuchend umsprangen ihn die Tiere – da schlug er die Augen auf, und vor ihm stand Frau Baines. Ihr graues, unordentliches Haar hing in Strähnen über das Gesicht, ihr schwarzer Hut saß ihr schief auf dem Kopfe. Eine Haarnadel löste sich und fiel auf sein Kopfkissen, und ein modrig riechendes Haarbüschel streifte seinen Mund. »Wo sind sie?« flüsterte sie, »wo sind sie?«

IV

Philipp betrachtete sie voll Grauen. Frau Baines war außer Atem, als hätte sie alle leeren Zimmer durchforscht und überall unter die Staubbezüge gesehen.

Mit ihrem zersausten grauen Haar und ihrem schwarzen Kleid, das bis zum Halse zugeknöpft war, ihren schwarzen gewirkten Handschuhen glich sie so sehr den Hexengestalten seiner Träume, daß er nicht wagte, den Mund aufzutun. Ihr Atem hatte einen schalen Geruch.

»Sie ist hier«, zischte Frau Baines, »du kannst es nicht leugnen, sie ist hier.« In ihrem Gesicht standen zugleich Grausamkeit und tiefstes Leid zu lesen; sie wollte anderen Menschen gerne ›etwas antun‹, aber gleichzeitig litt sie darunter. Es hätte ihr gut getan, jetzt gellend aufzuschreien, aber das durfte sie nicht; das hätte die beiden gewarnt. Schmeichelnd kam sie zum Bett zurück, wo Philipp starr auf dem Rücken lag, und flüsterte: »Ich habe den Meccano nicht vergessen. Morgen kriegst du ihn, Philipp. Wir haben unsere Geheimnisse miteinander, gelt? Sag mir, wo die beiden sind.«

Philipp konnte nicht sprechen. Die Angst hielt ihn so fest in ihrem Bann wie ein schrecklicher Alptraum. Die Frau begann wieder: »Sag's Frau Baines, Philipp. Du hast Frau Baines doch lieb, nicht wahr?«

Das war zuviel; er konnte zwar nicht sprechen, aber er konnte seinen Mund bewegen, um ihre Frage entsetzt zu verneinen, und er konnte vor ihrem staubgrauen Gesicht zurückzucken.

Sie kam näher und zischte: »So ein falscher Kerl! Ich werde es deinem Vater sagen. Mit dir rechne ich noch ab, wenn ich erst die andern gefunden habe. Das wirst du mir noch büßen; ich werde schon darauf sehen, daß du mir das noch büßen wirst.« Dann war sie mit einem Mal wieder ganz still und lauschte. Im Stockwerk unter ihnen hatte ein Fußbodenbrett geknarrt, und einen Augenblick später, während die Frau sich lauschend über das Bett des Kindes beugte, drang von unten das Geflüster zweier Menschen, die miteinander glücklich waren und schläfrig – nach dem langen Feiertag. Das Nachtlicht stand vor dem Spiegel, und Frau Baines konnte darin voll Bitterkeit ihr Ebenbild erblicken; Kummer und Grausamkeit flackerten im Glas, und Alter und Staub und Hoffnungslosigkeit. Sie brach in ein tränenloses Schluchzen aus, das trocken und atemlos klang; aber ihre Grausamkeit war eine Art von Stolz, die sie weitertrieb; sie war ihre beste Eigenschaft, und ohne sie wäre die Frau bloß bejammernswert gewesen. Auf Zehenspitzen schlich sie durch die Tür, tastete sich über den Treppenabsatz und ging dann so leise die Stiege hinab, daß niemand sie durch eine verschlossene Tür hören konnte. Dann herrschte wieder lautlose Stille; Philipp konnte sich rühren; er zog die Knie an und setzte sich im Bett auf; er wollte sterben; alles war so ungerecht; die Wand hatte sich wieder zwischen die Welt der anderen und die seine geschoben. Diesmal aber sollte er etwas weit Schlimmeres als ausgelassene Heiterkeit mit den Erwachsenen teilen; eine Leidenschaft regte sich in diesem Haus, die er als solche erkannte, aber nicht begreifen konnte.

Es war nicht fair; aber er verdankte Baines alles: den Besuch im Zoo, das Ingwerbier, die Heimfahrt im Autobus. Selbst das Abendessen forderte seine Loyalität. Aber er hatte Angst; er rührte an etwas, woran er nur in seinen Träumen rührte, an das blutende Haupt, an die Wölfe, an das Poch, Poch, Poch. Mit wilder Grausamkeit fiel das Leben über ihn her; so kann man es ihm nicht verdenken, daß er in sechzig weiteren Lebensjahren es nie wieder wagte, ihm ins Antlitz zu sehen. Er stieg aus dem Bett, schlüpfte aus alter Gewohnheit behutsam in seine Pantoffeln und schlich auf Zehenspitzen zur Tür. Auf dem Treppenabsatz unter ihm herrschte nicht völlige Dunkelheit, weil die Vorhänge zum Reinigen abgenommen worden waren und so von der Straße der Lichtschein durch die hohen Fenster hereindrang. Frau Baines hatte ihre Hand auf dem gläsernen Türknauf; vorsichtig drehte sie ihn herum; dann kreischte sie: »Baines! Baines!«

Darauf wandte sie sich um und sah Philipp in seinem Pyjama am Treppengeländer kauern. Er war wehrlos, noch wehrloser als Baines, und bei seinem Anblick schwoll ihre Grausamkeit und trieb sie wieder die Treppe hinauf. Von neuem überfiel Philipp der Alpdruck, und er vermochte sich nicht von der Stelle zu rühren; für alle Zukunft war ihm aller Mut geraubt; er verbrauchte ihn jetzt bis auf den letzten Rest, und es war ihm keine Frist vergönnt, ihn wieder anwachsen zu lassen, es waren ihm keine Jahre der Abhärtung gegeben; nicht einmal aufschreien konnte er.

Aber der erste Schrei hatte Baines aus dem besten Gästezimmer herausgerufen, und er war flinker auf den Beinen als seine Frau. Sie hatte noch nicht den nächsten Treppenabsatz erreicht, da hatte er sie auch schon um die Mitte gepackt. Sie stieß ihm ihre Hände mit den schwarzen Wirkhandschuhen ins Gesicht, und er biß sie in die Hand. Zum Überlegen hatte er keine Zeit; er rang mit ihr verbissen wie mit einem fremden Menschen, sie aber wehrte sich mit wissendem Haß. Sie würde ihnen allen eine Lehre geben, und es machte ihr nichts aus, mit wem sie den Anfang machte; alle hatten sie getäuscht. Doch das alte Ebenbild im Spiegel stand neben ihr und flüsterte ihr zu, sie müsse ihre Würde bewahren, sie sei nicht jung genug, sie abzustreifen; ins Gesicht dürfe sie ihn schlagen, aber beißen dürfe sie ihn nicht; stoßen dürfe sie ihn, nicht aber ihn mit Füßen treten.

Alter Staub und Hoffnungslosigkeit hemmten ihre Kraft. Im Geflatter schwarzer Kleider stürzte sie über das Geländer und hinunter in die Tiefe der Halle. Sie blieb am Eingang liegen wie ein Sack Kohle, der durch den Lichthof hätte in den Keller geschafft werden müssen. Philipp sah es, Emmy sah es; sie setzte sich plötzlich in der Tür des besten Gästezimmers auf den Boden, als sei sie so müde, daß sie nicht mehr länger stehen konnte. Mit langsamen Schritten stieg Baines in die Halle hinab.

Philipp fiel es nicht schwer, aus dem Haus zu entkommen; sie hatten ihn völlig vergessen; er lief über die Hintertreppe, die Dienertreppe hinab, weil Frau Baines vorne in der Halle lag; er verstand nicht, was sie dort tat, warum sie dort lag. Gleich den schreckenerregenden Bildern in einem Buch, aus dem ihm niemand hatte vorlesen wollen, flößten ihm die Dinge, die er nicht begriff, Furcht ein. Das ganze Haus war nun der Welt der erwachsenen Menschen übergeben worden; selbst in seinem Kinderzimmer fühlte er sich nicht sicher; die Leidenschaft der Großen hatte es gleich einer Flutwelle überschwemmt. Jetzt hieß es nur wegkommen, über die Hintertreppe und wieder hinauf über die Stiege im Vorhof, und niemals mehr zurückkehren. Man denkt dann nicht an die Kälte, an die Notwendigkeit, zu essen und zu schlafen, und für eine Stunde wenigstens hält man es für möglich, seinen Mitmenschen für immer zu entrinnen.

Als Philipp auf den Platz hinauskam, trug er Pyjama und Pantoffeln, aber es war niemand da, der ihn hätte sehen können. Um diese Stunde des Abends sind in einem vornehmen Wohnviertel alle Leute entweder im Theater oder zu Hause. Er kletterte über das Eisengitter in den kleinen Garten in der Mitte des Platzes. Die Platanen breiteten ihre mächtigen, bleichen Äste zwischen ihm und dem Himmel aus. Der Garten, in den er geflüchtet war, hätte ein unendlicher Wald sein können. Er duckte sich hinter einen Baumstamm, und die Wölfe schlichen davon; zwischen der kleinen eisernen Gartenbank und dem Baumstamm würde ihn, wie er meinte, kein Mensch mehr finden. In einer Gemütsbewegung, die halb bitteres Glück und halb Mitleid mit sich selbst war, brach er in Tränen aus; er war verloren; jetzt würde es keine Geheimnisse mehr zu bewahren geben; er konnte die Verantwortung ein für allemal von sich abwälzen. Die Erwachsenen sollten alle in ihrer eigenen Welt bleiben, und er würde in der seinen bleiben, geborgen unter den Platanen des winzigen Gartens. ›In der verlorenen Kindheit eines Judas wurde Christus verraten‹; man konnte förmlich sehen, wie sich in das kleine, noch unausgeprägte Kindergesicht die ersten harten Falten eines tiefen Egoismus gruben, der später den greisen Dilettanten beherrschen sollte.

Jetzt öffnete sich die Tür des Hauses 48, und Baines spähte nach allen Richtungen daraus hervor; dann machte er mit der Hand ein Zeichen, und Emmy erschien; das Ganze wirkte so, wie wenn sie mit knapper Not einen Zug erreicht hätten und nicht mehr Zeit fänden, einander Lebewohl zu sagen. Das Mädchen ging rasch an Philipp vorüber, so wie ein Gesicht hinter einem Waggonfenster am Bahnsteig vorüberfliegt, bleich und unglücklich und voll Widerstreben. Baines verschwand im Haus und schloß die Tür. Dann flammte im Kellergeschoß das Licht auf. Ein Polizist machte die Runde um den Platz und blickte in alle Lichthöfe hinab. An den brennenden Lampen hinter den Vorhängen im ersten Stock konnte man ersehen, wie viele Familien zu Hause waren.

Philipp durchforschte den Garten; er brauchte nicht lange dazu; es waren nur zwanzig Meter im Geviert, mit Buschwerk und Platanen bestanden, zwei eiserne Gartenbänke und ein Kiesweg, der an beiden Enden auf ein Gartentor mit einem Vorhängeschloß stieß, und ein wirrer Haufen dürren Laubes. Aber Philipp konnte nicht bleiben; in den Büschen regte sich etwas, und zwei leuchtende Augen wie die eines sibirischen Wolfes starrten ihn an. Er überlegte, wie grauenhaft es wäre, wenn Frau Baines ihn hier ertappte. Er würde keine Zeit finden, über den Zaun zu klettern; von hinten würde sie ihn fassen.

Der Knabe verließ den Platz am weniger vornehmen Ende und befand sich unvermittelt zwischen Fischrestaurants, kleinen Papierläden, die Kinderbillards verkauften, zwischen Agenturen, die sich für Deckadressen hergaben, und schäbigen Hotels, deren Haustüren offen standen. Es waren nur wenig Leute zu sehen, da die Gasthäuser geöffnet waren; aber eine Frau mit derben, roten Gesichtszügen und einem Paket unterm Arm rief Philipp von der andern Straßenseite an, und der Türsteher eines Kinos hätte ihn angehalten, wenn er nicht die Straße überquert hätte. Er drang weiter vor: hier konnte man tiefer vorstoßen und sich noch viel vollständiger verlieren als unter den Platanen. Am Rande des Platzes kam er in Gefahr, angehalten und wieder nach Hause gebracht zu werden; denn hier war es noch eindeutig, wohin er gehörte. Je tiefer er aber vordrang, desto mehr verlor er die Kennzeichen seiner Herkunft. Es war eine laue Nacht; da mußte man in diesem Stadtviertel, in dem man freier lebt, bei jedem Kind damit rechnen, daß es sich an einem solchen Abend aus seinem Bett davonschlich. Selbst bei den Erwachsenen stieß er auf eine Art Kameradschaft; wie er so flink vorübereilte, mochte er ein Nachbarskind sein; aber sie würden ihn nicht verraten, weil sie ja selbst einmal jung gewesen waren. Philipp legte sich einen Schutzmantel um, bestehend aus dem Staub des Straßenpflasters und aus den Rußkörnern der Eisenbahnzüge, die jenseits der Hinterhöfe in einem feurigen Sprühregen dahinbrausten. Einmal verfing er sich in einem Knäuel von Kindern, die lachend vor irgend etwas oder irgend jemandem davonliefen; er wurde mit ihnen um eine Straßenecke gewirbelt und dann mit einem klebrigen Fruchtbonbon in der Hand allein zurückgelassen.

Vollständiger hätte er nicht untertauchen können; aber er besaß nicht die Kraft, noch weiter zu wandern. Zuerst hatte er befürchtet, es könnte ihn jemand aufhalten; eine Stunde später hoffte er schon, jemand werde ihn aufhalten. Er konnte den Weg zurück nicht mehr finden, und es bangte ihm vor allem davor, allein zu Hause anzukommen; er hatte Angst vor Frau Baines, größere Angst als je zuvor. Baines war sein Freund; aber es war etwas geschehen, was Frau Baines alle Macht in die Hand gab. Er begann mit Absicht umherzustrolchen, um aufzufallen, aber niemand bemerkte ihn. Ganze Familien standen vor den Haustoren, um noch einmal Luft zu schöpfen; die Mülleimer waren schon auf den Gehsteig gestellt, und die Reste eines Kohlstrunkes beschmutzten seine Pantoffeln. Stimmengewirr erfüllte die Luft; doch Philipp war von diesen Menschen abgeschnitten, die ihm fremd waren und nun für immer fremd bleiben würden; Frau Baines hatte ihnen ihren Stempel aufgedrückt, und Philipp scheute vor ihnen zurück und flüchtete sich in ein tiefes Klassenbewußtsein. Vor Polizisten hatte er sich immer gefürchtet; jetzt aber sehnte er sich danach, von einem Schutzmann nach Hause gebracht zu werden; selbst eine Frau Baines konnte gegen einen Polizisten nichts ausrichten. So schlich er an einem Verkehrspolizeiposten vorbei; der aber war zu sehr beschäftigt, als daß er ihm Aufmerksamkeit geschenkt hätte. Da setzte sich Philipp mit dem Rücken gegen eine Hauswand nieder und weinte.

Er war nicht auf den Gedanken gekommen, daß dies der einfachste Weg war, daß man nichts weiter zu tun brauchte, als sich zu ergeben, zu zeigen, daß man geschlagen war, und die Güte anderer anzunehmen... Damit überschütteten ihn sofort zwei Frauen und ein Pfandleiher. Noch ein zweiter Polizist tauchte auf, ein junger Mensch mit scharfen, mißtrauischen Gesichtszügen. Er machte den Eindruck, als ob er alles, was er sah, sofort in einem Notizbuch vermerkte und dann aus seinen Aufzeichnungen seine Schlüsse zöge. Eine Frau machte sich erbötig, Philipp nach Hause zu führen; er aber traute ihr nicht, sie würde Frau Baines, die so regungslos in der Halle lag, nicht gewachsen sein. Er wollte seine Adresse nicht bekanntgeben und sagte, er fürchte sich vor dem Nachhausegehen. Damit setzte er sich durch und erhielt den gewünschten Schutz. »Ich bringe ihn auf die Wachtstube«, erklärte der Polizist, und indem er ihn unbeholfen an der Hand hielt (er war noch nicht verheiratet, mußte erst Karriere machen), führte er ihn um die nächste Ecke und über die Steinhaufen hinauf in das kleine, kahle, überheizte Zimmer, wo die Gerechtigkeit seiner harrte.

V

Die Gerechtigkeit harrte seiner auf einem hohen Stuhl hinter einer hölzernen Schranke; sie trug einen mächtigen Schnurrbart; sie war freundlich und hatte sechs Kinder (»drei davon so kleine Bürschchen wie du«); sie interessierte sich an sich nicht für Philipp, tat aber so, notierte seine Adresse und schickte einen Polizisten um ein Glas Milch. Aber der junge Polizist interessierte sich; er hatte eine feine Spürnase.

»Bei dir daheim haben sie sicher ein Telephon«, sagte die Gerechtigkeit. »Wir rufen an und sagen ihnen, daß du in Sicherheit bist. Dann werden sie dich bald abholen. Wie heißt du eigentlich, Kleiner?«

»Philipp.«

»Und wie noch?«

»Ich habe keinen andern Namen.« Er wollte nicht abgeholt werden; er wollte von jemandem nach Hause gebracht werden, der sogar auf Frau Baines Eindruck machen würde. Der Polizist beobachtete ihn, beobachtete ihn, während er die Milch trank, beobachtete ihn, wie er vor den Fragen zurückzuckte.

»Warum bist du davongelaufen? Bist du daheim durchgebrannt, he?«

»Ich weiß nicht.«

»Das solltest du nicht tun, junger Mann. Denk nur, wie sich dein Vater und deine Mutter sorgen werden.«

»Die sind fort.«

»Na, dann dein Kindermädchen.«

»Ich hab' keines.«

»Ja, wer paßt denn auf dich auf?« Diese Frage traf ins Schwarze. Philipp sah plötzlich Frau Baines über die Stiege zu ihm hinaufhasten, sah den Berg schwarzer Kleider unten in der Halle liegen. Er begann zu schluchzen.

»Na, na, na, na«, sagte der Wachtmeister. Er wußte mit dem Kind nichts anzufangen und hätte am liebsten seine Frau bei sich gehabt; selbst eine Polizistin hätte von Nutzen sein können.

»Kommt es Ihnen nicht merkwürdig vor«, fragte der junge Polizist, »daß noch keine Anfrage eingelaufen ist?«

»Die Leute glauben sicher, er liege hübsch brav im Bett.«

»Du hast Angst, gelt?« fragte der Polizist. »Was hat dich denn erschreckt?«

»Ich weiß nicht.«

»Hat dir jemand wehgetan?«

»Nein.«

»Schlecht geträumt hat er«, warf der Wachtmeister ein; »hat vielleicht geträumt, daß das Haus brennt. Ich habe sechs Kinder großgezogen. Rose muß gleich zurück sein. Die wird ihn heimführen.«

»Ich möchte aber mit Ihnen heimgehen«, erklärte Philipp und versuchte den Polizisten anzulächeln. Aber die Täuschung verriet den Anfänger und mißlang.

»Es ist wohl besser, ich gehe mit«, sagte der Polizist; »vielleicht stimmt da etwas nicht.«

»Unsinn«, sagte der Wachtmeister. »Das ist eine Aufgabe für eine Frau. Takt ist hier nötig. Da ist ja Rose. Ziehen Sie Ihre Strümpfe hinauf, Rose; Sie machen ja der ganzen Polizei Schande. Ich habe was für Sie.« Rose schlenkerte herein: schwarze Garnstrümpfe, die über die Stiefel herabhingen, das Gebaren einer schlaksigen Pfadfinderin, eine heisere, feindselige Stimme. »Schon wieder eine vom Strich, was?«

»Nein. Sie sollen diesen jungen Mann da nach Hause bringen.« Sie sah Philipp stumpfsinnig an.

»Ich will nicht mit ihr gehen«, protestierte das Kind und begann von neuem zu schluchzen. »Ich mag sie nicht.«

»Mehr weiblichen Charme, Rose«, mahnte der Wachtmeister. Da klingelte das Telephon auf seinem Schreibtisch. Er hob den Hörer ab. »Was? Was ist das?« rief er hinein. »Nummer 48? Haben Sie einen Arzt?« Er legte die Hand über das Mundstück des Fernsprechers. »Kein Wunder, daß keine Meldung über diesen kleinen Buben eingelaufen ist«, sagte er. »Die Leute hatten zuviel zu tun. Ein Unfall. Eine Frau ist auf der Stiege ausgeglitten.«

»Ernste Sache?« fragte der junge Polizist. Der Wachtmeister machte eine Grimasse zu ihm hin. Man spricht das Wort ›Tod‹ in Gegenwart eines Kindes nicht aus (er sollte das nicht wissen? er hatte ja sechs Kinder); man räusperte sich, man schneidet Gesichter: jedenfalls eine komplizierte Kurzschrift für ein Wort von bloß drei Buchstaben.

»Gehen Sie doch lieber selber hin«, sagte er, »und machen Sie einen Bericht. Der Doktor ist dort.«

Rose kam vom Ofen herübergeschlendert: rote Wangen wie zwei Äpfel und lose hängende Strümpfe. Die Hände verbarg sie hinter ihrem Rücken. Ihr großer Mund voll schwarzer Zähne erinnerte an eine Leichenhalle. »Eben haben Sie mir befohlen, ihn nach Hause zu führen, und bloß weil jetzt etwas Interessantes passiert ist... aber von einem Mann erwarte ich mir ja keine gerechte Behandlung...«

»Wer ist im Haus?« erkundigte sich der Polizist.

»Der Butler.«

»Glauben Sie vielleicht, daß der da etwas gesehen hat?« fragte er wieder.

»Mir können Sie schon glauben«, antwortete der Wachtmeister. »Ich habe ihrer sechs aufgezogen, kenne sie durch und durch. Mir können Sie über Kinder nichts erzählen.«

»Aber er schien über irgend etwas erschrocken zu sein.«

»Nur Träume«, erklärte der Wachtmeister.

»Und wie heißt der Butler?«

»Baines.«

»Diesen Herrn Baines«, wandte sich der Polizist an Philipp, »den magst du gern, wie? Er ist nett zu dir?« Sie versuchten etwas aus ihm herauszubringen, er aber war mißtrauisch gegen sie alle; er sagte »ja« ohne innere Überzeugung, weil er sich davor fürchtete, im nächsten Augenblick neue Verantwortung, neue Geheimnisse auf sich zu laden.

»Und Frau Baines magst du auch?«

»Ja.«

Nun berieten sie am Schreibtisch. Rose war heiser in ihrer beleidigten Stimmung; sie war wie ein Imitator weiblicher Charaktertypen, da sie ihr Frauentum mit einer unnatürlichen Betonung zur Schau trug, während sie es andererseits durch ihre faltenreichen Strümpfe und durch ihr wettergebräuntes Gesicht verhöhnte. Im Ofen rutschte hörbar die Holzkohle nach unten; das Zimmer war für diesen milden Spätsommerabend zu stark geheizt. Ein Anschlag an der Wand gab die Beschreibung einer Leiche, die man aus der Themse gezogen hatte, oder besser gesagt, er beschrieb die Kleider der Leiche: »Ein wollenes Unterhemd, wollene Unterhose, Wollhemd, blaugestreift, Schuhe (Größe 44), blauer Serge-Anzug, an den Ellbogen abgetragen, Gummikragen (Weite 39).« Über die Leiche wußten sie nichts zu sagen außer ihre Körpermaße. Es war eben eine ganz gewöhnliche Leiche.

»Komm mit«, sagte der Polizist zu Philipp. Er war gespannt und deshalb froh, daß er gehen konnte; aber er konnte ein leises Gefühl der Verlegenheit über seinen Begleiter, einen kleinen Jungen im Pyjama, nicht unterdrücken. Seine Spürnase witterte etwas; was, das wußte er nicht genau. Aber es tat ihm weh, die Heiterkeit sehen zu müssen, die sein und Philipps Anblick hervorrief. Die Gaststätten hatten geschlossen, und die Straßen waren wieder erfüllt von Menschen, die den Tag möglichst lang auszudehnen trachteten. So eilte er durch weniger belebte Gassen, wählte die dunkleren Gehsteige und wollte nicht gemächlich dahinschlendern, während Philipp immer mehr seine Schritte verlangsamte, schwer an seiner Hand hing und seine Füße nachschleppte. Er fürchtete sich vor dem Anblick von Frau Baines, die in der Halle auf ihn wartete; er wußte ja nun, daß sie tot war. Die Grimasse des Wachtmeisters hatte es ihm gesagt; aber sie war noch nicht begraben, noch nicht seinem Blick entzogen; wenn die Haustür aufging, würde er in der Halle einen toten Menschen sehen.

Im Kellergeschoß brannte das Licht, und zu seiner Erleichterung wandte sich der Polizist der Treppe zu, die in den Lichthof vor dem Keller hinabführte. Vielleicht würde er Frau Baines gar nicht anschauen müssen. Der Schutzmann klopfte an die Tür, weil es so dunkel war, daß er die Glocke nicht finden konnte, und Baines öffnete ihm. Er stand in der Tür des sauberen, hellen Kellerzimmers, und man konnte förmlich sehen, wie die traurigen, selbstgefälligen, plausiblen Worte, die er sich zurechtgelegt hatte, beim Anblick des Kindes auf seinen Lippen erstarben; er hatte nicht damit gerechnet, daß Philipp plötzlich als Begleiter des Polizisten auftauchen werde. Er mußte mit seinen Überlegungen ganz von vorne beginnen, und aufs Lügen verstand er sich nicht. Wenn Emmy nicht gewesen wäre, hätte es ihm nichts ausgemacht, sich von der Wahrheit führen zu lassen, wohin immer sie wollte.

»Herr Baines?« fragte der Polizist.

Er nickte: er hatte die richtigen Worte nicht finden können. Das scharfsinnige, wissende Gesicht des Schutzmannes und das unerwartete Erscheinen Philipps an dessen Seite raubten ihm allen Mut.

»Ist dieser kleine Bub von hier?«

»Jawohl«, antwortete Baines. Philipp merkte, daß der Diener ihm wortlos etwas mitteilen wollte; er aber verschloß sich dieser Botschaft. Er liebte Baines, doch hatte ihn dieser in Geheimnisse hineingezogen, in Befürchtungen, die er nicht begriff. Der lichte Gedanke vom

Morgen: ›Das ist das Leben‹ war durch Baines' Anschauungsunterricht zur widerwärtigen Erinnerung geworden: ›Das war das Leben‹ – das faulig riechende Haar über seinem Mund, die atemlose, grausame, gequälte Frage: »Wo sind sie?«, der Berg von schwarzem Baumwollzeug, der in die Tiefe der Halle hinabstürzte. So ging es einem, wenn man liebte: man wurde in das Schicksal anderer verwickelt. Und Philipp befreite sich mit einem unbarmherzigen Egoismus vom Leben, von der Liebe, von Baines.

So manches hatte ihn mit dem Diener verbunden; Philipp aber unterdrückte es, so wie eine Armee auf dem Rückzug die Telephonleitungen zerschneidet und die Brücken hinter sich zerstört. In dem aufgegebenen Gebiet mag man vieles zurücklassen, was einem teuer ist – einen Vormittag im Hyde-Park, ein Eis in der Konditorei, Bratwürste zum Abendessen – aber bei einem Rückzug geht es um mehr als um zeitweilige Verluste. Alte Leute mögen flehentlich bitten, mitgenommen zu werden, wenn die Motorwagen davonrollen, aber ihretwegen kann man doch nicht die Nachhut aufs Spiel setzen; denn es geht um einen vollständigen, über eine weite Strecke führenden Rückzug vor dem Leben, vor dem Leid, vor allen menschlichen Bindungen.

»Der Doktor ist hier«, sagte Baines. Er machte eine Kopfbewegung zur Tür hin, benetzte seine Lippen und blickte dabei unverwandt auf Philipp – mit einer stummen Bitte wie ein Hund, den man nicht verstehen kann.

»Es war nichts mehr zu machen. Sie ist auf der steinernen Kellerstiege ausgerutscht. Ich war hier drinnen, ich hörte den Fall.« Er blickte nicht auf das Notizbuch, nicht auf des Polizisten winzige, spinnwebenfeine Handschrift, die so schrecklich viel auf eine Seite brachte.

»Sah der Bub etwas?«

»Das war nicht möglich. Ich glaubte überhaupt, er sei im Bett. Sollten wir ihn nicht lieber in sein Zimmer hinaufschicken? Es ist so furchtbar.« Dann verlor Baines die Beherrschung und rief: »Ach, es ist so furchtbar für ein Kind.«

»Ist sie dort drinnen?« fragte der Polizist.

»Ja, ich hab' sie genau an der Stelle liegen lassen«, antwortete der Butler.

»Dann sollte der Kleine lieber...«

»Geh durch den Vorhof, Philipp, und dann durch die Halle«, wandte sich Baines an den Knaben, und wieder bettelte er stumm wie ein Hund: »Nur noch ein Geheimnis, bewahr nur noch dieses Geheimnis, tu's dem alten Baines zuliebe. Er wird dich dann um nichts mehr bitten.«

»Komm mit«, sagte der Polizist. »Ich bringe dich hinauf ins Bett. Du bist ein Gentleman; da mußt du durch die Vordertür hineingehen, wie sich's für den Herrn des Hauses gehört. Oder gehen Sie mit ihm, Herr Baines, während ich mit dem Arzt rede?«

»Ja, ich gehe«, antwortete Baines. Er kam durchs Zimmer auf Philipp zu und flehte, flehte mit seinem sanften, alten, etwas blöden Gesichtsausdruck: ›Hier ist dein Baines, der Alte von der Goldküste. Wie wär's mit einem Kotelett, in Palmöl gebraten, hm? Das Leben eines richtigen Mannes; vierzig Nigger; brauchte nie einen Revolver; ich sagte dir ja, ich mußte die Kerle einfach gern haben: es war nicht das, was wir Liebe nennen; nichts was wir begreifen können.‹ Zuckend kamen die Nachrichten von den letzten Grenzposten, flehend, beschwörend, mahnend: ›Das ist dein alter Freund Baines; wie wär's mit einem Gabelfrühstück? Ein Glas Ingwerbier wird dir nicht schaden; Bratwürste; ein langer freier Tag.‹ Aber die Drähte waren durchschnitten, die Botschaft verlor sich in der ungeheuren Leere des sauber gescheuerten Raumes, wo es nie eine Stelle gegeben hat, an der man seine Geheimnisse hätte verbergen können.

»Komm mit, Philipp, Zeit zum Schlafengehen. Wir gehen bloß über die Stiege im Lichthof hinauf...« Tüttüt – tüüüt im Telegraphen; vielleicht kommt man durch, man weiß es nicht; vielleicht repariert jemand die richtige Leitung.»... und dann durch die Haustür hinein.«

»Nein, nein«, rief Philipp. »Ich will nicht. Sie können mich nicht zwingen. Ich werde mich wehren. Ich will sie nicht sehen.«

Wie der Blitz fuhr der Polizist auf sie los: »Was ist das? Warum willst du nicht gehen?«

»Sie liegt in der Halle«, antwortete Philipp. »Ich weiß es, sie liegt in der Halle. Und sie ist tot. Ich will sie nicht sehen.«

»Dann haben Sie sie also doch von der Stelle bewegt«, sagte der Polizist zu Baines. »Die ganze Strecke bis dort hinunter. Sie haben also gelogen, wie? Das heißt, Sie haben erst Ordnung machen müssen ... waren Sie allein?«

»Emmy«, rief Philipp, »Emmy.« Er wollte kein Geheimnis mehr für sich behalten; er wollte ein für allemal Schluß machen, mit Baines und Frau Baines und mit dem Leben der Erwachsenen, das ihm bevorstand. Es war nicht seine Sache, und er beschloß, sich niemals, niemals wieder von den Großen ins Vertrauen nehmen zu lassen und an ihrer Kameradschaft teilzuhaben. »Nur Emmy ist schuld daran«, erklärte er mit einem Beben in der Stimme, das Baines daran erinnerte, daß er schließlich doch nur ein Kind war. Es war ein aussichtsloser Wunsch gewesen, von dieser Seite Hilfe zu erwarten; Philipp war ein Kind; er verstand nicht, was dies alles bedeutete; er konnte diese Kurzschrift einer grauenvollen Angst nicht lesen; er hatte einen langen Ferientag hinter sich und war todmüde. Man sah ja, wie er gegen den Küchenschrank gelehnt schon in Schlaf versank, wie er in den wohltuenden Frieden des Kinderzimmers zurückkehrte. Man konnte ihm keinen Vorwurf machen. Wenn er am nächsten Morgen aufwachte, würde er sich kaum mehr an irgend etwas erinnern können.

»Heraus damit«, fuhr der Polizist den Butler mit berufsmäßiger Grausamkeit an; »wer ist sie?« – genau wie sechzig Jahre später der greisenhafte Philipp seinen Sekretär, seinen einzigen Behüter, durch die Frage erschreckte: »Wer ist sie? Wer ist sie?«, indessen er tiefer und tiefer in das Reich des Todes hinabsank und auf dem Weg dorthin vielleicht die Szene wieder durchlebte: wie Baines alle Hoffnung aufgab, wie Baines den Kopf senkte, wie Baines ›ein volles Geständnis ablegte‹.

William Somerset Maugham

Vor der Party

Mrs. Skinner verspätete sich nicht gern. Sie war bereits angekleidet. Sie trug ein schwarzes Seidenkleid, wie es ihrem Alter und der Trauer um ihren Schwiegersohn entsprach. Sie war gerade dabei, ihren Baretthut aufzusetzen. Es war ihr nicht ganz wohl dabei, da seine Verzierung mit Reiherfedern möglicherweise bei einigen Bekannten, die sie sicher auf der Veranstaltung treffen würde, bissige Bemerkungen auslösen konnte. Es war natürlich scheußlich, solche schöne weiße Vögel nur wegen ihrer Federn abzuschießen und dazu noch in der Brutzeit, aber sie waren nun einmal an ihrem Hut und sahen so hübsch und stilvoll aus. Wie hätte sie die Federn auch zurückweisen können, wenn sie ihren Schwiegersohn nicht beleidigen wollte! Er hatte sie den ganzen weiten Weg von Borneo mitgebracht in der Annahme, ihr eine große Freude zu machen. Kathleen hatte sich damals über Gebühr entrüstet; vielleicht tat es ihr jetzt, nach dem, was inzwischen geschehen war, leid, aber Kathleen hatte Harold nie recht leiden können. Mrs. Skinner stand vor ihrem Ankleidetisch, rückte den Hut auf dem Kopfe zurecht – es war schließlich der einzige nette Hut, den sie besaß – und steckte dann eine Nadel mit einem großen pechschwarzen Knopf hinein. Wenn jemand sie wegen der Reiherfedern zur Rede stellen sollte, hatte sie die Antwort schon bereit.

»Ich weiß, es ist schrecklich«, wollte sie sagen, »und ich würde sie natürlich niemals kaufen, aber mein armer

Schwiegersohn hat sie mir mitgebracht, als er das letzte Mal auf Urlaub war.«

Dies würde zugleich als Erklärung und Entschuldigung dienen, warum sie diesen Federschmuck besaß und ihn trug. Alle waren ja so teilnahmsvoll gewesen. Mrs. Skinner nahm ein sauberes Taschentuch aus der Schublade und besprengte es mit ein paar Tropfen Eau de Cologne. Sie gebrauchte niemals Parfum, das nach ihrer Ansicht nur leichtfertige Frauen verwendeten, aber Eau de Cologne war so erfrischend. Sie war jetzt so ziemlich fertig, und ihre Blicke schweiften über den Spiegel hinweg durch das Fenster. Pastor Heywood hatte einen schönen Tag für seine Gartengesellschaft. Es war warm, der Himmel blau, die Bäume hatten ihr frisches Frühlingsgrün noch nicht verloren. Sie lächelte, als sie ihre kleine Enkelin in dem Garten hinter dem Haus sah, wie sie eifrig ein kleines Blumenbeet harkte, das ihr ganz allein gehörte. Joan war allerdings zu bleich. Sie hätte nicht so lange in den Tropen bleiben dürfen. Sie war so ernst für ihr Alter; nie sah man sie umherrennen; sie vertiefte sich in Spiele, die sie selbst erfunden hatte, und begoß ihre Blumen. Mrs. Skinner strich mit ein paar Handbewegungen ihr Kleid glatt, nahm ihre Handschuhe und ging nach unten.

Kathleen saß am Schreibtisch und arbeitete an den Listen, die sie aufstellen mußte, denn sie war ehrenamtliche Sekretärin des Damengolfklubs, und wenn Wettspiele waren, hatte sie eine Menge zu tun. Aber auch sie hatte sich bereits für die Party zurechtgemacht.

»Du hast also doch deinen Jumper angezogen«, sagte Mrs. Skinner.

Sie hatten schon beim Essen erörtert, ob Kathleen ihren Jumper oder ihr schwarzes Seidenkleid anziehen sollte. Der Jumper war schwarz und weiß, und Kathleen hielt ihn für sehr schick, wenn er auch nicht eigentlich als Trauerkleidung gelten konnte. Millicent jedoch hatte nichts dagegen einzuwenden gehabt.

»Es ist gar kein Grund vorhanden, warum wir alle so aussehen sollten, als kämen wir gerade von einem Begräbnis«, hatte sie gesagt. »Harold ist immerhin schon acht Monate tot.«

Mrs. Skinner hatte diese Bemerkung sehr unpassend gefunden. Seit ihrer Rückkehr von Borneo war Millicent etwas sonderbar.

»Du willst doch wohl deine Witwentrauer noch nicht ablegen, Liebste?« hatte ihre Mutter gefragt.

Millicent gab keine direkte Antwort.

»Man nimmt es heute mit der Trauerkleidung nicht mehr so genau wie früher«, versetzte sie, und als sie nach einer kleinen Pause fortfuhr, war etwas in ihrer Stimme, das ihrer Mutter sehr eigentümlich vorkam. Kathleen war es auch aufgefallen, denn sie hatte ihre Schwester erstaunt angesehen.

»Ich bin überzeugt«, hatte Millicent gesagt, »Harold

wäre der letzte gewesen, der verlangt hätte, daß ich auf unbegrenzte Zeit um ihn trauerte.«

»Ich habe mich schon früh angezogen, weil ich Millicent etwas sagen wollte«, erwiderte Kathleen auf die Bemerkung ihrer Mutter.

»So?«

Kathleen erklärte ihre Worte nicht näher. Aber sie legte ihre Listen beiseite und las mit zusammengezogenen Augenbrauen zum zweitenmal den Brief einer Dame, die sich bitter beklagte, daß der Ausschuß höchst ungerechterweise ihr Handikap von vierundzwanzig auf achtzehn herabgesetzt hatte. Die ehrenamtliche Sekretärin eines Damengolfklubs muß über sehr viel Takt verfügen. Mrs. Skinner begann ihre neuen Handschuhe anzuziehen. Die heruntergelassenen Jalousien hielten das Zimmer kühl und dunkel. Mrs. Skinner blickte auf den großen hölzernen und buntbemalten Nashornvogel, den ihr Harold zur Aufbewahrung hinterlassen hatte. Ihr kam er ein wenig sonderbar und barbarisch vor, aber Harold hatte ihm großen Wert beigemessen. Er war irgendein religiöses Symbol, und auf Pastor Heywood hatte er starken Eindruck gemacht. An der Wand über dem Sofa hingen malaiische Waffen, deren Namen sie vergessen hatte, und hier und da standen auf kleinen Tischen Silber- und Bronzegefäße, die Harold ab und zu geschickt hatte. Sie hatte Harold gern gehabt, und unwillkürlich suchten ihre Augen sein Bild, das neben den Photographien ihrer beiden Töchter, ihres Enkelkindes, ihrer Schwester und ihrer Neffen auf dem Klavier stand.

»Wo ist denn Harolds Bild, Kathleen?« fragte sie.

Kathleen sah sich um. Das Bild stand nicht mehr auf dem gewohnten Platz.

»Irgend jemand hat es fortgenommen«, sagte Kathleen.

Überrascht und verwundert stand sie auf und ging zum Piano. Die Photos waren neu geordnet worden, so daß keine Lücke sichtbar war.

»Vielleicht wollte Millicent es in ihrem Zimmer haben«, meinte Mrs. Skinner.

»Da hätte ich es bemerkt. Überdies hat Millicent mehrere Bilder von Harold, aber sie hält sie unter Verschluß.«

Mrs. Skinner konnte nicht verstehen, daß ihre Tochter keine Bilder Harolds in ihrem Zimmer hatte. Sie hatte mit ihr schon einmal darüber gesprochen, aber Millicent hatte nichts darauf erwidert. Sie war sonderbar schweigsam, seitdem sie von Borneo zurück war. Sie hatte das Mitgefühl, das ihre Mutter ihr so gern gezeigt hätte, nicht gerade zurückgewiesen, aber auch nicht danach verlangt. Sie schien nicht bereit zu sein, von ihrem großen Verlust zu sprechen. Der Kummer äußerte sich bei verschiedenen Menschen auf verschiedene Weise. Ihr Mann hatte gesagt, das beste sei, man ließe Millicent in Ruhe. Da Mrs. Skinner gerade an ihren Mann dachte, kehrten ihre Gedanken wieder zu der Gesellschaft zurück, zu der sie eingeladen waren.

»Vater fragte mich, ob er einen Zylinder aufsetzen sollte. Ich riet ihm dazu, da gegen einen Zylinder niemand etwas einwenden kann.«

Der Pastor wollte die Einladung offenbar in großem Stil aufziehen. Die Konditorei Boddy sollte Stachelbeer- und Vanilleeis liefern, aber den Eiskaffee wollten die Heywoods zu Hause herstellen. Es würde eine große Gesellschaft werden. Die Gäste sollten den Bischof von Hongkong kennenlernen, der bei dem Pastor zu Besuch war. Er war ein alter Schulfreund von Heywood. Der Bischof wollte einen Vortrag über die Missionen in China halten. Mrs. Skinner, deren Tochter acht Jahre lang im Fernen Osten gelebt und deren Schwiegersohn einen Distrikt in Borneo verwaltet hatte, zeigte sich brennend interessiert. Natürlich würde sie einen solchen Vortrag ganz anders würdigen können als Leute, die nie etwas mit den Kolonien und der Welt da draußen zu tun gehabt hatten.

»Was kann einer von England wissen, der nur England kennt?« wie Mr. Skinner sich ausdrückte.

Er kam in diesem Augenblick ins Zimmer. Er war Rechtsanwalt, wie vor ihm schon sein Vater, und hatte seine Amtsräume in Lincoln's Inn Fields. Er fuhr jeden Morgen nach London und kam am Abend zurück. Er konnte seine Frau und seine Töchter nur zu der Gartengesellschaft des Pastors begleiten, weil dieser vernünftigerweise einen Samstag dafür ausgesucht hatte. Mr. Skinner sah in seinem Gehrock und seiner grauschwarzen Hose sehr gut aus. Er war nicht besonders auffällig, aber sehr adrett angezogen. Er sah aus wie ein ehrenwerter Familienanwalt, und das war er ja auch. Seine Firma übernahm keinen Prozeß, der nicht ganz sauber war, und wenn sich jemand von ihm vertreten lassen wollte, der keine ganz reine Weste hatte, machte Mr. Skinner ein sehr ernstes Gesicht.

»Ich glaube, Ihr Anliegen gehört nicht zu den Fällen, auf deren Übernahme wir Wert legen«, sagte er dann. »Ich halte es für besser, daß Sie zu einer anderen Firma gehen.«

Er zog dann seinen Notizblock zu sich heran und kritzelte einen Namen und eine Adresse darauf, riß das Blatt Papier ab und reichte es dem Kunden.

»Wenn ich an Ihrer Stelle wäre, würde ich, glaube ich, zu dieser Firma gehen. Sie brauchen nur meinen Namen zu erwähnen, und sie wird sicher alles für Sie tun, was ihr möglich ist.«

Mr. Skinner war glattrasiert und hatte einen völlig kahlen Kopf. Seine bleichen, schmalen Lippen waren fest zusammengepreßt, aber seine blauen Augen blickten schüchtern drein. Seine Wangen waren farblos, sein Gesicht voll feiner Runzeln.

»Du hast deine neue Hose angezogen, wie ich sehe«, sagte seine Frau.

»Man findet selten eine so gute Gelegenheit. Ich habe mir überlegt, ob ich eine Blume im Knopfloch tragen soll.«

»Das würde ich nicht tun«, sagte Kathleen. »Das scheint mir nicht sehr fein zu sein.«

»Aber viele Gäste werden so erscheinen«, entgegnete Mrs. Skinner.

»Nur Angestellten und ähnlichen Leuten gefällt so etwas«, erklärte Kathleen. »Die Heywoods haben alle möglichen Leute einladen müssen, und übrigens sind wir in Trauer.«

»Ich bin gespannt, ob nach der Ansprache des Bischofs gesammelt wird«, sagte Mr. Skinner.

»Das glaube ich kaum«, bemerkte seine Frau.

»Ich hielte das für ziemlich geschmacklos«, meinte Kathleen.

»Es ist besser, man macht sich darauf gefaßt«, sagte Mr. Skinner. »Ich werde für uns alle geben. Ob zehn Schilling genügen – oder muß ich wohl ein Pfund opfern?«

»Wenn du überhaupt was gibst, Vater, solltest du ein Pfund hergeben«, sagte Kathleen.

»Wenn eine Sammlung stattfindet, will ich nicht weniger als andere beitragen, aber andererseits sehe ich nicht ein, warum ich mehr herausrücken soll, als ich muß.«

Kathleen legte ihre Papiere in die Schublade des Schreibtisches und erhob sich. Sie warf einen Blick auf ihre Armbanduhr.

»Ist Millicent fertig?« fragte ihre Mutter.

»Es ist noch Zeit genug. Wir sind erst um vier Uhr

gebeten. Ich denke, wir sollten nicht viel vor halb fünf eintreffen. Ich habe Davis gesagt, er solle um Viertel nach vier vorfahren.«

Gewöhnlich fuhr Kathleen das Auto; aber bei großen Gelegenheiten wie dieser zog der Gärtner Davis seine Livree an und spielte Chauffeur. Es sah besser aus, wenn man so vorfuhr, und Kathleen wollte auch deshalb nicht fahren, weil sie ihren neuen Jumper anhatte. Sie sah, wie ihre Mutter Finger für Finger in die neuen Handschuhe zwängte, und das erinnerte sie daran, daß auch sie ihre Handschuhe anziehen mußte. Sie roch an ihnen, denn sie waren gerade gereinigt worden, und sie wollte feststellen, ob es noch zu merken war. Der Geruch war sehr schwach. Sie glaubte nicht, daß jemand ihn bemerken würde.

Schließlich ging die Tür auf, und Millicent kam herein. Sie trug ihre Witwentrauer. Ihre Mutter konnte sich nicht daran gewöhnen, aber sie wußte natürlich, daß Millicent sie ein Jahr lang tragen mußte. Es war schade, denn sie stand ihr nicht. Merkwürdig, anderen stand sie gut. Sie hatte einmal versuchsweise Millicents Hut mit dem weißen Band und dem langen Schleier aufgesetzt und gefunden, daß sie sehr gut darin aussah. Sie hoffte natürlich, ihr lieber Alfred würde sie überleben, aber wenn das nicht sein sollte, würde sie, wie Königin Viktoria, die Trauer nie mehr ablegen. Bei Millicent war das anders. Sie war im Vergleich zu ihr noch jung, erst sechsunddreißig. Es war sehr traurig, wenn man in diesem Alter schon Witwe war. Es bestand auch keine große Aussicht auf Wiederverheiratung. Kathleen, die fünfunddreißig war, dachte anscheinend schon nicht mehr ans Heiraten. Als Millicent und Harold das letzte Mal da waren, hatte sie den Vorschlag gemacht, sie sollten Kathleen mitnehmen. Harold war nicht abgeneigt gewesen, ihrer Anregung zuzustimmen, aber Millicent hatte sich dagegen gesträubt. Mrs. Skinner wußte nicht, was sie dagegen einzuwenden hatte. Kathleen hätte dadurch vielleicht Aussichten gehabt. Man wollte sie natürlich nicht los sein, aber ein Mädchen sollte heiraten, und alle Männer, die sie in ihrer Heimat kannte, waren bereits verheiratet. Millicent hatte als Entschuldigung für ihre ablehnende Haltung das Klima angeführt. Sie sah schlecht aus, das war richtig. Niemand würde denken, daß Millicent die hübschere von beiden gewesen war. Kathleens Aussehen hatte sich im Laufe der Jahre verfeinert. Viele hielten sie allerdings für zu mager, aber jetzt, da sie ihr Haar geschnitten und rote Wangen hatte, weil sie bei jedem Wetter Golf spielte, kam sie Mrs. Skinner hübsch vor. Von der armen Millicent konnte man das nicht sagen. Sie hatte ihre Figur verloren. Groß war sie nie gewesen, aber jetzt, da sie dick geworden war, sah sie plump aus. Sie hatte zuviel Fett angesetzt. Mrs. Skinner führte das auf die tropische Hitze zurück, die Millicent davon abgehalten hatte, sich Bewegung zu machen. Ihre Haut war wachsbleich und unrein. Ihre blauen Augen, die ihr soviel Anziehungskraft verliehen hatten, waren matt geworden.

Sie muß etwas für ihre Halspartie tun, dachte ihre Mutter. Sie bekommt da eine richtige Wamme.

Sie hatte schon ein paarmal mit ihrem Mann darüber gesprochen. Er hatte gemeint, Millicent sei eben nicht mehr so jung wie früher. Das mochte sein, aber sie brauchte sich deshalb nicht so völlig gehenzulassen. Mrs. Skinner nahm sich vor, mit ihrer Tochter gelegentlich ein ernstes Wort darüber zu reden, aber sie mußte natürlich ihre Trauer respektieren und würde daher warten, bis das Jahr um war. Sie war übrigens heilfroh, einen Grund zu haben, diese Auseinandersetzung, die sie schon im voraus nervös machte, hinauszuschieben, denn Millicent hatte sich sehr verändert. Es lag etwas Verdrossenes und Mürrisches in ihrem Gesicht, das ihrer Mutter gar nicht behagte. Mrs. Skinner sagte gern alles laut heraus, was ihr durch den Kopf ging, aber Millicent hatte, wenn man eine Bemerkung machte (nur um etwas zu sagen, wohlverstanden), die scheußliche Gewohnheit, keine Antwort zu geben, so daß man sich fragte, ob sie überhaupt zugehört hatte. Manchmal fand ihre Mutter diese Haltung so aufreizend, daß sie sich, um Millicent keinen Verweis zu erteilen, daran erinnern mußte, daß der arme Harold erst acht Monate tot war.

Vom Fenster her fiel das Licht auf das stumpfe Gesicht der Witwe, als sie schweigend ins Zimmer kam, aber Kathleen hatte das Licht im Rücken. Sie sah ihre Schwester einen Augenblick an.

»Millicent, ich muß dir etwas sagen«, begann sie.

»Ich habe heute morgen mit Gladys Heywood Golf gespielt.«

»Hast du gewonnen?«

Gladys Heywood war die einzige unverheiratete Tochter des Pastors.

»Sie hat etwas über dich gesagt, was du meiner Ansicht nach erfahren solltest.«

Millicent blickte über ihre Schwester hinweg auf das kleine Mädchen, das im Garten Blumen begoß.

»Hast du Annie gesagt, Mutter, sie soll Joan ihren Nachmittagstee in der Küche geben?« erkundigte sie sich.

»Ja, sie wird ihn gleichzeitig mit dem Personal bekommen.«

Kathleen maß ihre Schwester mit kühlen Blicken.

»Der Bischof hat auf der Heimreise einige Tage in Singapur zugebracht«, fuhr sie fort. »Er reist sehr gern. Er war auch in Borneo, und er kennt dort einige Leute, mit denen du auch bekannt bist.«

»Da wird er sich freuen, dich zu sehen«, sagte Mrs. Skinner. »Hat er den armen Harold gekannt?«

»Ja, er hat ihn einmal in Kuala Solor getroffen. Er erinnert sich sehr gut an ihn. Er sei entsetzt gewesen, als er die Nachricht von Harolds Tod vernommen habe.«

Millicent setzte sich und zog langsam ihre schwarzen Handschuhe an. Es erschien ihrer Mutter sonderbar, daß sie alle diese Bemerkungen mit völligem Schweigen hinnahm.

»Was mir gerade einfällt, Millicent«, sagte sie. »Harolds Photo ist verschwunden. Hast du es weggenommen?«

»Ja, ich habe es entfernt.«

»Ich hätte mir eigentlich denken können, daß du es für dich haben wolltest.«

Wieder antwortete Millicent nichts. Diese Angewohnheit war wirklich scheußlich.

Kathleen veränderte leicht ihre Stellung, um Millicent besser ins Auge fassen zu können.

»Millicent, warum hast du uns erzählt, Harold sei am Fieber gestorben?«

Die Witwe rührte sich nicht. Sie richtete ihren Blick fest auf Kathleen, und ihre bleiche Haut rötete sich plötzlich, aber sie gab keine Antwort.

»Was willst du damit sagen?« fragte Mrs. Skinner überrascht.

»Der Bischof sagt, Harold habe Selbstmord begangen.«

Mrs. Skinner stieß einen Schrei aus, aber ihr Mann machte eine besänftigende Geste mit der Hand.

»Ist das wahr, Millicent?«

»Ja.«

»Aber warum hast du uns das nicht gesagt?«

Millicent schwieg eine Weile. Sie spielte leicht mit einer bronzenen Schale aus Borneo, die neben ihr auf dem Tisch stand. Auch diese war ein Geschenk Harolds.

»Ich dachte mir, es wäre besser für Joan, wenn die

Leute annähmen, ihr Vater sei am Fieber gestorben. Sie sollte die Wahrheit nicht erfahren.«

»Du hast uns in eine äußerst peinliche Lage gebracht«, sagte Kathleen mit gerunzelter Stirn. »Gladys Heywood machte mir Vorwürfe, weil ich ihr nicht die Wahrheit gesagt hätte. Ich hatte die größte Schwierigkeit, ihr beizubringen, daß ich nicht die geringste Ahnung davon hatte. Ihr Vater, sagte sie, sei hierüber ziemlich betroffen. Da wir doch so viele Jahre miteinander bekannt seien und er dich dazu noch getraut habe, hätten wir Vertrauen zu ihm haben können, meint er. Wenn wir ihm schon nicht die Wahrheit gesagt hätten, wäre es jedenfalls nicht nötig gewesen, ihn anzulügen.«

»Ich muß sagen, darin kann ich ihm nur zustimmen«, bemerkte Mr. Skinner bitter.

»Ich habe Gladys natürlich gesagt, daß uns keine Schuld trifft. Wir haben ja nur berichtet, was du uns gesagt hast.«

»Hoffentlich habe ich dich nicht um dein Spiel gebracht«, meinte Millicent.

»Aber wirklich, Kind, das ist eine höchst unpassende Bemerkung!« rief ihr Vater aus.

Er erhob sich vom Stuhl, ging zu dem leeren Kamin hinüber und blieb, der Macht der Gewohnheit gehorchend, mit geteilten Rockschößen davor stehen.

»Es war meine eigene Angelegenheit«, sagte Millicent, »und wenn ich sie für mich behalten wollte, sehe ich nicht ein, warum ich es nicht hätte tun sollen.«

»Du scheinst überhaupt keine Liebe zu deiner Mutter zu haben, wenn du dich nicht einmal ihr anvertraut hast!« rief Mrs. Skinner.

Millicent zuckte die Schultern.

»Du hättest wissen können, daß es einmal herauskommen würde«, sagte Kathleen.

»Warum? Daß zwei alte Tratschtanten nichts Besseres zu tun hatten, als über mich zu sprechen, konnte ich nicht voraussehen.«

»Wenn der Bischof sagte, er sei in Borneo gewesen, so war es nur natürlich, daß die Heywoods fragten, ob er dich und Harold kannte.«

»Das ist alles müßiges Gerede«, sagte Mr. Skinner. »Ich meine, du hättest uns die Wahrheit sagen sollen. Dann hätten wir uns entscheiden können, wie wir uns verhalten sollten. Als Rechtsanwalt kann ich dir sagen, daß man eine Sache nur schlimmer macht, wenn man versucht, sie zu verbergen.«

»Der arme Harold!« jammerte Mrs. Skinner. Tränen flossen ihr über die rotgeschminkten Wangen. »Es ist schrecklich. Mir war er immer ein guter Schwiegersohn. Was hat ihn nur dazu gebracht, etwas so Schreckliches zu tun?«

»Das Klima.«

»Du solltest uns besser alles erzählen, Millicent«, sagte ihr Vater.

»Das kann Kathleen besser.«

Kathleen zögerte. Es war einfach nicht zu verstehen,

daß so schreckliche Dinge in einer Familie wie der ihrigen vorkommen konnten.

»Der Bischof sagt, Harold habe sich die Kehle durchgeschnitten.«

Mrs. Skinner schnappte nach Luft. Sie ging impulsiv auf ihre verwitwete Tochter zu, um sie in die Arme zu schließen.

»Mein armes Kind!« schluchzte sie.

Aber Millicent entzog sich ihr.

»Bitte laß mich in Ruhe. Ich kann ein solches Getue einfach nicht ertragen.«

»Aber wirklich, Millicent!« sagte Mr. Skinner und zog mißbilligend die Augenbrauen zusammen.

Mrs. Skinner tupfte sich vorsichtig mit dem Taschentuch die Tränen ab und kehrte mit einem Seufzer und einem leichten Kopfschütteln zu ihrem Stuhl zurück. Kathleen spielte nervös mit der langen Kette, die sie um den Hals trug.

»Ist es nicht geradezu lächerlich, daß ich die Einzelheiten über den Tod meines Schwagers von einer Freundin erfahren muß? Man kommt sich so dumm dabei vor. Der Bischof möchte dich gerne sehen, Millicent. Er möchte dir sagen, wie sehr er mit dir fühlt.« Sie machte eine Pause, aber Millicent gab keine Antwort. »Er sagt, Millicent sei mit Joan fortgewesen und habe bei ihrer Rückkehr den armen Harold tot auf dem Bett gefunden.«

»Es muß entsetzlich gewesen sein!« sagte Mr. Skinner.

Mrs. Skinner begann wieder zu weinen, aber Kathleen legte ihr die Hand auf die Schultern.

»Weine nicht, Mutter«, sagte sie. »Du bekommst sonst rotgeränderte Augen, und die Leute werden das komisch finden.«

Alle schwiegen, während Mrs. Skinner sich die Augen trocknete und einen erfolgreichen Versuch machte, sich zusammenzunehmen. Es kam ihr sehr sonderbar vor, daß sie gerade in diesem Augenblick die Reiherfedern auf dem Hut trug, die Harold ihr geschenkt hatte.

»Ich muß euch auch noch eine andere Mitteilung machen«, sagte Kathleen.

Millicent richtete ihre Augen wieder auf ihre Schwester. Sie tat es ohne Hast, aber mit einem Ausdruck gespannter Erwartung. Sie sah aus wie jemand, der auf ein Geräusch wartet, das er ja nicht überhören darf.

»Ich will dir nicht wehtun, liebe Schwester«, fuhr Kathleen fort, »aber ich meine, du müßtest es unbedingt wissen und dazu Stellung nehmen. Der Bischof hat auch gesagt, Harold habe getrunken.«

»Oh, wie schrecklich!« rief Mrs. Skinner. »Wie kann man nur so etwas Furchtbares sagen! Hast du das von Gladys Heywood? Was hast du darauf erwidert?«

»Ich habe gesagt, es sei gänzlich unwahr.«

»Das kommt davon, wenn man etwas verbergen will«, sagte Mr. Skinner gereizt. »Es ist immer dasselbe. Wenn man etwas vertuschen will, entstehen allerlei Gerüchte, die schlimmer sind als die Wahrheit.«

»Man hat dem Bischof in Singapur gesagt, Harold habe sich im Zustand des Delirium tremens das Leben genommen. Ich denke, Millicent, du wirst uns allen einen Dienst erweisen, indem du das energisch bestreitest.«

»Wie kann man nur so etwas Schreckliches von einem Toten sagen!« rief Mrs. Skinner. »Wenn Joan heranwächst, könnte es ihr zu Ohren kommen und ihr schaden.«

»Aber worauf beruht denn diese Behauptung, Millicent?« fragte Mr. Skinner. »Harold war doch immer sehr enthaltsam.«

»Hier«, sagte die Witwe.

»Hat er wirklich getrunken?«

»Wie ein Fisch.«

Die Antwort kam so unerwartet, und der Ton war so sarkastisch, daß alle drei auffuhren.

»Millicent, wie kannst du so von deinem toten Gatten sprechen!« rief ihre Mutter und schlug ihre hübsch behandschuhten Hände zusammen. »Ich kann dich nicht verstehen. Du bist so sonderbar, seitdem du wieder hier bist. Ich hätte nie geglaubt, daß eine meiner Töchter den Tod ihres Mannes so hinnehmen kann.«

»Das laß vorläufig beiseite«, sagte Mr. Skinner. »Wir können später darüber sprechen.«

Er ging zum Fenster und sah in den sonnigen kleinen Garten hinaus, dann spazierte er wieder ins Zimmer zurück. Er nahm seinen Kneifer aus der Tasche und putzte ihn mit dem Taschentuch, obwohl er gar nicht die Absicht hatte, ihn aufzusetzen. Millicent sah ihn an, und ihr Blick war unmißverständlich ironisch, wenn nicht sogar zynisch. Mr. Skinner war ärgerlich. Er hatte seine Wochenarbeit hinter sich und war bis Montagmorgen ein freier Mann. Er hatte zwar seiner Frau gesagt, die Einladung passe ihm durchaus nicht in den Kram und er würde viel lieber seinen Tee ruhig im eigenen Garten trinken, aber innerlich hatte er sich doch darauf gefreut. An chinesischen Missionen lag ihm nichts, aber die Begegnung mit dem Bischof würde sicher interessant sein. Und jetzt dies! Er liebte es nicht, in solch unerfreuliche Sachen hineingezogen zu werden. Es war wahrhaftig nicht angenehm, plötzlich von einem Schwiegersohn zu hören, der ein Trunkenbold und Selbstmörder war. Millicent strich sorgfältig ihre weißen Ärmelaufschläge glatt. Ihre Gelassenheit reizte ihn, aber anstatt sich an sie zu wenden, redete er seine jüngere Tochter an.

»Warum setzt du dich denn nicht hin, Kathleen? Ich meine, es sind doch genug Stühle im Zimmer.«

Kathleen zog einen Stuhl heran und setzte sich, ohne ein Wort zu erwidern. Mr. Skinner blieb vor Millicent stehen und sah sie an.

»Ich begreife natürlich, warum du uns gesagt hast, Harold sei am Fieber gestorben. Ich halte es aber für einen Fehler, weil solche Dinge früher oder später doch herauskommen. Ich weiß nicht, inwieweit das, was der Bischof den Heywoods erzählt hat, den Tatsachen entspricht, aber wenn ich dir einen Rat geben darf, so erzähle uns alles so genau, wie es möglich ist; dann können wir weiter sehen. Wir können nicht hoffen, daß diese Unglücksbotschaft auf den engen Kreis, der jetzt von ihr Kenntnis hat, beschränkt bleiben wird. In einem so kleinen Ort können die Leute kein Geheimnis bewahren. Es wird leichter für uns alle sein, wenn wir die volle Wahrheit wissen.«

Mrs. Skinner und Kathleen hielten die Form seiner Ansprache für ganz vorzüglich. Sie warteten auf Millicents Antwort. Diese hatte mit unbewegter Miene zugehört. Die plötzlich auftretende Röte war wieder aus ihrem Gesicht gewichen, und es war wie gewöhnlich teigig und blaßgelb.

»Ich glaube, wenn ich euch die Wahrheit sage, wird sie euch nicht sehr gefallen«, wandte Millicent ein.

»Du wirst hoffentlich wissen, daß du auf unser Mitgefühl und Verständnis rechnen kannst«, sagte Kathleen ernst.

Millicent warf ihr einen Blick zu, und der Schatten eines Lächelns schwebte um ihren fest geschlossenen Mund. Sie sah alle drei nacheinander an. Mrs. Skinner hatte den unangenehmen Eindruck, daß ihre Tochter sie alle anblicke, als seien sie Mannequins auf einer Modeschau. Sie schien in einer anderen Welt zu leben und keine Verbindung mit ihnen zu haben.

»Wie ihr vielleicht wißt, liebte ich Harold nicht, als ich ihn heiratete«, begann sie nachdenklich.

Mrs. Skinner wollte gerade eine Bemerkung dazu machen, als eine schnelle, kaum sichtbare, aber nach so vielen Ehejahren ganz eindeutige Kopfbewegung ihres Mannes sie davon abhielt. Millicent sprach weiter, langsam, ohne die Stimme zu erheben und in kaum wechselndem Tonfall.

»Ich war siebenundzwanzig, und kein anderer war in Sicht, den ich hätte heiraten können. Er war zwar vierundvierzig und kam mir ziemlich alt vor, aber er hatte eine gute Stellung, nicht wahr? Eine bessere Partie würde sich kaum zeigen.«

Mrs. Skinner wurde wieder weinerlich zumute, aber sie dachte an die Party.

»Jetzt weiß ich natürlich, warum du sein Bild weggenommen hast«, sagte sie betrübt.

»Still, Mutter!« ermahnte Kathleen sie.

Es war eine Aufnahme aus ihrer Verlobungszeit und ein sehr gutes Bild von Harold. Mrs. Skinner hatte ihn immer für einen tadellosen Mann gehalten. Er war groß und stark, vielleicht ein wenig zu dick, aber er hielt sich gut, er wirkte achtunggebietend. Schon damals neigte er zur Kahlköpfigkeit, aber Männer werden heutzutage eben leicht kahl, und Harold hatte seiner Schwiegermutter erklärt, die Topis, die Sonnenhelme, seien verderblich für den Haarwuchs. Er hatte einen kleinen schwarzen Schnurrbart, und sein Gesicht war tief von der Sonne gebräunt. Am besten wirkten seine Augen, die braun und groß waren. Joan hatte sie von ihm geerbt.

Er konnte interessant erzählen. Nach Kathleens Meinung war er eingebildet und gespreizt, aber Mrs. Skinner konnte einen Mann nicht verurteilen, der selbstbewußt auftrat. Sie sah bald, daß Millicent Eindruck auf ihn machte, und von da an gewann sie ihn Tag für Tag lieber. Er war immer sehr aufmerksam zu seiner Schwiegermutter, und wenn er von seinem Verwaltungsdistrikt sprach und von dem Großwild, das er erlegt hatte, hörte sie zu, als sei sie wirklich interessiert. Nach Kathleens Ansicht hatte er eine ziemlich hohe Meinung von sich, aber Mrs. Skinner gehörte einer Generation an, die das für richtig und ganz in Ordnung hielt. Millicent sah sehr bald, woher der Wind wehte. Sie sagte nichts zu ihrer Mutter, aber diese wußte, daß ihre Tochter nicht nein sagen würde, wenn Harold ihr einen Antrag machte.

Harold war zu Besuch bei Bekannten, die dreißig Jahre in Borneo gewesen waren und das Land über alles rühmten. Es war nicht einzusehen, warum eine Frau dort nicht behaglich leben sollte. Die Kinder mußten natürlich heimgeschickt werden, wenn sie sieben Jahre alt waren, aber so weit vorauszudenken hielt Mrs. Skinner für unnötig. Sie bat Harold zum Essen und sagte ihm, sie seien immer zur Teezeit zu Hause. Er schien nicht zu wissen, was er mit sich anfangen sollte, und als der Besuch bei seinen alten Freunden sich dem Ende näherte, erklärte sie ihm, sie würden sich alle freuen, wenn er zwei Wochen zu ihnen käme. Nach Ablauf dieser Zeit verlobten sich Harold und Millicent. Die

Hochzeit war großartig. Das junge Paar verbrachte die Flitterwochen in Venedig und reiste dann nach dem Fernen Osten. Millicent schrieb aus verschiedenen Häfen, die das Schiff anlief. Sie schien glücklich zu sein.

»In Kuala Solor waren alle sehr nett zu mir«, sagte Millicent. Kuala Solor war die Hauptstadt des Staates Sembulu. »Wir wohnten bei dem Gouverneur und wurden überall zum Essen eingeladen. Ein paarmal hörte ich, wie Männer Harold etwas zu trinken anboten, aber er lehnte ab. Er sagte, mit der Ehe habe für ihn ein neues Kapitel begonnen. Ich hatte keine Ahnung, warum sie lachten. Mrs. Gray, die Frau des Gouverneurs, sagte mir, sie seien alle sehr froh, daß Harold sich verheiratet habe. Für einen Junggesellen sei es auf einer Außenstation entsetzlich einsam. Als wir Kuala Solor verließen, verabschiedete sich Mrs. Gray so sonderbar von mir, daß ich ganz überrascht war. Es war, als lege sie mir Harold feierlich ans Herz.«

Sie hörten sie schweigend an. Kathleens Augen ruhten die ganze Zeit auf dem unbewegten Gesicht ihrer Schwester, aber Mr. Skinner starrte geradeaus auf die malaiischen Waffen, die Krise und Parangs an der Wand über dem Sofa, auf dem seine Frau saß.

»Erst als ich anderthalb Jahre später nach Kuala Solor zurückkam, entdeckte ich, warum sich alle so sonderbar verhalten hatten.« Millicent gab einen Laut von sich, der wie das Echo eines verächtlichen Lachens klang. »Ich wußte damals bereits etwas mehr als zuvor. Harold war nach England gekommen, um zu heiraten. Erinnerst du dich noch, Mutter, wie wir uns anstrengten, ihn zu kapern? Wir hätten uns nicht soviel Mühe zu geben brauchen.«

»Ich weiß nicht, was du damit sagen willst«, entgegnete Mrs. Skinner nicht ohne Bitterkeit, denn das Wort ›kapern‹ war eine Unterstellung, die ihr nicht gefiel. »Ich sah, daß du Eindruck auf ihn machtest.«

Millicent zuckte ihre schweren Schultern.

»Er war ein richtiger Säufer. Er ging jeden Abend mit einer Flasche Whisky zu Bett, und am Morgen war sie leer. Der erste Sekretär des Gouverneurs sagte ihm, er müsse sein Amt niederlegen, wenn er nicht aufhöre zu trinken. Es sei dies die letzte Warnung, aber er wolle ihm noch einmal eine Chance geben. Er konnte seinen Urlaub nehmen und nach England fahren. Es wurde ihm der Rat gegeben, zu heiraten, damit er nach seiner Rückkehr jemand hätte, der auf ihn aufpaßte. Harold hat mich geheiratet, weil er eine Wärterin brauchte. In Kuala Solor schloß man Wetten ab, wie lange ich ihn nüchtern halten würde.«

»Aber er war in dich verliebt«, unterbrach ihre Mutter sie. »Du weißt nicht, wie gut er immer von dir gesprochen hat, und als du damals nach Kuala Solor gingst, um Joan zur Welt zu bringen, schrieb er mir einen so reizenden Brief über dich.«

Millicent blickte wieder zu ihrer Mutter hinüber, und eine tiefe Röte färbte ihre blasse Haut. Ihre Hände, die ruhig in ihrem Schoß lagen, begannen ein wenig zu zittern. Sie dachte an jene ersten Monate ihrer Ehe. Die Regierungsbarkasse brachte sie bis zur Flußmündung. Sie verbrachten die Nacht in dem Bungalow, den Harold scherzend seine Seeresidenz nannte. Am nächsten Tage fuhren sie in einem Prahu* stromaufwärts. Nach den Romanen, die sie gelesen hatte, besaß sie eine ganz andere Vorstellung von den Flüssen Borneos. Sie sollten dunkel und unheimlich sein, aber der Himmel war blau, mit weißen Wölkchen getüpfelt, und das Grün der vom Wasser bespülten Mangroven und Nipahs glitzerte in der Sonne. Zu beiden Seiten erstreckte sich der pfadlose Dschungel, und in der Ferne sah sie als Silhouette gegen den Himmel die zackigen Umrisse eines Berges. Die Luft am frühen Morgen war erfrischend und klar. Sie schien in ein freundliches, fruchtbares Land zu kommen und hatte ein Gefühl grenzenloser Freiheit. Auf den Zweigen der dicht verschlungenen Bäume saßen Affen, und einmal zeigte Harold auf etwas, das wie ein Baumstamm aussah, und sagte, das sei ein Krokodil. Harolds Stellvertreter, im weißen Anzug und Topi, war am Landungssteg und begrüßte sie, und ein Dutzend schmucker kleiner Soldaten präsentierte das Gewehr vor ihnen. Harold stellte ihr Mr. Simpson, seinen Mitarbeiter, vor.

»Wahrhaftig, Sir«, sagte er zu Harold, »ich bin froh, daß Sie wieder da sind. Ohne Sie ist es hier verteufelt einsam.«

* Eingeborenenboot

Der Regierungsbungalow war von einem Garten umgeben, in dem alle Arten bunter Blumen wild wuchsen. Das Haus lag auf einem niedrigen Hügel. Es sah ein wenig schäbig aus und war nur spärlich möbliert, aber die Zimmer waren kühl und sehr geräumig.

Harold streckte die Hand aus. »Der Kampong* ist dort unten.«

Ihre Augen folgten seiner Gebärde. Aus Kokospalmen stieg der Klang eines Gongs auf. Es gab ihr tief im Herzen einen seltsamen kleinen Stich.

Obschon sie nicht viel zu tun hatte, vergingen die Tage ziemlich rasch. Wenn der Morgen dämmerte, brachte ihnen ein Boy ihren Tee. Sie nahmen ihn draußen auf der Veranda ein und genossen die duftige Frische der Frühe (Harold im Trikothemd und Sarong**, sie im Morgenrock), bis es Zeit wurde, sich für das Frühstück anzukleiden. Dann ging Harold in sein Büro, und sie lernte ein bis zwei Stunden Malaiisch. Nach dem Tiffin*** kehrte Harold zu seiner Arbeit zurück, während sie schlief. Später erfrischte eine Tasse Tee sie beide wieder, und dann machten sie einen Spaziergang oder spielten Golf. Unter dem Bungalow hatte Harold ein ebenes Stück Dschungel roden lassen und auf ihm einen Golfplatz mit neun Löchern angelegt. Um sechs wurde es dunkel. Dann kam gewöhnlich Mr. Simpson herüber.

* Eingeborenendorf
** rockähnliches Kleidungsstück der Malaien
*** anglo-indischer Ausdruck für Mittagessen

Sie plauderten bis zum Abendessen, und manchmal spielten Harold und Simpson Schach. Die balsamischen Abende waren herrlich. Die Glühwürmchen verwandelten die Büsche unter der Veranda in kalt funkelnde, zitternde Leuchtfeuer, blühende Bäume würzten die Luft mit süßem Duft. Nach dem Essen lasen sie die Zeitungen, die vor sechs Wochen in London erschienen waren, und gingen dann zu Bett. Millicent genoß das Gefühl, jung verheiratet zu sein. Die einheimischen Diener in ihren bunten Sarongs, die barfüßig, still, aber freundlich im Hause umhergingen, gefielen ihr. Sie hatte das angenehme Gefühl, als Frau des ersten Regierungsbeamten eine wichtige Rolle zu spielen. Harold imponierte ihr durch seine völlige Beherrschung der Eingeborenensprache, durch sein herrenhaftes Auftreten und durch seine Würde. Dann und wann ging sie ins Amtshaus, wo er als Richter die Streitigkeiten der Einheimischen entschied. Die Vielfältigkeit seiner Aufgaben und die geschickte Art, mit der er sie erledigte, nötigten ihr Achtung ab. Wie Mr. Simpson sagte, wurde Harold mit den Eingeborenen besser fertig als andere. Festigkeit, Takt und gute Laune wirkten bei ihm zusammen, und das war wesentlich im Umgang mit dieser furchtsamen, rachsüchtigen und argwöhnischen Rasse. Millicent begann eine gewisse Bewunderung für ihren Mann zu fühlen.

Sie waren ein Jahr verheiratet, als zwei englische Naturforscher auf ihrem Wege ins Innere für einige Tage bei ihnen haltmachten. Sie brachten eine dringende Empfehlung vom Gouverneur mit, und Harold wollte sich nicht lumpen lassen. Ihre Ankunft war eine angenehme Abwechslung. Millicent lud Mr. Simpson zum Essen ein (er wohnte im Fort und aß nur an Sonntagabenden bei ihnen). Nach dem Essen setzten sich die Männer auf die Veranda, um Bridge zu spielen. Millicent ließ sie allein und ging bald zu Bett, aber die Spieler machten einen solchen Lärm, daß sie eine Zeitlang keinen Schlaf finden konnte. Wie spät es war, als Harold ins Zimmer schwankte, wußte sie nicht. Sie verhielt sich still. Er entschloß sich offenbar, noch ein Bad zu nehmen, bevor er zu Bett ging. Der Baderaum war direkt unter ihrem Schlafzimmer. Er stieg die Treppe hinab. Offenbar glitt er aus, denn es gab ein gewaltiges Getöse, und sie hörte ihn fluchen. Dann erbrach er sich heftig. Sie hörte, wie er Kübel Wasser über sich schüttete, und kurze Zeit darauf kam er, diesmal sehr vorsichtig, wieder nach oben und schlüpfte ins Bett. Millicent tat so, als schliefe sie. Sie war entsetzt. Harold war betrunken. Sie nahm sich vor, ihn deshalb am Morgen zur Rede zu stellen. Was würden die zwei Naturforscher von ihnen denken! Aber am Morgen trat Harold mit solcher Würde auf, daß sie nicht den Mut hatte, auf die Sache zu sprechen zu kommen. Um acht Uhr setzten sich Harold und sie mit den beiden Gästen zum Frühstück. Harold warf einen Blick auf den Tisch.

»Hafergrütze«, sagte er. »Millicent, ich glaube, meine

Gäste möchten gern ein bißchen Worcestersauce zum Frühstück. Nach mehr werden sie kaum Verlangen haben. Ich persönlich werde mich mit Whisky und Soda begnügen.«

Die beiden lachten beschämt.

»Ihr Mann ist ein furchtbarer Mensch«, sagte einer von ihnen.

»Ich würde glauben, die Gebote der Gastfreundschaft nicht richtig erfüllt zu haben, wenn ich Sie am ersten Abend Ihres Besuches nüchtern ins Bett geschickt hätte«, sagte Harold in der offenherzigen und etwas pompösen Art, in der er sich manchmal ausdrückte.

Millicent lächelte säuerlich, tröstete sich aber mit dem Gedanken, daß die Gäste ebenso betrunken gewesen waren wie ihr Mann. An diesem Abend blieb sie bei ihnen, und man ging zu einer vernünftigen Stunde zu Bett. Sie war froh, als die Fremden Abschied nahmen. Das Leben floß wieder ruhig dahin. Einige Monate später machte Harold eine Inspektionsreise durch seinen Distrikt und kam mit einem schlimmen Malariaanfall zurück. Zum erstenmal sah sie nun die Krankheit, von der sie schon so viel gehört hatte. Als Harold sich langsam erholte, fiel es ihr nicht weiter auf, daß er sehr schwach war; sie fand jedoch sein Verhalten sonderbar. Wenn er vom Amt zurückkam, starrte er sie mit glasigen Augen an. Er stand auf der Veranda und schwankte leicht, aber doch würdevoll, und hielt lange Ansprachen über die politische Lage in England. Dann verlor er den

Faden und sah sie mit einer schalkhaften Durchtriebenheit an. Da er sonst immer so ernst und gemessen war, wußte sie nicht, was sie davon halten sollte.

»Sie zwingt einen in die Knie, diese verfluchte Malaria. Ach, liebes Frauchen, du hast keine Ahnung, wie anstrengend es ist, am Aufbau des Empire mitzuwirken.«

Mr. Simpson sah manchmal, wie ihr vorkam, so besorgt aus, und wenn sie allein waren, schien er etwas sagen zu wollen; aber aus Schüchternheit unterließ er es dann im letzten Augenblick. Dieses Gefühl wurde so stark, daß es sie nervös machte, und eines Abends, als Harold, sie wußte nicht warum, länger als üblich im Büro blieb, konnte sie nicht mehr an sich halten.

»Was haben Sie mir zu sagen, Mr. Simpson?« platzte sie heraus.

Er wurde rot und zögerte.

»Nichts. Was veranlaßt Sie zu der Annahme, ich hätte Ihnen etwas Besonderes zu sagen?«

Mr. Simpson war ein hagerer, hochaufgeschossener junger Mann von vierundzwanzig, der sich große Mühe gab, seinen mächtigen welligen Haarschopf glatt und anliegend zu halten. Seine Handgelenke waren von Moskitostichen geschwollen und fleckig. Millicent sah ihn fest an.

»Glauben Sie nicht, es wäre besser, Sie sagten es mir, wenn es etwas mit Harold zu tun hat?«

Er wurde jetzt krebsrot. Er rückte unruhig auf dem Stuhl hin und her. Sie drang weiter in ihn.

»Ich fürchte, Sie werden mich für frech halten«, begann er schließlich. »Es ist scheußlich von mir, hinter seinem Rücken etwas über meinen Chef zu sagen. Malaria ist eine schlimme Sache, und wenn man einen Anfall gehabt hat, fühlt man sich gänzlich erledigt.«

Er zögerte wieder und zog die Mundwinkel nach unten, als wolle er weinen. Millicent kam er wie ein kleiner Junge vor.

»Ich werde alles mit Grabesschweigen bedecken«, sagte sie lächelnd. Sie versuchte ihre Unruhe zu verbergen. »Erzählen Sie es mir doch.«

»Dann muß ich Ihnen leider sagen, daß Ihr Mann immer eine Flasche Whisky in seinen Arbeitsräumen hat. Es ist ein Jammer. Er nimmt nämlich dort oft einen Schluck mehr, als er sonst tun würde.«

Mr. Simpson bekam vor Aufregung eine heisere Stimme. Millicent fühlte, wie ein kalter Schauer sie durchfuhr. Sie nahm sich zusammen, denn sie wußte, sie durfte dem jungen Mann keine Angst machen, wenn sie alles aus ihm herausholen wollte. Er scheute sich, mit der Sprache herauszurücken. Sie drängte ihn, bat ihn, appellierte an sein Pflichtgefühl und brach schließlich in Tränen aus. Dann sagte er ihr, Harold sei in den letzten zwei Wochen immer mehr oder weniger betrunken gewesen. Die Eingeborenen sprächen bereits darüber und sagten, es würde mit ihm bald wieder so schlimm sein wie vor seiner Verheiratung. Er habe damals regelmäßig zuviel getrunken. Trotz aller ihrer Versuche, Näheres über jene Zeit aus ihm herauszubringen, lehnte es Mr. Simpson ab, ihr Einzelheiten zu berichten.

»Meinen Sie, daß er jetzt drüben geblieben ist, um zu trinken?«

»Das weiß ich nicht.«

Millicent glühte plötzlich vor Scham und Zorn. Das Fort, wie es genannt wurde, weil man dort die Gewehre und die Munition aufbewahrte, diente auch als Gerichtssaal. Es stand dem Bungalow gegenüber, umgeben von einem Garten. Die Sonne war gerade am Untergehen, und so brauchte sie keinen Hut. Sie eilte hinüber. Sie fand Harold in dem Büro hinter der großen Halle, in der er die Gerichtssitzungen abhielt. Vor ihm stand eine angebrochene Flasche Whisky. Er rauchte und sprach mit einigen Malaien, die ihm mit unterwürfigem und gleichzeitig verächtlichem Lächeln zuhörten. Sein Gesicht war hochrot. Die Eingeborenen verschwanden sofort aus dem Zimmer.

»Ich bin hergekommen, um zu sehen, was du tust«, sagte sie.

Er stand auf, denn er behandelte sie stets mit ausgesuchter Höflichkeit, und schwankte auf sie zu. Da er sich unsicher auf den Beinen fühlte, richtete er sich hoch und steif auf.

»Setz dich, meine liebe Millicent, setz dich, nimm Platz. Ich hatte noch dringend zu tun. Deshalb konnte ich nicht eher kommen.«

Sie sah ihn mit zornfunkelnden Augen an.

»Du bist betrunken«, sagte sie.

Er starrte sie an, seine Augen traten etwas hervor, und sein breites, fleischiges Gesicht nahm einen hochmütigen Ausdruck an.

»Ich verstehe nicht im geringsten, was du damit sagen willst.«

Sie hatte sich vorgenommen, ihm heftige Vorhaltungen zu machen, brach aber plötzlich in Tränen aus, sank auf einen Stuhl und bedeckte ihr Gesicht mit den Händen. Harold blickte sie eine Weile an, dann kollerten auch ihm die Tränen über die Wangen. Mit ausgestreckten Armen ging er auf sie zu und fiel schwer vor ihr auf die Knie. Schluchzend zog er sie an sich.

»Verzeih mir, verzeih mir«, stammelte er. »Ich verspreche dir, es soll nicht wieder vorkommen. Es war diese verdammte Malaria. Sie hat mich dazu gebracht.«

»Es ist so erniedrigend«, stöhnte sie.

Er weinte wie ein Kind. In der Selbsterniedrigung dieses großen, gesetzten Mannes lag etwas Rührendes. Millicent nahm die Hände vom Gesicht. Mit flehendem und zerknirschtem Ausdruck schaute er zu ihr auf.

»Willst du mir dein Ehrenwort geben, daß du nie wieder Alkohol anrührst?«

»Ja, ja. Ich hasse ihn.«

Da sagte sie ihm, sie erwarte ein Kind. Er war überglücklich.

»Darauf habe ich mich schon lange gefreut. Das wird mir Kraft geben.«

Sie gingen zum Bungalow zurück. Harold badete und schlief dann ein wenig ein. Nach dem Essen hatten sie eine lange und ruhige Aussprache. Er gab zu, er habe vor seiner Verheiratung gelegentlich mehr getrunken, als gut für ihn war. Wenn man von der Welt abgeschnitten sei, könne man leicht einem solchen Laster verfallen. Er willigte in alles ein, was Millicent von ihm verlangte. Es waren noch einige Monate, bevor Millicent sich zur Entbindung nach Kuala Solor begeben mußte, und in dieser Zeit war Harold ein ausgezeichneter Gatte, aufmerksam, untadelig und liebevoll. Als die Barkasse sie abholte und sie ihn für sechs Wochen allein lassen mußte, versprach er feierlich, während ihrer Abwesenheit keinen Alkohol anzurühren. Er legte ihr die Hände auf die Schultern.

»Ich breche niemals ein Versprechen«, sagte er in seiner würdevollen Art. »Aber selbst wenn ich nichts verspräche, könntest du dir vorstellen, daß ich in der Zeit, in der du so viel durchmachen mußt, etwas täte, was dir Kummer bereiten könnte?«

Nach Joans Geburt wohnte Millicent im Hause des Gouverneurs, und Mrs. Gray, seine Frau, war sehr gut zu ihr. Die beiden Frauen hatten während der langen Stunden, in denen sie allein waren, nichts zu tun als zu reden, und so erfuhr Millicent mit der Zeit alles über die alkoholische Vergangenheit ihres Mannes. Am allerwenigsten konnte sie sich mit der Tatsache abfinden, daß Harold nur unter der Bedingung, sich zu verheiraten, seinen Posten behalten konnte. Sie rief in ihr ein dunkles Rachegefühl hervor. Und als sie entdeckte, was für ein unverbesserlicher Trunkenbold er gewesen war, bekam sie starke Beklemmungen. Sie hatte eine entsetzliche Angst, er könnte während ihrer Abwesenheit wieder seiner Sucht nachgegeben haben. Sie fuhr mit ihrem Kind und einer Pflegerin zurück. Sie blieb eine Nacht in dem Bungalow an der Flußmündung und schickte einen Boten in einem Kanu voraus, der ihre Ankunft ankündigen sollte. Ängstlich blickte sie nach dem Landungssteg, als die Barkasse sich dem Ufer näherte. Dort standen Harold und Mr. Simpson. Die adretten Soldaten waren in einer Reihe aufmarschiert. Ihr wurde schwach ums Herz, denn Harold schwankte leicht hin und her wie ein Mann, der versucht, auf einem rollenden Schiff sein Gleichgewicht zu behaupten. Sie erkannte, daß er betrunken war. Es war keine sehr angenehme Heimkehr.

Millicent hatte ihre Eltern und ihre Schwester, die ihr schweigend zuhörten, fast vergessen. Sie spürte jetzt wieder deren Gegenwart und richtete sich auf. Alles, was sie da erzählte, schien so weit weg zu sein.

»Da wußte ich, daß ich ihn haßte«, sagte sie. »Ich hätte ihn umbringen können.«

»Oh, Millicent, sag doch so was nicht!« rief ihre Mutter. »Vergiß nicht, daß der Arme tot ist.«

Millicent sah ihre Mutter an, und ihr Gesicht wurde

plötzlich finster. Mr. Skinner wurde es unbehaglich zumute.

»Sprich weiter«, sagte Kathleen.

»Als er entdeckte, daß ich alles über ihn erfahren hatte, ließ er sich vollständig gehen. Nach einem Vierteljahr hatte er wieder einen Anfall von Delirium tremens.«

»Warum bist du nicht von ihm fortgegangen?« fragte Kathleen.

»Was hätte ich damit erreicht? Er wäre nach vierzehn Tagen entlassen worden. Wer sollte für mich und Joan sorgen? Ich mußte bleiben. Wenn er nüchtern war, konnte ich mich ja über nichts beklagen. Liebe fühlte er nicht für mich, aber er hatte mich gern. Ich hatte ihn ja auch nicht geheiratet, weil ich in ihn verliebt war, sondern weil ich verheiratet sein wollte. Ich tat alles, um den Alkohol von ihm fernzuhalten. Ich erreichte sogar, daß Mr. Gray die Übersendung von Whisky aus Kuala Solor verbot, aber Harold erhielt ihn von den Chinesen. Ich beobachtete ihn wie eine Katze eine Maus. Aber er war zu schlau für mich. Nach kurzer Zeit ging es von neuem los. Er vernachlässigte seine Amtspflichten. Ich hatte Angst, es könnten Beschwerden einlaufen. Wir waren zwei Tagereisen von Kuala Solor entfernt, und das war unser Glück, aber es mußte doch etwas durchgesickert sein, denn Mr. Gray schrieb mir einen privaten Warnungsbrief. Ich zeigte ihn Harold. Er tobte und fluchte, aber ich sah, daß er Angst bekam, und einige

Monate war er ganz nüchtern. Dann begann es wieder. Und so ging es fort bis zu unserem Urlaub.

Bevor wir hierher kamen, bat ich ihn und flehte ihn an, sich ja in acht zu nehmen. Es sollte keiner von euch merken, was für einen Mann ich geheiratet hatte. Solange er in England war, ging alles gut. Bevor wir fortfuhren, warnte ich ihn. Er hatte Joan sehr liebgewonnen und war stolz auf sie. Sie hing sehr an ihm, mehr als an mir. Ich fragte ihn, ob ihn sein Kind später als Trunkenbold ansehen sollte. Dadurch entdeckte ich, womit ich Eindruck auf ihn machen konnte. Der Gedanke erschreckte ihn. Ich sagte ihm, ich würde es nicht zulassen, und wenn Joan ihn einmal betrunken sähe, würde ich sie ihm fortnehmen. Er wurde ganz bleich, als ich das sagte. In jener Nacht fiel ich auf die Knie und dankte Gott, weil er mir einen Weg gezeigt hatte, meinen Mann zu retten.

Er bat mich, ihm zur Seite zu stehen, dann wolle er einen neuen Versuch machen. Wir beschlossen, die Sucht zusammen zu bekämpfen. Und er gab sich redlich Mühe. Wenn er fühlte, daß das Verlangen ihn zu überwältigen drohte, kam er zu mir. Ihr wißt, daß er immer gern großtat, aber bei mir war er so klein und demütig wie ein Kind. Er verließ sich auf mich. Er liebte mich wohl nicht, als er mich heiratete, aber nun liebte er mich, mich und Joan. Ich hatte ihn gehaßt, weil er sich erniedrigt hatte, weil er, wenn er betrunken war, versuchte, sich würdevoll, überlegen und herablassend zu gebärden, was mich abstieß. Aber nun zog ein sonderbares Gefühl in mein Herz ein. Es war nicht Liebe, aber eine eigentümliche scheue Zärtlichkeit. Er war jetzt noch etwas mehr als mein Mann, er war wie ein Kind, das ich lange und ermüdende Monate hindurch unter dem Herzen getragen hatte. Er war so stolz auf mich, und ich war stolz auf ihn. Seine langen Reden reizten mich nicht mehr, und sein gespreiztes Wesen erschien mir eher komisch. Schließlich besiegten wir den bösen Feind. Zwei Jahre lang trank er keinen Tropfen Alkohol mehr. Er verlor die Sucht völlig. Er konnte sogar über sie scherzen.

Mr. Simpson war nicht mehr bei uns, und wir hatten einen anderen jungen Mann namens Francis.

›Ich bin ein bekehrter Trunkenbold‹, sagte Harold einmal zu ihm. ›Wenn meine Frau nicht gewesen wäre, hätte man mich längst an die Luft gesetzt. Ich habe die beste Frau, die es auf der Welt gibt, Francis.‹

Ihr wißt nicht, was solche Worte für mich bedeuteten... Alle meine Mühen und Sorgen hatten sich gelohnt. Ich war überglücklich.«

Sie schwieg. Sie dachte an den breiten, gelben, schlammigen Fluß, an dessen Ufer sie so lange gelebt hatte. Vor Sonnenuntergang flogen die Reiher weiß und glitzernd in der von Hitze zitternden Luft den Fluß hinab; sie flogen niedrig und schnell und entschwanden bald den Blicken. Sie waren wie ein Triller schneeiger Noten, süß und rein und frühlingshaft, ein göttlicher Akkord, den eine unsichtbare Hand auf einer unsichtbaren Harfe anschlug. Eingehüllt in den Schatten des Abends, flatterten sie zwischen den grünen Ufern dahin wie die glücklichen Gedanken eines zufriedenen Geistes.

»Dann wurde Joan krank. Drei Wochen lang schwebten wir in Angst. Ein Arzt war erst in Kuala Solor zu erreichen, und wir mußten das Kind von einem eingeborenen Medizinmann behandeln lassen. Als Joan wieder genas, fuhr ich mit ihr an die Flußmündung, um sie durch die frische Meeresluft zu stärken. Wir blieben eine Woche dort. Es war das erste Mal, daß ich mich von Harold trennte, seitdem ich wegen meiner Niederkunft in Kuala Solor war. In der Nähe war ein Fischerpfahldorf, aber in Wirklichkeit waren wir ganz allein. Mit großer Zärtlichkeit dachte ich immer an Harold, und auf einmal wußte ich, daß ich ihn liebte. Ich war so froh, als das Boot uns wieder abholte, denn ich wollte es Harold ja sagen. Ich dachte, wie sehr er sich darüber freuen würde. Ich kann euch nicht beschreiben, wie glücklich ich war. Als wir stromaufwärts ruderten, erzählte mir der Bootsführer, daß Mr. Francis ins Landesinnere gegangen sei, um eine Frau zu verhaften, die ihren Mann ermordet hatte. Er sei schon ein paar Tage fort.

Ich war überrascht, daß Harold nicht am Landungssteg war, um mich abzuholen. Er war in dieser Beziehung sonst peinlich aufmerksam. Er sagte manchmal, Mann und Frau sollten zueinander so höflich sein, wie sie zu Bekannten wären. Ich konnte mir nicht vorstellen, welche Amtsgeschäfte ihn abgehalten hatten. Ich ging den niedrigen Hügel hinauf, auf dem der Bungalow stand. Die Aja* führte Joan hinter mir her. Es war sonderbar still in dem Bungalow. Ich sah auch keine Diener, und dies kam mir höchst seltsam vor. Vielleicht hatte Harold mich nicht so bald erwartet und war ausgegangen. Ich stieg die Treppe hinauf. Joan hatte Durst, und die Aja führte sie in die Küche, um ihr etwas zu trinken zu geben. Harold war nicht im Wohnzimmer. Ich rief seinen Namen, aber niemand antwortete. Ich war enttäuscht, weil ich ihn so gern dagehabt hätte. Ich ging in unser Schlafzimmer. Harold war doch nicht ausgegangen, er lag schlafend auf dem Bett. Diese Entdeckung machte mir Spaß, weil er immer behauptete, er schliefe nie am Nachmittag. Das war für ihn lediglich eine schlechte Gewohnheit, der nur Weiße huldigten. Ich trat leise ans Bett. Ich wollte mir einen Scherz mit ihm machen, ihn kitzeln oder so etwas. Ich öffnete die Moskitovorhänge. Er lag auf dem Rücken und hatte nur einen Sarong an. Eine leere Whiskyflasche lag an seiner Seite. Er war betrunken. Es hatte wieder begonnen. Alle meine jahrelangen Kämpfe waren nutzlos gewesen. Mein Traum zerfloß in nichts. Es war alles hoffnungslos. Maßlose Wut ergriff mich.«

Millicents Gesicht wurde wieder dunkelrot. Sie umklammerte die Stuhllehne.

»Ich faßte ihn bei den Schultern und schüttelte ihn mit

* malaiische Kinderfrau

aller Kraft. ›Du Biest!‹ schrie ich, ›du Biest!‹ Ich war so wütend, daß ich nicht wußte, was ich tat und sagte. Ich schüttelte ihn immer wieder. Ihr könnt euch nicht denken, wie häßlich er aussah, dieser große, dicke, halbnackte Mann. Er hatte sich tagelang nicht rasiert, und sein Gesicht war aufgedunsen und purpurrot. Er atmete schwer. Ich schrie ihn an – vergeblich. Ich versuchte ihn aus dem Bett zu ziehen, aber er war zu schwer. Er lag wie ein Baumstamm da. ›Mach die Augen auf!‹ schrie ich. Ich schüttelte ihn wieder. Ich haßte ihn. Ich haßte ihn um so mehr, als ich ihn eine ganze Woche von Herzen geliebt hatte. Er hatte mich verraten. Er hatte mich im Stich gelassen. Ich wollte ihm sagen, was für ein elender Schuft er war. Ich konnte ihn nicht wachbekommen. ›Du sollst die Augen aufmachen!‹ rief ich. Er sollte mich wenigstens ansehen.«

Die Witwe fuhr sich mit der Zunge über die trokkenen Lippen. Ihr Atem ging schnell. Sie schwieg.

»Wenn er in einem solchen Zustand war, wäre es das beste gewesen, ihn schlafen zu lassen«, sagte Kathleen.

»An der Wand neben dem Bett hing ein Parang. Ihr wißt ja, welche Vorliebe Harold für solche exotischen Dinge hatte.«

»Was ist ein Parang?« fragte Mrs. Skinner.

»Stell dich nicht so dumm, Mutter«, sagte Mr. Skinner gereizt. »Gleich hinter dir ist einer an der Wand.«

Er zeigte auf das malaiische Schwert, auf dem aus irgendeinem Grunde seine Augen unbewußt geruht hatten. Mrs. Skinner zog sich mit ängstlicher Gebärde, wie wenn man sie auf eine Giftschlange aufmerksam gemacht hätte, in die Ecke des Sofas zurück.

»Plötzlich quoll Blut aus Harolds Kehle hervor. Er hatte eine große rote Wunde quer über den Hals.«

»Millicent!« rief Kathleen, schnellte hoch und sprang mit einem Satz auf ihre Schwester zu. »Was um Gottes Willen willst du damit sagen?«

Mrs. Skinner starrte sie mit großen entsetzten Augen und offenem Munde an.

»Der Parang war nicht mehr an der Wand. Er war auf dem Bett. Da öffnete Harold die Augen. Sie waren von Joans Augen nicht zu unterscheiden.«

»Das verstehe ich nicht«, sagte Mr. Skinner. »Wie konnte er Selbstmord begehen, wenn er in dem von dir geschilderten Zustand war?«

Kathleen griff nach dem Arm ihrer Schwester und schüttelte ihn heftig.

»Millicent, um Himmels willen, erkläre doch!«

Millicent machte sich von ihr frei.

»Wie ich euch schon gesagt habe, der Parang hing an der Wand. Was geschah, weiß ich nicht. Ich sah nur, wie das Blut floß und Harold die Augen öffnete. Er starb fast unmittelbar darauf. Er sagte kein Wort mehr, gab aber eine Art Keuchen von sich.«

Schließlich fand Mr. Skinner seine Stimme wieder:

»Aber es war Mord, du Elende!«

Millicent, deren Gesicht jetzt mit roten Flecken übersät war, warf ihm einen so haßerfüllten, zornigen Blick zu, daß er zurückwich. Mrs. Skinner rief:

»Millicent, du hast es nicht getan, sag, daß du es nicht getan hast!«

Dann hatten sie alle das Gefühl, als ob ihnen das Blut in den Adern zu Eis würde, denn Millicent lachte laut auf.

»Wer sollte es sonst getan haben?« sagte sie.

»Mein Gott!« murmelte Mr. Skinner.

Kathleen hatte kerzengerade dagestanden, die Hände aufs Herz gedrückt, als klopfe es unerträglich.

»Und was geschah dann?« fragte sie.

»Ich schrie. Ich lief zum Fenster und riß es auf. Ich rief nach der Aja. Sie kam mit Joan angelaufen. ›Joan dalassen‹, rief ich. ›Ja nicht mit Joan kommen!‹ Sie rief den Koch und übergab ihm das Kind. ›Schnell, schnell!‹ Ich wies auf Harold hin. ›Der Tuan hat sich das Leben genommen!‹ schrie ich. Sie kreischte auf und lief aus dem Hause.

Niemand wollte näher kommen. Alle waren ganz fassungslos. Ich schrieb Mr. Francis einen Brief, berichtete ihm, was geschehen war, und bat ihn, sofort zurückzukommen.«

»Was hast du ihm denn berichtet?«

»Ich hätte bei meiner Rückkehr Harold mit durchschnittener Kehle aufgefunden. In den Tropen muß man die Menschen schnell beerdigen. Ich kaufte einen chinesischen Sarg, und die Soldaten schaufelten ein Grab hinter dem Fort. Als Mr. Francis kam, lag Harold schon zwei Tage in der Erde. Mr. Francis war noch ein dummer Junge. Ich konnte ihm einen Bären aufbinden, ohne daß er es merkte. Ich sagte ihm, ich hätte den Parang in Harolds Hand gefunden und es sei kein Zweifel, daß er sich in einem Anfall von Delirium tremens getötet habe. Ich zeigte ihm die leere Flasche. Die Diener bestätigten, er sei während meines Aufenthaltes an der Küste dauernd betrunken gewesen. Dieselbe Geschichte erzählte ich in Kuala Solor. Alle waren sehr nett zu mir, und die Regierung gewährte mir eine Pension.«

Eine ganze Weile sagte niemand ein Wort. Schließlich riß sich Mr. Skinner zusammen.

»Ich bin Jurist. Ich bin Rechtsanwalt. Als solcher habe ich gewisse Pflichten. Wir haben immer eine sehr achtenswerte Praxis gehabt. Du hast mich in eine unmögliche Lage gebracht.«

Er versuchte, die sich wirr in seinem Kopf jagenden Gedanken zu ordnen. Millicent sah ihn verächtlich an.

»Und was willst du in der Sache tun?«

»Es war Mord, das ist unbestreitbar. Meinst du, ich kann zu einem Mord schweigen?«

»Rede keinen Unsinn, Vater«, sagte Kathleen scharf. »Du kannst nicht deine eigene Tochter anzeigen.«

»Du hast mich in eine unmögliche Lage gebracht«, wiederholte Mr. Skinner.

Millicent zuckte die Schultern.

»Ihr habt mich ja gedrängt, euch alles zu erzählen. Ich

habe es lange genug allein getragen. Es wird Zeit, daß ihr mir alle dabei helft.«

In diesem Augenblick öffnete das Hausmädchen die Tür.

»Davis ist mit dem Auto vorgefahren.«

Kathleen hatte die Geistesgegenwart, etwas darauf zu sagen, und das Mädchen schloß die Tür wieder.

»Wir brechen besser gleich auf«, sagte Millicent.

»Ich kann doch jetzt nicht zu der Party gehen«, rief Mrs. Skinner entsetzt. »Ich bin ja ganz erledigt. Wie können wir den Heywoods gegenübertreten? Und der Bischof will dir sicher vorgestellt werden.«

Millicent machte eine Gebärde, als ob ihr das völlig gleichgültig sei. Ihre Augen behielten den ironischen Ausdruck.

»Wir müssen gehen, Mutter«, drängte Kathleen. »Wie sieht es denn aus, wenn wir wegbleiben?« Sie wandte sich wütend an Millicent. »Oh, meiner Ansicht nach ist das alles schrecklich taktlos!«

Mrs. Skinner blickte hilflos ihren Mann an. Er ging zu ihr, reichte ihr die Hand und half ihr vom Sofa auf.

»Ich fürchte, wir müssen gehen«, sagte er.

»Und ich mit den Reiherfedern auf dem Hut, die Harold mir eigenhändig gegeben hat«, stöhnte sie.

Er führte sie aus dem Zimmer, Kathleen folgte ihnen dicht auf den Fersen, und einige Schritte hinter ihnen ging Millicent.

»Man gewöhnt sich daran«, sagte sie ruhig. »Zuerst

habe ich an nichts anderes denken können, aber jetzt vergesse ich es manchmal zwei oder drei Tage vollständig. Es ist ja nicht so, als drohe einem Gefahr.«

Niemand antwortete ihr. Sie schritten über den Flur und durch die Haustür. Die drei Damen setzten sich hinten in den Wagen, und Mr. Skinner nahm neben dem Fahrer Platz. Es war ein alter Wagen, und Davis mußte erst den Anlasser anwerfen. Mr. Skinner drehte sich mürrisch nach Millicent um.

»Das hättest du mir nie erzählen sollen«, sagte er. »Es war höchst selbstsüchtig von dir.«

Davis setzte sich ans Steuer, und sie fuhren zum Gartenfest des Pastors.

Agatha Christie

Villa Nachtigall

Auf Wiedersehen, Liebling.«

»Auf Wiedersehen, Liebster.«

Alix Martin stand über den niedrigen Holzzaun gelehnt und blickte der langsam kleiner werdenden Gestalt ihres Mannes nach, der die Straße in Richtung auf das Dorf hinunterging.

Schließlich schritt er um eine Biegung und geriet außer Sicht, doch Alix blieb in der gleichen Haltung stehen und strich sich gedankenverloren eine Locke ihres vollen braunen Haares zurück, die ihr ins Gesicht geweht war. Ihre Augen blickten verträumt in die Ferne.

Alix Martin war nicht schön, genaugenommen noch nicht einmal hübsch. Aber ihr Gesicht – das Gesicht einer Frau, die ihre erste Jugend hinter sich hat – war weich geworden und strahlte eine innere Zufriedenheit aus, so daß ihre früheren Bürokolleginnen sie wohl kaum wiedererkannt haben würden. Als Miss Alix King war sie eine durchschnittliche, nette berufstätige junge Frau gewesen, anstellig, etwas brüsk in ihrer Art, nüchtern und offensichtlich tüchtig.

Alix war durch eine harte Schule gegangen. Fünfzehn Jahre lang, von ihrem achtzehnten bis dreiunddreißigsten Lebensjahr, hatte sie sich – und sieben Jahre davon auch die kranke Mutter – allein mit ihrer Arbeit als Stenotypistin unterhalten müssen. Der Kampf um die Existenz hatte die weichen Linien ihres mädchenhaften Gesichtes verhärtet.

Natürlich hatte es auch so etwas wie eine Romanze in

ihrem Leben gegeben – Dick Windyford, ein Bürokollege. Im innersten Herzen war Alix ganz eine Frau und hatte immer gewußt, ohne es sich anmerken zu lassen, daß er sie liebte. Nach außen hin waren sie Freunde, nicht mehr. Von seinem geringen Gehalt ermöglichte Dick unter großen Entbehrungen einem jüngeren Bruder das Studium. Vorläufig konnte er daher überhaupt nicht ans Heiraten denken.

Doch plötzlich und unerwartet war für Alix die Erlösung von der täglichen Plackerei gekommen. Eine entfernte Verwandte war gestorben und hatte Alix ihr ganzes Geld hinterlassen – einige tausend Pfund, die ein paar hundert Pfund im Jahr einbrachten. Für Alix bedeutete das Freiheit, Leben, Unabhängigkeit. Jetzt brauchten sie und Dick nicht länger zu warten.

Aber Dick reagierte unvorhergesehen. Er hatte nie direkt von seiner Liebe zu Alix gesprochen, jetzt aber schien er weniger dazu geneigt denn je. Er mied sie, wurde mürrisch und verdrießlich. Alix hatte rasch den wahren Grund erkannt: sie war jetzt eine wohlhabende Frau, und Empfindlichkeit und Stolz standen Dick im Wege, ihr einen Heiratsantrag zu machen.

Sie mochte ihn darum aber nicht weniger gern und überlegte gerade ernsthaft, ob sie vielleicht den ersten Schritt machen sollte, als zum zweitenmal das Unerwartete über sie hereinbrach.

Im Hause eines Freundes begegnete sie Gerald Martin. Er verliebte sich heftig in sie, und innerhalb einer Woche waren sie verlobt. Alix, die sich nie für den Typ gehalten hatte, der sich Hals über Kopf verliebt, war völlig hingerissen.

Unbeabsichtigt hatte sie damit den Weg gefunden, ihren ersten Verehrer aus seiner Reserve zu locken. Stammelnd vor Wut und Enttäuschung war Dick Windyford zu ihr gekommen.

»Der Mann ist völlig fremd für dich! Du weißt nichts über ihn.«

»Ich weiß, daß ich ihn liebe.«

»Wie kannst du das wissen – nach einer Woche?«

»Es braucht eben nicht jeder elf Jahre, um herauszufinden, daß er ein Mädchen liebt!« hatte Alix erregt geschrien.

Sein Gesicht wurde weiß.

»Seit ich dich kenne, habe ich immer nur an dich gedacht. Ich glaubte, daß du genauso für mich empfändest.«

Alix blieb bei der Wahrheit.

»Auch ich habe das geglaubt«, gab sie zu; »aber nur weil ich nicht wußte, was Liebe ist.«

Darauf war Dick wieder wütend geworden: Bitten, Flehen, ja sogar Drohungen – Drohungen gegen den Mann, der ihn verdrängt hatte. Alix war verblüfft, als sie den Vulkan unter dem reservierten Äußern dieses Mannes bemerkte, den sie so gut zu kennen geglaubt hatte.

Und während sie sich an diesem sonnigen Morgen über den Gartenzaun ihres kleinen Landhauses lehnte, wanderten ihre Gedanken zu jener Unterredung zurück. Vor einem Monat hatte sie geheiratet und war zufrieden und glücklich. Doch jetzt, während der Abwesenheit ihres Mannes, der ihr alles bedeutete, schlich sich eine leise Besorgnis in ihr vollkommenes Glück. Und der Grund dieser Besorgnis war Dick Windyford.

Dreimal hatte sie seit ihrer Heirat den gleichen Traum geträumt. Die Begleitumstände wichen jedesmal voneinander ab, der Kern aber blieb immer derselbe: *sie sah ihren Mann tot am Boden liegen und Dick Windyford über ihm stehen, und sie wußte ganz sicher, daß seine Hand den tödlichen Streich geführt hatte.*

Aber so schrecklich das auch war – das Erwachen empfand sie noch viel schrecklicher, denn im Traum kam ihr der ganze Vorgang völlig natürlich und unvermeidlich vor: *sie, Alix Martin, war froh, daß ihr Mann tot war! Sie streckte dem Mörder dankbar ihre Hände entgegen, manchmal dankte sie ihm sogar mit Worten.* Der Traum endete immer auf dieselbe Weise: *Dick Windyford schloß sie in seine Arme.*

Sie hatte ihrem Mann nichts von diesem Traum erzählt, aber im geheimen hatte er sie mehr verwirrt, als sie sich eingestehen wollte. War es eine Warnung – eine Warnung vor Dick Windyford?

Das scharfe Läuten des Telephons im Hause schreckte Alix aus ihren Gedanken. Sie ging hinein und nahm den Hörer ab. Plötzlich schwankte sie und stützte sich mit einer Hand gegen die Wand.

»*Wer* spricht dort, bitte?«

»Aber Alix, was ist denn los mit dir? Ich erkenne deine Stimme ja fast nicht wieder. Ich bin's, Dick.«

»Oh!« sagte Alix. »Oh! Wo – bist du jetzt?«

»Im *Traveller's Arms* – so heißt es doch, nicht wahr? Oder weißt du etwa nicht einmal, daß es in eurem Dorf so ein Gasthaus gibt? Ich habe gerade Urlaub – angle hier ein bißchen. Hättest du was dagegen, daß ich euch zwei liebe Leutchen heute abend nach dem Essen kurz besuche?«

»Nein!« entfuhr es Alix scharf. »Du darfst nicht kommen!«

Eine Pause trat ein, und als Dicks Stimme wiederkehrte, klang sie merklich verändert.

»Verzeih bitte«, sagte er förmlich. »Selbstverständlich möchte ich euch nicht zur Last fallen –«

Hastig unterbrach Alix ihn. Ihr Verhalten mußte ihm äußerst merkwürdig vorkommen. Und es *war* merkwürdig. Ihre Nerven schienen ihr einen schlimmen Streich zu spielen.

»Ich wollte damit nur sagen, daß wir – daß wir für heute abend schon eine Verabredung haben«, erklärte sie und versuchte, ihre Stimme möglichst natürlich klingen zu lassen. »Möchtest du – möchtest du nicht morgen zum Abendessen kommen?«

Aber Dick spürte offenbar die fehlende Herzlichkeit in ihrem Ton.

»Vielen Dank«, sagte er mit der gleichen förmlichen Stimme, »aber ich kann jederzeit wieder abreisen. Hängt davon ab, ob ein Freund von mir noch kommt oder nicht. Auf Wiedersehen, Alix.« Er zögerte etwas und fügte dann hastig und in verändertem Ton hinzu: »Und alles Gute weiterhin, Liebes.«

Mit einem Gefühl der Erleichterung legte Alix den Hörer auf.

»Er darf nicht herkommen«, wiederholte sie noch einmal für sich. »Er darf nicht herkommen. Oh, was für eine Närrin ich doch bin! Mich in einen solchen Zustand hineinzusteigern. Gleichviel, ich bin froh, daß er nicht kommt.«

Sie griff sich einen ländlichen Strohhut von einem Tisch und ging wieder in den Garten hinaus. Vor dem Haus blieb sie einen Moment stehen und blickte zu dem geschnitzten Namenszug über der Veranda auf: ›Villa Nachtigall‹.

»Ist das nicht ein reichlich schwärmerischer Name?« hatte sie einmal vor der Hochzeit gegenüber Gerald geäußert. Er hatte gelacht.

»Du kleines Großstadtgeschöpf«, hatte er liebevoll gesagt. »Ich glaube, du hast noch nie eine Nachtigall gehört. Und eigentlich bin ich froh darüber. Nachtigallen sollten nur für Verliebte singen. Wir werden sie zusammen an einem Sommerabend vor unserem eigenen Heim hören.«

Und bei der Erinnerung, wie sie dann tatsächlich die Nachtigallen singen gehört hatten, fühlte Alix eine glückliche Wärme in sich aufsteigen, während sie jetzt vor ihrem Heim stand.

Gerald hatte damals die Villa Nachtigall ausfindig gemacht. Fast zerspringend vor Aufregung war er zu Alix gekommen: er habe *das* Haus für sie gefunden – einzigartig – ein Kleinod – eine einmalige Chance im Leben! Und als Alix es gesehen hatte, war auch sie von seinem Reiz gefangen. Sicher – es lag recht einsam – bis zum nächsten Dorf waren es gut drei Kilometer; aber das Häuschen war so einzigartig in seinem altmodischen Äußeren und seinem modernen Komfort mit Badezimmern, Heißwasseranlage, elektrischem Licht und Telephon, daß sie auf der Stelle seinem Charme erlag. Die Sache hatte nur einen Haken: der Eigentümer, ein reicher Mann, dessen Laune das Häuschen seine Entstehung verdankte, lehnte ab, es zu vermieten; er wollte es nur verkaufen.

Gerald Martin verfügte zwar über ein gutes Einkommen, konnte sein Vermögen aber im Moment nicht flüssig machen. Mehr als tausend Pfund konnte er auf keinen Fall auftreiben, der Eigentümer verlangte jedoch dreitausend. Alix, die ihr Herz an diesen Ort gehängt hatte, kam zu Hilfe. Ihr Vermögen ließ sich leicht realisieren, da es in Aktien und Obligationen angelegt war. So wurde die Villa Nachtigall ihr Eigentum, und noch keinen Augenblick lang hatte Alix ihre Wahl bereut. Es stimmte schon, daß Hauspersonal die ländliche Einsamkeit nicht besonders mochte –, zur Zeit hatten sie überhaupt niemand –, aber Alix, die sich nach Häuslichkeit sehnte, kochte eifrig und mit viel Vergnügen kleine, schmackhafte Gerichte, und der Hausputz machte ihr Spaß.

Der prachtvolle Blumengarten wurde von einem alten Mann aus dem Dorf, der zweimal die Woche kam, in Ordnung gehalten.

Als Alix um die Hausecke trat, sah sie zu ihrer Überraschung den alten Gärtner bei den Blumenbeeten an der Arbeit. Sie war überrascht, weil seine Arbeitstage Montag und Freitag waren, und heute war Mittwoch.

»Nanu, George, was machen Sie denn hier?« fragte sie, als sie näher kam.

Schmunzelnd richtete der alte Mann sich auf und legte grüßend die Hand an seine verwitterte Kappe.

»Hab' mir schon gedacht, daß Sie überrascht sein würden, Madam. Aber das ist so: der Gutsbesitzer gibt am Freitag ein Fest, und da hab' ich mir gesagt, daß Mr. Martin und seine gute Frau wohl nichts dagegen haben werden, wenn ich einmal am Mittwoch statt am Freitag komme.«

»Schon recht, George«, antwortete Alix. »Hoffentlich amüsieren Sie sich bei dem Fest gut.«

»Ich glaub' schon«, meinte George einfach. »Is 'ne feine Sache, wenn man sich den Bauch so richtig vollschlagen kann und dabei weiß, daß man's nicht zu bezahlen braucht. Der Gutsbesitzer gibt seinen Pächtern immer ein ordentliches Essen. Und dann hab' ich mir auch gedacht, Madam, 's wär' gut, wenn ich Sie nochmal sähe, bevor Sie abreisen, damit ich weiß, wie Sie die Rabatten haben wollen. Ich nehme an, Sie wissen noch nicht, wann Sie zurückkommen werden?«

»Aber ich fahre ja gar nicht weg.«

George starrte sie an.

»Sie fahren morgen nicht nach London?«

»Nein. Wie sind Sie nur auf diese Idee gekommen?«

George deutete mit dem Kopf über seine Schulter.

»Hab' Ihren Mann gestern im Dorf getroffen. Sagte mir, daß Sie beide morgen nach London fahren, und es sei unsicher, wann Sie zurückkämen.«

»Unsinn«, sagte Alix lachend. »Sie müssen ihn mißverstanden haben.«

Dennoch wunderte sie sich insgeheim. Was konnte Gerald nur gesagt haben, das den alten Mann zu einem so sonderbaren Mißverständnis geführt hatte? Ausgerechnet London! Sie spürte nicht den geringsten Wunsch, wieder nach London zu fahren.

»Ich hasse London!« sagte sie plötzlich bitter.

»Ach«, meinte George gelassen, »da muß ich ihn wohl mißverstanden haben; und doch schien mir, daß er es deutlich genug gesagt hat. Ich bin froh, daß Sie hierbleiben. Ich halte nichts von diesem Herumvagabundieren, und schon gar nichts von London. *Ich* hab's nie nötig gefunden, dorthin zu gehen. Zu viele Autos heutzutage – das bringt eben Unruhe mit. Wenn die Leute erst ein Auto haben, verflixt nochmal, können sie's überhaupt nirgends mehr aushalten. Mr. Ames, dem dies Haus gehörte, war ein netter, ruhiger Herr, bis er eins von diesen Dingern kaufte. Hatte es noch keinen Monat, als er auch schon dies Haus zum Verkauf ausschrieb. Eine schöne Stange Geld hatte er dafür ausgegeben – Fließwasser in allen Schlafzimmern und elektrisches Licht und so. ›Das viele Geld werden Sie nie wiedersehn‹, hab' ich zu ihm gesagt. ›Und ob‹, hat er mir geantwortet, ›bis auf den letzten Penny werde ich meine zweitausend Pfund für dies Haus zurückbekommen.‹ Und das hat er auch tatsächlich geschafft.«

»Er hat dreitausend bekommen«, sagte Alix lächelnd.

»Zweitausend«, wiederholte George. »Damals wurde viel über die Summe gesprochen, die er gefordert hat.«

»Es waren wirklich dreitausend«, sagte Alix.

»Frauen verstehen nichts von Zahlen«, erwiderte George unüberzeugt. »Sie wollen mir doch nicht erzählen, daß Mr. Ames die Stirn hatte, Ihnen ins Gesicht zu sehen und dreitausend Pfund zu fordern?«

»Er hat es nicht mir gesagt«, antwortete Alix, »er sagte es meinem Mann.«

George beugte sich wieder über sein Blumenbeet.

»Der Preis war zweitausend«, entgegnete er halsstarrig.

Alix wollte sich nicht mit ihm streiten. Sie ging zu einem der anderen Blumenbeete und begann, einen Armvoll Blumen zu pflücken.

Als sie sich mit ihrem duftenden Strauß wieder dem Haus näherte, sah Alix einen schmalen, dunkelgrünen Gegenstand zwischen den Blättern aus einem Beet hervorscheinen. Während sie sich danach bückte, erkannte sie das Notizbuch ihres Mannes.

Sie öffnete es und überflog belustigt die Eintragungen. Schon fast zu Beginn ihres Ehelebens hatte sie erkannt, daß der impulsive und gefühlsbetonte Gerald die uncharakteristischen Tugenden der Ordnung und Methodik besaß. Er bestand außergewöhnlich pedantisch darauf, daß die Mahlzeiten immer pünktlich waren, und seinen Tag plante er stets mit der Genauigkeit eines Fahrplans voraus.

Während sie die Seiten umblätterte, mußte sie unwillkürlich lächeln, als sie die Eintragung vom 14. Mai las: ›Trauung mit Alix, St. Peter 14.30.‹

»Lieber, großer Narr«, murmelte Alix leise, während sie weiterblätterte. Plötzlich stutzte sie.

»Mittwoch, 18. Juni – das ist doch heute!«

Neben dem Datum stand in Geralds ordentlicher, klarer Schrift: ›21 Uhr‹. Nichts weiter. Was hatte Gerald für 21 Uhr geplant? Alix war neugierig. Ihr fielen die Geschichten ein, die sie so oft gelesen hatte – in so einem Falle hätte das Notizbuch sie zweifellos mit einer sensationellen Enthüllung überrascht. Sie lächelte. Ganz gewiß hätte der Name einer anderen Frau darin gestanden. Müßig ließ sie die Seiten zurückflattern. Termine, Verabredungen, knappe Stichworte zu Geschäftsabschlüssen, aber nur ein Frauenname – ihr eigener.

Doch als sie das Notizbuch in die Tasche steckte und mit ihren Blumen ins Haus ging, stieg eine unbestimmbare Unruhe in ihr auf. Die Worte von Dick Windyford klangen ihr in den Ohren, als ob er neben ihr stände, und sie wiederholte: ›Der Mann ist völlig fremd für dich! Du weißt nichts über ihn.‹

Das stimmte. Was wußte sie schon über ihn? Schließlich war Gerald vierzig. In vierzig Jahren mußten Frauen in seinem Leben eine Rolle gespielt haben...

Alix schüttelte sich unwillig. Sie durfte solchen Gedanken keinen Raum geben. Im Augenblick mußte sie sich über etwas viel Dringlicheres klarwerden. Sollte sie ihrem Mann erzählen, daß Dick Windyford angeläutet hatte oder nicht?

Es bestand zwar die Möglichkeit, daß Gerald ihm bereits zufällig im Dorf begegnet war. Aber in diesem Fall würde er es sicher unmittelbar nach seiner Rückkehr erwähnen, und sie brauchte sich weiter keine Gedanken zu machen. Wenn aber nicht – was dann? Alix spürte ein ausgeprägtes Verlangen, nichts davon zu erzählen.

Denn wenn sie es sagte, würde er bestimmt vorschlagen, Dick Windyford hierher einzuladen. Dann aber mußte sie ihm erklären, daß Dick schon selbst den Vorschlag gemacht hatte, sie zu besuchen, und daß sie sein Kommen unter einem Vorwand verhindert hatte. Und wenn Gerald sie nach dem Grund dafür fragte, was sollte sie antworten? Ihm ihren Traum erzählen? Er würde nur lachen – oder, schlimmer noch, feststellen, daß sie ihm eine Bedeutung beimaß, die dem Traum seiner Ansicht nach gar nicht zukam.

Schließlich beschloß Alix ziemlich beschämt, überhaupt nichts zu sagen. Es war das erstemal, daß sie ihrem Mann gegenüber ein Geheimnis hatte, und dieses Bewußtsein machte sie unruhig.

Als sie Gerald kurz vor dem Mittagessen aus dem Dorf zurückkehren hörte, eilte sie in die Küche und tat sehr beschäftigt mit dem Kochen, um ihre Verwirrung zu verbergen.

Offensichtlich hatte Gerald nichts von Dick Windyford gesehen oder gehört. Alix fühlte sich gleichzeitig erleichtert und verlegen. Sie war jetzt endgültig einer Politik der Geheimhaltung ausgeliefert.

Erst nach ihrem einfachen Abendessen, als sie unter dem Eichengebälk ihres Wohnzimmers saßen und durch die weit geöffneten Fenster die warme Abendluft mit dem süßen Duft der Malven und weißen Levkojen drang, fiel Alix wieder das Notizbuch ein.

»Hier«, sagte sie und warf es ihm in den Schoß, »damit hast du die Blumen begossen.«

»Ist mir in die Rabatte gefallen, nicht wahr?«

»Ja; jetzt kenne ich alle deine Geheimnisse.«

»Nicht schuldig«, erwiderte Gerald und schüttelte den Kopf.

»Und was bedeutet deine Verabredung für heute abend neun Uhr?«

»Oh! das –« Einen Moment lang schien er betroffen, dann aber lächelte er, als ob etwas ihn außerordentlich belustige. »Das ist ein Stelldichein mit einem ganz besonders netten Mädchen, Alix. Sie hat braune Haare und blaue Augen und ist dir sehr ähnlich.«

»Ich verstehe dich nicht«, sagte Alix mit gespielter Strenge. »Du weichst aus.«

»Aber nicht im geringsten. In Wirklichkeit ist das nur eine Erinnerung, daß ich heute abend ein paar Negative entwickeln will; und ich möchte, daß du mir dabei hilfst.«

Gerald Martin war ein begeisterter Photograph. Er besaß eine etwas altmodische Kamera, aber mit einer ausgezeichneten Optik, und er entwickelte seine Platten selbst in einem kleinen Kellerraum, den er sich als Dunkelkammer eingerichtet hatte.

»Und das muß genau um neun Uhr getan werden?« meinte Alix neckend.

Gerald blickte etwas verärgert.

»Mein liebes Mädchen«, sagte er mit einem Anflug von Eigensinn, »man sollte die Ausführung einer Sache immer für eine bestimmte Zeit planen. Nur dann wird man nie mit seiner Arbeit ins Hintertreffen geraten.«

Alix saß ein oder zwei Minuten schweigend und beobachtete ihren Mann, wie er rauchend in seinem Sessel lag: den zurückgelehnten, dunkelhaarigen Kopf und den klaren Umriß seines glattrasierten Gesichts gegen den düsteren Hintergrund. Und plötzlich schlug aus irgendeinem unerklärlichen Grund eine Welle der Panik über ihr zusammen, so daß es aus ihr herausbrach, bevor sie sich zurückhalten konnte: »Oh Gerald, ich wünschte, ich wüßte mehr über dich!«

Erstaunt sah ihr Mann sie an.

»Aber, meine liebe Alix, du weißt alles über mich. Ich habe dir von meiner Kindheit in Northumberland erzählt, von meinem Leben in Südafrika und von diesen letzten zehn Jahren in Kanada, die mir Erfolg gebracht haben.«

»Ach! Geschäft!« sagte Alix verächtlich.

Gerald lachte plötzlich.

»Ich weiß, was du meinst – Liebesgeschichten. Ihr Frauen seid doch alle gleich. Nichts als das rein Persönliche interessiert euch.«

Alix fühlte ihre Kehle trocken werden, als sie undeutlich murmelte: »Nun, aber du mußt doch – Liebesgeschichten gehabt haben. Ich meine – wenn ich nur wüßte –«

Ein oder zwei Minuten lang herrschte wieder Schweigen. Gerald Martin runzelte wie unentschlossen die Stirn. Als er zu sprechen begann, waren sein Gesicht und seine Stimme ernst, ohne eine Spur seiner bisherigen scherzenden Art.

»Hältst du es für weise, Alix – diese – Blaubartstimmung heraufzubeschwören? Natürlich hat es Frauen in meinem Leben gegeben; das streite ich nicht ab. Und wenn ich es täte, würdest du mir nicht glauben. Doch ich kann dir wahrheitsgemäß schwören, daß keine von ihnen mir etwas bedeutet hat.«

Ein Ton von Aufrichtigkeit schwang in seiner Stimme, der die zuhörende Frau tröstete.

»Zufrieden, Alix?« fragte er lächelnd. Dann blickte er sie mit einem Anflug von Neugier an.

»Was hat dich nur ausgerechnet heute abend auf all diese unangenehmen Dinge kommen lassen?«

Alix stand auf und begann, ruhelos auf und ab zu wandern.

»Ach, ich weiß nicht«, antwortete sie. »Ich bin schon den ganzen Tag lang nervös.«

»Das ist merkwürdig«, sagte Gerald leise, als spräche er mit sich selbst. »Das ist wirklich sehr merkwürdig.«

»Warum ist das merkwürdig?«

»Aber, mein liebes Mädchen, wer wird mich denn gleich so anfahren. Ich sagte nur, es sei merkwürdig, weil du in der Regel immer lieb und fröhlich bist.«

Alix zwang sich zu einem Lächeln.

»Alles hat sich heute gegen mich verschworen«, gestand sie. »Sogar der alte George hatte sich die lächerliche Idee in den Kopf gesetzt, daß wir nach London fahren wollen. Er sagte, du hättest ihm das erzählt.«

»Wo hast du ihn getroffen?« fragte Gerald scharf.

»Er kam heute zur Gartenarbeit anstatt Freitag.«

»Verdammter alter Narr!« sagte Gerald ärgerlich.

Alix blickte überrascht auf. Das Gesicht ihres Mannes war verzerrt vor Wut. Sie hatte ihn noch nie so gereizt gesehen. Als er ihr Erstaunen bemerkte, versuchte Gerald, sich zu beherrschen.

»Er ist aber auch ein alter Narr«, protestierte er.

»Was kannst du denn nur gesagt haben, daß er sich so etwas gedacht hat?«

»Ich? Ich habe überhaupt nichts gesagt. Wenigstens – ach ja, jetzt erinnere ich mich: ich machte so einen lahmen Scherz über ›in aller Herrgottsfrühe nach London fahren‹, und wahrscheinlich hat er das ernst genommen. Oder er hat nicht richtig zugehört. Natürlich hast du ihm das ausgeredet?«

Unruhig wartete er auf ihre Antwort.

»Selbstverständlich; aber George ist einer von diesen alten Leuten, denen man eine Idee nicht so leicht wieder ausreden kann, wenn sie sich einmal darauf versteift haben.«

Dann erzählte sie Gerald, wie George hartnäckig auf seinem Glauben über die Kaufsumme für das Haus bestanden hatte.

Ein paar Augenblicke lang schwieg Gerald, um dann langsam zu sagen: »Ames wollte zweitausend in bar und war bereit, die restlichen tausend Pfund als Hypothek zu nehmen. Sicher ist das der Ursprung dieses Mißverständnisses, nehme ich an.«

»Sehr wahrscheinlich«, stimmte Alix zu.

Dann blickte sie zur Uhr hoch und deutete schadenfroh mit dem Zeigefinger darauf.

»Wir sollten uns an die Arbeit machen, Gerald. Schon fünf Minuten Verspätung.«

Ein sehr sonderbares Lächeln trat in Gerald Martins Gesicht.

»Ich habe es mir anders überlegt«, sagte er ruhig; »heute abend möchte ich nicht mehr entwickeln.«

Mit dem Gemüt einer Frau hat es eine merkwürdige Bewandtnis. Als sie an jenem Mittwochabend zu Bett ging, war Alix beruhigt und zufrieden. Ihr vorübergehend schwankendes Glück hatte sich wieder gefestigt, triumphierend wie eh und je.

Aber gegen Abend des folgenden Tages wurde sie sich bewußt, daß arglistige Kräfte an der Arbeit waren, es zu unterwühlen. Dick Windyford hatte nicht wieder angerufen, aber trotzdem meinte sie seinen Einfluß zu fühlen. Wieder und wieder kamen ihr seine Worte ins Gedächtnis: »*Der Mann ist völlig fremd für dich! Du weißt nichts über ihn.*« Und mit ihnen kam die Erinnerung an das Gesicht ihres Mannes, deutlich wie eine Photographie, wie er sagte: »Hältst du es für weise, Alix – diese – Blaubartstimmung heraufzubeschwören?« Warum hatte er das gesagt?

In seinen Worten hatte eine Warnung gelegen – fast eine Drohung. Genau so gut hätte er sagen können: »Du solltest lieber nicht in meinem früheren Leben spionieren, Alix! Wenn du es doch tust, könntest du einen häßlichen Schock bekommen.«

Bis Freitagmorgen hatte Alix sich selbst überredet, *daß* es eine Frau in Geralds Leben gegeben hatte – eine Blaubartkammer, die er eifersüchtig vor ihr verschlossen halten wollte. Und ihre Eifersucht, endlich erwacht, war jetzt zügellos.

War es eine andere Frau, die er an jenem Abend um neun Uhr treffen wollte? War seine Geschichte von den Negativen, die er entwickeln wollte, eine Lüge, die ihm gerade im rechten Moment eingefallen war?

Noch vor drei Tagen hätte sie geschworen, daß sie ihren Mann durch und durch kannte. Jetzt schien er ihr ein Fremder zu sein, von dem sie nichts wußte. Sie erinnerte sich an seinen unvernünftigen Ärger über den alten George, eine Laune, die überhaupt nicht zu seiner üblichen guten Stimmung paßte. Eine Kleinigkeit vielleicht, aber der Vorfall zeigte ihr, daß sie den Mann, der ihr Gatte war, nicht wirklich kannte.

Am Freitag mußten verschiedene Dinge aus dem Dorf besorgt werden, und Alix schlug am Nachmittag vor, daß sie gehen wollte und Gerald währenddessen im Garten bliebe; aber zu ihrer Überraschung widersprach er diesem Plan heftig und bestand darauf, selbst zu gehen, während sie zu Hause bliebe. Alix sah sich gezwungen nachzugeben, aber seine Hartnäckigkeit überraschte und alarmierte sie. Warum war er so ängstlich bestrebt, sie nicht ins Dorf gehen zu lassen?

Plötzlich kam ihr eine Erklärung in den Sinn, die recht einleuchtend schien. War es nicht möglich, daß Gerald tatsächlich Dick Windyford getroffen hatte, es ihr aber nicht sagen mochte? Auch bei ihr hatte sich die Eifersucht, die zur Zeit ihrer Heirat noch völlig schlief, erst später entwickelt. Konnte nicht bei Gerald dasselbe der Fall sein? War er vielleicht nur so ängstlich bestrebt, ein mögliches Wiedersehen zwischen ihr und Dick Windyford zu verhindern? Diese Erklärung paßte so gut zu den Tatsachen und war so tröstlich für Alix' verwirrten Geisteszustand, daß sie sich freudig damit zufriedengab.

Doch als die Teezeit verstrichen war, wurde sie wieder nervös und unruhig. Sie kämpfte mit einer Versuchung, die sie schon seit Geralds Fortgehen bedrängte. Schließlich gab sie nach und stieg zum Ankleidezimmer ihres Mannes hinauf, während sie gleichzeitig ihr Gewissen mit der Versicherung beruhigte, daß das Zimmer einmal gründlich aufgeräumt werden müsse. Und um den Vorwand der Hausfrauenpflicht aufrecht zu erhalten, nahm sie einen Staublappen mit.

›Wenn ich mich nur vergewissern könnte‹, dachte sie immer wieder. ›Wenn ich nur Gewißheit hätte.‹

Vergeblich sagte ihr eine innere Stimme, daß alle möglicherweise kompromittierenden Dinge bestimmt längst vernichtet waren. Sie hielt dem entgegen, daß Männer manchmal die gefährlichsten Beweisstücke aus übertriebener Sentimentalität aufbewahrten.

Der letzte Widerstand in Alix brach zusammen. Mit vor Scham brennenden Wangen durchstöberte sie atemlos ganze Stapel von Briefen und Dokumenten, zog die Schubladen heraus und durchsuchte sogar die Taschen der Anzüge ihres Mannes. Nur zwei Schubladen ließen sich nicht öffnen: die untere der Kommode und die obere rechte des Schreibtisches waren beide verschlossen. Doch Alix hatte inzwischen jegliches Schamgefühl verloren. Sie war überzeugt, daß sie in einer dieser Schubladen den Beweis für die Existenz dieser imaginären Frau aus Geralds Vergangenheit finden würde, von der sie sich in Gedanken verfolgt fühlte.

Sie erinnerte sich, daß Gerald seine Schlüssel sorglos unten auf der Anrichte hatte liegen lassen. Sie holte sie und versuchte einen nach dem andern. Der dritte Schlüssel paßte für die Schreibtischschublade. Fiebernd vor Neugier zog Alix sie auf. Ein Scheckheft und eine gut mit Geldscheinen gefüllte Brieftasche kamen zum Vorschein, und ganz hinten lag ein Päckchen mit einem Band verschnürter Briefe.

Ihr Atem kam unregelmäßig, während Alix das Band öffnete. Doch dann breitete sich eine tiefe, brennende Röte über ihr Gesicht aus, und sie ließ die Briefe in die Schublade zurückfallen, schob sie zu und verschloß sie wieder. Es waren ihre eigenen Briefe, die sie vor ihrer Heirat an Gerald Martin geschrieben hatte.

Sie wandte sich jetzt der Kommode zu, mehr mit dem Wunsch, nichts ungetan zu lassen, als in der Erwartung, noch irgend etwas zu finden, was sie suchte.

Zu ihrem Ärger paßte keiner von Geralds Schlüsseln in die untere Schublade. Um sich nicht geschlagen zu geben, ging Alix durch die anderen Zimmer und brachte eine Auswahl von Schlüsseln mit. Mit Genugtuung stellte sie fest, daß der Schlüssel vom Kleiderschrank des Gästezimmers auch für die Kommode paßte. Sie schloß die Schublade auf und zog sie heraus. Doch nichts als eine Rolle von Zeitungsausschnitten lag darin, vor Alter bereits verstaubt und verfärbt.

Alix stieß einen Seufzer der Erleichterung aus. Sie warf aber trotzdem einen Blick auf die Ausschnitte; denn sie war neugierig, was für ein Thema Gerald so sehr interessierte, daß er sich die Mühe gemacht hatte, die staubige Rolle aufzuheben. Fast alle stammten aus amerikanischen Zeitungen von vor ungefähr sieben Jahren und befaßten sich mit der Gerichtsverhandlung gegen den notorischen Betrüger und Bigamisten Charles Lemaitre. Lemaitre stand unter dem Verdacht, seine weiblichen Opfer beiseite geschafft zu haben. Unter dem Boden eines der Häuser, die er gemietet hatte, war ein Skelett gefunden worden, und von den meisten Frauen, die er ›geheiratet‹ hatte, wurde nie wieder etwas gehört.

Mit großartigem Geschick hatte er sich gegen die Anklage verteidigt, und einer der talentiertesten Anwälte der Vereinigten Staaten hatte ihm dabei geholfen. Das Urteil ›Freispruch wegen Mangels an Beweisen‹ hätte den Fall vielleicht am besten charakterisiert. Da es das in den Vereinigten Staaten jedoch nicht gab, wurde er in der Hauptanklage als ›nicht schuldig‹ befunden, jedoch wegen erwiesener Schuld in anderen Dingen zu einer langen Haftstrafe verurteilt.

Alix erinnerte sich an das Aufsehen, das dieser Fall seinerzeit erregt hatte, und ebenso an die Sensation bei der Flucht Lemaitres etwa drei Jahre später. Er war nie wieder gefaßt worden. Die Persönlichkeit des Mannes und seine außerordentliche Macht über Frauen waren damals lang und breit in den englischen Zeitungen diskutiert worden, und gleichzeitig wurde über seine Erregbarkeit vor Gericht, seine leidenschaftlichen Proteste und seine gelegentlichen plötzlichen physischen Zusammenbrüche berichtet, die man seinem schwachen Herzen zuschrieb, wenn auch die Unwissenden sie für Schauspielerei hielten.

Auf einem der Ausschnitte, den Alix gerade in der Hand hielt, war ein Bild von ihm, und sie studierte es interessiert – ein langbärtiger, gelehrt aussehender Herr.

An wen erinnerte sie dieses Gesicht nur? Plötzlich und mit einem Schock erkannte sie die Ähnlichkeit mit Gerald. In der Augenpartie glichen die beiden sich sehr. Vielleicht hatte er deshalb die Ausschnitte gesammelt. Ihr Blick wanderte zu dem Abschnitt unter dem Bild. Gewisse Daten, stand da, hatte man im Notizbuch des Angeklagten gefunden und behauptet, zu diesen Zeiten hätte er seine Opfer beseitigt. Dann wurde die Aussage einer Frau wiedergegeben, die den Häftling mit Sicherheit an einem Muttermal an seinem linken Handgelenk, dicht unter der Handfläche, wiedererkannte.

Alix ließ die Papiere fallen und begann zu schwanken. *An seinem linken Handgelenk, dicht unter der Handfläche, hatte ihr Mann eine kleine Narbe...*

Das Zimmer drehte sich um sie. Hinterher kam es ihr sonderbar vor, wie sie sofort und mit so absoluter Gewißheit überzeugt sein konnte: Gerald Martin war Charles Lemaitre! Sie wußte es und akzeptierte dieses Wissen augenblicklich. Unzusammenhängende Bruchstücke wirbelten durch ihr Gehirn und reihten sich aneinander wie Teile eines Puzzlespiels.

Der für das Haus gezahlte Preis – ihr Geld – einzig und allein ihr Geld; die Aktien und Obligationen, die sie ihm zur Verwaltung anvertraut hatte. Sogar ihr Traum erschien jetzt in seiner wahren Bedeutung. Tief in ihrem Innern, in ihrem Unterbewußtsein, hatte sie Gerald Martin stets gefürchtet und ihm zu entrinnen gewünscht. Und es war Dick Windyford, dessen Hilfe ihr zweites Ich herbeigesehnt hatte. Auch das war ein Grund dafür, daß sie die Wahrheit so leicht, ohne zu zweifeln oder zu zögern, akzeptieren konnte. Sie sollte das nächste Opfer von Lemaitre werden. Vielleicht schon sehr bald. ...

Ein unterdrückter Aufschrei entfuhr ihr, als sie sich an die Eintragung in seinem Notizbuch erinnerte: *Mittwoch, 21 Uhr*. Der Keller mit den Steinplatten, die sich so leicht aufheben ließen! Schon einmal hatte er eines seiner Opfer im Keller vergraben. Alles war bereits für Mittwochnacht geplant gewesen. Aber daß er es vorher auf so methodische Weise niederschrieb – Wahnsinn! Nein, es war logisch. Gerald machte sich für alle seine Vorhaben im voraus Notizen zur Erinnerung: Mord war für ihn ein Geschäft wie jedes andere.

Doch was hatte sie gerettet? Was konnte sie möglicherweise gerettet haben? War er in letzter Minute weichherzig geworden? Nein. Wie ein Blitz kam ihr die Antwort – *der alte George*.

Sie verstand jetzt die scheinbar unmotivierte Wut ihres Mannes. Zweifellos hatte er sich schon den Weg bereitet, indem er jedermann erzählte, sie führen am Donnerstag nach London. Dann war George unerwartet am Mittwoch zur Arbeit gekommen, hatte London ihr gegenüber erwähnt, und sie hatte der Behauptung widersprochen. Zu riskant, sie in jener Nacht zu beseitigen, wenn der alte George womöglich ihre Unterhaltung weitererzählte. Doch was für ein Entrinnen! Wenn sie nicht zufällig diese unbedeutende Sache erwähnt hätte – Alix schauderte.

Doch sie durfte keine Zeit verlieren. Sie mußte sofort fliehen – bevor er zurückkehrte. Hastig legte sie die Rolle mit den Zeitungsausschnitten wieder in die Schublade, schob sie zu und verschloß sie.

Und dann blieb sie regungslos stehen, wie zu Stein erstarrt. Sie hörte die Gartenpforte zur Straße knarren. *Ihr Mann war zurückgekehrt.*

Einen Augenblick blieb Alix noch steif vor Schreck stehen, dann schlich sie auf Zehenspitzen zum Fenster und spähte hinter dem Vorhang hinaus.

Ja, es war ihr Mann. Er lächelte vor sich hin und summte eine kleine Melodie. In der Hand hielt er einen Gegenstand, bei dessen Anblick das Herz der jungen Frau vor Entsetzen fast zu schlagen aufhörte. Es war ein nagelneuer Spaten.

Blitzartig kam ihr die instinktive Erkenntnis: *heute abend sollte es geschehen...*

Doch sie hatte noch eine Chance. Seine kleine Melodie summend, ging Gerald um die Ecke und hinter das Haus.

Ohne einen Augenblick zu zögern, lief sie die Treppen hinunter und aus der Tür. Doch sie war kaum aus dem Haus, als ihr Mann von der anderen Seite her um die Ecke trat.

»Hallo«, sagte er, »wohin willst du denn so eilig?«

Alix kämpfte verzweifelt mit sich, ruhig und wie gewöhnlich auszusehen. Für den Moment war ihre Chance vereitelt, aber wenn sie umsichtig darauf achtete, seinen Argwohn nicht zu wecken, würde sie später wiederkommen. Vielleicht sogar gleich...

»Ich wollte nur einmal bis zum Ende des Weges und zurück gehen«, sagte sie in einem Ton, der ihr selbst schwach und unsicher vorkam.

»Gut«, erwiderte Gerald, »ich werde dich begleiten.«

»Bitte nicht, Gerald – ich bin nur nervös – Kopfschmerzen – ich möchte lieber allein gehen.«

Er musterte sie aufmerksam. Einen Moment lang meinte sie Verdacht in seinen Augen aufblitzen zu sehen.

»Was ist denn los mit dir, Alix? Du bist ja blaß – und zitterst.«

»Nichts.« Sie zwang sich, brüsk zu sein – und zu lächeln. »Ich habe lediglich Kopfschmerzen. Ein Spaziergang wird mir guttun.«

»Schön, aber es nützt dir gar nichts, daß du mich nicht mithaben willst«, erklärte Gerald mit seinem unbeschwerten Lachen. »Ich komme, ob du's magst oder nicht.«

Sie wagte nicht, weiter zu protestieren. Wenn er Verdacht schöpfen würde, daß sie *wußte*...

Mit einer Willensanstrengung brachte sie es fertig, ihre normale Art teilweise zurückzugewinnen. Doch sie hatte das unangenehme Empfinden, daß er sie ab und zu von der Seite ansah, als sei er noch nicht ganz beruhigt. Sie fühlte, daß sein Argwohn noch nicht völlig eingeschlafen war.

Als sie ins Haus zurückkamen, bestand er darauf, daß sie sich hinlegte, und brachte Eau de Cologne, um ihre Schläfen damit zu betupfen. Er war, wie immer, der zärtlich liebende Ehemann. Alix fühlte sich so hilflos, als läge sie an Händen und Füßen gebunden in einer Fallgrube.

Nicht eine Minute lang wollte er sie allein lassen. Er ging mit in die Küche und half ihr, die einfachen kalten Gerichte, die sie schon vorbereitet hatte, ins Zimmer zu tragen. Das Abendessen brachte sie fast zum Ersticken, aber sie zwang sich, zu essen und sogar fröhlich und natürlich zu erscheinen. Sie wußte jetzt, daß sie um ihr Leben kämpfte. Sie war allein mit diesem Mann, meilenweit von jeder Hilfe, völlig in seiner Gewalt. Ihre einzige Chance bestand darin, seinen Verdacht soweit einzuschläfern, daß er sie ein paar Augenblicke lang allein ließ – lang genug, daß sie in die Diele zum Telephon gehen und Hilfe herbeirufen konnte. Das blieb jetzt ihre einzige Hoffnung.

Ein weiterer Hoffnungsschimmer flackerte in ihr auf, als sie sich daran erinnerte, wie er schon einmal seinen Plan verschoben hatte. Angenommen, sie erzählte ihm, daß Dick Windyford sie heute abend besuchen käme?

Die Worte standen schon auf ihren Lippen – als sie sie hastig wieder zurücknahm. Dieser Mann würde sich nicht ein zweites Mal zurückhalten lassen. In seiner gehobenen Stimmung lag unter seinem ruhigen Äußern eine Entschlossenheit, daß ihr fast übel wurde. Damit würde sie das Verbrechen nur vorzeitig herausfordern. Er würde sie auf der Stelle umbringen und hinterher ruhig Dick Windyford anläuten, um ihm zu erzählen, daß sie plötzlich zu jemand anders hätten gehen müssen. Oh! Wenn nur Dick Windyford heute abend hierher käme! Wenn Dick...

Plötzlich zuckte ihr ein Einfall durch den Kopf. Sie blickte ihren Mann scharf von der Seite an, als fürchtete sie, er könnte ihre Gedanken lesen. Mit dem Plan kehrte auch ihr Mut zurück. Alix wurde wieder so ungezwungen und natürlich, daß sie sich selbst bewundern mußte.

Sie bereitete den Kaffee und trug ihn auf die Veranda, wo sie oft an schönen Abenden saßen.

»Übrigens«, sagte Gerald plötzlich, »wir wollen später noch die Negative entwickeln.«

Ein Schauder rann Alix über den Rücken, aber sie erwiderte gleichgültig: »Kannst du nicht allein damit fertigwerden? Ich bin heute ziemlich müde.«

»Es wird nicht lange dauern.« Er lächelte in sich hinein. »Und ich kann dir versprechen, daß du hinterher nicht müde sein wirst.«

Die Worte schienen ihn zu amüsieren. Alix schauderte. Jetzt oder nie mußte sie ihren Plan ausführen.

Sie erhob sich.

»Ich will nur eben mal den Schlachter anrufen«, sagte sie gleichmütig. »Bleib nur ruhig sitzen.«

»Den Schlachter? So spät noch?«

»Sein Laden ist natürlich geschlossen, Dummchen. Aber ich kann ihn zu Hause erreichen. Morgen ist Sonnabend, und ich möchte, daß er mir gleich früh ein paar Kalbskoteletts bringt, bevor jemand anders sie mir wegschnappt. Der Gute tut alles für mich.«

Alix ging rasch ins Haus hinein und schloß die Tür hinter sich. Sie hörte Gerald rufen: »Laß die Tür offen« und hatte schnell die ungezwungene Antwort zur Hand: »Dann kommen nur Nachtfalter herein. Ich ekle mich so vor ihnen. Hast du Angst, daß ich den Schlachter eine Liebeserklärung machen will, Dummchen?«

Sie nahm hastig den Telephonhörer ab und verlangte die Nummer des *Traveller's Arms*. Alix wurde sofort verbunden.

»Bitte Mr. Windyford! Ist er noch da? Kann ich ihn sprechen?«

Doch dann setzte einen Augenblick lang ihr Herzschlag aus. Die Tür ging auf, und ihr Mann trat in die Diele.

»Geh bitte fort, Gerald«, sagte sie, als ob sie sich zierte. »Ich mag es gar nicht, wenn mir jemand beim Telephonieren zuhört.«

Er lachte nur und ließ sich in einen Sessel fallen.

»Ist es auch wirklich der Schlachter, den du da anrufst?« zog er sie auf.

Alix war verzweifelt. Ihr Plan war fehlgeschlagen. In einer Minute würde Dick Windyford an den Apparat kommen. Sollte sie es riskieren und ihn unumwunden zu Hilfe rufen?

Doch während sie nervös die kleine Taste im Hörer drückte und wieder losließ, welche die Stimme des Anrufenden am anderen Ende der Leitung hören läßt oder unterbricht, fiel ihr blitzartig ein neuer Plan ein.

›Es wird nicht einfach sein‹, dachte sie. ›Ich muß unbedingt einen klaren Kopf behalten und die richtigen Worte wählen. Ich darf keinen Augenblick unsicher werden; doch ich glaube, ich kann es schaffen. Ich *muß* es schaffen.‹

Und im selben Moment hörte sie die Stimme von Dick Windyford im Hörer.

Alix sog einen tiefen Luftzug ein. Dann drückte sie entschlossen die Taste und begann zu sprechen.

»*Hier ist Mrs. Martin – Villa Nachtigall. Bitte kommen Sie* (sie ließ die Taste los) morgen früh mit sechs schönen Kalbkoteletts. (Sie drückte wieder die Taste.) *Es handelt sich bei mir um Leben und Tod* (sie ließ die Taste los), daß die Kalbskoteletts schön zart sind, denn mein Mann ist sehr wählerisch. Bitte (sie drückte die Taste) *kommen* (sie ließ die Taste los) Sie (sie drückte die Taste) *so früh wie möglich*. (Sie ließ die Taste los.) Vielen Dank, Mr. Hexworthy, und entschuldigen Sie, daß ich so spät noch angerufen habe. – Bis morgen früh also.«

Sie legte den Hörer wieder auf die Gabel und drehte sich zu ihrem Mann um; ihr Atem ging rasch.

»So also pflegst du mit deinem Schlachter zu reden!« sagte Gerald.

»Das ist eben Frauenart«, meinte Alix leichthin.

Innerlich fieberte sie vor Erregung. Er hatte keinen Verdacht geschöpft. Dick würde kommen, selbst wenn er es nicht verstanden hatte.

»Du scheinst ja auf einmal äußerst gut gelaunt zu sein«, bemerkte er, während er sie neugierig musterte.

»Allerdings«, erwiderte Alix. »Meine Kopfschmerzen sind fort.«

Sie setzte sich wieder auf ihren Platz und lächelte ihren Mann an, als er sich in seinen Sessel ihr gegenüber sinken ließ. Sie war gerettet. Die Zeiger der Uhr wiesen erst auf fünfundzwanzig Minuten nach acht. Lange vor neun würde Dick hier sein.

»Der Kaffee vorhin gefiel mir überhaupt nicht«, klagte Gerald. »Er schmeckte sehr bitter.«

»Ich hab' eine neue Sorte ausprobiert. Wir werden sie nicht wieder trinken, wenn du sie nicht magst, Liebling.«

Alix nahm sich ihre Handarbeit vor und begann zu sticken. Gerald las ein paar Seiten in seinem Buch. Dann blickte er zur Uhr hoch und warf das Buch beiseite.

»Halb neun. Zeit, in den Keller zu gehn und mit der Arbeit zu beginnen.«

Die Handarbeit entglitt Alix.

»Oh, doch nicht so früh. Laß uns bis neun warten.«

»Nein, meine Liebe – halb neun. Für die Zeit habe ich es festgesetzt. Um so eher wirst du zur Ruhe kommen.«

»Aber ich würde lieber noch bis neun Uhr warten.«

»Du weißt doch, wenn ich einmal eine Zeit festgesetzt habe, bleibt es dabei. Komm mit, Alix. Ich warte keine Minute länger!«

Alix blickte zu ihm hoch, und trotz aller Selbstbeherrschung überkam sie ein Grauen. Die Maske war gefallen. Geralds Hände zuckten, seine Augen glänzten vor Erregung, und mit der Zunge fuhr er sich fortwährend über die trockenen Lippen. Er gab sich keine Mühe mehr, seine wahren Gefühle zu verbergen.

›Wie ein Wahnsinniger‹, dachte Alix, ›*er kann einfach nicht mehr warten.*‹

Mit langen Schritten kam er zu ihr herüber, packte sie bei der Schulter und riß sie auf die Füße.

»Komm mit, Mädchen – oder ich trage dich dorthin.«

Die Worte sollten fröhlich klingen, aber in ihrem Ton schwang eine kaum verborgene wilde Grausamkeit mit, die sie entsetzte. Mit äußerster Anstrengung riß sie sich los und preßte sich mit dem Rücken gegen die Wand. Sie war machtlos. Sie konnte nicht entkommen – sie war ihm ausgeliefert – und er kam auf sie zu.

»Also, Alix –«

»Nein – nein!« schrie sie und streckte ohnmächtig die Hände aus, um ihn abzuwehren.

»Gerald – bleib stehn – ich muß dir etwas sagen – etwas gestehen –«

Er blieb stehen.

»Gestehen?« fragte er neugierig.

»Ja, gestehen.« Die Worte waren ihr ohne jeden Grund eingefallen, aber sie wiederholte sie verzweifelt, um seine einmal geweckte Aufmerksamkeit festzuhalten.

Ein verächtlicher Ausdruck trat in sein Gesicht.

»Ein früherer Liebhaber, nehme ich an«, sagte er höhnisch.

»Nein«, erwiderte Alix. »Etwas anderes. Man könnte es wohl – ja, man könnte es ein Verbrechen nennen.«

Augenblicklich erkannte sie, daß sie den richtigen Ton getroffen hatte. Seine Aufmerksamkeit war erneut geweckt, gefangen. Als sie das sah, kehrte ihre Beherrschung zurück. Sie fühlte sich wieder als Herrin der Situation.

»Du solltest dich lieber wieder setzen«, sagte sie ruhig.

Sie durchquerte das Zimmer zu ihrem alten Platz und setzte sich ebenfalls. Sie bückte sich sogar und hob ihre Handarbeit auf. Doch hinter ihrer äußerlichen Ruhe war sie fieberhaft dabei, eine Geschichte zu erfinden;

denn was sie sich jetzt ausdachte, mußte seine Neugier wachhalten, bis Hilfe eintraf.

»Ich habe dir erzählt«, begann sie langsam, »daß ich fünfzehn Jahre lang als Stenotypistin gearbeitet habe. Das entsprach nicht ganz der Wahrheit. Dazwischen lagen zwei Unterbrechungen. Die erste ereignete sich, als ich zweiundzwanzig war. Ich begegnete einem Mann, einem älteren Mann mit einem kleinen Vermögen. Er verliebte sich in mich und hielt um meine Hand an. Ich sagte ja, und wir heirateten.« Sie machte eine Pause. »Ich brachte ihn dazu, sein Leben zu meinen Gunsten zu versichern.«

Sie sah, daß plötzlich ein brennendes Interesse im Gesicht ihres Mannes geschrieben stand, und fuhr mit gestärktem Selbstvertrauen fort.

»Während des Krieges arbeitete ich eine Zeitlang in der Apotheke eines Krankenhauses. Dort mußte ich mit allen möglichen seltenen Arzneimitteln und Giften hantieren.«

Überlegend hielt sie inne. Es gab keinen Zweifel mehr, er war jetzt brennend interessiert. Ein Mörder kann nicht anders, er muß an einem Mord Interesse finden. Darauf hatte sie mit Erfolg gesetzt. Verstohlen blickte sie auf die Uhr. Es war fünfundzwanzig Minuten vor neun.

»Es gibt ein Gift – ein feines weißes Pulver – eine winzige Prise davon bedeutet Tod. Aber vielleicht verstehst du ja etwas von Giften?«

Sie stellte diese Frage etwas ängstlich. Wenn er sie bejahte, mußte sie vorsichtig sein.

»Nein«, sagte Gerald; »ich verstehe so gut wie nichts davon.«

Erleichtert atmete sie auf.

»Aber bestimmt hast du schon von Hyoscin gehört? Das ist ein Arzneimittel, das, richtig dosiert, *todsicher* wirkt, jedoch absolut nicht nachweisbar ist. Ich stahl eine kleine Portion davon und verwahrte sie gut.«

Sie schaltete eine Pause ein, alle ihre Kräfte zusammennehmend.

»Weiter«, sagte Gerald.

»Nein. Ich habe Angst, es dir zu erzählen. Ein andermal.«

»Jetzt«, forderte er sie ungeduldig auf. »Ich will es jetzt hören.«

»Unsere Ehe dauerte einen Monat. Ich war sehr gut zu meinem ältlichen Mann, sehr freundlich und hingebend. Allen Nachbarn gegenüber lobte er mich. Jedermann wußte, was für eine liebende Frau ich war. Und jeden Abend bereitete ich eigenhändig unseren Kaffee. Eines Abends, als wir beide allein im Hause waren, tat ich eine Prise des tödlichen Alkaloids in seine Tasse –«

Alix machte wieder eine Pause und fädelte umständlich ihre Nadel ein. Sie, die niemals in ihrem Leben geschauspielert hatte, nahm es in diesem Augenblick mit der größten Schauspielerin der Welt auf. Sie ging förmlich auf in der Rolle der kaltblütigen Giftmischerin.

»Es ging äußerst friedlich vor sich. Ich saß da und beobachtete ihn. Einmal keuchte er ein wenig und verlangte nach Luft. Ich öffnete das Fenster. Dann sagte er, er könne sich nicht mehr von seinem Stuhl erheben. *Kurz darauf starb er.*«

Sie hörte auf zu lächeln. Es war Viertel vor neun. Bestimmt würde Dick bald kommen.

»Wie hoch«, fragte Gerald, »war die Versicherungssumme?«

»Ungefähr zweitausend Pfund. Ich habe damit spekuliert und fast alles verloren. Darauf nahm ich wieder Büroarbeit an. Aber ich hatte nie die Absicht, lange dabei zu bleiben. Etwas später lernte ich einen anderen Mann kennen. Da ich im Büro wieder unter meinem Mädchennamen arbeitete, wußte er nicht, daß ich schon einmal verheiratet war. Es war ein jüngerer Mann, recht gut aussehend und ziemlich vermögend. Wir heirateten in aller Stille in Sussex. Er wollte keine Lebensversicherung abschließen, aber natürlich machte er ein Testament zu meinen Gunsten. Genau wie mein erster Mann sah er es gern, wenn ich eigenhändig seinen Kaffee bereitete.«

Alix lächelte beziehungsvoll und fügte lächelnd hinzu: »Ich mache sehr guten Kaffee.«

Dann fuhr sie fort: »In dem kleinen Ort, in dem wir wohnten, hatte ich eine Anzahl Freunde. Sie waren sehr um mich besorgt, als mein Mann eines Abends nach dem Essen plötzlich an einem Herzschlag starb. Nur der

Arzt war mir nicht sehr gewogen. Ich glaube zwar nicht, daß er mich verdächtigte, auf jeden Fall aber überraschte ihn der plötzliche Tod meines Mannes sehr. Ich weiß nicht recht, warum ich eigentlich wieder ins Büro ging. Wahrscheinlich war es die Macht der Gewohnheit. Mein zweiter Mann hinterließ mir etwa viertausend Pfund. Diesmal spekulierte ich nicht damit, sondern investierte es. Und dann, wie du ja weißt –«

Doch sie wurde unterbrochen. Gerald Martin, dessen Gesicht blutrot angelaufen war, deutete mit zitterndem Zeigefinger auf sie.

»Der Kaffee – mein Gott, der Kaffee!« keuchte er halb erstickt.

Sie starrte ihn an.

»Jetzt verstehe ich, warum er so bitter war. Du Teufelin hast es jetzt auf mich abgesehen!«

Seine Hände umklammerten die Sessellehnen. Er machte Anstalten, sich auf sie zu stürzen.

»Du hast mich vergiftet!«

Alix war vor ihm bis zum Kamin zurückgewichen. Von Furcht gepackt, öffnete sie die Lippen, um nein zu sagen – hielt jedoch inne. Im nächsten Augenblick würde er sie anspringen. Sie nahm all ihren Mut zusammen. Ihre Augen hielten ihn fest, bannten ihn an seinen Platz.

»Ja«, sagte sie. »Ich habe dich vergiftet. Das Gift arbeitet bereits in deinem Körper. Du kannst dich nicht mehr von deinem Stuhl erheben – du kannst dich nicht mehr bewegen –«

Wenn sie ihn nur an seinem Platz halten konnte – nur ein paar Minuten…

Ah! Was war das? Schritte auf der Straße. Die Pforte knarrte. Die Schritte kamen den Gartenweg herauf – die Haustür öffnete sich –

»*Du kannst dich nicht bewegen!*« wiederholte sie.

Dann schlüpfte sie an ihm vorbei und floh Hals über Kopf aus dem Zimmer, um ohnmächtig in Dick Windyfords Arme zu fallen.

»Mein Gott! Alix«, rief er aus.

Dann wandte er sich an seinen Begleiter, einen großen, kräftigen Mann in Polizeiuniform.

»Sehen Sie doch bitte mal nach, was im Zimmer nebenan vor sich geht.«

Dick legte Alix sorgsam auf eine Couch und beugte sich über sie.

»Mein kleines Mädchen«, murmelte er. »Mein armes kleines Mädchen. Was hat man dir nur angetan?«

Ihre Augenlider flatterten, und ihre Lippen hauchten seinen Namen.

Dick wurde von dem Polizisten aufgestört, der ihn am Arm berührte.

»Im Nebenzimmer sitzt lediglich ein Mann im Sessel, Sir. Er sieht aus, als hätte ihm etwas einen gewaltigen Schreck eingejagt, und –«

»Ja?«

»Nun, Sir – er ist – tot.«

Der Klang von Alix' Stimme ließ sie zusammenfahren. Sie sprach mit geschlossenen Augen, als ob sie träumte.

»*Und kurz darauf*«, sagte sie, fast als zitiere sie etwas aus dem Gedächtnis, »*starb er –*«

Arthur Williams

Da ich selbst ein Mörder bin...

Da ich selbst ein Mörder bin, hatte ich großes Interesse für eine Feststellung, die kürzlich ein bekannter Kritiker von Mordgeschichten machte, nämlich: daß die besten und anregendsten Detektivgeschichten, die heute geschrieben werden, jene sind, die mindestens ebenso nachdrücklich nach dem ›Warum‹ fragen wie nach dem ›Wer‹ und ›Wie‹.

Es ist erfreulich, daß der Charakter des Mörders endlich – wenn auch nur auf literarischem Gebiet – einer eingehenderen Analyse gewürdigt wird. Früher hat man der Entdeckung, wer der Mörder war und mit welchen Mitteln man ihn fing, allzu große Bedeutung beigemessen. Andererseits halte ich die Zeit nicht für verschwendet, die man der Enträtselung des ›Wie‹ gewidmet hat, denn schließlich ist die angewendete Methode ein Hinweis auf den Charakter des Mannes, der sie angewendet hat; zudem ist sie oft entscheidend dafür, ob der Mörder als Versager berühmt wird oder als Erfolgreicher unbekannt bleibt.

Ich möchte noch erwähnen, daß wir Mörder nicht *immer* einen Fehler begehen. Dieser Trugschluß ist entstanden, weil nur jene Mörder, die Fehler gemacht haben, die Aufmerksamkeit der Polizei erregten. Im großen ganzen sind wir recht tüchtig, und wenn man nur die Anzahl der bekannten Fälle nimmt, geht daraus bereits hervor, bei wie vielen Morden wir nicht gefaßt worden sind, trotz der sehr großen Organisation, die gegen uns arbeitet.

Aber der allgemeine Irrtum, dem man am häufigsten begegnet, ist die Vorstellung der meisten Leute, daß ein Mörder sich von gewöhnlichen Menschen unterscheidet. Allzuoft ist er in übertriebenen Ausdrücken als ›wahnsinniges Ungeheuer‹ oder ›kaltblütige Bestie‹ bezeichnet worden. Solche melodramatischen Vorstellungen sind weit entfernt von der Wahrheit. Tatsächlich ist ein Mörder ganz normal – er besitzt nur größeren Mut, nach der allgemeingültigen Überzeugung zu handeln, daß jeder sich selbst der Nächste ist.

Daher habe ich mich aus ebendiesem Grund entschlossen (ich werde für den Verfasser von Detektivgeschichten authentische Daten liefern!), meine Erlebnisse als Mörder der Öffentlichkeit zugänglich zu machen. Zum Glück war ich klug genug – so daß ich jetzt in der Lage bin, meinen Mord ohne Furcht vor unangenehmen Folgen zu berichten.

Als ich Susan Braithwaite ermordete, empfand ich keine persönliche Feindseligkeit gegen sie, obwohl manch einer denken mag, ich hätte Grund genug gehabt, sie zu hassen. Ich hatte sie einmal sehr gern gehabt und hätte sie geheiratet, wenn sie nicht so dumm gewesen wäre, sich Stanley Braithwaite als Gatten zu wählen. Da ich aber ein Kulturmensch und Mann von Welt bin, hatte ich das Gefühl: wenn sie einen Geldsack heiraten wollte, so war das schließlich ihre eigene Angelegenheit.

Ich nehme an, es war ihre Weiblichkeit, die mich anzog – und gerade diese Weiblichkeit machte sie vermutlich besonders empfänglich für das ausgesprochen Männliche in Braithwaite; er war ein großer, lärmender Bursche, aber mit genug Hirn, um seinen Weg in der Welt zu machen. Er hatte etwas Geld geerbt, und als Börsenmakler war er in der Lage, den besten Gebrauch davon zu machen. Durch seine Arbeit an der Börse hatte er gut verdient, nicht durch die Zufallsmethoden eines Spielers, sondern durch die nichtspekulativen Methoden eines Kapitalisten. Es war typisch für ihn, daß er während der großen Hausse an der Johannesburger Börse, die durch die Entdeckung der Goldlager im Oranje-Freistaat entstanden war, trotz des fieberhaften Optimismus, der an der Börse wütete, sein phlegmatisches System fortsetzte, einen Gewinn mitzunehmen, wo ein solcher zu holen war. Auf diese Weise gelang es ihm, ein kleines Vermögen aufzubauen und zu sichern, und als der unvermeidliche Rückschlag kam, waren seine Fonds meist flüssig. Statt sich von der auf alles übergreifenden Depression anstecken zu lassen, kaufte er gelassen Aktien, die fast wertlos geworden waren, und verdoppelte sein bereits angewachsenes Vermögen, als die ebenso unvermeidliche Erholung der Börse kam. Ein wahrhaft aufreizender Bursche!

Als ich ihn Susan vorstellte, war sie schwer beeindruckt durch seine herrische Art, die seine Erfolge verriet. Tatsächlich war sie so hingerissen, daß sie mit ihm nach Europa flog – und damit unsere Verlobung abbrach.

Ich hatte gehofft, sie niemals wiederzusehen.

Achtzehn Monate später klopfte es an der Hintertür meines Hauses. Als ich öffnete, fand ich Susan auf den Stufen, den Koffer in der Hand. Nachdem sie sich behaglich auf der Chesterfieldcouch meines Studierzimmers niedergelassen hatte, erzählte sie mir ihre Geschichte. Ich war nicht verwundert über das, was ich hörte. Braithwaites herrisch-selbstsichere Männlichkeit, die sie meinen bescheidenen intellektuellen Eigenschaften vorgezogen hatte, war zu einem selbstzufriedenen Egoismus ausgewachsen, zu einer sehr wirksamen Tyrannei. Als sie seine Gefühllosigkeit ihr gegenüber nicht mehr ertragen konnte, hatte sie sich gegen ihn gewendet und war zu mir gekommen, denn sie fühlte, ich würde ihr um der Vergangenheit willen helfen.

Sie bemerkte jedoch nicht, daß mich die Aussicht, ihr zu helfen, keineswegs begeisterte. Tatsächlich war ich sehr unangenehm berührt. Nachdem sie mich über Bord geworfen hatte, war es mir gelungen, sie in meinem Herzen auszulöschen; gleichzeitig hatte ich erhebliche Verbesserungen an meiner Geflügelfarm vorgenommen. Sie trug sich jetzt selbst, und mit arbeitssparenden Erfindungen und Methoden war ich imstande, den ganzen Betrieb allein zu führen, denn ich hatte mein Geflügel gern und zog es vor, alle Arbeit, die es verursachte, selbst zu tun.

Aber mit Susan würde es schwierig sein, dies befriedigend fortzusetzen. Ich wußte, daß ich sie zu unterhalten hatte, und das bedeutete, daß manche unwichtigere, aber immerhin wesentliche Arbeit liegenbleiben mußte. Meine Alltagsaufgaben würden wahrscheinlich gestört werden, und die dreitausend Küken, die im empfindlichsten Alter waren, konnten sich erkälten oder sich sonst eine der Krankheiten zuziehen, für die sie empfänglich sind.

Unglücklicherweise fiel mir keine gültigklingende Entschuldigung ein, ihr meine Hilfe zu verweigern. Sie hatte ihre Ankunft zeitlich geschickt eingerichtet: sie würde zumindest über Nacht bleiben müssen, denn es gab keine Möglichkeit, sie im Dorf bequem unterzubringen, und es gingen bis zum nächsten Morgen keine Züge zurück nach Johannesburg. Ich wußte: war einmal das Eis gebrochen, indem ich sie hier übernachten ließ, würde es noch schwieriger sein, sie am nächsten Morgen wegzuschicken. Schließlich hatte ich sie einmal sehr geliebt und ihr im Rausch jener Zeit gesagt, wenn sie jemals in Not sei, könnte sie unbedingt auf mich zählen, gleichviel, was zwischen uns geschehen würde. Und da ich Wert darauf lege, zu meinem Wort zu stehen, fand ich den Gedanken unerträglich, daß sie unsern gemeinsamen Freunden berichten würde, ich hätte mich im Ernstfall als taube Nuß erwiesen.

Dies alles ging mir durch den Kopf, während sie unaufhörlich schwatzte über all die grausamen Dinge, die ihr Ehemann ihr angetan hatte; aber unter dem Anschein, zuzuhören, folgte ich dem Lauf meiner eigenen

Gedanken, bis ich wütend wurde über die Selbstverständlichkeit, mit der sie meine Sympathie voraussetzte. Aus den Brocken ihrer Reden, die ich anhörte, erriet ich, welche Art Hilfe sie von mir erwartete, und das reizte mich noch mehr.

Ich sah mein bißchen Geld an Rechtsanwälte verschwendet; ich sah, wie mein behagliches und befriedigendes Leben gestört sein würde; ich sah meinen künftigen Frieden bedroht durch verwickelte Gefühle; kurzum, ich sah mein ganzes wohlgeordnetes Dasein völlig durcheinandergebracht. Ich wurde so zornig, daß ich dachte: ›Wahrhaftig, ich könnte ihr den Hals umdrehen!‹

Das tatsächliche Erdrosseln war schwieriger, als man annehmen sollte. Daß ich unfähig war, sie anzusehen, und deshalb um die Rückseite der Couch gegangen war und ihr von dort aus die Hände um den Hals legte, erwies sich als Vorteil. Indem ich mich hinter den Diwan hockte, war ich imstande, ihren Hals und ihren Kopf fest dagegen zu pressen; ich klammerte mich an wie der grimme Tod und vermied es auf diese Weise, daß meine Hände durch ihr heftiges Schlagen, Stoßen und Nach-Luft-Ringen ihren Griff lockerten. Auch als sie erlahmte, war meine Stellung bequem genug – ich brauchte nicht loszulassen, bis ich sicher war, daß sie tot war.

Ihr Gesicht – dunkelblau mit grotesk heraustretender Zunge – sah ziemlich schrecklich aus, wenn ich es mit dem hübschen, lebhaften Ausdruck verglich, den es wenige Minuten zuvor gehabt hatte; und ihr vorher glänzendes Haar hatte seine blaue Tönung verloren und sah tot und schwarz aus. In anderer Beziehung beeindruckte mich der Anblick von Susans totem Körper nicht sonderlich.

Als ich völlig sicher war, daß Susan tot war, drückte ich ihre Zunge in ihren Mund und ging daran, mich der Leiche zu entledigen; ich benutzte eine Methode, die ich ersonnen hatte, als ich von den Schwierigkeiten las, die andere Mörder in dieser Hinsicht gehabt hatten. Ich fing gleich am selben Abend damit an, obwohl es nicht eilig war, denn es würde Tage, wenn nicht Wochen dauern, ehe man ernstliche Nachforschungen nach Susans Verbleib anstellte; aber ich war neugierig darauf, meine Ideen auszuprobieren. Am nächsten Morgen war ich so zeitig auf wie gewöhnlich und ging meinen Alltagsarbeiten auf der Farm nach.

Etwa drei Wochen später tauchte Sergeant Theron von der Ortspolizei eines Nachmittags auf meiner Farm auf und wollte hören, ob ich irgend etwas über eine Mrs. Susan Braithwaite wüßte.

Sergeant Theron im Dienst war ein völlig anderer Mann als der außerdienstliche Johnny Theron, der uns gelegentlich, wenn er ein bißchen eingeheizt hatte, im Hinterhof von Wiggins' Gasthaus durch die Vorstellung einer Wildwestschießerei unterhielt. Er war ein Meisterschütze, und wenn er sich ein wenig duckte, konnte er zwei Revolver von der Hüfte aus mit verblüffender Zielsicherheit abfeuern; gleichzeitig lugte er mit melodramatischer Kampflust von Seite zu Seite; dann spuckte er nach jeder Salve in die Mündung der Revolver, um sie ›abzukühlen‹; er spielte den Cowboyhelden, der von feigen Bösewichtern umringt ist, so komisch, daß man sich vor Lachen auf die Schenkel schlug.

Aber Sergeant John Theron von der südafrikanischen Polizei war ein behender und intelligenter Polizist, der es mit seiner Aufgabe ernst nahm, und ich merkte aus der Art, wie er seine Frage in Worte faßte, daß er überzeugt war, ich wisse etwas über Mrs. Susan Braithwaite.

Ich nahm an, sie war als vermißt gemeldet worden und man hatte ihre Spur bis zu meiner Farm verfolgt. Daher beschloß ich, Theron in mein Vertrauen zu ziehen. Ich berichtete ihm kurz alles über meine früheren Beziehungen zu Susan und schloß damit, daß sie eines Abends vor etwa drei Wochen zu mir gekommen, aber am selben Abend wieder weggegangen sei.

Er verlangte natürlich weitere Einzelheiten und wollte auch wissen, warum ich nicht zur Polizei gekommen und berichtet hätte, daß ich sie noch zu einem späteren Termin gesehen hatte als an jenem, den die Zeitung als den Tag ihres letzten Gesehenwerdens genannt hatte. Ich erklärte ihm, daß ich niemals Zeitungen lese, daß ich aber, selbst wenn ich eine Suchmeldung gelesen hätte, nichts von ihrem Besuch bei mir verraten haben würde, zumal sie ihrem Ehemann davongelaufen war.

Ich erzählte ihm weiter, daß sie mich gebeten hatte,

ihr zu helfen; daß ich es jedoch abgelehnt habe; daß wir dann stritten, bis sie in Wut geriet; daß sie dann einfach aus dem Hause rannte, ohne ihren Hut, ihre Handschuhe und ihren Koffer mitzunehmen. In Beantwortung seiner Fragen versicherte ich ihm, ich wisse nicht, wohin sie gegangen war oder wie sie es anstellen wollte, ohne ihren Koffer auszukommen, und ob sie eine Handtasche bei sich gehabt hatte oder nicht.

Nachdem das Thema von Susans Besuch erschöpft war, wollte Theron ihren Koffer sehen, den ich ihm gab. Er fand ihn unverschlossen und öffnete ihn. Zuoberst lag eine braune Handtasche, die, wie sich beim Umkehren herausstellte, etwas Geld, ein Paar Ohrringe, einen Diamantring, die üblichen weiblichen Requisiten und einige lose Schlüssel enthielt, von denen einer zum Koffer paßte. Nach sorgfältiger Prüfung des übrigen Kofferinhalts fragte mich Theron, was Mrs. Braithwaite an jenem Abend angehabt hatte.

Diese Frage kam eher, als ich erwartet hatte, aber ich gab ihm die vorher ausgedachte Antwort – eine echtklingende, aber wertlose ungefähre Beschreibung der Kleider, die ich mit ihrer Handtasche vor drei Wochen sorgfältig in den Koffer gepackt hatte. Ich hatte ihn mit einem der Schlüssel aus ihrer Handtasche geöffnet und offengelassen, um das Problem, den Schlüssel loszuwerden, zu vermeiden. Übrigens hatte ich natürlich Handschuhe getragen, als ich ihre Schuhe, Kleider usw. einpackte. Ich beabsichtigte nicht, Fingerspuren im Innern des Koffers zu hinterlassen und so den traditionellen Fehler zu begehen.

Theron hörte sich meine Beschreibung aufmerksam an, dann holte er ein sichtlich getragenes Kleid aus dem Koffer und fragte mich, ob es das Kleid sei, das Mrs. Braithwaite an jenem Abend anhatte. Natürlich antwortete ich, es sei es nicht, aber ich wußte: wenn jemand, der Susan in diesem Kleid gesehen hatte, als sie zu mir auf die Farm kam, es ihm bereits geschildert hatte, so würde die Beschreibung mehr oder weniger auf die von mir gegebene passen.

Nachdem Sergeant Theron noch einige Fragen gestellt hatte, nahm er Koffer, Hut und Handschuhe und ging.

Einige Tage lang besuchte mich die Polizei nicht. Ich ging an dem Abend der Woche, den Johnny Theron gewöhnlich im Gasthaus verbrachte, ebenfalls dorthin – aber diesmal gab er nicht seine gewöhnliche Cowboyvorstellung.

Ich wußte, es war nur eine Frage der Zeit, bis ich ihn wiedersehen würde, denn Susans Spur endete eindeutig bei mir, und die Polizei würde sich auf meine Farm konzentrieren, bis sie Ursache hatte, anderswo zu suchen. Als Theron schließlich, eine Woche später, wiederkam, war er von Konstabler Barry begleitet, einem vorzeitig kahlen jungen Mann, der unsere Dorfschöne, Renée Otto, dadurch gefreit und gewonnen hatte, daß sie ihn vor der Hochzeit niemals ohne Helm zu sehen bekam – so erzählte man sich's jedenfalls im Dorf. Aber Theron und Barry brachten einen Mann vom CID-Hauptquartier in Johannesburg mit. Diesmal waren die einzigen Worte, die Sergeant Theron sprach: »Mr. Williams, dies ist Inspektor Ben Liebenberg.«

Ich nahm die Vorstellung zur Kenntnis und fragte den Inspektor, was ich für ihn tun könne. Er war ein großer, hübscher Mann, mehr einem Schauspieler als einem Detektiv ähnlich. Später erfuhr ich, daß er ein vorzüglicher Mixer von Getränken sei. Es war sein Steckenpferd, sich neue Rezepte für Cocktails und andere Mischgetränke auszudenken. Daß er eine besondere Sorte eines ›Grünen Mamba‹ erfunden hatte, der so tödlich wie eine Schlange ist, hörte ich später von Theron, als er wieder mit mir zusammen ein Glas trinken durfte.

Inspektor Liebenberg sagte, er bedaure sehr, mich stören zu müssen – würde ich etwas dagegen haben, wenn er ein wenig Umschau hielt? Man habe mit Bestimmtheit gesehen, daß Mrs. Braithwaite auf meine Farm gekommen sei, und mit der gleichen Bestimmtheit habe man sie danach nicht mehr gesehen; er würde sich gern pflichtgemäß überzeugen, daß sie sich nicht hier versteckt halte.

Ich versicherte ihm, ich verstünde das absolut und es würde mir ein Vergnügen sein, ihm die ganze Farm zu zeigen.

Im Wohnhaus erklärte ich ihm, daß ich gern von

jeder äußeren Hilfe unabhängig sei und deshalb Farm und Haus so praktisch wie möglich eingerichtet hätte. Ich zeigte ihnen die Kohlenkiste in der Küche, die wie ein kleines Zimmer gebaut und von außen bis zum Rande zu füllen war; sie hatte in Bodennähe eine kleine viereckige Klappe, die dicht neben dem kohlenbrennenden Ofen lag. Unter der Küche war ein unterirdischer Zementtank zum Auffangen des Regenwassers; an ihm war eine Handpumpe angebracht, von der aus ein Rohr ins Badezimmer führte. Der Rest meiner Wasserversorgung kam von einem großen Tank auf dem Dach, der durch ein Windrad aus einem Bohrloch gespeist wurde.

Dann führte ich sie draußen herum – ich begann mit dem dreihundert Fuß langen, unterteilten, ganz modernen Geflügelhaus, wo – nach dem Geräusch zu urteilen – die Tausende von Leghornhennen ihre Eier anpriesen. Ich zeigte den Polizisten den Brutapparat und das Bruthaus, das ich auch gelegentlich für Zuchtversuche mit Hühnern und anderm Federvieh verwendete.

Dann führte ich sie zu der großen Wellblechbaracke, in der meine Maschinen aufgestellt waren – ein Traktor, eine Dreschmaschine, eine Hammermühle und verschiedene kleinere Apparate, wie Luzernenschneider usw. Auch meine gewöhnliche Farmausrüstung wie Pflüge, Harken, ein Dampftrockentank, Drillmaschine, Kultivator und meine Futtervorräte. An allen Wänden der Baracke waren große Reihen von Futterbehältern, die die verschiedensten Vorräte enthielten: geschroteten Mais, Maismehl, Fleischmehl, Erdnußmehl, Knochenmehl, Luzernenmehl und die verschiedensten Sorten von Geflügel- und Viehfutter, die ich brauchte, um die einzelnen genau berechneten Futterrationen herzustellen.

Ich sah, wie ihre Augen die Tanks abmaßen und wie sie sich im Geiste förmlich Notizen machten.

Als wir wieder im Freien waren, zeigte ich ihnen mein bebautes Land – die grünen Luzernenfelder – grün durch das Wasser aus dem Wehr – und die gelblichbraunen Mais- und sonstigen bebauten Felder. In der Ferne erkannte man gerade noch die Kühe, Ochsen und Pferde, die auf dem unkultivierten Farmland grasten.

Sie besichtigten die ganze Farm, dann dankte mir Inspektor Liebenberg für meine Mühe und fuhr ab – ziemlich bedrückt, wie mir schien. Ich hätte gern angedeutet, daß vielleicht zwanzig Stubenmädchen mit zwanzig Staubsaugern... aber ich fand es doch unklug, mich allzusehr auf meine Sicherheit zu verlassen.

Eine Woche verging ereignislos, obwohl es mich allmählich nervös machte, mich ständig unter Beobachtung zu fühlen. Sogar Konstabler Barry hatte seine Runde geändert und nahm seinen Weg an meinem Tor vorbei, durch das er, obwohl es ziemlich entfernt war, einen ungehinderten Blick über die Rasenfläche hin zum Haus und zur Garage hatte.

Ich beschloß, mich zu rühren und die Sache in Fluß

zu bringen. Mein bester Plan war natürlich, scheinbar Crippens Fehler zu begehen und wegzulaufen.

Ich traf daher meine Vorbereitungen und fuhr eines Morgens in meinem Wagen in großer Hast fort. Ich fuhr etwa fünf Meilen sehr schnell, dann mäßigte ich das Tempo plötzlich, bog auf ein Stück baumloses Grasland und verbarg den Wagen so gut wie möglich in einem kleinen Gebüsch, ziemlich weit von der Straße entfernt.

Ich ging den Rest des Weges zu Fuß bis zu den unterirdischen Höhlen in der Nähe der berühmten Blyvooruitzicht-Goldminen. Diese Höhlen sind zwar sehr ausgedehnt, aber nicht schön und ziehen daher keine Besucher an. Ich war der Meinung, daß die Polizei sie bereits gründlichst durchsucht hatte, so daß ich nun wahrscheinlich ungestört bleiben würde. Ich hatte mir eine Colemanlampe, einen Feldkocher und reichliche Vorräte mitgebracht und mich bald in einer der kleineren Höhlen behaglich eingerichtet.

Ich wußte, daß mein Geflügel auf der Farm für einige Tage versorgt war; die Futtertröge enthielten Nahrung für reichlich drei Tage, und die Wasserbehälter mit den automatischen Kugelventilen würden voll bleiben. Die Eier würden sich natürlich bei dem Ansturm auf die Nester häufen und schließlich zum Teil zerbrechen; aber man kann eben nicht morden, ohne Eier zu zerbrechen... Die anderen Tiere würden nicht darben, und Wasser gab es genug auf den Weiden. Die Küken waren alt genug, um ohne künstliche Wärme auszukommen, und es bedurfte nur eines kleinen Sparfunkens von den Lampen, um sie nachts in Gruppen zu versammeln.

Ich hatte also keinerlei Sorgen und konnte mich in Seelenruhe entspannen und die beiden Detektivbücher genießen, die ich mitgenommen hatte. Die Geschichten waren gut, obwohl ich mit Befriedigung feststellte, daß die verschiedenen Detektive beträchtlicher Unterstützung durch ihre Autoren bedurften.

Am Morgen des dritten Tages dachte ich, die Dinge seien so weit gereift, daß ich wieder in Erscheinung treten konnte.

Das Glück wollte es, daß ich zuerst auf Sergeant Theron stieß, als ich vor meinem Haus aus dem Wagen stieg. Das menschliche Gesicht ist eigentlich nicht dazu angetan, gleichzeitig Erstaunen, Aufregung, Befriedigung, Neugier, Spannung, Erleichterung, offizielle Zurückhaltung, Freundlichkeit und Bedauern auszudrükken – aber Theron tat wirklich sein Bestes!

Als er sich etwas erholt hatte, wollte er wissen, wo ich gewesen sei. Ich erzählte ihm, ich sei nach den Höhlen gefahren, um nachzusehen, ob Mrs. Braithwaite nicht vielleicht dorthin gegangen sei – sie konnte sich verirrt haben und umgekommen sein –, und dann hätte ich mich selbst verirrt und erst an diesem Morgen wieder herausgefunden! Er schnippte erbittert mit den Fingern – ich erriet daraus, daß er sein Netz zwar weit gespannt, aber nicht daran gedacht hatte, ich könnte mich in solcher Nähe aufhalten. Während er nun überlegte, was er zunächst zu tun habe, sah ich mich um; ich wollte die Einzelheiten des Eindrucks verarbeiten, den ich beim Hereinfahren bekommen hatte – nämlich, daß alles einem aufgestörten Ameisenhaufen glich! Die ganze Farm war in Unruhe.

Überall waren Männer – auf dem Dach, rund um das Haus, halb unter dem Hause; sie liefen mit gesenktem Kopf herum und examinierten den Boden, sie gruben an den verschiedensten Plätzen, sie waren am Wehr, sie umringten das Bohrloch, sie wimmelten auf den Feldern und auf den Weiden. Ich konnte nicht in die Ställe sehen, aber auch diese waren sicherlich voller Menschen, denn vor dem zweiflügeligen Haupteingang war eine ganze Sammlung von landwirtschaftlichen Eisenwaren verstreut wie die Erde, die ein grabender Terrier aufgeworfen hat.

Aber der lustigste Anblick war das lange Hühnerhaus. Man hatte sehr unklugerweise alle Hennen hinausgescheucht, um den Zementboden im Innern genau zu untersuchen. Zur Freilegung des Bodens hatte man erst eine sechs Zoll dicke bemistete Streu entfernen müssen. Diese nicht unbeträchtliche Aufgabe war bereits zum größten Teil absolviert, denn die Streu lag in großen Haufen im Freien vor der Eingangstür.

Längs der Außenwände des Hühnerhauses versuchten einige Männer die Grundmauern freizulegen; denn jeder, der den Auftrag hatte zu helfen, war offenbar der

Ansicht, es dürfe kein Stein ungewendet bleiben! Ich schreibe absichtlich ›versuchten‹ – denn die Schanzgräber waren erheblich behindert durch die Tausende von Hennen, die nicht wußten, wohin, und mit hühnerhafter Ausdauer dorthin zurückstrebten, wohin sie gehörten. Hennen sind sehr konservativ – außerdem hatten sie Eier zu legen! Es war ein gefährliches und andauerndes Hin und Her auf dem schmalen Gang zwischen dem Maschendraht des Gebäudes und der niedrigen Mauer, auf dem die Drahtfront ruhte – und dies war eine der Grundmauern, welche die Männer untersuchen wollten.

Sie wurden fast erstickt von den Hennen. Und was nicht Hennen waren, das war Staub und Schmutz. Ein Leghorn ist ein sehr nervöser Vogel und selbst in den besten Zeiten unruhig. Man kann vor ihm nur entweder unaufhörlich reden oder ganz schweigen. Während ich hinsah, mußte einer der Männer einen Zuruf eines etwas entfernten Polizisten beantworten. Seine plötzlich laute Stimme veranlaßte Tausende von Hennen, wie *ein* Vogel in die Luft zu springen – mit buchstäblich *einem* Flügelrauschen. Der Mann war nicht mehr zu sehen – er war in einer Wolke verborgen, die aus einer Mischung von Düngerpartikeln, Stroh, Erde, verschüttetem Futter und Federn bestand.

Mehr konnte ich nicht sehen, denn nun hatte sich Theron dahin entschieden, daß es am besten sei, mich zur Beantwortung einiger Fragen mit auf die Polizeistation zu nehmen. Dort überließ man mich der Obhut von Konstabler Hurndal, der meinen Gruß sehr steif entgegennahm. Nach kurzem Zögern fing Theron an, mich auszufragen – er gab sich schwere Mühe, den Eindruck zu erwecken, daß er auf meine Antworten keinen gesteigerten Wert lege.

Ich hatte meine dritte Zigarette halb aufgeraucht, als ein Konstabler ins Zimmer stürzte und rief: »Wir haben die Leiche gefunden!«

Ich sprang auf und rief: »Wie aufregend! Wo denn?« – eine höchst geschmacklose Bemerkung in Anbetracht dessen, daß ich Mrs. Braithwaite gekannt hatte – aber sie konnte wenigstens nicht dahin ausgelegt werden, daß sie aus einem schuldigen, angstvollen Gemüt kam. Ich wandte mich an Theron, der mich scharf beobachtet hatte, und sah den Zweifel in seinen Augen.

Eigentlich kam es nicht darauf an, ob ich schuldbewußt wirkte oder nicht. Ich war persönlich sicher und konnte mich nicht verraten, gleichviel was für Tricks sie anwendeten. Hätte ich aber Spuren eines schlechten Gewissens gezeigt, so hätte Theron endgültig gewußt, daß ich ein Mörder bin. Und das wollte ich vermeiden, denn dann wäre es in Zukunft gar nicht mehr amüsant gewesen, ins Wirtshaus zu gehen. Sein offizieller Verdacht ließ mich kalt, aber mit seiner privaten Überzeugung wäre es anders gewesen.

Theron setzte die Posse fort und fragte den Konstabler, wo man die Leiche gefunden habe. Dieser fuhr, allerdings ohne große Begeisterung, mit einer unklaren Beschreibung fort – es handelte sich um eine Stelle im unbebauten Land. Beide musterten mich mit einer letzten Hoffnung, ich würde ihnen einen Punkt zum Einhaken geben. Ich sagte: »Wirklich? Ich hätte nicht gedacht, daß dies ein guter Platz wäre, um eine Tote zu begraben. Es bedeutet aber doch, daß sie ermordet wurde, nicht wahr?«

Natürlich hatten sie weder Susans Leiche noch sonst etwas auf meiner Farm gefunden. Keine Spur davon! Sie durchsuchten den Ofen nach Resten menschlicher Asche, sie fegten den Kamin zum selben Zweck, sie gruben die Abflüsse auf, um zu sehen, ob ich möglicherweise den Körper in einem Chemikalienbad aufgelöst habe. Kurzum, sie suchten überall und probierten es mit einem Dutzend Tricks der Johannesburger CID. Alles umsonst.

Schließlich gaben sie es enttäuscht auf, und wie überzeugt sie auch sein mochten, daß Susan ermordet worden war, sie hatten keinen Beweis. Trotz der gründlichsten Durchforschung der ganzen Farm fand man keine Leiche, und diese Tatsache und zugleich der Mangel eines Motivs, das ich gehabt haben könnte, taten das ihre, um die Wolke des Verdachts, die über meinem Haupte hing, allmählich zu zerstreuen.

Am Christfest schickte ich Theron, um ihm zu zeigen, daß ich ihm nichts nachtrug, ein halbes Dutzend Brathähnchen.

Die Monate verliefen in ungestörtem Frieden. Das

einzige, was mein Behagen störte, war die Nachricht, daß Theron zur Rhodesischen Polizei versetzt worden war.

Wir gaben ihm eine Abschiedsparty, Bill Wiggins lieferte die Getränke und ich das Geflügel. Der arme Johnny war nicht in der Lage, uns eine letzte Vorstellung eines schießenden Cowboys zu geben, denn als wir in den Hof hinaus gingen und an die frische Luft kamen, wirkte das so ungünstig auf ihn, daß er die größte Mühe hatte, sich verhältnismäßig aufrecht zu halten – er klammerte sich an den schwankenden Wäscheleinen fest.

Der Gedanke an ein neues Bruthaus beschäftigte mich ausschließlich. Da ich ihn aber selbst ausführte, nahm er auch all meine Zeit in Anspruch, so daß ich mein Haus nicht sauber und nett halten konnte. Nach vielem Hin- und Her-Überlegen engagierte ich eine Haushälterin – eine große, blonde, die einen kindlich-runden Eindruck machte. Sie ist außerordentlich tüchtig, aber ihr warmes Lächeln deutet an, daß sie auch sehr lieb und zärtlich sein kann.

Nur weil sie das Haus so gut führt, habe ich Zeit, abends diesen Bericht über meine Erfahrungen als Mörder zu schreiben.

Ich sehe voraus, daß es recht interessant werden wird, wenn ich sie veröffentlichen werde. Besonders neugierig bin ich, wie Theron reagieren wird, wenn er auf diese Weise von der Aufzucht der fetten Hähnchen hört, die ihm so gemundet haben.

Ich nehme an, er wird angeekelt sein, obwohl er's

nicht zu sein brauchte. Denn schließlich, wie konnte er wissen, daß diese Hähnchen mit der Leiche Susan Braithwaites gefüttert wurden?

Ich meine natürlich nicht, daß sie roh daran herumgepickt hätten! Im Gegenteil, die Hühner verzehrten Susan in abgemessenen Rationen. Jedes bißchen ihres Körpers ging durch die Hammermühle und wurde zu feinem Fleischmehl und Knochenmehl zermahlen. Ein getrennter Prozeß lieferte das Blutmehl.

Diese Verarbeitung bot mir keine Schwierigkeiten, ich hatte sie in einem Artikel des ›Geflügelzüchters‹ genau studiert und schon bei verschiedenen Tierkadavern angewendet. Und für die Hammermühle sind menschliche Körper viel leichter zu verarbeiten, da sie nicht gehäutet werden müssen und kleinere Knochen haben.

Ich mußte lediglich genau achtgeben, daß auch jedes Stück ihres Körpers kleingemahlen wurde. Die Zähne mußte ich mehrmals durch die Mühle treiben, bis sie vom andern Knochenmehl nicht mehr zu unterscheiden waren. Das Haar auf dem Kopf verbrannte ich, es gab eine Art Holzkohle.

Nachdem ich den Körper verarbeitet hatte, wischte ich alles, was mit ihm in Berührung gekommen war, mit ein paar Handvoll grüner Luzerne ab, die ich dann gleichfalls durch die Mühle trieb. Später kamen allerlei Tierkadaver hinein und große Haufen Luzerne und Säcke voll Mais, so daß jede mögliche Spur einer menschlichen Zelle restlos aus der Maschine verschwand.

Das Fleischmehl, Knochenmehl und Blutmehl kamen mit anderen Nährstoffen in eine Ration für meine Versuchsexemplare – und was dies für prächtige Hühnchen wurden, kann Johnny Theron bezeugen. Tatsächlich habe ich mir direkt einen Ruf als Züchter feiner Backhähnchen und Poularden erworben, und andere Geflügelfarmer haben mir das Haus eingelaufen nach meinen Fütterungsmethoden.

Dies wird sicher auch Inspektor Liebenberg lesen, der nun, da er weiß, wo er nachforschen muß, sicher versuchen wird, einen Beweis zu finden, daß es einmal auf meiner Farm die Leiche eines Menschen gegeben hat. Aber ich bin überzeugt, daß er keinen Erfolg haben kann. Es wäre sinnlos, die Hühner *en masse* zu schlachten, um eins derjenigen herauszufinden, die mit Susan gefüttert worden sind, und an diesem Objekt feststellen zu wollen, ob sein Körper irgendwelche Spuren menschlicher Zellen enthält. Ich habe dafür gesorgt, daß jedes Stück, das an der menschlichen Ration teilgenommen hat, wiederum von andern Menschen verspeist worden ist.

Da die Menschen keine Geflügelknochen essen, hatte ich, als ich diese Hähnchen verkaufte oder verschenkte, zur Bedingung gemacht, daß ich mir nachher die Knochen abholen durfte. Ich erklärte es damit, daß ich gerade knapp sei mit Knochenmehl. Diese Knochen gingen mit anderen Knochen durch die Hammermühle. Ein hübsches Beispiel für das *ad infinitum*. Außerdem gibt es natürlich noch eine große Anzahl anonymer Leute, die in bescheidenerem Maß an diesem beklagenswerten Kannibalismus teilnahmen – ich meine alle, die die Eier der betreffenden Hennen gegessen haben.

Dann wird Inspektor Liebenberg natürlich auch an den Mist denken – nun, das soll mir keine Kopfschmerzen machen. Ich habe ihn bis aufs letzte auf mein unkultiviertes Land gestreut und untergepflügt. Und zum Schaden des armen Inspektors habe ich die gerupften Federn, die Köpfe, Füße und Innereien der bratfertigen Hühner, die ich verkaufte oder verschenkte, ebenfalls – nachdem ich sie verbrannt oder dampfgetrocknet hatte – den Hämmern der erbarmungslosen Mühle übergeben.

Ich hoffe, der gute Inspektor wird nicht versuchen, diese meine Geschichte als rechtsgültiges Geständnis auszuwerten. Es wäre jammerschade, wenn ein eifriger Leser von Detektivgeschichten, der den Ehrgeiz hatte, selbst einmal eine zu veröffentlichen, arretiert würde, weil er sich eine verständliche Erklärung ausgedacht hat, wie eine Frau, die er einmal kannte, verschwunden sein könnte.

Ich fürchte, ich muß mich auch auf verschiedene Unannehmlichkeiten gefaßt machen, wenn man diese Geschichte in meinem Dorfe liest. Gewisse engherzige Leute werden mich mit Abscheu betrachten, andere werden mich fürchten. Da jedoch das Hauptresultat dieser Dinge sein wird, daß ich nicht mehr von allzuhäufigen Besuchern belästigt werde, kann mir das nur willkommen sein.

Inzwischen haben sich neue Gegebenheiten entwickelt. Meine Haushälterin, Ann Lissen, wird sich schließlich doch als Enttäuschung entpuppen. Denn offenbar ist sie im Begriff – oder sie hat es bereits getan – sich in mich zu verlieben, und das ist überaus lästig. Ihre Besorgnis um mich ist überwältigend – ich habe einfach kein Privatleben mehr, denn sie ist ständig um mich herum und versucht alles mögliche, um mein Behagen zu erhöhen.

Ich kann ihre Gefühle nicht verletzen, indem ich ihr verbiete, zu tun, was ihre Herzensgüte ihr eingibt. Und da sie keinerlei technische Kenntnisse besitzt, wäre es roh, sie wieder in den Kampf ums Dasein hinauszustoßen.

Ich habe ihr schon geraten, mehr auszugehen, besonders abends, aber sie findet es langweilig, allein zu gehen. Sie hat weder Freunde noch Verwandte.

Das arme Ding! Sie hat keinen Menschen, der sie vermissen wird, und ich bin ganz erpicht darauf, in der nächsten Saison besonders kräftiges Geflügel zu züchten, das mit reichen, gutgemischten Rationen gefüttert ist. Der Präsident der Nationalen Geflügelzüchter-Gesellschaft hat schon den Wunsch ausgesprochen, meine Farm zu besichtigen, mit den Prachtsexemplaren von Poularden und Backhähnchen, durch die ich bereits berühmt bin.

Henry Slesar

Das tödliche Telephon

Mrs. Parch klebte gerade im Eßzimmer Schilder auf ihre Einmachgläser, als das Telephon läutete. Sie unterbrach ihre Arbeit, um die Klingelzeichen zu zählen. *Eins*, Mrs. Nubbin, *zwei*, Mrs. Giles, *drei*, Mrs. Kalkbrenner, *vier*... damit war sie gemeint, und mit einem fast enttäuschten Seufzer wischte Mrs. Parch sich die klebrigen Finger an ihrer faltenreichen Schürze ab und ging ins Wohnzimmer hinüber. Die Entfernung betrug nur dreißig Schritte, aber als sie den Hörer abnahm, keuchte sie. Mrs. Parch war dick, und in dem formlosen grauen Kleid, das sie stets wochentags trug, hatte sie eine Figur wie eine Glocke.

»Hallo?« rief sie laut in die Muschel.

»Spricht dort Mrs. Helen Parch?« Es war eine Männerstimme, die sie nicht kannte. Ihre Antwort klang fast übelnehmerisch.

»Ja, hier ist Mrs. Parch. Wer spricht dort?«

»Mein Name ist Atkins, Mrs. Parch, vom Büro des Distrikts-Sheriffs. Ich hätte gern gewußt, ob es Ihnen recht ist, wenn ich Ihnen heute nachmittag einen kurzen Besuch abstatte? Ich habe etwas sehr Wichtiges mit Ihnen zu besprechen.«

»Wichtiges? Sind Sie auch sicher, daß man Sie richtig verbunden hat?«

»Ganz sicher, Mrs. Parch. Es wird nicht sehr lange dauern. Ich bin im Augenblick in Milford und kann in fünf Minuten mit dem Wagen bei Ihnen sein.«

»Nun, ich weiß nicht recht.« Sie war offensichtlich

verwirrt. Selbst Bekannte besuchten sie sehr selten hier draußen auf dem Lande, und der Gedanke an einen Fremden... »Können Sie's mir nicht am Telephon sagen, Mr. Atkins? Ich bin heute ziemlich beschäftigt.«

»Ich fürchte, nein, Mrs. Parch. Es tut mir leid...«

»Also gut dann. Wenn Sie schon kommen müssen, ist's mir jetzt genauso recht wie ein andermal. Ich warte also auf Sie.«

»Ich danke Ihnen«, sagte Mr. Atkins würdevoll und wartete höflich, daß seine Gesprächspartnerin den Hörer aufhängte. Sie tat es, blieb aber da und blickte neugierig auf den stummen Apparat. Es hatte keinen Zweck, zu ihren Einmachgläsern zurückzugehen, denn Mrs. Parch wußte, daß das Telephon in ein paar Minuten wieder läuten würde – sobald ihre Lauscher meinten, die Anstandspause habe jetzt lange genug gedauert. Natürlich behielt sie recht: acht Minuten später klingelte es viermal kurz, und sie hörte die weiche, nasale Stimme von Mrs. Giles.

»Helen? Wie geht's dir? Mir fiel eben ein, daß ich dich mal anrufen und fragen könnte, wie's bei dir steht.«

»So la-la«, meinte Mrs. Parch wissend, aber ohne Zynismus. Seit fast fünfzehn Jahren teilte sie mit den anderen diesen Gemeinschaftsanschluß, und alle wußten, daß jeder an jedem Gespräch teilnahm. Eine offene Beschuldigung würde sie alle schockiert haben, aber nichtsdestoweniger war es wahr. »Was macht Jacob?« fragte Mrs. Parch beiläufig, die Regeln der Etikette befolgend.

»Soviel ich weiß, zieht er doch seit ein paar Tagen eine neue Wand für seine Scheune hoch?«

»Ja, er hat so seine Arbeit«, erwiderte Mrs. Giles vage. »Doch was gibt's bei dir Neues, Helen? Ist irgendwas Interessantes passiert?«

Mrs. Parch fühlte unvermutet Trotz in sich aufsteigen und warf die Lippen auf. Sie wußte, daß Mrs. Giles vor Neugier brannte, etwas über Mr. Atkins zu erfahren; aber sie wollte ihr nicht die Genugtuung geben, von seinem Anruf zu sprechen. »Nein, nichts Neues«, entgegnete sie glatt. »Ich bin nur gerade dabei, meine Einmachgläser zu beschriften. Das hasse ich am meisten an der ganzen Einkocherei. Mit meiner Arthritis kann ich ja kaum einen Bleistift halten.«

»Ist das bestimmt alles?« fragte Mrs. Giles. »Vor einem Augenblick hörte ich dein Telephon klingeln...«

»Das war nur Mr. Hastings«, sagte die Frau kalt. »Er rief wegen meines Rasenmähers an, den er neulich zum Schärfen mitgenommen hat.«

»Oh«, meinte Mrs. Giles, und Mrs. Parch unterdrückte ein Gluckern, während ihr gewaltiger Busen vor Vergnügen hüpfte. Sie wußte, daß Mrs. Giles die Lüge erkannt hatte, aber sie wußte auch, daß man sie nie dieser Lüge beschuldigen konnte. Mrs. Giles schnüffelte in den Hörer, sagte noch ein paar unverbindliche Worte, um dem Gespräch den Anschein des Normalen zu geben, und hängte auf.

Als Mrs. Parch ins Eßzimmer zurückging, grinste sie

breit vor Genugtuung. Fünf Minuten später läutete es dreimal, und sie schurrte auf ihren kleinen Füßen über den Boden, nahm geräuschlos den Hörer ab und bedeckte die Sprechmuschel mit der Hand. Natürlich war es Mrs. Giles, die Mrs. Kalkbrenner von dem fremden Mann erzählte, der Mrs. Parch noch an diesem Nachmittag aufsuchen wollte. Sie stellten allerlei Betrachtungen über die Bedeutung dieses Besuchs an, doch keine von beiden konnte ihre Neugier befriedigen.

Mrs. Parch hängte vor ihnen auf und ging ins Schlafzimmer, um sich für ihren angekündigten Besucher etwas herzurichten. Ein paar Minuten später kam er, ein hagerer Mann, dessen knochige Rippen sich unter dem durchgeschwitzten Hemd abzeichneten. Er trug seine Jacke über dem Arm und betupfte sich die hohe, in einen langsam kahl werdenden Kopf übergehende Stirn mit einem zusammengeknüllten Taschentuch.

»Mrs. Parch?« fragte er. »Ich bin Daryl Atkins aus dem Büro des Distriktsanwalts.«

»Treten Sie ein, Mr. Atkins. Na, Sie haben sich wirklich sehr beeilt.«

»Kam, so schnell ich nur konnte. In dieser Angelegenheit können – vielleicht – schon ein paar Minuten eine Rolle spielen.« Er sah sich in dem kleinen, gemütlichen Wohnzimmer um, dessen Jalousien wegen der Sonne heruntergelassen waren. »Hier drin ist es bestimmt wesentlich kühler«, sagte er. »Auf der Straße müssen's zweiunddreißig Grad sein.«

»Mögen Sie vielleicht etwas Kaltes trinken?«

»Gern, Ma'am; aber nicht, bevor wir uns unterhalten haben.«

Er setzte sich vorsichtig auf die Sofakante, um nicht mit seinem feuchten Hemd gegen den Schonbezug der Rückenlehne zu kommen. Mrs. Parch nahm im Schaukelstuhl Platz, faltete ihre plumpen Hände im Schoß und wartete geduldig.

»Mrs. Parch«, begann er, »erinnern Sie sich an einen Mann namens Heyward Miller?«

»Miller?« Sie legte ihr Gesicht nachdenklich in Falten. »Nein, der Name sagt mir nichts. Natürlich ist da die Mrs. Miller im Postamt; aber mit der hat das wohl nichts zu tun.«

»Nein, nichts.« Er runzelte die Stirn und blickte auf die mit Troddeln eingefaßte Brücke zu seinen Füßen. »Heyward Miller und seine Frau lebten hier draußen auf dem ehemaligen Grundstück der Yunkers, vielleicht vor acht, neun Jahren. Sie waren erst sechs Monate dort, als seine Frau starb, und er verkaufte den Besitz an die Kalkbrenners. Hilft das Ihrer Erinnerung etwas nach, Mrs. Parch?«

Sie kratzte sich leicht die Wange. »*Irgend etwas* will mir in diesem Zusammenhang einfallen. Ja, jetzt erinnere ich mich.« Ihr Atem wurde kürzer, und sie legte eine Hand auf ihren Busen. »Oh ja, Miller. Dieser gräßliche Mann! Wie konnte ich *das* nur vergessen?«

»Ich dachte, daß Sie sich erinnern würden, Mrs. Parch; ich meine, nach diesen Dingen, die er über Sie gesagt hat. Der Bursche war mächtig durcheinander, soweit ich die Geschichte kenne. Natürlich kenne ich nicht die volle Wahrheit; daher steht es mir auch nicht zu, irgendeine Meinung zu vertreten...«

Mrs. Parch richtete sich steif auf. »Der Mann war ein Narr«, sagte sie schroff. »Fragen Sie nach ihm, wen Sie wollen. Er *gehörte* einfach nicht hierher.«

»Schon gut, Mrs. Parch; aber könnten wir beide uns nicht einmal darüber unterhalten, was damals eigentlich passierte? Nur, damit ich auch unterrichtet bin?«

»Ich habe nichts darüber zu sagen.«

Atkins seufzte. »Nach dem, wie man mir die Geschichte erzählte, waren dieser Miller und seine Frau ein Jahr verheiratet, als sie das Grundstück der Yunkers kauften. Sie sollte in etwa sechs Monaten ein Kind bekommen. Doch eines Nachts geschah etwas; sie wurde krank, sehr krank, und er versuchte, einen Anruf zum Arzt durchzubekommen...«

Mrs. Parch schloß die Augen und ballte ihre Fäuste im Schoß.

»Nun, ich war damals nicht in diesem Distrikt, verstehen Sie; daher kann ich nichts anderes berichten, als was man mir erzählt hat. Aber soweit ich es verstanden habe, ging Miller ans Telephon, und Sie und eine andere Dame unterhielten sich. Sie tauschten Rezepte aus, oder so was Ähnliches.«

»Das war Mrs. Anderson«, sagte die Frau ruhig. »Ich sprach mit Mrs. Anderson.«

»Wohnt sie noch in der Nachbarschaft?«

»Nein. Vor fünf Jahren ging sie mit ihrem Mann nach Kalifornien, wo sie starb.«

»Wie dem auch sei«, fuhr Mr. Atkins fort und tupfte sich den Schweiß aus dem Gesicht, »dieser Miller bat Sie damals jedenfalls, die Leitung freizugeben, damit er den Arzt für seine Frau anrufen konnte. Und wie man mir erzählte, haben Sie sich beide geweigert.«

»Er war frech«, sagte Mrs. Parch. »Er hat uns regelrecht beleidigt.«

»Ja. Jedenfalls wollten Sie die Verbindung nicht freigeben, und Miller konnte nicht anrufen. Er behauptet sogar, daß Sie böswillig weitersprachen, damit er nicht anrufen konnte.«

»Das ist eine Lüge!« rief Mrs. Parch leidenschaftlich erregt. »Wir redeten nur, solange wir mußten, und keine Minute länger.«

»Aber er konnte den Arzt nicht mehr rechtzeitig erreichen, darum drehte es sich doch, nicht wahr? Und seine Frau starb.«

»Nun hören Sie mal her, Mr. Atkins –«

Der dünne Mann hob eine knochige Hand. »Bitte, Mrs. Parch; ich bin nicht zu Ihnen hinausgekommen, um die Vergangenheit noch einmal durchzukauen. Was geschehen ist, ist Ihre Sache und nicht meine. Nur ist heute früh etwas passiert, das die Angelegenheit *viel-*

leicht auch zur Sache des Distrikts-Sheriffs werden läßt.«

»Was meinen Sie damit?«

»Nun, ich nehme an, Sie wissen nicht, was mit Miller geschah, nachdem er sein Grundstück an die Kalkbrenners verkaufte. Der Verlust seiner Frau und die ganzen Begleitumstände hatten ihn völlig gebrochen, und er zog nach New York. Sechs Monate später faßte man ihn, als er in ein Eisenwarengeschäft einbrach. Außer ein paar Schachteln mit Nägeln und ähnlichem Kleinzeug hatte er nichts gestohlen, und man schickte ihn für etwa sechs Monate ins Gefängnis. Dort kam man zu dem Schluß, daß er geistig unzurechnungsfähig war, und er wurde in eine geschlossene Heilanstalt überwiesen. Seitdem ist er ununterbrochen dort gewesen, fast acht Jahre lang. Erst kürzlich ist er freigekommen, Mrs. Parch, und das ist der Grund, weshalb wir ein wenig besorgt sind.«

»Freigekommen?« Die Frau knüllte den Rand ihrer Schürze mit den Händen zusammen. »Was meinen Sie damit, freigekommen?«

»Ausgebrochen. Wir erhielten die Nachricht gestern am späten Abend, aber es ist schon eine ganze Woche her. Jemand in der Anstalt fiel es ein, uns zu benachrichtigen, weil Miller eine Menge gefaselt hat über ... nun, über das, was passiert ist. Hat uns ein wenig beunruhigt, Mrs. Parch. Ich nehme an, Sie werden das verstehen. Wir wissen zwar nicht *bestimmt*, ob er etwas gegen Sie im

Schilde führt, aber es schien uns nicht richtig, die Sache dem Zufall zu überlassen. Verstehen Sie, was ich meine?«

Mrs. Parch stand auf, ihre glockenförmige Hülle schwankte ein wenig. Ihre Stimme zitterte, als sie sagte: »Wollen Sie damit sagen, daß dieser Miller Ihrer Meinung nach hinter *mir* her ist? Wegen dem, was vor acht Jahren passierte?«

»Dem Manne ist nicht zu trauen«, erwiderte Atkins ruhig. »Das ist alles. Die Anstalt ist ungefähr dreihundert Kilometer von hier entfernt, aber wenn er wirklich auf – nennen wir es mal Rache, aus ist, spielt diese Entfernung keine große Rolle. Ich wollte Sie nur vor der Möglichkeit warnen, das ist alles.«

Sie schlug die Hände vors Gesicht. »Aber ich bin ganz allein hier draußen!« rief sie. »Er könnte mich glatt im Schlaf ermorden!«

»Wir wissen *wirklich* nichts Bestimmtes, Mrs. Parch. Sie dürfen sich das auf keinen Fall einbilden. Aber wenn vielleicht einer Ihrer Nachbarn für ein paar Tage zu Ihnen ziehen könnte oder Sie einen Verwandten besuchen wollten, so wäre das möglicherweise eine gute Idee.«

»Kann der Sheriff mich nicht beschützen?« Sie unterdrückte ein Schluchzen.

»Es tut mir leid, aber das ist im Augenblick noch nicht möglich, Mrs. Parch. Nicht, solange wir keine sichere Information besitzen, daß Miller sich in der Nähe befindet. So, wie die Dinge im Augenblick liegen, ist es weiter nichts als eine ganz unbestimmte Vermutung. Verstehen Sie?«

»Ja, ja«, antwortete sie wie betäubt. »Vielleicht könnte ich zu meiner Schwester fahren. Nach Cedar Falls...«

»Das wäre eine gute Idee.«

»Ich habe sie seit zehn Jahren nicht mehr gesehen. Wir haben uns nie verstanden, meine Schwester und ich.«

Mr. Atkins lächelte. »Für eine Versöhnung sollte man keine Gelegenheit ungenützt verstreichen lassen, was, Mrs. Parch?« Er stand auf. »Hören Sie, ich bin nicht bloß hergekommen, um Sie zu erschrecken. Wir wissen nichts Endgültiges über diese Angelegenheit, überhaupt nichts. Wenn wir etwas Neues erfahren, werden wir Sie sofort anrufen. Und wenn Sie es für notwendig halten, sich mit uns in Verbindung zu setzen, verlangen Sie einfach das Büro des Distrikts-Sheriffs. Meinen Namen wissen Sie noch?«

»Atkins«, flüsterte Mrs. Parch.

»Daryl Atkins«, sagte der Mann. Dann lächelte er breit. »Und jetzt hätte ich nichts gegen einen kühlen Schluck einzuwenden, Mrs. Parch.«

Atkins' Wagen war noch keine fünf Minuten aus ihrer Auffahrt, als das Telephon bei Mrs. Parch viermal rasselte. Sie nahm den Hörer ab und hörte Mrs. Giles fragen: »Helen? Habe ich nicht ein Auto bei dir halten sehen?«

»Nein«, antwortete sie krächzend. »Du hast keinen Wagen gesehen.«

»Aber ich meinte doch ganz *sicher*, ich –«

»Kümmere dich um deine eigenen Angelegenheiten!«

sagte die Frau wütend. »Wann werdet ihr alle endlich lernen, eure Nasen nicht in andrer Leute Dinge zu stecken!«

»Bitte!« erwiderte Mrs. Giles. Sie hängte auf, und Mrs. Parch verwünschte die Tatsache, daß sie ihr nicht zuvorgekommen war. Ein paar Minuten später klingelte das Telephon dreimal, aber sie ignorierte es. Statt dessen stieg sie so schnell nach oben, wie ihr Gewicht und ihr knapper Atem gestatteten, und begann die Schreibtischschublade nach der Telephonnummer ihrer Schwester in Cedar Falls durchzuwühlen. Schließlich fand sie den Papierfetzen mit der Nummer in einem Album vergilbter Familienphotos und ging damit wieder nach unten. Ohne jede Vorsicht und Heimlichtuerei nahm sie den Hörer ab, doch Mrs. Giles und Mrs. Kalkbrenner hatten bereits ihr Gespräch über die schlechten Manieren ihrer Nachbarin beendet. Sie wählte die Nummer des Fernamts und mußte fast zehn Minuten warten, ehe sie mit Cedar Falls verbunden werden konnte. Doch selbst dann nützte es ihr nichts, denn die Telephonistin in Cedar Falls berichtete, daß der Apparat ihrer Schwester für den Sommer abgemeldet sei. Das sah Margaret ähnlich; wahrscheinlich war sie in ihr Strandhaus übergesiedelt und hatte das Telephon stillegen lassen, um ein paar Dollar zu sparen. Sie grunzte empört, als sie diese Nachricht hörte, und die unfreundlichen Gedanken über ihre Schwester vertrieben eine Zeitlang all ihre Furcht vor Miller. Sie fühlte sich sogar genügend erholt, um das Etikettieren ihrer Einmachgläser zu beenden, und sie verbrachte einen geschäftigen Nachmittag damit, alle in den Keller zu bringen. Sie war so bei der Sache, daß sie trotz ihrer angeborenen Neugier gar nicht daran dachte mitzuhören, als das Telephon fünfmal läutete (das war für Mrs. Ammons, eine neue Nachbarin). Als der Abend hereinbrach, hatte sie zwar Atkins' Warnung nicht vergessen, aber ihre Nerven waren doch beträchtlich ruhiger geworden.

Der Tag war lang gewesen. Die Sonne hatte hoch und heiß am Himmel gestanden, und die Zeiger der Uhr wiesen fast auf halb neun, als sie schließlich hinter den braunen Hügeln versank und von der kühlen Nachtluft abgelöst wurde. Mrs. Parch bereitete sich ein einfaches Abendessen von den Resten des Vortages, nähte noch ein wenig und nahm sich dann einen Roman aus der Leihbibliothek vor, um mit Lesen den Abend zu beschließen. Das Telephon läutete zweimal, aber sie kümmerte sich nicht darum. Einen Augenblick später hörte sie einen Hund in der Nähe des Hauses bellen. Es war Giles' Hund, ein alter Collie, der nicht zu unbegründeten Temperamentsausbrüchen neigte. Leicht verwundert legte sie das Buch nieder. Als das Bellen andauerte, nahm sie ihre Brille ab, stand auf und trat ans Fenster. Bei der plötzlichen Erinnerung an die ihr möglicherweise drohende Gefahr fuhr ihr schlagartig wieder die Furcht in die Glieder. Sie ging zur Vordertür, schloß auf und blickte in eine Dunkelheit, die nichts preisgab. Sie schloß die Tür wieder, schob den Riegel vor und ging ins Wohnzimmer zurück, um eine weitere Lampe anzumachen. Der Hund von Giles hörte auf zu bellen und begann zu heulen, bis ihm jemand mit einer zusammengerollten Zeitung auf sein Hinterteil klatschte. Unten, in ihrem Keller, gab es ein plumpsendes Geräusch, als ob etwas auf den Steinboden gefallen sei, und sie wußte, daß sie nicht mehr der einzige Bewohner des Hauses war.

Auf dem Weg zum Telephon wäre sie fast gefallen. Als sie den Hörer von der Gabel riß und Mrs. Giles' nasale Stimme hörte, keuchte sie: »Bitte! Geh vom Apparat!«

»Wer ist da?« fragte Mrs. Giles.

»Helen«, rief Mrs. Parch. »Helen! Um Gottes willen, Emma, leg den Hörer auf! Ich muß die Polizei anrufen –«

»Die Polizei? Warum?«

»Ich hab' keine Zeit, zu erklären! Ich muß das Büro des Sheriffs anrufen! Geh aus der Leitung! Geh aus der Leitung, oder ich werde ermordet!«

Mrs. Kalkbrenner lachte. »Aber Helen, wer wird dich schon umbringen wollen? Du hast wohl einen Alptraum.«

»Ich meine, daß du gesagt hast, du wolltest Einmachgläser beschriften«, kicherte Mrs. Giles. »Bist du auch sicher, daß es nicht Apfelwein war, Helen?«

»Um Himmels willen!« kreischte Mrs. Parch. »Geht aus der Leitung!«

»Siehst du«, sagte Mrs. Giles bedeutungsvoll zu Mrs. Kalkbrenner. »Verstehst du jetzt, was ich dir erzählt habe?«

»Hm-hm«, machte Mrs. Kalkbrenner. »Jetzt weiß ich Bescheid.«

»Manche Leute wissen eben nicht, was Höflichkeit ist«, sagte Mrs. Giles. »Es ist doch gut, wenn man seine Nachbarn einmal *richtig* kennenlernt, nicht wahr, June?«

»Bestimmt ist es das, Emma.«

»Bitte, bitte«, schluchzte Mrs. Parch. »Ich *muß* die Verbindung haben. Ich *muß* telephonieren –«

Sie ließ den Hörer fallen, als sie die Kellertreppen knarren hörte. Sie rannte in die Küche und schlug die Kellertür zu. Das Schnappschloß faßte nicht, daher schob sie einen Stuhl vor die Tür und rannte zu dem baumelnden Hörer zurück. Die Stimme von Mrs. Giles tönte ihr entgegen und, von Haß und Grauen geschüttelt, schrie Mrs. Parch sie an. Sie schrie immer noch, als die Hand ihr den Hörer wegnahm und auf die Gabel legte. Es war eine schwere, behaarte und entsetzlich starke Hand.

Christopher Bush

Der Mord von Hampstead

Das Leben ist schon seltsam. Aber das ist bereits so oft gesagt und erfahren worden, daß es nicht nur abgedroschen, sondern sogar langweilig klingt. Keineswegs langweilig sind dagegen die kleinen Unterschiede und merkwürdigen Parallelen, die das Leben zu einem Teil ausmachen. Denn wo bleibt der Geist des Abenteuers, wenn man einmal die unbestreitbaren, glaubhaft nachgewiesenen Ereignisse vom Leben abzieht, die ganz zufällig zusammentrafen? Oder wenn man nach den Ursachen von Geschehnissen forscht, die – zumindest für einige Menschen – von folgenschwerer Bedeutung sind: Wie belanglos sind jene Dinge, die das Ganze erst auslösten! In Inverness zündet sich ein Mann seine Pfeife mit einem papiernen Fidibus an, und daraufhin bricht sich ein Mann in Brighton ein Bein. Wegen eines Bankrotts in Cornwall geht ein Fischerboot aus Yarmouth unter. Oder ein Mann schreibt einen Brief an die ›Times‹, und das Ergebnis ist der Mord von Hampstead.

Ein bißchen weit hergeholt, meinen Sie?

Ich weiß nicht. Sehen wir uns das letzte Beispiel einmal etwas genauer an; vielleicht können wir uns dann auch ein Urteil über die anderen bilden.

Vielleicht erinnern Sie sich nicht mehr an den Mord von Hampstead; schließlich liegt kein besonderer Grund dafür vor. Irgendwelche Aufregungen löste er nicht aus. Eine Frau – oder wenn Sie wollen: eine Dame – wurde in einem Wohnzimmer erdrosselt vorgefunden. Die

Schlinge lag noch um ihren Hals, und die ganze Angelegenheit hatte höchstens einige Sekunden gedauert. Das alles klang ziemlich entsetzlich, aber für einen Mord war es eine saubere und schnelle Arbeit. Da war zum Beispiel das Zimmer, in dem es ganz leicht und unbestimmbar duftete. Die Einrichtung war geschmackvoll: ein oder zwei Stilmöbel, wirklich kostbares Porzellan, ein halbes Dutzend gefälliger und doch irgendwie Atmosphäre verbreitender Aquarelle, ein weicher und schmeichelnder Teppich, einige Sessel, die Morpheus' Armen ähnelten, und zwei prachtvolle Khorassinbrücken. Ferner befand sich in dem Zimmer die Frau, in elegantem Negligé und schimmernden Dessous, an den Händen Ringe im Wert von einigen Hundert Pfund, mit einem Gesicht wie eine überraschte Madonna und einer Frisur, die einem Heiligenschein glich. Nirgends waren Spuren von Blut, Gemeinheit oder Gewalt; alles wirkte ruhig und verhalten. Kurz gesagt: Es gab nichts Störendes – mit Ausnahme des tödlichen Ringes um den Hals. Natürlich folgte später die Verhandlung und die Verurteilung zur Höchststrafe, aber diese Dinge mußten schließlich sein.

Vom Zauber dieses alleinstehenden Hauses und des großen baumbestandenen Gartens bis zur Porter Street, Mornington Crescent, scheint ein langer Weg zu führen. Es gab einmal eine Zeit, und sie liegt erst ganz wenige Jahre zurück, als Mornington Crescent eine gewisse Vornehmheit ausstrahlte, zu der die hoch aufragenden großen Räume wie auch die ehrwürdige Erhabenheit der Häuser beigetragen hatten. Die Porter Street besitzt selbst heute noch etwas von diesem Zauber, obgleich die alten Häuser mittlerweile in Wohnungen und Privatbüros umgewandelt wurden. In einem dieser Häuser saß an einem bestimmten Morgen – es war Ende Mai – Lutley Prentisse. Eigentlich hätte er um diese Zeit arbeiten müssen, aber das tat er nicht. Vor seinem Drehstuhl standen Tisch und Schreibmaschine, und in der linken Zimmerecke brannte eine Gasheizung mit kleingestellter Flamme. Das Zimmer selbst war winzig und ausgesprochen gemütlich; es gehörte zu jenen drei Räumen, aus denen die kleine Wohnung bestand. Rechts führte eine Tür in die Küche mit Gasherd und Anrichte. Gegenüber befand sich eine weitere Tür, vermutlich die des kleinen Schlafzimmers. Hätte man einen Blick in dieses Zimmer geworfen, hätte man festgestellt, daß es leer war. Aber das, was im Arbeitszimmer sofort auffiel, war die Unmenge der aufgereihten Bücher, die fast nicht zu überblicken waren, deren vielfarbige Rücken jedoch einen lustigen Ton in das Zimmer brachten. Ohne Entfaltung besonderer Verstandeskräfte konnte man demnach annehmen, daß Lutley Prentisse Schriftsteller war, und damit hatte man recht.

Sein Name gehörte nicht zu den bekannten. Zu seinen Gunsten sprachen jedoch drei Romane: Zwei hatten das ewige Dreieck als Thema, der dritte beschäftigte sich mit jenen kleinen Intrigen, die man an der Riviera vorfinden kann. Von diesen Romanen hatte sich der letzte gut verkauft, worüber der Verfasser befriedigt war, aber auch das nur voller Stolz auf sein Können: Geld ist zwar immer nützlich, aber wenn zu den eigenen fünfzehnhundert Pfund noch dreihundert oder vierhundert hinzukommen, spielt es keine allzu bedeutende Rolle. Genaugenommen war er, fast ohne es zu merken, wieder ans Schreiben gekommen, wenn auch zu einem Teil nur, um der Langeweile zu entfliehen. Die ersten beiden Jahre seiner Ehe waren für ihn eine Angelegenheit ziemlich törichter Routine gewesen: im Hochwinter die Schweiz, im Frühjahr die Riviera, im Sommer Hindhead mit Golf und Tennis, anschließend Deauville oder irgendein moderner englischer Badeort, und schließlich, im Spätherbst, London, und das bedeutete Klubs, Theater und vielfältige Verabredungen vom Vormittag bis in die Nacht.

Dorothy Prentisse fügte sich gut in das alles ein. Beim Golf zum Beispiel, bei dem ihr Mann keine hervorragende Figur machte, lieferte sie ihren Partnern eine glänzende Partie und schlug jeden nach Strich und Faden, auch wenn sie ihnen erhebliche Vorgaben eingeräumt hatte. Beim Tennis gehörte sie zu jenen unauffälligen Frauen, die jeden Ball irgendwie über das Netz zu bekommen scheinen. Bridge spielte sie sehr temperamentvoll, vielleicht ein bißchen zu aggressiv, aber verlieren tat sie nur, wenn ihre Karten oder ihr Partner unmöglich waren. Hier unterschied sie sich völlig von Lutley, der – wenn überhaupt – nur sehr vorsichtig reizte und immer mindestens für das gut war, was er angesagt hatte, nie jedoch enttäuschte. Auch sein Golfspiel war das eines fröhlichen Menschen, der lieber einen gleichwertigen Partner schlägt, als sich über das Ergebnis Gedanken zu machen. Genauso war er beim Tennis: kein Könner oder Angeber, sondern ein vergnügter Partner, der den Ball zurückgab und dann noch Zeit hatte, ihm nachzublicken. In gewisser Weise konnte man die beiden für ein etwas auffallend ungleiches Paar halten: er untersetzt und stämmig, mit ruhigen braunen Augen, einer gewissen Schüchternheit und der ganzen Art eines Intellektuellen, sie dagegen für eine Frau ziemlich groß, mit allen weiblichen Reizen und Verehrungswürdigkeiten ausgestattet, und trotzdem auch mit allen Eigenschaften, die eine Ehefrau auszeichnen, mit allen höflichen Redensarten, dem unüberlegten Redestrom und jenem sicheren Urteilsvermögen, das genau erkennt, wann man sich zurückhalten und im Hintergrund bleiben muß.

In Cambridge hatte er Geschichte gelehrt, und bis zu seiner Ehe hatte er, aus keinem besonderen Grund, gelegentlich kleinere Sachen für Zeitschriften geschrieben. Wahrscheinlich war es der ständige Erfolg dieser Dinge gewesen, der ihn den Versuch wagen ließ, auch einmal etwas Größeres zu riskieren, als ihn die bisher eingeschlagene Bahn mit der Zeit zu langweilen begann. Dorothy hatte er bei Fosters kennengelernt, mit deren

Ältesten sie gemeinsam zur Schule gegangen war. Sechs Monate zuvor hatte sie gerade ihren Vater, Pfarrer in Purfield Warren, verloren, und sechs Monate danach heiratete sie Prentisse; bei ihm war es Liebe, bei ihr weniger. Er war leicht zu durchschauen, sie war unergründlicher. Auch wenn es heute als modern gilt, nicht als gute Ehefrau zu gelten, war es schwierig, in Augen wie den ihren etwas zu lesen. Ein »Liebling!« und ein spielerischer leichter Klaps bedeuten nichts Besonderes, zumal dann nicht, wenn die andere Hand dabei eine dreißig Zentimeter lange Zigarettenspitze hält. Die Meinungen über jene Zeit sind jedoch interessant: Ihre Freunde fanden, er hätte eine höchst reizende Frau bekommen, ihre Feinde dagegen, sie hätte eine unerwartet gute Partie gemacht.

Als Prentisse zum ersten Mal und fast verstohlen wieder an die Schriftstellerei zurückkehrte, schien es seiner Frau weder aufzufallen noch sie zu interessieren. Als sie seine Tätigkeit entdeckte, gab es nur ein »Wie entsetzlich gescheit du bist, Darling!« In Abständen folgte dann: »Oh, du Armer – daß du so schwer arbeiten mußt!« Und bei der Veröffentlichung seines ersten Romans: »Ach, Darling, ich finde das alles fürchterlich aufregend!« Danach hätten unfreundliche Menschen vielleicht gesagt, daß ihre Förderung seiner Bemühungen nicht ganz ohne Beziehung zu jenen materiellen Vorteilen stand, die sie von Zeit zu Zeit erlangte: Hier ein Schmuckstück, dort ein gesonderter Scheck.

Aber die Frühjahrsmonate dieses neuen Jahres hatten ein entschlossenes Löcken gegen den Stachel gezeigt. Prentisse hatte sich entschieden geweigert, seine Arbeit an die Riviera mitzunehmen. Seine Frau dagegen hatte die bisherige Routine eingehalten und war mit einem kleinen Kreis von Freunden und Freundinnen nach Nizza gefahren. Ihr Mann hatte sich für seine Arbeit die kleine Wohnung in der Porter Street genommen und schlief im Klub. Vierzehn Tage vor dem eigentlichen Termin war sie wieder daheim, und man hatte beschlossen, gemeinsam nach Hindhead zu fahren. Dann waren zwei Dinge passiert. Am Tage ihrer Rückkehr war ihre einzige Schwester ernstlich erkrankt, und Dorothy war sofort nach Carnford weitergefahren. Überdies war das Buch noch nicht fertig. Noch einen Tag oder vielleicht auch zwei brauchte das Manuskript, bis es zum Verleger gebracht wurde, und bis dahin blieb er in seiner Wohnung. Vormittags konnte er gewöhnlich am besten arbeiten; nach dem Mittagessen hing alles ganz von seiner Stimmung ab, und so kam es sehr häufig vor, daß er nicht an seine Arbeit zurückkehrte.

In diesem Augenblick ärgerte er sich jedoch, und zwar über eine anscheinend belanglose Sache. In seiner Hand hielt er ein Exemplar der ›Times‹, und der Anlaß, daß er die Stirn runzelte, war ein Brief. Ziemlich aufgebracht hatte ein Polizist sich über die Behandlung seines Berufs durch die Verfasser von Kriminalromanen ausgelassen. Die Polizisten, so behauptete er, würden behandelt, als wären es lauter Ochsen, und nur selten machten die Autoren den leisesten Versuch, sich mit der Arbeit des Criminal Investigation Department vertraut zu machen.

Es waren jedoch weder die Polizei noch die Methoden, die Prentisse ärgerten, sondern das ganze Prinzip, das hier in Zweifel gezogen wurde. Er selbst hatte immer sorgfältig darauf geachtet, in seinen Büchern nur jenes Lokalkolorit zu verwenden, das ihm vertraut war, und nur solche Umstände, die er zumindest irgendwann einmal kennengelernt hatte. In seinem letzten Roman hatte er jedoch etwas verwendet, dessen er sich nicht absolut sicher war: eine Privatdetektei. Das betreffende Kapitel war beinahe das letzte seines Buches, und da es ihm jetzt darauf angekommen war, die ganze Angelegenheit endlich abzuschließen, hatte er einen erheblichen Teil der Dinge lediglich angenommen. So schien es sicher zu sein, daß eine derartige Detektei über ein Büro verfügt. Büros aber sind sich immer irgendwie gleich, und Einzelheiten der Einrichtung konnte man sich schließlich vorstellen. Und dasselbe galt für den erfundenen Leiter der Firma, für die Unterhaltung und alles, was das Lokalkolorit ausmachte.

Verschiedene Leute hätten keine Verbindung zwischen dem Leserbrief in der ›Times‹ und dem fraglichen Kapitel festgestellt. Sie hätten dem entgegengehalten, daß es äußerst unwahrscheinlich wäre, daß das Buch einem Privatdetektiv in die Hände fiele, und der Mann auf der Straße würde, falls das Buch ihn überhaupt fesselte, nicht einen der sprichwörtlichen Pfifferlinge für die Richtigkeit des Lokalkolorits geben. Ein derartiger Gesichtspunkt war jedoch seinem eigenen, peinlich genauen Standpunkt genau entgegengesetzt. Überdies war er seinen Impulsen und seiner Hartnäckigkeit unterworfen. Augenblicklich war in seinen Augen weiter nichts zu tun, als ein derartiges Büro aufzusuchen und das Kapitel angesichts der damit verbundenen Eindrükke zu überprüfen. Natürlich bestand die Möglichkeit, daß seine gescheiten Vermutungen in angemessener Weise richtig waren und daß das Kapitel nicht überarbeitet zu werden brauchte, aber in jedem Fall ging bei diesem Besuch Zeit verloren, und das ausgerechnet in dem Moment, in dem das Buch im Grunde fertig war. Den Leserbrief unbeachtet zu lassen, schien ihm mehr als sorglos zu sein. Angesichts des Briefes, den der Polizeibeamte geschrieben hatte, würden der Himmel weiß welche Leute und Berufe an die Presse schreiben und sich über die selbstzufriedene Unwissenheit der Autoren beschweren. Vielleicht würden dann sogar Namen genannt werden.

»Dear Sir,

Mit großem Vergnügen entdeckte ich in dem Roman ›Tingling Symbols‹ von Lutley Prentisse, daß...«

Beim Mittagessen stieß er unerwartet auf George Foster, und sie aßen zusammen.

»Wie ist das eigentlich: Hast du irgendwas von St. John Claire gesehen?« fragte Prentisse. »Ich hatte gehofft, er wäre ebenfalls im Klub.«

»Vor einer Stunde habe ich ihn getroffen«, sagte George. »Er fährt nachher nach Cheltenham, um morgen für die Pilgrims zu spielen. Die haben ein zweitägiges Turnier gegen das Peronne College.«

»Zwei Tage? Sonntags dürfen sie doch nicht spielen?«

»Doch – die schon. Peronne ist katholisch, und deswegen kümmern sie sich keinen Deut darum.«

Prentisse nahm einen Schluck von seinem Kaffee und beschloß, sein Herz zu erleichtern. »Eigentlich wollte ich nur einen Tip von ihm. Ich brauche ein bißchen Lokalkolorit, und sein Onkel ist doch Chief Commissioner.«

»Informationen über die Polizei? Warum gehst du dann nicht einfach um die Ecke zu Scotland Yard?«

»Schon, aber weißt du... also es handelt sich um Folgendes: Das, was bei der Polizei los ist, interessiert mich nicht. Mich interessieren augenblicklich vielmehr die Methoden dieser Privatdetektive – und zwar nicht die komische Seite, sondern die Wirklichkeit. Gestern abend haben wir uns gerade darüber unterhalten, und irgendwie schien er ganz gut informiert zu sein. Und da dachte ich, daß er mich vielleicht mit einem dieser Burschen zusammenbringen könnte.«

»Wenn das alles ist, was du brauchst«, sagte Foster lachend, »dann hast du einen mordsmäßigen Dusel.« Er holte einen Stoß verschiedener Papiere aus der Tasche und suchte eine Visitenkarte heraus. »Das hier ist ein entsetzlich tüchtiger Mann – ein Freund von mir, dessen Namen ich dir nicht nennen kann, hatte sich wegen einer Sache an ihn gewandt. Geh doch mal einfach bei ihm vorbei und erzähle ihm deine Geschichte.«

Prentisse steckte die Karte ein und machte sich auf den Weg. Er hatte keine genaue Vorstellung, was er sagen sollte. Wichtig war vor allen Dingen, daß er sich das Büro ansah; die ganze Atmosphäre, die Art, wie die Leute sprachen, ein Eindruck des Chefs und seiner Untergebenen – das alles interessierte ihn daneben natürlich auch.

Das Taxi setzte ihn vor der Hausnummer 173 der Took Street ab, und im zweiten Stock fand er endlich das gesuchte Schild.

PERRING AND HOLT
PRIVATE INQUIRY AGENTS

Er klopfte, und die Tür wurde von einem Angestellten geöffnet.

»Kann ich vielleicht einen Ihrer Chefs sprechen?«

»Nehmen Sie bitte Platz, Sir. Mr. Holt ist, glaube ich, gerade in seinem Büro. Wenn Sie mir vielleicht Ihre Karte geben würden, Sir?«

Holt war da, und Prentisse kam durch das Vorzimmer in ein Büro, das mit Aktenschränken und Büchern vollgestopft war. Ferner entdeckte er den üblichen Schreibtisch nebst Drehsessel. Holt, ein gedrungener, gewandt wirkender Mann, erhob sich und streckte ihm die Hand entgegen.

»Was können wir für Sie tun, Mr. Prentisse?«

»Ich, eh...«

Holt lächelte aufmunternd. »Jedes Geheimnis ist bei uns gut aufgehoben, Sir. Wir behandeln alle Aufträge mit äußerster Diskretion, und was in diesem Zimmer besprochen wird, bleibt innerhalb dieser vier Wände. Sie können uns restlos vertrauen, Mr. Prentisse.«

Prentisse überlegte fieberhaft. Er konnte nicht gut sagen: »Ich sitze gerade an einem Roman und wollte mir nur Ihr Gesicht einmal ansehen.« Dann dachte er an den ganzen Zusammenhang seines Romans und überlegte, ob es vielleicht hineinpassen würde. Immer noch zögerte er.

»Es war eine ziemlich belanglose Angelegenheit...«

»Das geht uns nichts an, Sir. Wenn es sich um eine private Nachforschung handelt, können wir sie übernehmen – mag sie nun belanglos sein oder nicht.«

»Das ist sehr beruhigend«, sagte Prentisse und versuchte weiter, Zeit zu gewinnen. »Demnach würde es Ihnen also möglich sein, die Bewegungen irgendeiner Person zu überwachen, die Ihnen genannt wird?«

»Jederzeit, Sir.« Prompt setzte Holt sich in den Drehsessel und griff nach einem Federhalter. Prentisse überlegte immer noch fieberhaft.

»Der Name, Sir?«

»Lutley Prentisse.«

Holt lächelte nachsichtig. »Nicht Ihren Namen, Sir. Den jener Person, die Sie überwacht haben möchten.«

Prentisse lächelte ebenfalls – aber nicht über den Irrtum, den er begangen hatte. Genaugenommen lachte er beinahe, so unwiderstehlich komisch war die Idee, die ihm eben gekommen war. Er bewahrte jedoch ein redliches Gesicht.

»Ach so – natürlich. Mr. St. John Claire.«

»Die Adresse?«

»Oudenarde Mansions 3, Kensington.«

»Und was möchten Sie genau wissen, Sir, und bis wann?«

»Bis zum kommenden Montag einen vertraulichen Bericht über alles, was er von jetzt an tut. Ist Ihnen das möglich?«

»Selbstverständlich, Sir. Wohin soll der Bericht gebracht werden?«

»In die Porter Street 5 b, Mornington Crescent – gegen Mittag, wenn es möglich sein sollte.«

Dabei blieb es. Prentisse lachte leise vor sich hin, als er die Treppe hinunterging. Jetzt hatten sie erst einmal zu tun, die Spur aufzunehmen, und zweitens war das Ganze ein verdammt uninteressantes Stückchen Überwachung. Er kehrte zum Klub zurück, und da er John nirgends entdecken konnte, rief er im Oudenarde Mansions an. Claires Diener Daniels meldete sich am Telefon. Mr. Prentisse wäre um eine Minute zu spät gekommen. Mr. Claire wäre gerade vor einer Sekunde mit einem Taxi weggefahren. Ja, Daniels glaubte, Mr. Claire wäre nach Cheltenham gefahren; zumindest hätte Mr. Claire nichts anderes erwähnt, hätte jedoch die große Krickettasche und einen Koffer mitgenommen.

Das war nun wiederum ziemlich unangenehm. Prentisse war froh, daß ihm Claire rechtzeitig eingefallen war. Ein nicht so enger Freund der Familie hätte sich vielleicht irgendwie aufgeregt, wenn er erfahren hätte, was geschehen war. Was aber sollte er jetzt tun? Vielleicht ein Telegramm nach Cheltenham. Aber zuerst mußte er seine Eindrücke und die Beschreibung von Holt festhalten. Er war mittlerweile in seine Wohnung zurückgekehrt und hatte seine Notizen zu den Gedanken über ein anderes Thema abgeschlossen. Das Telegramm nach Cheltenham konnte nicht allzu ausführlich oder deutlich sein. Viel besser war es, wenn er einen Brief mit Durchschlag schriebe und ein Exemplar in die Stadt, das andere an das Peronne College schickte. Eines von beiden würde er bestimmt bekommen, wenn das andere irgendwie zu spät käme. So oder so war es jedenfalls eine aufregende Sache. Und er hoffte nur, daß die Pilgrims den Holtschen Detektiv nicht in Stücke reißen würden, wenn sie ihn erkannten.

»Dear Johnny,

wahrscheinlich wirst Du mich für einen ausgemachten Esel halten, denn ich habe etwas ausgesprochen Lächerliches angestellt, und das auch noch in Verbindung mit Deinem Namen. Ich saß verzweifelt in Druck wegen eines bißchen Lokalkolorits für ein wichtiges Kapitel meines Buches – es hatte etwas mit Privatdetektiven zu tun – und ging deshalb zu einer Detektei. Die Leute haben mich fast auf die Palme gebracht, weil sie nicht locker ließen und einen Auftrag haben wollten. Kurz zuvor hatte George Foster mir erzählt, Du seist nach Cheltenham gefahren, um zwei Tage lang für die Pilgrims zu spielen, und deswegen gab ich den Leuten den Auftrag, Dich über das Wochenende im Auge zu behalten! Das war ein gräßlicher Gedanke von mir, aber ich weiß, daß auch Du es als Witz auffassen wirst. Ich hoffe, daß dieser Brief Dich noch in Cheltenham erreicht; wenn ja, halte die Augen nach dem Burschen offen, aber nimm ihn bitte nicht zu sehr auf den Arm.

Wie wäre es, wenn Du am Montag zu uns zum Essen kämst? Dorothy wird bis dahin wohl aus Carnford wieder zurück sein. Dein L. P.«

Die Briefe wurden abgeschickt: der eine an die Wohnung in Kensington, der andere an

St. John Claire, Esq.,
c/o Pilgrim's Touring Side,
Peronne College, Cheltenham.

An diesem Abend arbeitete er länger als gewöhnlich und schrieb das Kapitel um, soweit es durch seine Unterhaltung am Nachmittag notwendig geworden war. Am folgenden Tag gönnte er sich als Ausgleich einen freien Tag in Walton Heath. Das Wetter war prächtig, und einige Runden Golf, die von einem ausgezeichneten Mittagessen unterbrochen wurden, brachten ihn großartig in Form. Abends war er zum Essen und einer Partie Bridge wieder im Klub, und damit ging ein Tag zu Ende, vor dem er doch etwas Angst gehabt hatte. Da Dorothy wieder weggefahren war, und ausgerechnet gleich nach ihrer Rückkehr, hatte es so ausgesehen, als würde es für ihn ein bißchen langweilig werden. Hinzu kam, daß Rogers und Daimler ebenfalls weggefahren waren, während er ein Grauen vor Eisenbahnfahrten hatte.

Am Sonntag, irgendwann um die Mittagszeit, rief er in Carnford Hall an; am Telephon meldete sich Phipps, der Butler.

»Es tut mir leid, Sir, aber Mrs. Prentisse ist noch nicht vom Kirchgang zurück. Sie muß jeden Moment kommen, Sir. Sehr wohl, Sir, der gnädigen Frau geht es sehr viel besser. Der Arzt ist mit ihr sehr zufrieden. Sind Sie noch am Apparat, Sir? Wenn Sie vielleicht eine Minute warten wollen, Sir – ich glaube, Mrs. Prentisses Stimme im Garten zu hören.«

Nach einer Minute war Dorothy am Apparat.

»Hallo! Bist du da, Liebling? Wie süß von dir, mich mit deinem Anruf zu überraschen!... Ach, die Arme ist nur noch ein Schatten, Liebling!« Und so ging es fünf Minuten lang mit duftigen Nichtigkeiten, die uns weniger interessieren. Das einzig Wichtige bei diesem Gespräch war die Mitteilung, daß sie am folgenden Nachmittag in die Stadt zurückkehren würde. Ihr wäre es sehr viel lieber gewesen, er hätte Johnny Claire nicht eingeladen, wo sie ihn doch einmal ganz für sich allein haben wollte. Ob er das denn nicht wüßte? Lunt und die Mädchen wären bereits zurück. »Aber bei deiner vielen Arbeit, mein armer Liebling...«

Auf die Minute pünktlich erschien am Montag Mr. Holt, und er machte den Eindruck eines Mannes, dem man einen wichtigen Auftrag gegeben hat und der überzeugt ist, daß er ihn tadellos ausgeführt hat. Er legte einen Stoß eng mit Maschine beschriebener Bögen auf den Tisch. Prentisse schaute sie mit einem möglichst undramatischen Blick an, machte ein beeindrucktes Gesicht und erkundigte sich nach dem Preis. Holt reichte ihm die Rechnung: dreizehn Pfund vierzehn Shilling. Prentisse schrieb einen Scheck aus und erhielt dafür eine Quittung. Überdies versprach er, jeden weiteren Auftrag bestimmt der Firma Perring and Holt anzuvertrauen.

Eine ziemlich kostspielige Angelegenheit, überlegte er. Fast vierzehn Pfund für den Einblick in ein Büro und eine abgestempelte Quittung! Es sah fast so aus, als würde Johnny es sein, der zuletzt lachte. Dann öffnete er das Paket und warf einen Blick auf die beschriebenen Bögen. War der Detektiv erkannt worden oder hatte er die beiden Tage vielleicht, gemütlich in einem Liegestuhl ruhend, still und zurückgezogen verbracht? Dann wurde sein Blick jedoch von den ersten Worten gefesselt.

»Der Betreffende wurde um 15.15 an der angegebenen Adresse ausgemacht; er begab sich zur Waterloo Station, wo er den Zug nach Dorking nahm. Dort wurde er von einer Limousine abgeholt, die von einer Dame gesteuert wurde. Der Wagen fuhr nach Justin Friars, sechs Kilometer vom Bahnhof entfernt, durchfuhr das Dorf, ohne anzuhalten, und erreichte schließlich ein großes Haus, das in einem großen Grundstück steht und Friars House genannt wird. Das Paar fuhr den Wagen in die Garage, betrat das Haus durch die Diele und begab sich sofort in das im ersten Stock gelegene Schlafzimmer, wo es sich etwa eine halbe Stunde aufhielt. Als es wieder herunterkam, trank es in dem nach Süden gelegenen Wohnzimmer Tee. Unmittelbar vor Einbruch der Dämmerung machten beide gemeinsam einen Rundgang durch den Rosengarten, und ein- oder zweimal während des Spazierganges wurde beobachtet, wie sie sich leidenschaftlich umarmten. Personal schien im Hause nicht anwesend zu sein...«

Das genügte Prentisse. Er war entsetzt. Guter Gott! Was würde Claire nur denken? In welche verheerende Situation hatte er sich selbst gebracht, als er auf diesen albernen Einfall gekommen und zu dieser Detektei gegangen war. Aber vielleicht gab es doch noch eine Möglichkeit. Wenn Johnny noch nicht nach Kensington zurückgekehrt und das nach Cheltenham geschickte Exemplar des Briefes unzustellbar gewesen war, war es vielleicht noch nicht zu spät. Er griff nach seinem Hut und rannte die Treppe hinunter. Zwei Minuten später hatte er die Verbindung mit Oudenarde Mansions.

»Wer ist dort, bitte? ... Ach, Sie sind's. Daniels? Ist Mr. Claire zu sprechen? ... Das ist ausgezeichnet. Hören Sie genau zu, Daniels. Es ist äußerst wichtig. Am Sonnabend morgen oder am Freitag abend ist sicher ein Brief von mir gekommen. Haben Sie ihn zufällig nicht nach Cheltenham nachgesandt? ... Gut. Können Sie ihn mir vielleicht zurückgeben? Lassen Sie, ich bin in wenigen Minuten bei Ihnen. Und wenn Mr. Claire zurückkommt, erwähnen Sie ihn gar nicht erst ... Was ist? ... Guter Gott! ... Aber nein, nichts Ernstliches. Nur eine ärgerliche Geschichte, weiter nichts! Er hat seine Adresse nicht hinterlassen? ... Also vielen Dank, Daniels. Auf Wiedersehen.«

Passiert war also noch nichts; es war noch einmal gut gegangen. Der erste Brief war von Cheltenham zurückgeschickt worden, und als Claire mittags zurückgekommen war, hatte Daniels ihm beide gebracht. Unmittelbar darauf hatte Claire jedoch Anordnung gegeben, alles einzupacken, was man für einen dreimonatigen Aufenthalt in Ägypten benötige. Claire hatte das Haus nur wenige Minuten vorher verlassen und seinem Diener lediglich gesagt, er würde später Nachricht erhalten, wo er hinkommen solle.

Der Prentisse, der nach dem Mittagessen in die Porter Street zurückkehrte, war ausgesprochen beunruhigt. Warum zum Teufel war Claire einfach verschwunden, ohne ein Wort verlauten zu lassen? So vernünftig, wie er sonst war, mußte er doch genau wissen, daß seine Geheimnisse sicher aufgehoben waren. Unvorstellbar, daß es jemanden geben sollte, der über derartige Dinge klatschte oder auch nur Andeutungen machte.

Er hatte bestimmt eine gute halbe Stunde dagesessen und nachgedacht. Wie konnte er Johnny erreichen, um alles zu erklären – das war das allerwichtigste Problem. Und warum war er ausgerechnet nach Ägypten gefahren, und dazu noch in der heißen Jahreszeit? Dann kam plötzlich der Gedankenblitz: Vielleicht enthielt dieser teuflische Bericht irgendeinen Hinweis auf diese Frage. Noch einmal holte er die Bögen hervor und überflog sie flüchtig. Es war das Übliche: irgendeine Art von Liebe in irgendeiner Art von Hütte. Aber vielleicht war der Mann dem Paar auf die Schliche gekommen, denn schließlich hatte er den ganzen Sonnabend über das Haus beobachtet.

»Am Samstagabend wurde eine Leiter an das Fenster des Schlafzimmers gelehnt, das das Paar benutzte, und zwar unmittelbar nach Verlöschen des Lichts. Dabei wurde folgende Unterhaltung mitgehört:

›Liebling, bist du auch ganz sicher, daß du Phipps vertrauen kannst?‹

›Aber selbstverständlich, du alberner Kerl. Für mich geht er, wenn es sein muß, durchs Feuer. Außerdem bin ich übermorgen in jedem Fall wieder zurück.‹

›Und was ist mit Rogers?‹

Das Geräusch von Küssen machte die Antwort unverständlich, und anschließend sprachen die Stimmen nur noch flüsternd.«

Irgend etwas schien in Prentisse stillzustehen. Sein Herz hörte auf zu schlagen, und erst nach einer Ewigkeit raste es plötzlich wie wahnsinnig los. Völlig mechanisch lief sein Blick die Zeilen entlang, und erst am Ende des Berichts schien er wieder ernsthaft zu lesen. Aber selbst dann sah er aus, als hätte er gerade eine langwierige Krankheit überstanden.

»Sie brachte ihn nicht auf den Bahnsteig, sondern verabschiedete ihn mit einem Kuß im Warteraum. Die einzigen Worte, die mitgehört werden konnten, waren: ›Wenn er das nächste Mal dabei ist, werde ich dir hinter seinem Rücken einen Kuß zuwerfen.‹ Worauf sie erwiderte: ›Aber ganz bestimmt, Liebling. Und du darfst nicht vergessen, mich nur mit Kosenamen anzureden.‹ Darüber lachten beide.«

Erst eine halbe Stunde später verließ er die Wohnung. Die Hausmeistersfrau, an der er dabei vorüberkam, sagte später, er hätte auf eine Weise einfach durch sie hindurchgesehen, daß eine Welle von Angst sie überschwemmt hätte und sie seitdem nicht mehr jene tödliche Gespanntheit seines Gesichtsausdrucks vergessen könne. Ob er zu diesem Zeitpunkt wahnsinnig war oder nicht, ist strittig. Wie verschieden Menschen auf die Anspannung durch verschiedene Gefühlsaufwallungen reagieren können, ist ebenfalls ungeklärt. Aber daß ein

Mensch von seiner feinen Art, ein so empfindsamer und künstlerischer Mann, sonst getan hätte, was er anschließend tat, wäre unverständlich.

Zuerst machten seine Bewegungen einen einigermaßen vernünftigen Eindruck. Er fuhr mit der U-Bahn nach Hampstead und betrat das Haus. Dort machte er das Telephon unbenutzbar. Dann nahm er ein Telegramm sowie einen für seine Frau durch Boten abgegebenen Brief an sich und gab Lunt, der Haushälterin, die strikte Anweisung, mit keinem Wort die beiden Mitteilungen jemals zu erwähnen. Er lehnte auch den Tee ab, den sie ihm anbot. Seine ganze Art wirkte auf sie, wie sie sagte, nicht unnormal; er wäre genauso ruhig und höflich wie immer gewesen – vielleicht ein bißchen ernster, aber keineswegs so, daß es aufgefallen wäre.

Dann verließ er das Haus wieder. In einer Musikalienhandlung kaufte er zwei E-Saiten für Geigen und bat den Verkäufer, die beiden Saiten zusammenzuknüpfen. Wo er anschließend hinging, ist nicht sicher, aber bekannt ist, daß er eine Zeitlang eine Telephonzelle benutzte. Gegen 19.15 betrat er wieder das Haus, wobei er die Tür mit seinem eigenen Schlüssel öffnete, und begab sich unmittelbar in das Wohnzimmer.

Fünf Minuten später rannte eine Frau schreiend auf die Straße. Ein Polizist erschien. Dann kamen weitere zwei Mädchen herausgerannt, und den inzwischen eingetroffenen Polizisten gelang es, die sich langsam ansammelnde Menschenmenge zurückzuhalten. Im Hause selbst war es totenstill. Im Wohnzimmer befanden sich zwei Menschen: eine Frau, die – zwischen Kissen gebettet – auf einem Sofa lag und zu schlafen schien, sowie ein Mann, der an einem Schreibsekretär saß und fieberhaft schrieb. Als der Polizist ihn ansprach, schien er es nicht zu hören. Als ihm das Schreibpapier unter den Händen weggezogen wurde, blieb er sitzen und starrte wie ein Mann, der mit einem schwierigen Problem zu ringen hat, auf die Fächer.

»Was hältst du davon, Jack?« sagte der Polizist und gab seinem Kollegen den Bogen.

Der andere runzelte die Stirn und schien erstaunt zu sein – und das mit Grund, denn auf dem Papier befand sich lediglich eine Folge von Wörtern, die sich unverändert ständig wiederholte.

»An den Herausgeber der ›Times‹. Dear Sir.«

Richard Deming

Die zweiten Flitterwochen

Seine Nachbarn aus dem Nebenhaus arbeiteten draußen im Garten, als Herbert May von der Arbeit nach Hause kam. Er blieb stehen, um mit ihnen zu plaudern. Froh über diese Unterbrechung, legte John Henderson seine Gartenschere hin und zündete sich eine Pfeife an. Mrs. Henderson zog ihre Arbeitshandschuhe aus und tupfte sich das Gesicht mit einem Taschentuch ab. »Heiß«, meinte sie dabei.

Herbert May gab ihr recht. John Henderson nickte, als hätte seine Frau irgendeine inhaltsschwere Bemerkung gemacht. Er paffte weiter seine Pfeife und schien irgendwie erleichtert zu sein.

»In den letzten Wochen sehen Sie soviel besser aus, Mr. May«, sagte Mrs. Henderson.

Herbert sah überrascht aus. »Sie tun gerade, als wäre ich schwer krank gewesen, Mrs. Henderson. Ich war aber nicht krank.«

Der Frau schien etwas unbehaglich zu Mute zu sein. »Ich meine nur, daß Sie viel freundlicher und vergnügter aussehen. Sonst rannten Sie immer nur vorbei, nickten höchstens, und hatten es immer eilig. Nicht daß wir geglaubt hätten, Sie wären kein guter Nachbar, Mr. May. Wir verstehen sehr gut, warum Sie sich immer so beeilten, um schnell nach Hause zu kommen.«

»Ach?« sagte Herbert.

»Wirklich, wir bewundern richtig, mit welcher Aufmerksamkeit Sie um Ihre Frau besorgt sind, Mr. May. Es muß schon schwer sein, Stunde um Stunde vom Geschäft nach Hause zu laufen, um nach ihr zu sehen, und von dem Moment an, wo man wieder nach Hause gekommen ist, nicht von ihrer Seite weichen zu können, bis man am nächsten Morgen wieder zur Arbeit muß. Und dabei haben Sie nicht einmal geklagt.«

Herbert errötete. »Ich tue nur meine Pflicht. Für Miranda ist es sehr viel schwerer als für mich.«

»Genau das habe ich doch gemeint«, sagte Mrs. Henderson bewundernd. »Sie sind so selbstlos. Selbst in ihrem Zustand beneide ich Ihre Frau manchmal, wenn ich sehe, wie Sie sie jeden Abend auf die Veranda fahren, damit sie dort ihre abendliche Tasse Tee trinken kann.«

Mit gefurchter Stirn blickte sie ihren Mann an. »Manchmal überlege ich, wie viele Männer wohl ihr sonstiges Leben opfern würden, um ihrer gelähmten Frau jeden Wunsch zu erfüllen.«

Abwehrend sagte ihr Mann: »Daß du einmal gelähmt sein wirst, Liebling, ist äußerst unwahrscheinlich. Du weißt, daß du eine Roßnatur hast.«

Mrs. Henderson wandte Herbert wieder ihre ganze Aufmerksamkeit zu. »Jedenfalls ist es schön, daß Sie etwas fröhlicher aussehen, Mr. May. Geht es Ihrer Frau besser?«

»Seit einigen Wochen hat sie keine Schmerzen mehr – das kann ich glücklicherweise sagen. Genaugenommen hat sie in letzter Zeit überhaupt keine Beschwerden mehr gehabt.«

»Wie wunderbar! Geht es ihr schon soweit wieder gut, daß sie Besuch empfangen kann?«

»Ach Gott – Sie wissen doch selbst, wie es bei ihr mit Besuchen ist«, erwiderte Herbert vorsichtig. »Mitleid kann sie einfach nicht ertragen, und sie glaubt, die Leute besuchten sie immer nur deshalb. Ich fürchte fast, daß jeder Besuch sie aufregen könnte und gerade jetzt einen Rückfall auslöst. Mir wäre es – ehrlich gesagt – lieber, wenn wir damit noch etwas warteten, bis sich herausgestellt hat, ob die Besserung auch von Dauer ist.«

»Aber natürlich, Mr. May. Sie müssen uns dann nur gleich Bescheid sagen, wenn Sie glauben, daß sie Besuch empfangen kann – ja?«

Mit dem Versprechen, es bestimmt zu tun, ging Herbert May weiter: ein kleiner rundlicher Mann mit einem kleinen rundlichen Bauch, der beim Gehen leicht schaukelte. Während Mrs. Henderson hinter ihm her blickte, bemerkte sie wiederum die auffällige Besserung seines Aussehens während der allerletzten Wochen. ›Sonst ist er immer nach Hause gerannt, als müßte er einen Sprung ins kalte Wasser tun‹, überlegte sie, ›und hat dabei den Ausdruck eines Menschen gehabt, der Angst hat. Heute dagegen geht er die Treppe zur vorderen Veranda hoch und ist dabei so vergnügt, als wäre er ein junger Bräutigam, der zu seiner jungen Braut nach Hause kommt.‹

Mrs. Henderson war sehr froh, daß es seiner Frau soviel besser ging.

Als Herbert im Hause war, sah er – wie immer – zuerst nach Miranda, bevor er etwas anderes tat. Sie lag auf dem Rücken, die Knie angewinkelt und in genau derselben Haltung, die sie gehabt hatte, als er vor eineinhalb Stunden vom Laden herübergerannt war, um nach ihr zu sehen. Ohne Hilfe konnte sie ihre Lage natürlich nicht verändern.

»Du liegst nicht bequem – nein, Liebling?« fragte er fürsorglich und schob sie etwas auf die Seite. »So. Ist es so besser?«

Noch vor wenigen Wochen hätte Miranda sich bitter darüber beklagt, daß jede Lage genauso wäre wie die andere. Aber auf Grund ihrer neuen und glücklicheren Beziehung belohnte sie jede kleine Aufmerksamkeit nicht mehr mit neuen Klagen.

»In den letzten Wochen ist es richtig wieder ein Vergnügen geworden, abends nach Hause zu kommen«, sagte er zärtlich zu ihr. »Weißt du eigentlich, was es für einen Mann bedeutet, daß man nicht dauernd an ihm herumnörgelt? Deine Krankheit hat mir eigentlich nie so viel ausgemacht – nur das ewige ›Herbert, mache dies‹ und ›Herbert, tue das‹ von dem Augenblick an, in dem ich das Haus betrat. Bist du nicht auch der Meinung, daß wir beide viel glücklicher sind, seit du aufgehört hast zu nörgeln?«

Miranda bestritt es nicht.

»Ich glaube, viel länger hätte ich es auch nicht ausgehalten«, sagte er. »Jeder Mann hat einen Punkt, wo...« Er seufzte und ließ den Satz unvollendet. Miranda schien ihn zu verstehen, denn sie antwortete nicht mit einem einzigen Wort.

Mit der Methodik eines Mannes, der die gleichen Bewegungen seit so vielen Jahren ausgeführt hat, daß er sie mechanisch und ohne zu überlegen tut, begab Herbert sich an die tägliche Hausarbeit. Munter ging er durch das Haus, wobei er Staubtuch und Staubsauger benutzte.

Als er das Haus aufgeräumt hatte, war es bereits sechs vorbei. Und bis er das Abendbrot zubereitet, anschließend das Geschirr abgewaschen und alles wieder weggeräumt hatte, war es beinahe halb acht. Jetzt kam der erfreuliche und angenehme Teil des Abends, den er mit Miranda zusammen verbrachte.

Obgleich Herbert kein ausgesprochen kräftiger Mann war, hob er Miranda mit Leichtigkeit in den Rollstuhl. Ihr magerer Körper wog keine hundert Pfund mehr, und hinzu kam die jahrelange Übung, sie hochzuheben. Fürsorglich legte er einen Schal um ihre knochigen Schultern, bevor er sie in die verglaste Veranda an der Vorderseite des Hauses schob.

Die Dämmerung war gerade angebrochen, aber trotzdem war noch deutlich zu erkennen, daß Mr. und Mrs. Henderson in der Veranda des Nachbarhauses saßen. Mrs. Henderson winkte herüber, und Herbert winkte zurück.

»Mrs. Henderson hat sich heute nachmittag nach dir erkundigt, Miranda«, sagte Herbert. »Ihr ist aufgefallen, daß ich in letzter Zeit anscheinend besserer Stimmung bin, und daher wollte sie wissen, ob es dir besser ginge. Selbst die Nachbarn merken die Veränderung, seit wir so viel netter miteinander auskommen. Und wir sind doch auch glücklicher, nicht wahr?«

Er setzte Miranda etwas bequemer in den Rollstuhl, bevor er wieder im Innern des Hauses verschwand, um ihre abendliche Kanne Tee aufzubrühen. Wenige Minuten später rollte er einen Teewagen heran, auf dem zwei Tassen, eine Teekanne, ein Zuckerschälchen, ein Sahnekännchen und ein Teller mit einigen Zitronenscheiben standen. Ferner befand sich ein kleiner Teller mit Keksen auf dem Wagen.

Nachdem er den Wagen neben ihren Rollstuhl geschoben hatte, zog er sich einen Stuhl an die andere Seite des Teewagens, setzte sich und goß beide Tassen ein. In Mirandas Tasse tat er ein Stückchen Zucker sowie etwas Zitrone und rührte sorgfältig um.

»So«, sagte er vergnügt und stellte die Tasse unmittelbar neben den Rollstuhl auf den Teewagen.

Dann machte er sich daran, seine eigene Tasse Tee zu bereiten. Er warf ein Stückchen Zucker hinein und rührte so lange um, bis es sich völlig aufgelöst hatte, tat dann ein neues Stück hinein und wiederholte den Vorgang noch einmal. Beim dritten Stückchen Zucker blinzelte er Miranda an.

»Weißt du noch, wie du dich immer aufregtest, weil ich zu viel Zucker nähme, Liebling?« fragte er. »Als ob es eine fürchterliche Verschwendung wäre, mehr als ein einziges Stück zu nehmen. Zehn Jahre lang habe ich mich mit einem einzigen Stück pro Tasse begnügt, um alles zu vermeiden, wo ich den Tee doch lieber süßer getrunken hätte. Es ist schon eine große Erleichterung, wenn man wegen solcher Dinge nicht mehr ausgeschimpft wird. Komisch – aber die unerträglichsten Spannungen entstehen aus lauter Kleinigkeiten. Und manchmal kann es dann passieren, daß sie einen verrückt machen.«

Er goß einige Tropfen Zitronensaft in seinen Tee, fügte etwas Sahne hinzu und kicherte plötzlich. »Was glaubst du wohl, wie oft du mich ausgeschimpft hast, weil ich sowohl Zitrone als auch Milch in den Tee tat, Miranda? Bestimmt einige tausendmal im Laufe der Jahre, könnte ich mir vorstellen.« Mit schriller Stimme ahmte er sie nach: »Durch die Zitrone gerinnt doch die Sahne, du Dummkopf!«

Etwas freundlicher fuhr Herbert dann fort: »Eigentlich sollte ich über diese vergangenen bösen Zeiten gar nicht mehr reden, wo wir doch jetzt wieder so glücklich sind. Aber es ist wirklich wunderschön, Miranda, wenn man nicht mehr ausgeschimpft wird. Manchmal hatte ich wirklich Angst, ich würde aus Verzweiflung irgend etwas anstellen. Aber warum reden wir eigentlich darüber? Das alles ist doch jetzt vorbei. In diesen letzten Wochen habe ich doch tatsächlich angefangen, mich wieder in dich zu verlieben. Ich komme mir vor wie in den zweiten Flitterwochen.«

Er trank seinen Tee und knabberte dazwischen ein paar Kekse. Sobald seine Tasse leer war, erhob er sich.

»Ich glaube, wir bringen dich jetzt lieber wieder hinein, Liebling«, sagte er. »Besonders bei dieser Temperatur.« Er blickte verstohlen zu den Hendersons hinüber, die in der einfallenden Dunkelheit schnell unsichtbar wurden. »Wahrscheinlich sollte ich dich bei dieser Hitze lieber überhaupt nicht hierher bringen – aber vielleicht würden dann die Hendersons wissen wollen, warum wir plötzlich abends nicht mehr unsere Tasse Tee auf der Veranda trinken. Und daß sie hier auftauchen und sich persönlich erkundigen, wollen wir doch vermeiden, nicht wahr?«

Er schob den Teewagen in das Haus und weiter bis in die Küche. Er leerte die Teekanne in den Ausguß, und anschließend schüttete er auch den Inhalt von Mirandas Tasse weg. Die Tasse war unberührt gewesen. Schnell wusch er das Geschirr ab und räumte es in den Schrank.

Als er zur Veranda zurückkehrte, war es bereits zu dunkel, um die Nachbarn in ihrer Veranda noch sehen zu können. Er fuhr Miranda in das Haus, durch das Vorderzimmer und schließlich in die Küche. Nachdem er einen Augenblick überlegt hatte, holte er eine Zigarre aus der Tasche und zündete sie an.

»Kleine Vergnügen wie diese Zigarre verschönern das Leben, Liebling«, sagte er und paffte zufrieden. »Du kannst dir gar nicht vorstellen, wieviel Vergnügen es macht, in seinem eigenen Haus rauchen zu können. Ich glaube auch nicht, daß der Qualm sich in den Gardinen festsetzt und daß dann alles nach kaltem Rauch riecht, wie du immer behauptet hast. Damit wolltest du doch nur erreichen, daß ich keine Freude am Rauchen hatte, nicht wahr?«

Nachdem er lächelnd auf eine Antwort gewartet hatte, die nicht kam, legte er die Zigarre auf die Kante des Ausgusses, und sein Lächeln verschwand. Nachdenklich und prüfend blickte er Miranda an.

»Das einzig Unrechte an unserer neuen Beziehung ist, daß du überhaupt nicht mehr mit mir sprichst«, sagte er in einem leicht vorwurfsvollen Ton. »Zehn Jahre habe ich nichts anderes getan, als dir zuzuhören, und deshalb finde ich es merkwürdig, daß ich jetzt plötzlich immer allein reden muß. Manchmal fehlt mir dein Schimpfen sogar, Miranda. Schließlich war es auch so etwas wie eine Unterhaltung.«

Er trat an sie heran. »Und jetzt verschwindest du wieder für vierundzwanzig Stunden, Liebling. Bei dieser Hitze kann ich es leider nicht riskieren, dich noch länger hier draußen zu lassen.«

Als er die Arme ausbreitete, um sie hochzuheben, streifte sein Handgelenk den Griff eines Eispicks, der aus der Mitte ihrer Brust vorstand. Er hielt inne, um ihn zu betrachten.

»Wahrscheinlich sollte ich das Ding lieber herausziehen, Liebling«, sagte er nachdenklich. »Aber irgendwie gibt es mir merkwürdigerweise Auftrieb, wenn ich es da sehe. Du warst richtig sprachlos, als du hinunterblicktest und erkanntest, was ich getan hatte. Ach, Miranda, es war wirklich richtig komisch, wenn auch auf eine grausliche Art, denn zum ersten Mal in deinem ganzen Leben hatte es dir die Sprache verschlagen. Du wußtest nicht, was du sagen solltest, nicht wahr?«

Er nahm den Schal von ihren Schultern und hängte ihn an einen Haken in der Wand; dann griff er mit beiden Armen nach ihr. Ihr Körper blieb starr, die Knie waren angewinkelt, als säße sie immer noch auf einem unsichtbaren Stuhl, und ihre Hände waren still gefaltet.

Mit Mühe ließ er sie in die leere Tiefkühltruhe hinunter, bis sie auf dem Rücken lag, die Knie immer noch seltsam angezogen. Mit einem Tischtuch wischte er ihr sorgfältig die Feuchtigkeit von Gesicht und Händen, wo das Eis durch die Berührung mit der warmen Außenluft bereits geschmolzen war.

»Liegst du so gut auf dem Rücken, Liebling?« erkundigte er sich. »Oder möchtest du lieber auf der Seite liegen?«

Er wartete, als rechnete er mit einer Antwort. Als nichts erfolgte, sagte er vergnügt: »Gute Nacht, Liebling – bis morgen.«

Freundlich schloß er den Deckel der Tiefkühltruhe, nahm seine Zigarre vom Ausguß und ging in das Vorderzimmer, wobei er zufrieden rauchte. Und als Asche auf den Teppich fiel, lächelte er.

Er machte sich nicht die Mühe, sie aufzufegen. Miranda hätte schon angefangen zu schreien, bevor sie überhaupt den Boden erreichte; jetzt aber brauchte er nicht mehr auf alles und jedes zu achten.

Er würde die Asche wegschaffen, wenn er morgen abend – wie gewöhnlich – alles saubermachte.

David Alexander

Der erste Fall

Die Stille in dem kleinen Zimmer zersplitterte wie eine hauchdünne Teetasse, als der Wecker schrill verkündete, daß in dem eintönigen Leben der Miss Elsie Petty ein neuer Tag heraufgedämmert war. Wie gewöhnlich fuhr Miss Pettys schlanker, fast ausgezehrter kleiner Körper, aufgeschreckt von dem metallenen Rasseln, kerzengerade hoch und tauchte – wie ein Kasperl im Theater – aus den Decken auf. Fieberhaft suchte ihre blasse, blauädrige Hand nach dem kleinen Hebel, der das lärmende Drängen des sirrenden Mechanismus ersticken würde. Jahrelang hatte Miss Petty davon geträumt, eines Tages soviel Geld beisammen zu haben, um sich ein Weckerradio leisten zu können, so daß sie nicht mehr von grellen Zimbeln, sondern von gedämpften Geigen geweckt würde; aber auch dieser Traum war, wie ihre anderen kleinen Träume, nie verwirklicht worden.

Das kleine möblierte Zimmer in dem Haus, das in der Charles Street lag, war peinlich sauber und sogar gemütlich. Die Chintzvorhänge und den Polstersessel sowie einige Kleinigkeiten hatte sie aus jener Wohnung hierhergebracht, die sie in jener Zeit bewohnt hatte, als es ihr noch besser ging.

Der gute Druck des nebligen Renoir an der Wand gehörte ihr ebenfalls. Mrs. Stearns, die üppige Wirtin, sagte immer, Miss Pettys Zimmer wäre irrsinnig gemütlich und bewiese, daß ein Mensch mit gutem Geschmack selbst das kleinste Fleckchen Lebensraum in ein wohnliches Heim verwandeln könnte, wenn er nur wollte. Den übrigen Mietern, die ihre Zigarettenasche überall verstreuten und ihre Sachen einfach im Zimmer herumliegen ließen, so daß die Reinmachefrau sie wegräumen mußte, wurde Miss Petty von Mrs. Stearns immer als Muster der Ordentlichkeit vorgehalten.

Miss Petty wirkte zierlich und war nicht nur kurzsichtig, sondern auch grauhaarig; ihr Alter hätte man auf etwa sechzig Jahre geschätzt. In Wirklichkeit hatte sie jedoch erst kürzlich ihren achtundvierzigsten Geburtstag gefeiert, obgleich von Feiern eigentlich nicht die Rede sein konnte: An jenem Abend hatte sie im Old Rose Tea Room gegessen, wo das Abendessen einen Dollar sechzig plus einen Vierteldollar Trinkgeld kostete. Sonst aß Miss Petty in der Co-Op Cafeteria, wo man sich mit einiger Überlegung eine sehr nahrhafte Mahlzeit für weniger als einen Dollar zusammenstellen konnte.

Miss Petty seufzte erleichtert auf, als das fordernde Rasseln des Weckers endlich abgestellt war. Aufrecht saß sie in ihrem Bett, die dünnen Arme um die Knie geschlungen, und blickte aus ihrem Fenster zu dem Baum hinaus. Der Baum war in den frühmorgendlichen Nebel gehüllt, und seine Äste sahen so gekrümmt und nackt wie ein spindeldürrer alter Mann aus. Seit Jahren waren der Baum und Miss Petty jetzt schon Freunde – seit sie damals ihren Posten als Texterin einer Werbeagentur verloren und ihre Wohnung in der West Eleventh Street aufgegeben hatte. Auch in Sandusky hatte, als sie noch ein Kind war, ein Baum vor ihrem Fenster gestanden, wie sie sich genau erinnerte.

Miss Petty überlegte, daß es wunderbar sein würde, wieder unter die Steppdecke kriechen zu können. Um sieben Uhr dreißig war es im Haus nie richtig warm. Und beeilen brauchte sie sich heute auch nicht. Die Verhandlung begann schließlich erst um zehn. Aber sie wagte es nicht, Mrs. Stearns merken zu lassen, daß sie ihre Stellung aufgegeben hatte. Mrs. Stearns würde entsetzt sein. Als Miss Petty ihre Stellung bei der Werbeagentur verloren hatte, war sie – wenn auch mit kleinerem Gehalt – in der Werbeabteilung der Firma Bernstein's Store untergekommen. Einige Jahre später hatte sie auch diesen Posten wieder verloren, und wochenlang hatte sie irgend etwas Neues gesucht, während Mrs. Stearns sich mit der Miete geduldet hatte. Schließlich war sie von Bernstein als Verkäuferin für das Kellergeschoß eingestellt worden.

Und jetzt hatte sie ihre Stellung aus dem einzigen Grunde aufgegeben, einem Mordprozeß beizuwohnen. Nie hätte Mrs. Stearns so etwas verstanden; folglich mußte Miss Petty zur gewohnten Zeit das Haus verlassen, wie sie es bereits dreimal getan hatte, damit Mrs. Stearns nichts merkte. Hundertachtzehn Dollar hatte Miss Petty auf ihrem Sparkonto, und wenn sie sich sehr vorsah, würde dieser Betrag einen Monat reichen. Morgen wollte sie gleich die Stellenangebote durchsehen und versuchen, eine andere Stellung zu finden – irgendwo.

Für Mrs. Stearns wäre es unfaßlich gewesen, daß Miss Petty die einzige Sicherheit, die sie auf dieser Welt besaß, aus einem derart leichtfertigen Grunde opferte. Bei der Verhandlung ging es um einen keineswegs ungewöhnlichen Mordfall, und die Zeitungen hatten ihn auch nur mit wenigen Zeilen erwähnt. Es handelte sich um ein mittelloses Mädchen aus Portoriko namens Maria Valdez, das sein gerade geborenes uneheliches Kind durch Ersticken umgebracht hatte. Den Namen Maria Valdez hatte Miss Petty noch nie in ihrem Leben gehört.

Miss Petty las die Zeitungen sehr gründlich, denn ihr Leben war stellvertretend für viele gewesen. Und aufgefallen war ihr die ganze Geschichte eigentlich nur wegen einer Notiz.

Sohn eines berühmten Anwalts verteidigt Mörderin

Winston Knight jun., Sohn des berühmten Strafverteidigers, der während der letzten zehn Jahre in einigen der aufsehenerregendsten Prozessen die Verteidigung übernommen hatte, ist vom Gericht zum Verteidiger von Maria Valdez (20) bestimmt worden, die angeklagt ist, ihr uneheliches Kind in einer Haarlemer Wohnung kurz nach der Geburt durch Ersticken ermordet zu haben.

Es ist der erste große Prozeß, bei dem der junge Knight als Verteidiger auftritt.

›Ich muß ihn sehen‹, hatte sich Miss Petty gesagt. ›Schließlich ist er fast mein Sohn. Ich muß wissen, ob er Winston ähnelt, ob er Winstons gerade Nase und seine schönen Augen und sein lockiges Haar und seine zauberhafte Art hat.‹

Miss Petty war nie zu einer Verhandlung gegangen, bei der der ältere Knight, der vor langer Zeit ihr Liebhaber gewesen war, die Verteidigung übernommen hatte. Merkwürdigerweise hatte sie nie den leisesten Wunsch verspürt, Winston bei einem Prozeß zu beobachten. Aber schließlich hatte sie Winston auch nicht mehr geliebt, als alles vorüber war. Sie hatte einfach nichts mehr empfunden. Und das gerade war das Beunruhigende: Sie fühlte nichts. Sie war in sich zusammengeschrumpft, weil keine Wärme mehr in ihr war, aus der sie hätte Kraft ziehen können. Und das war auch der Grund, daß sie keine ihrer empfindsamen kleinen Geschichten mehr an die avantgardistischen Zeitschriften geschickt hatte; es war der Grund, daß man sie nicht mehr als vielversprechende junge Texterin einer Werbeagentur betrachtete. Die Texte, die sie für Damenmoden und Parfüms und Mittelmeerreisen schrieb, hätten ihren Charme verloren, hieß es. Und dann hatte man ihr aufgetragen, statt dessen nüchterne Sätze über Küchenutensilien und Waschmittel zu verfassen. Sie war nicht nur keinen Schritt mehr weitergekommen, sondern schließlich hinausgeworfen worden.

Von Sandusky war sie in jenem zauberhaften, golden-heißen Sommer des Jahres 1928 nach New York City gekommen, als das alte Waldorf Hotel und dessen Peacock Alley noch an der Thirty-fourth und Thirty-fifth Street lagen und Eugene O'Neills ›Strange Interlude‹ am Nachmittag begann, von einer Pause unterbrochen wurde, in der man zum Abendessen ging, und dann bis in die Nacht hinein weitergespielt wurde. Sie hatte sich gleich ein kleines Apartment in Greenwich Village genommen, weil sie auch zu der wunderbaren Welt der Schriftstellerei gehören wollte und glaubte, Village sei das Zentrum der schönen Künste. Einundzwanzig war sie damals gewesen, und obgleich sie auf eine so unfruchtbare Angelegenheit wie Keuschheit nicht gerade in aller Einfalt stolz war, hatte sie sich doch fest vorgenommen, ihren reinen Körper nicht irgendeinem fürchterlichen, schwitzenden Galan hinzugeben, der von ihr nichts anderes als tierische Befriedigung wollte.

Zwei Monate war sie erst in New York, und sie hatte ihre Stellung bei der Agentur und eine ihrer kleinen empfindsamen Geschichten an eine Zeitschrift für zehn Dollar und sechs Freiexemplare verkauft, als sie Winston Knight kennenlernte. Er war der überwältigend maskulinste Mann, dem sie jemals begegnet war, und trotzdem hatte er eine süße, schüchterne Seite, die genauso reizvoll war, wie seine physischen Eigenschaften atemberaubend waren. Er war nur wenige Jahre älter als Elsie, und im Herbst hatte sein letztes Studienjahr an der Columbia Law School begonnen.

Genaugenommen war es keine stürmische Liebschaft. Sie hatten sich jedoch häufig gesehen und waren sich langsam immer näher gekommen: im Theater, in kleinen Restaurants und in Lokalen, in denen heimlich Alkohol ausgeschenkt wurde, und schließlich in ihrer kleinen Wohnung. Winstons Familie spielte gesellschaftlich eine Rolle, war reich, und er hatte sie in die vornehmsten Lokale mitgenommen. Am meisten hatte es ihr bei Tony, in der Fifty-second Street, gefallen. »Stell dir vor!« hatte sie einer Freundin nach Sandusky geschrieben, »die kleine Elsie sitzt an einem Tisch direkt neben Tallulah Bankhead, und in der gegenüberliegenden Ecke sitzt der dicke gemeine Heywood Broun und macht sich Notizen für seine Klatschspalte.«

Und dann war es passiert. Bevor sie Winston etwas gesagt hatte, war sie zum Arzt gegangen. Und es stimmte: Sie würde ein Kind bekommen.

Über ihre Schwangerschaft war sie fast außer sich vor Freude. Sie wünschte sich das Kind fast mehr, als sie sich jemals irgend etwas gewünscht hatte, als sie sich selbst Winston gewünscht hatte. Und sie wußte genau, was Winston jetzt natürlich tun würde. Er würde darauf bestehen, sie sofort zu heiraten. Im Grunde war er nämlich ein völlig konventioneller Mensch. Aber auch außerhalb einer Ehe hätte sie sich über dieses Kind genauso gefreut. Zählen tat doch nur, daß sie Winston hatte und daß sie bei ihm war und daß sie sein Kind trug – obgleich sie sich nicht sicher war, daß es ein Junge sein würde.

Wenn er den Vorschlag gemacht hätte, sie sollte ohne Heirat mit ihm zusammenleben, hätte sie es fraglos getan.

Aber Winston hatte es nicht gewollt. Und er hatte auch nicht den Wunsch geäußert, sie zu heiraten. Statt sich – wie sie – wahnsinnig über das zu freuen, was sie beide nun erlebten, hatte ihn die Aussicht, Vater zu werden, geradezu entsetzt. Er hatte ihr gesagt, daß er sein Studium aufgeben müßte und daß seine Familie sich völlig von ihm zurückziehen würde, wenn sie das Kind bekäme und er sie heiratete. Und seine Karriere wäre ruiniert, bevor sie überhaupt angefangen hätte. Damals war zum ersten Mal dieser merkwürdige erstarrte Ausdruck in ihrem Blick aufgetaucht. Und oft hatte sich Mr. Briggs, der Abteilungsleiter bei Bernstein, mitten in einer Unterhaltung mit ihr unterbrochen und gesagt: »Miss Petty – bitte! Haben Sie mich verstanden? Sie haben schon wieder diesen geistesabwesenden Ausdruck in Ihren Augen!«

An jenem Dezembertag des Jahres 1928, an dem sie Winston gesagt hatte, daß sie ein Kind erwartete, hatten ihre veilchenblauen und lustigen Augen angefangen zu erlöschen; und seitdem waren die Augen erstorben.

Sie hatte ihm an jenem Tag gesagt, daß er sie nicht zu heiraten brauchte, daß sie nicht einmal Geld von ihm wollte. Ihr einziger Wunsch wäre, das Kind zu bekommen. Er hatte jedoch seine ganze Überredungskunst aufgewandt, die ihn später zu einem der bekanntesten

Strafverteidiger werden ließ. Er hatte gesagt, sie müßten das Kind loswerden – jenes Kind, das noch nicht einmal geboren war. Und so, wie er es sagte, klang es, als handelte es sich ganz einfach um einen Sack voller junger Katzen, die in einem Teich ersäuft werden sollten.

Gewisse Dinge mußten vorher von ihm geregelt werden, und das brauchte seine Zeit. Darüber verging Weihnachten. Sie hatte die Feiertage allein in dem Haus an der West Eleventh Street verbracht, wie sie sich noch genau erinnerte. Sie hatte nicht geweint. Sie hatte nur starr am Fenster gesessen und in das Schneegestöber hinausgesehen. Die Geschenke, die ihre Familie aus Sandusky geschickt hatte, waren auf einem Tisch aufgestapelt; das schneeweiße Seidenpapier war mit Schleifen und Stechpalmenzweigen geschmückt. Wochenlang hatte sie die Päckchen ungeöffnet liegenlassen.

Das war Elsie Pettys erstes Weihnachten in New York gewesen.

Kurz vor Neujahr 1929 war Winston dann erschienen und hatte sie in das Haus aus Sandstein gebracht. Es wäre alles geregelt, hatte er gesagt. Sie brauchte sich keine Sorgen zu machen. Das Haus lag in der West Eighty-eighth Street, in der Nähe des Drive. Es war ein ganz gewöhnliches New Yorker Haus aus Sandstein und von jener gemütlichen Häßlichkeit, die für den Baustil des neunzehnten Jahrhunderts typisch ist.

Die nette Mrs. Myers, die mit Miss Petty bei Bernstein gearbeitet hatte, war über Elsies Einsamkeit sehr bekümmert gewesen und hatte sie eines Abends zu sich eingeladen. Wie Mrs. Myers später sagte, hätte Miss Petty »aufgestrahlt« und wäre anscheinend nur allzu gern bereit gewesen, bis sie erfuhr, daß Mrs. Myers in der West Eighty-eighth Street wohnte, ganz in der Nähe des Drive. Dann aber wäre sie totenblaß geworden, hätte die Hand erschrocken vor den Mund gehalten und gerufen: »Oh – da kann ich nie wieder hingehen!«

»Eines will ich Ihnen sagen«, hatte Mrs. Myers erklärt; »das arme Ding ist völlig übergeschnappt.«

Im Innern jenes Hauses, zu dem Winston sie an jenem kalten Wintertag gebracht hatte, war es düster, vor allem wegen der schweren viktorianischen Möbel; und dann war eine grimmig aussehende Frau mittleren Alters mit kräftigen Augenbrauen erschienen, die Schwesterntracht trug. Auf der Schwesterntracht war deutlich ein roter Fleck zu erkennen gewesen, und als Elsie ihn fasziniert anstarrte, hatte die Schwester gelacht. »Nun kriegen Sie es nicht gleich mit der Angst, Mädchen«, hatte sie gesagt. »Das ist Tomatenmark. Ich habe mir in der Küche gerade ein Brot gemacht.«

Der Arzt war ein alter Mann, der – bis auf den weißen Kittel, den er trug – gar nicht wie ein Arzt aussah. Elsie hatte den Eindruck, daß seine Hände nicht ganz sauber waren – auch dann nicht, als er sie gründlich gewaschen und steril gemacht hatte; und gezittert hatten sie auch. Sein Atem roch nach Schnaps.

Zwei Tage hatte sie hinterher noch dableiben und fest

zu Bett liegen müssen: in einem winzigen Zimmer mit schräger Decke, weil es unmittelbar unter dem Dach lag, und mit einer altmodischen Kommode sowie einer marmornen Waschschüssel. An der Wand hatte ein Bild gehangen, und zwar ein Stahlstich von einem Bernhardiner.

Ein einziges Mal war sie, Jahre später, im Washington Square Park einem Mann begegnet, der einen Bernhardiner an der Leine hatte, und sie hatte sich gerade noch beherrschen können, nicht in Ohnmacht zu fallen oder laut aufzuschreien.

Manchmal überlegte Miss Petty, ob sie wirklich verrückt war. Sie liebte Tiere über alles, und trotzdem hatte der Anblick eines großen plumpen Hundes mit traurigen Augen sie fast hysterisch werden lassen. Sie hatte sich in eine derartige Angst hineingesteigert, daß sie sich stadteinwärts nie weiter als bis zum Columbus Circle an der Fifty-ninth Street wagte.

Als sie das Sandsteinhaus schließlich verlassen hatte, war Winston es gewesen, der alles versucht hatte, um sie wiederzusehen; sie hatte ihn jedoch abgewiesen. Der erloschene Ausdruck ihrer Augen hatte sich endgültig festgesetzt, und sie empfand nichts mehr. Bald nach seinem Abschlußexamen heiratete Winston ein hübsches Mädchen, dessen Bild oft im Gesellschaftsteil der Zeitungen auftauchte. Im folgenden Jahr bekamen sie einen Sohn, Winston jun.; das hübsche Mädchen, dessen Bild immer im Gesellschaftsteil der Zeitungen auftauchte, hatte Winston also nicht in das Sandsteinhaus gebracht.

Miss Petty kam zu dem Entschluß, daß sie es sich leisten könnte, noch ein bißchen im Bett zu bleiben. Gewissenhaft hatte sie in den ersten drei Tagen des Prozesses ihren Tagesablauf eingehalten, und morgen würde sie wieder früh aufstehen müssen, um sich auf die langweilige Suche nach einer neuen Stellung zu machen. ›Wenn ich Mrs. Stearns begegne‹, sagte sie sich, ›werde ich einfach sagen, ich hätte den Wecker verschlafen. Selbst ein Packesel wie ich hat das Recht, einmal im Jahr zu verschlafen.‹

Bisher hatte der Junge, der ihr Sohn sein konnte, sie ziemlich enttäuscht. Er hatte dem Gericht nicht klarmachen können, wie sehr das arme Mädchen mit dem dunklen Gesicht litt, welche Qualen es bedeutet hatte, das unerwünschte und ungewollte Kind zu töten. Wäre er wirklich ihr Sohn gewesen, der nicht nur von Winston, sondern auch von ihr etwas gehabt hätte, würde er es gewußt haben. Dann hätte er den Schmerz des Mädchens so tief verspürt, daß es ihm bestimmt gelungen wäre, es auch die Geschworenen spüren zu lassen. Dann hätte er sie überzeugen können, daß es nicht in ihrer Macht liege, Maria Valdez noch mehr zu strafen, und daß jeder Versuch, es zu tun, einfach unmenschlich sein würde.

Miss Petty fühlte genau, daß der junge Mann, der ihr Sohn sein konnte, bisher schrecklich versagt hatte. Sie war jedoch überzeugt, daß er heute alles wieder gutmachen würde. Seine leidenschaftliche Darstellung jener Qualen, die das Mädchen erduldet hatte, sparte er sich bestimmt für das Schlußplädoyer auf.

Er weiß es, sagte Miss Petty sich immer wieder. Er weiß es, und er kann auch das Gericht davon überzeugen. Er weiß es, weil er ein Teil Winstons und beinahe auch ein Teil von mir ist.

Miss Petty machte sich sorgfältig zurecht; die hübschen, wenn auch billigen Kleidungsstücke hatte sie bei Bernstein mit dreißig Prozent Nachlaß bekommen. Auf ihrer elektrischen Kochplatte kochte sie sich ein Ei und machte das Wasser für den Pulverkaffee heiß.

Am ersten Tag des Prozesses war sie schon sehr zeitig hingegangen und hatte eine ganze Weile warten müssen, bis die Türen des Gerichtssaales geöffnet wurden. Aber sie hatte ganz sichergehen wollen, einen Platz ziemlich weit vorn zu bekommen. Dabei war es gar nicht nötig gewesen, so früh dort zu sein. Nur wenige Menschen interessierten sich für das Schicksal eines dunkelhäutigen Mädchens namens Maria Valdez. An allen drei Verhandlungstagen war der Gerichtssaal nicht einmal zur Hälfte besetzt gewesen.

Punkt zehn Uhr erschien Miss Petty im Gerichtssaal und setzte sich auf einen der vordersten Plätze, von dem aus sie Winston Knight jun. genau beobachten konnte.

Der jüngere Knight ähnelte seinem Vater. Er hätte sogar jener Student sein können, den Miss Petty damals,

1928, kennenlernte. Sein Haar war nicht ganz so gelockt. Seine Nase hatte einen leichten, fast geringschätzigen Schwung nach oben, während Winstons Nase schmal und gerade geformt war. Und seine Augen waren ein bißchen härter als die hübschen Augen jenes Jungen, den Elsie Petty einmal gekannt hatte. Miss Petty spürte auch, daß jene schwer zu bezeichnende jungenhafte Schüchternheit, die sie an Winston besonders geliebt hatte, seinem Sohn fehlte. Sie war jedoch zuversichtlich, daß der junge Mann tüchtig war, daß er Herz und Seele besaß, Empfindsamkeit und Mitgefühl. Bestimmt würde es ihm gelingen, auch beim Gericht Verständnis hervorzurufen, weil er selbst Verständnis besaß. Bestimmt würde er dieses arme Mädchen mit dem dunklen Gesicht und den toten, erloschenen Augen retten, das neben ihm saß.

Traurig sah Miss Petty das portorikanische Mädchen namens Maria Valdez an. Die Zeitungen, die sich überhaupt die Mühe machten, es zu erwähnen, hatten es als ›mürrisch‹ bezeichnet. Aber Miss Petty wußte, daß Maria Valdez nicht mürrisch war; das dunkelhäutige Mädchen war erstorben, genau wie Miss Petty selbst vor mehr als einem Vierteljahrhundert erstorben war. Die Augen des Mädchens blickten starr geradeaus, als der junge Verteidiger ihm etwas zuflüsterte. Hatte es verstanden, was er sagte? Das hätte Miss Petty gern gewußt; und sie mußte an den Abteilungsleiter bei Bernstein denken.

»Miss Petty – bitte! Sie haben schon wieder diesen abwesenden Ausdruck!«

Der Richter war noch nicht erschienen; die Geschworenen nahmen jedoch bereits ihre Plätze ein. Durch ihre Brillengläser blickte Miss Petty verstohlen die Geschworenen an und studierte deren Gesichter. Eine Frau war darunter: mittleren Alters, mit einem hageren Gesicht und ernsten Augen. ›Auf sie können wir rechnen‹, sagten Miss Pettys Gedanken dem jungen Verteidiger. ›Sie hat selbst gelitten und wird es verstehen.‹

Auch ein kleiner älterer Mann gehörte dazu, dessen kahler rosiger Schädel von grauen Haarbüscheln umrahmt war und dessen Gesicht falsche Fröhlichkeit verriet. ›Er ist gefährlich‹, sagten Miss Pettys Gedanken warnend zu Winston Knight jun., ›und du mußt genau überlegen, was du sagst, um ihn zu überzeugen. Er gehört zu den Leuten, die allzu bereitwillig lachen. Das Leben spielt sich für ihn an der Oberfläche ab. Es wird schwer sein, ihn so weit zu bringen, daß er das Mädchen versteht.‹

Im Gerichtssaal entstand eine leichte Unruhe. Köpfe drehten sich zur Tür, und ein gedämpftes Murmeln war zu hören, wie es immer ist, wenn eine berühmte Persönlichkeit erscheint. Ein tadellos gekleideter Mann in mittleren Jahren hatte den Saal betreten. Ein Hauch von Zuversicht schien ihn zu umgeben, als er den Saal durchquerte und neben dem Verteidiger Platz nahm.

Es war Winston: Winston Knight sen., der berühmte

Strafverteidiger – jener Mann, der Elsie Petty an einem kalten Wintertag des Jahres 1928 in das Haus aus Sandstein gebracht hatte.

›Er hat sich verändert‹, überlegte Miss Petty. ›Er ist schwerer geworden. An den Schläfen ist er schon grau, und sein Gesicht ist leicht gerötet, als tränke er zuviel. Die leise Schüchternheit, die früher so reizend an ihm war, ist ebenfalls verschwunden. Er ist hart geworden – hart und selbstsicher. Aber ich hätte ihn wiedererkannt. Überall hätte ich ihn wiedererkannt.‹

Der berühmte Anwalt drehte sich auf seinem Platz am Tisch der Verteidigung leicht zur Seite und blickte die Zuhörer mit einem Strahlen an, als nähme er ihren gemurmelten Tribut und die Tatsache, daß man ihn erkannt hatte, zur Kenntnis. Für die Dauer einer schnell verstreichenden Sekunde blickte er dabei direkt in das hagere Gesicht der kleinen alten Dame, die in seiner Nähe saß. Elsie Petty erwiderte seinen Blick.

Er erkannte sie nicht. Für ihn war sie irgendeine Fremde.

Winston beugte den Kopf zur Seite und sprach ernsthaft mit seinem Sohn und den anderen am Tisch. Das dunkle Mädchen mit den erloschenen Augen beachtete er nicht. Er sah sie kaum an. Es war klar, daß das Ganze für ihn eine gründlich geprobte Aufführung war, bei der sein Sohn die Hauptrolle spielte. Das Mädchen, des Mordes an seinem neugeborenen Kind angeklagt, hatte dabei bestenfalls eine kleine Nebenrolle. Es zählte nicht.

Der Richter betrat den Gerichtssaal; die Robe der Gerechtigkeit bauschte sich um ihn, und Miss Petty fand, er schiene auf seinen Platz zuzuschweben, als wäre er aus einer vorüberziehenden dunklen Wolke entstanden. Der Richter war ein hagerer Mann mit einem strengen, intelligenten Gesicht. ›Er ist gerecht‹, überlegte Miss Petty. ›Seinen Fähigkeiten entsprechend ist er gerecht. Aber das Gesetz ist für ihn alles. Er wird es so auslegen, als wäre es das Gesetz Gottes und nicht ein Gesetz der Menschen. Für das Mädchen mit den erloschenen Augen hat er kein wahres Verständnis. Er ähnelt meinem Vater‹, überlegte Miss Petty. ›Mein Vater war ehrenwert und aufrichtig und hätte nie verstanden, was sich damals in dem Sandsteingebäude abgespielt hat.‹ Er hätte jedoch auch das Mädchen nicht verstanden, dem das alles passiert war, obgleich es doch seine Tochter gewesen war.

Ein gebrechlicher alter Mann mit dem Gesicht eines Asketen klopfte mit einem Hammer auf die Tischplatte und gab bekannt, daß die Verhandlung eröffnet wäre und das Verfahren ›The People against Maria Valdez‹ aufgerufen würde.

›Das Volk‹, überlegte Miss Petty. ›Wer ist denn das Volk?‹ Der alte Mann sagte es so, daß es klang, als wäre es irgendeine düster drohende Gestalt aus einem Alptraum, die nur darauf wartete, über das verstörte Mädchen herfallen und es in Stücke reißen zu können. Aber so war das Volk nicht. Das Volk war kein Gummistempel unter einem rechtsgültigen Dokument. Das Volk waren menschliche Wesen wie sie selbst, die in der grauen Monotonie ihres Alltagslebens irgendwelche kleinen Ziele verfolgten, und das Volk hatte Mitleid, weil diese Wesen auch gelitten hatten – genauso wie sie, genauso wie das dunkelhäutige Mädchen, das nun dem Zorn des Volkes ausgeliefert war. Das Volk, das plötzlich einen so unheilvollen und fürchterlichen Klang bekam, wenn der alte Mann es zu zwei klaren Silben zusammenschrumpfen ließ, war jetzt die einzige Hoffnung. Das Volk konnte verstehen, wenn nur der Junge, der ihr Sohn sein konnte, es ihm entsprechend erklärte.

Die Entscheidung war gekommen.

Der hübsche junge Mann erhob sich zur Verteidigung; er näherte sich langsam der Geschworenenbank, um sein Plädoyer zu beginnen und alles noch einmal zusammenzufassen.

Er wirkte beinahe genauso sicher, wie sein Vater gewirkt hatte, als er vorhin durch den Gerichtssaal ging. Und gerade das beunruhigte Miss Petty. Vielleicht hielten die Geschworenen seine Sicherheit für Arroganz oder gar für Verachtung. Er hatte eine schwere Aufgabe vor sich, und dieser Aufgabe sollte er sich lieber mit Bescheidenheit nähern, im vollen Bewußtsein der Bedeutung dessen, was er nun zu tun hatte.

Eine ungeheuerliche Aufgabe lag vor ihm, und plötzlich, voller Verzweiflung, wußte Miss Petty, daß der junge Mann ihr nicht gewachsen war. Er mußte das

Volk von der Geschworenenbank herunterholen, es auf den Stuhl der Angeklagten setzen, mußte alles tun, daß das Volk nicht mehr aus Einzelwesen bestand, daß es nicht mehr einfach eine Masse war, sondern für einen Augenblick zu jenem dunkelhäutigen Mädchen wurde, das sein Kind umgebracht hatte. Ein einziger Augenblick würde genügen. Vor mehr als einem Vierteljahrhundert hatte Miss Petty die Leiden des dunklen Mädchens selbst durchlebt; und trotzdem würde ein einziger Augenblick für die Geschworenen ausreichen, die plötzlich das Volk darstellten.

Die Stimme des jungen Winston Knight klang tief, tönend und eindrucksvoll. Seine Aussprache war klar und deutlich. Als Anwalt, der bestimmte juristische Punkte darlegt, war er überzeugend, wirklich großartig. Aber Miss Petty wußte, daß dies alles mit juristischen Gesichtspunkten überhaupt nichts zu tun hatte. Hier ging es um ein mitleidsvolles menschliches Wesen, das anderen menschlichen Wesen etwas klarzumachen hatte, damit das Volk es auch verstand.

In einer derartigen Rolle aber war dieser gutaussehende junge Mann ein völliger und restloser Versager.

Er sprach jetzt über die Gutachten der Psychiater, die das dunkelhäutige Mädchen untersucht hatten, und gebrauchte dabei jenen wissenschaftlichen Jargon, mit dem bärtige Ärzte in Wien ihre Bücher gefüllt hatten. Die Geschworenen hörten ihm höflich zu, aber ihre Augen blieben ohne jeden Ausdruck.

Ausführlich ließ er sich vor den Geschworenen über die Definition der Unzurechnungsfähigkeit aus, als könnten Paragraphen, die von gelehrten Richtern aufgestellt waren, die dunklen Wege des menschlichen Geistes nachzeichnen und Grenzpfosten in jenem Irrgarten aufstellen, den die Menschen Wahnsinn nennen. Die Augen der Geschworenen starrten gelangweilt vor sich hin, denn der Staatsanwalt hatte ihnen das alles bereits auf andere Art und Weise erzählt.

Und dann verbreitete er sich weitschweifig über den Vorrang des Rechts, und das war sein größter Fehler, denn man spürte richtig, daß die Geschworenen es ablehnten, wie er frühere Fälle heranzog, bei denen die Verteidigung triumphiert hatte und das Volk geschlagen worden war. Man konnte beinahe hören, wie die Geschworenen sich sagten: ›Aber das war doch 1919! Wir sind ein anderes Volk in einer anderen Zeit. Wir sind das Volk von heute, und wir kennen unsere Pflicht; man sollte uns nicht überreden wollen, diese Pflicht nicht zu erfüllen.‹

Ohne einen Laut zu äußern, rief Miss Petty dem so überaus sicheren jungen Mann zu: ›Nicht doch – so geht es nicht! Erzähl ihnen von dem Mädchen! Sage ihnen, sie sollten sich die erloschenen Augen ansehen. Sage ihnen, daß freundliche Menschen dieses Mädchen jetzt sein ganzes Leben lang besorgt anblicken und sagen werden: ‚Was ist denn, Kind? Du hast einen so merkwürdigen Ausdruck.‘ Und daß grobe Menschen mit den

Fingern schnalzen und rufen werden: ‚Heh! Schläfst du? Du siehst aus, als wärst du besoffen!‘

Erzähle ihnen von dem Zimmer, in dem sie das Kind umbrachte. An irgend etwas muß sie sich doch erinnern – vielleicht an ein Loch im Teppich oder an einen Riß in der Decke. Und an der Wand muß ein Bild gehangen haben: von einem Haus, oder einer Blume, oder einem traurig blickenden Hund. Und vielleicht stand auf dem Regal eine Dose Tomatenmark. Erzähle ihnen doch, daß diese einfachen, vertrauten Dinge das Mädchen nicht mehr zur Ruhe kommen lassen!‹

Plötzlich wußte Miss Petty mit Bestimmtheit, daß dieser junge Mann es den Geschworenen nicht sagen konnte, weil er selbst es nicht wußte und wohl auch nicht verstehen konnte.

Es gab eben nur einen einzigen jungen Mann, der das dunkelhäutige Mädchen mit den erloschenen Augen hätte retten können: Ihr eigener Sohn hätte es gekonnt, aber ihn hatte man vor langer, langer Zeit in einem Haus aus Sandstein umgebracht.

Die Geschworenen brauchten nur siebzehn Minuten, um das erwartete Urteil zu fällen.

Knight hatte seinen Sohn an der Schulter gepackt. »Nimm es nicht tragisch, mein Junge«, sagte er. »Es war von Anfang an aussichtslos. Du hast getan, was du konntest – was man überhaupt tun konnte. Und vergiß nicht: Dein Vater hat seinen ersten Fall auch verloren.«

Eine Frau schrie gellend.

Der junge Anwalt wandte sein bestürztes Gesicht jener alten Dame zu, die ganz vorn gesessen hatte. Sie war aufgestanden und zeigte mit ihrem dünnen, zitternden Finger auf seinen Vater.

»Mörder!« schrie sie. »Mörder! Mörder!«

»Was soll ... was soll denn das heißen?« sagte der junge Mann. »Wer ist denn das überhaupt?«

Sein Vater zuckte die Schulter.

»Irgendein verrücktes altes Weib«, erwiderte er. »Bei Mordprozessen trifft man eine Menge verrückter Leute.«

Roald Dahl

Die Wirtin

Billy Weaver hatte London nachmittags mit dem Personenzug verlassen, war unterwegs in Swindon umgestiegen, und als er in Bath ankam, war es etwa neun Uhr abends. Über den Häusern am Bahnhof ging der Mond auf; der Himmel war sternklar, die Luft schneidend kalt, und Billy spürte den Wind wie eine flache, eisige Klinge auf seinen Wangen.

»Entschuldigen Sie«, sagte er, »gibt es hier in der Nähe ein nicht zu teures Hotel?«

»Versuchen Sie's mal im *Bell and Dragon*«, antwortete der Gepäckträger und wies die Straße hinunter. »Da können Sie vielleicht unterkommen. Es ist ungefähr eine Viertelmeile von hier auf der anderen Seite.«

Billy dankte ihm, nahm seinen Koffer und machte sich auf, die Viertelmeile zum *Bell and Dragon* zu gehen. Er war noch nie in Bath gewesen und kannte niemanden im Ort. Aber Mr. Greenslade vom Zentralbüro in London hatte ihm versichert, es sei eine herrliche Stadt. »Suchen Sie sich ein Zimmer«, hatte er gesagt, »und wenn das erledigt ist, melden Sie sich sofort bei unserem Filialleiter.«

Billy war siebzehn Jahre alt. Er trug einen neuen marineblauen Mantel, einen neuen braunen Hut und einen neuen braunen Anzug. Seine Stimmung war glänzend, und er schritt energisch aus. In letzter Zeit bemühte er sich, alles energisch zu tun, denn seiner Ansicht nach war Energie das hervorstechendste Kennzeichen erfolgreicher Geschäftsleute. Die großen Tiere in der Direktion waren immer phantastisch energiegeladen. Billy bewunderte sie sehr.

In der breiten Straße, die er entlangging, gab es keine Läden, sondern nur zwei Reihen hoher Häuser, von denen eines wie das andere aussah. Alle hatten Portale und Säulen, zu den Haustüren führten vier oder fünf Stufen hinauf, und zweifellos hatten hier einmal vornehme Leute gewohnt. Jetzt aber bemerkte man sogar im Dunkeln, daß von den Türen und Fensterrahmen die Farbe abblätterte und daß die weißen Fassaden im Laufe der Jahre rissig und fleckig geworden waren.

Plötzlich fiel Billys Blick auf ein Fenster zu ebener Erde, das von einer Straßenlaterne hell beleuchtet wurde. An einer der oberen Scheiben klebte ein Zettel. ZIMMER MIT FRÜHSTÜCK lautete die gedruckte Aufschrift. Unter dem Zettel stand eine Vase mit schönen großen Weidenkätzchen.

Er blieb stehen. Dann trat er etwas näher. An beiden Seiten des Fensters hingen grüne Gardinen aus einem samtartigen Gewebe. Die gelben Weidenkätzchen paßten wunderbar dazu. Er ging ganz dicht heran und spähte durch die Fensterscheibe ins Zimmer. Das erste, was er sah, war der Kamin, in dem ein helles Feuer brannte. Auf dem Teppich vor dem Fenster lag ein hübscher kleiner Dackel, zusammengerollt, die Nase unter dem Bauch. Das Zimmer war, soweit Billy im Halbdunkel erkennen konnte, recht freundlich eingerichtet. Außer einem großen Sofa und mehreren schweren Lehnsesseln war noch ein Klavier da, und in einer Ecke entdeckte er einen Papagei im Käfig. Billy sagte sich, daß Tiere eigentlich immer ein gutes Zeichen seien, und auch sonst hatte er den Eindruck, in diesem Haus könne man eine anständige Unterkunft finden. Sicherlich lebte es sich hier behaglicher als im *Bell and Dragon*.

Andererseits war ein Gasthof vielleicht doch vorteilhafter als ein Boardinghouse. Da konnte man abends Bier trinken und sich mit Pfeilwerfen vergnügen, man hatte Gesellschaft, und außerdem war es gewiß erheblich billiger. Er hatte schon einmal in einem Hotel gewohnt und war recht zufrieden gewesen. Ein Boardinghouse dagegen kannte er nur dem Namen nach, und ehrlich gesagt, hatte er ein wenig Angst davor. Schon das Wort klang nach wässerigem Kohl, habgierigen Wirtinnen und penetrantem Bücklingsgeruch im Wohnzimmer.

Nachdem Billy diese Überlegungen zwei oder drei Minuten lang in der Kälte angestellt hatte, beschloß er, zunächst einen Blick auf das *Bell and Dragon* zu werfen und sich dann endgültig zu entscheiden. Er wandte sich zum Gehen.

Da geschah ihm etwas Seltsames. Als er zurücktrat, um seinen Weg fortzusetzen, wurde sein Blick plötzlich auf höchst merkwürdige Weise von dem Zettel gefesselt, der am Fenster klebte. ZIMMER MIT FRÜHSTÜCK, las er, ZIMMER MIT FRÜHSTÜCK, ZIMMER MIT FRÜHSTÜCK, ZIMMER MIT FRÜHSTÜCK. Jedes Wort war wie ein großes schwarzes Auge, das ihn durch das Glas anstarrte, ihn festhielt, ihn zum Stehenbleiben nötigte, ihn zwang, sich nicht von dem Haus zu entfernen – und ehe er sich's versah, war er von dem Fenster zur Haustür gegangen, hatte die Stufen erstiegen und die Hand nach dem Klingelknopf ausgestreckt.

Er läutete. Die Glocke schrillte in irgendeinem der hinteren Räume, und gleichzeitig – es mußte gleichzeitig sein, denn er hatte den Finger noch auf dem Knopf – sprang die Tür auf und vor ihm stand eine Frau.

Wenn man läutet, dauert es gewöhnlich mindestens eine halbe Minute, bevor die Tür geöffnet wird. Aber diese Frau war wie ein Schachtelmännchen: Man drückte auf den Knopf, und schon sprang sie heraus! Geradezu unheimlich war das.

Sie mochte fünfundvierzig bis fünfzig Jahre alt sein, und sie begrüßte ihn mit einem warmen Willkommenslächeln.

»Bitte treten Sie näher«, sagte sie freundlich. Sie hielt die Tür weit offen, und Billy ertappte sich dabei, daß er automatisch vorwärts gehen wollte. Der Drang oder vielmehr die Begierde, ihr in dieses Haus zu folgen, war außerordentlich stark.

»Ich habe das Schild im Fenster gesehen«, erklärte er, ohne die Schwelle zu überschreiten.

»Ja, ich weiß.«

»Ich suche ein Zimmer.«

»Alles ist für Sie bereit, mein Lieber«, antwortete sie.

Ihr Gesicht war rund und rosig, der Blick ihrer blauen Augen sehr sanft.

»Ich war auf dem Weg zum *Bell and Dragon*«, berichtete Billy. »Aber dann sah ich zufällig dieses Schild in Ihrem Fenster.«

»Lieber Junge«, sagte sie, »warum stehen Sie denn in der Kälte? Kommen Sie doch herein.«

»Wieviel kostet das Zimmer?«

»Fünfeinhalb für die Nacht einschließlich Frühstück.«

Das war unglaublich billig. Weniger als die Hälfte des Betrages, mit dem er gerechnet hatte.

»Wenn es zu viel ist«, fügte sie hinzu, »kann ich's vielleicht auch ein bißchen billiger machen. Wollen Sie ein Ei zum Frühstück? Eier sind zurzeit teuer. Ohne Ei kostet es einen halben Schilling weniger.«

»Fünfeinhalb ist ganz gut«, erwiderte er. »Ich möchte gern hierbleiben.«

»Das habe ich mir gleich gedacht. Kommen Sie herein.«

Sie schien wirklich sehr nett zu sein. Und sie sah genauso aus wie eine Mutter, die den besten Schulfreund ihres Sohnes für die Weihnachtstage in ihrem Hause willkommen heißt. Billy nahm den Hut ab und trat ein.

»Hängen Sie Ihre Sachen nur dorthin«, sagte sie. »Warten Sie, ich helfe Ihnen aus dem Mantel.«

Andere Hüte oder Mäntel waren in der Diele nicht zu sehen. Auch keine Schirme, keine Spazierstöcke – nichts.

»Wir haben hier *alles* für uns allein«, bemerkte sie und

lächelte ihm über die Schulter zu, während sie ihn die Treppe hinaufführte. »Wissen Sie, ich habe nicht sehr oft das Vergnügen, einen Gast in meinem kleinen Nest zu beherbergen.«

›Die Alte ist ein bißchen verdreht‹, dachte Billy. ›Aber für fünfeinhalb die Nacht kann man das schon in Kauf nehmen.‹ »Ich hätte geglaubt, Sie wären von Gästen überlaufen«, sagte er höflich.

»Bin ich auch, mein Lieber, bin ich auch. Die Sache ist nur so, daß ich dazu neige, ein ganz klein wenig wählerisch und eigen zu sein – wenn Sie verstehen, was ich meine.«

»O ja.«

»Aber bereit bin ich immer. Ja, ich halte Tag und Nacht alles bereit für den Fall, daß einmal ein annehmbarer junger Mann erscheint. Und es ist eine große Freude, mein Lieber, eine sehr große Freude, wenn ich hie und da die Tür aufmache und jemand vor mir sehe, der *genau* richtig ist.« Sie hatte den Treppenabsatz erreicht, blieb stehen, die eine Hand auf dem Geländer, wandte den Kopf und lächelte mit blassen Lippen auf ihn herab. »Wie Sie«, setzte sie hinzu, und der Blick ihrer blauen Augen glitt langsam von Billys Kopf bis zu seinen Füßen und dann wieder hinauf.

In der ersten Etage sagte sie zu ihm: »Hier wohne ich.«

Sie stiegen noch eine Treppe höher. »Und dies ist Ihr Reich«, fuhr sie fort. »Ich hoffe, Ihr Zimmer gefällt Ihnen.« Damit öffnete sie die Tür eines kleinen, aber sehr hübschen Vorderzimmers und knipste beim Eintreten das Licht an.

»Morgens scheint die Sonne direkt ins Fenster, Mr. Perkins. Sie heißen doch Mr. Perkins, nicht wahr?«

»Nein«, sagte er. »Weaver.«

»Mr. Weaver. Wie hübsch. Ich habe eine Wärmflasche ins Bett getan, damit sich die Bezüge nicht so klamm anfühlen. In einem fremden Bett mit frischer Wäsche ist eine Wärmflasche sehr angenehm, finden Sie nicht? Und falls Sie frösteln, können Sie jederzeit den Gasofen anstecken.«

»Danke«, sagte Billy. »Haben Sie vielen Dank.« Er bemerkte, daß die Überdecke bereits abgenommen und die Bettdecke an einer Seite zurückgeschlagen war – er brauchte nur noch hineinzuschlüpfen.

»Ich bin so froh, daß Sie gekommen sind«, beteuerte sie und blickte ihm ernst ins Gesicht. »Ich hatte mir schon Gedanken gemacht.«

»Alles in Ordnung«, antwortete Billy munter. »Gar kein Grund zur Sorge.« Er legte seinen Koffer auf den Stuhl und schickte sich an, ihn zu öffnen.

»Und wie sieht's mit Abendbrot aus, mein Lieber? Haben Sie bereits irgendwo etwas gegessen?«

»Danke, ich bin wirklich nicht hungrig«, sagte er. »Ich glaube, ich werde so bald wie möglich schlafen gehen, weil ich morgen beizeiten aufstehen und mich im Büro melden muß.«

»Gut, dann will ich Sie jetzt allein lassen, damit Sie

auspacken können. Aber ehe Sie sich hinlegen, seien Sie doch bitte so freundlich, unten im Salon Ihre Personalien ins Buch einzutragen. Das muß jeder tun, denn es ist hierzulande Gesetz, und in *diesem* Stadium wollen wir uns doch nach den Gesetzen richten, nicht wahr?« Sie winkte leicht mit der Hand, verließ rasch das Zimmer und schloß die Tür hinter sich.

Das absonderliche Benehmen seiner Wirtin beunruhigte Billy nicht im geringsten. Die Frau war ja harmlos – darüber bestand wohl kein Zweifel –, und zudem schien sie eine freundliche, freigebige Seele zu sein. Vermutlich hatte sie im Krieg einen Sohn verloren oder einen anderen Schicksalsschlag erlitten, über den sie nie hinweggekommen war.

Wenig später, nachdem er seinen Koffer ausgepackt und sich die Hände gewaschen hatte, ging er ins Erdgeschoß hinunter und betrat den Salon. Die Wirtin war nicht da, aber im Kamin brannte das Feuer, und davor schlief noch immer der kleine Dackel. Das Zimmer war herrlich warm und gemütlich. ›Da habe ich Glück gehabt‹, dachte Billy und rieb sich die Hände. ›Besser hätte ich's gar nicht treffen können.‹

Da das Gästebuch offen auf dem Klavier lag, zog er seinen Füllfederhalter heraus, um Namen und Adresse einzuschreiben. Auf der Seite standen bereits zwei Eintragungen, und Billy las sie, wie man es bei Fremdenbüchern immer tut. Der eine Gast war ein gewisser Christopher Mulholland aus Cardiff, der andere hieß Gregory W. Temple und stammte aus Bristol.

›Merkwürdig‹, dachte er plötzlich. ›Christopher Mulholland. Das klingt irgendwie bekannt.‹

Wo in aller Welt hatte er diesen keineswegs alltäglichen Namen schon gehört?

Ein Mitschüler? Nein. Vielleicht einer der vielen Verehrer seiner Schwester oder ein Freund seines Vaters? Nein, ganz gewiß nicht. Er blickte wieder in das Buch.

Christopher Mulholland, 231 Cathedral Road, Cardiff

Gregory W. Temple, 27 Sycamore Drive, Bristol

Wenn er es recht bedachte, hatte der zweite Name einen fast ebenso vertrauten Klang wie der erste.

»Gregory Temple«, sagte er laut vor sich hin, während er in seinem Gedächtnis suchte. »Christopher Mulholland...«

»So reizende junge Leute«, hörte er eine Stimme hinter sich. Er fuhr herum und sah seine Wirtin ins Zimmer segeln. Sie trug ein großes silbernes Tablett, das sie weit von sich ab hielt, ziemlich hoch, als hätte sie die Zügel eines lebhaften Pferdes in den Händen.

»Die Namen kommen mir so bekannt vor«, sagte er.

»Wirklich? Wie interessant.«

»Ich möchte schwören, daß ich sie irgendwoher kenne. Ist das nicht sonderbar? Vielleicht aus der Zeitung. Handelt es sich etwa um berühmte Persönlichkeiten? Kricketspieler, Fußballer oder dergleichen?«

»Berühmt ...« Sie stellte das Teebrett auf den niedrigen Tisch vor dem Sofa. »Ach nein, berühmt waren sie wohl nicht. Aber sie waren ungewöhnlich hübsch, alle beide, das kann ich Ihnen versichern. Groß, jung und hübsch, mein Lieber, genau wie Sie.«

Billy beugte sich von neuem über das Buch. »Nanu«, rief er, als sein Blick auf die Daten fiel. »Die letzte Eintragung ist ja mehr als zwei Jahre alt!«

»So?«

»Tatsächlich. Und Christopher Mulholland hat sich fast ein Jahr früher eingeschrieben – also vor reichlich drei Jahren.«

»Du meine Güte«, sagte sie kopfschüttelnd mit einem gezierten kleinen Seufzer. »Das hätte ich nie gedacht. Wie doch die Zeit verfliegt, nicht wahr, Mr. Wilkins?«

»Ich heiße Weaver«, verbesserte Billy. »W-e-a-v-e-r.«

»O ja, natürlich!« Sie setzte sich auf das Sofa. »Wie dumm von mir. Entschuldigen Sie bitte. Zum einen Ohr hinein, zum anderen hinaus, so bin ich nun mal, Mr. Weaver.«

»Wissen Sie«, begann Billy von neuem, »was bei alledem höchst merkwürdig ist?«

»Nein, was denn, mein Lieber?«

»Ja, sehen Sie, mit diesen beiden Namen – Mulholland und Temple – verbinde ich nicht nur die Vorstellung von zwei Menschen, die sozusagen unabhängig voneinander existieren, sondern mir scheint auch, daß sie auf irgendeine Art und Weise zusammengehören. Als wären sie beide auf demselben Gebiet bekannt, wenn Sie verstehen, was ich meine – etwa wie ... ja ... wie Dempsey und Tunney oder wie Churchill und Roosevelt.«

»Sehr amüsant«, sagte sie. »Aber kommen Sie, mein Lieber, setzen Sie sich zu mir aufs Sofa. Sie sollen eine Tasse Tee trinken und Ingwerkeks essen, bevor Sie zu Bett gehen.«

»Bemühen Sie sich doch nicht«, protestierte Billy. »Machen Sie bitte meinetwegen keine Umstände.« Er lehnte am Klavier und sah zu, wie sie eifrig mit den Tassen und Untertassen hantierte. Sie hatte kleine, weiße, sehr bewegliche Hände mit roten Fingernägeln.

»Ich bin überzeugt, daß ich die Namen in der Zeitung gelesen habe«, fuhr Billy fort. »Gleich wird's mir einfallen. Ganz bestimmt.«

Es gibt nichts Quälenderes, als einer Erinnerung nachzujagen, die einem immer wieder entschlüpft. Er mochte nicht aufgeben.

»Warten Sie einen Moment«, murmelte er. »Nur einen Moment. Mulholland ... Christopher Mulholland ... war das nicht der Etonschüler, der eine Wanderung durch Westengland machte und der dann plötzlich ...«

»Milch?« fragte sie. »Und Zucker?«

»Ja, bitte. Und der dann plötzlich ...«

»Etonschüler?« wiederholte sie. »Ach nein, mein Lieber, das kann nicht stimmen, denn *mein* Mr. Mulholland war kein Etonschüler. Er studierte in Cambridge.

Na, wollen Sie denn nicht herkommen und sich an dem schönen Feuer wärmen? Nur zu, ich habe Ihnen schon Tee eingeschenkt.« Sie klopfte leicht auf den Platz an ihrer Seite und schaute Billy erwartungsvoll lächelnd an.

Er durchquerte langsam das Zimmer und setzte sich auf die Sofakante. Sie stellte die Teetasse vor ihn hin.

»So ist's recht«, sagte sie. »Wie hübsch und gemütlich das ist, nicht wahr?«

Billy trank seinen Tee, und auch sie nahm ein paar kleine Schlucke. Eine Zeitlang sprachen die beiden kein Wort. Aber Billy wußte, daß sie ihn ansah. Sie hatte sich ihm halb zugewandt, und er spürte, wie sie ihn über den Tassenrand hinweg beobachtete. Hin und wieder streifte ihn wie ein Hauch ein eigenartiger Geruch, der unmittelbar von ihr auszugehen schien und der keineswegs unangenehm war. Ein Duft, der Billy an irgend etwas erinnerte – er konnte nur nicht sagen, an was. Eingemachte Walnüsse? Neues Leder? Oder die Korridore im Krankenhaus?

Schließlich brach sie das Schweigen. »Mr. Mulholland war ein großer Teetrinker. Nie im Leben habe ich jemanden soviel Tee trinken sehen wie den lieben Mr. Mulholland.«

»Ich nehme an, er ist erst vor kurzem ausgezogen«, meinte Billy, der noch immer an den beiden Namen herumrätselte. Er war jetzt ganz sicher, daß er sie in der Zeitung gelesen hatte – in den Schlagzeilen.

»Ausgezogen?« Sie hob erstaunt die Brauen. »Aber

nein, lieber Junge, er ist gar nicht ausgezogen. Er wohnt noch hier. Mr. Temple auch. Sie sind beide im dritten Stock untergebracht.«

Billy stellte die Tasse vorsichtig auf den Tisch und starrte seine Wirtin an. Sie lächelte, streckte eine ihrer weißen Hände aus und klopfte ihm beruhigend aufs Knie. »Wie alt sind Sie, mein Freund?«

»Siebzehn.«

»Siebzehn!« rief sie. »Ach, das ist das schönste Alter! Mr. Mulholland war auch siebzehn. Aber ich glaube, er war ein wenig kleiner als Sie, ja, bestimmt war er kleiner, und seine Zähne waren nicht *ganz* so weiß wie Ihre. Sie haben wunderschöne Zähne, Mr. Weaver, wissen Sie das?«

»So gut, wie sie aussehen, sind sie gar nicht«, sagte Billy. »Auf der Rückseite haben sie eine Menge Füllungen.«

Sie überhörte seinen Einwurf. »Mr. Temple war natürlich etwas älter«, erzählte sie weiter. »Er war schon achtundzwanzig. Aber wenn er mir das nicht verraten hätte, wäre ich nie darauf gekommen, nie im Leben. Sein Körper war ganz ohne Makel.«

»Ohne was?« fragte Billy.

»Er hatte eine Haut wie ein Baby. *Genau* wie ein Baby.«

Es entstand eine Pause. Billy nahm seine Tasse, trank einen Schluck und setzte sie behutsam auf die Untertasse zurück. Er wartete auf irgendeine Bemerkung seiner Wirtin, aber sie hüllte sich in Schweigen. So saß er denn da, blickte unentwegt in die gegenüberliegende Zimmerecke und nagte an seiner Unterlippe.

»Der Papagei dort...«, sagte er schließlich. »Wissen Sie, als ich ihn zuerst durchs Fenster sah, bin ich tatsächlich darauf hereingefallen. Ich hätte schwören können, daß er lebt.«

»Leider nicht mehr.«

»Eine ausgezeichnete Arbeit«, bemerkte Billy. »Wirklich, er sieht nicht im geringsten tot aus. Wer hat ihn denn ausgestopft?«

»Ich.«

»Sie?«

»Natürlich«, bestätigte sie. »Haben Sie schon meinen kleinen Basil gesehen?« Sie deutete mit einer Kopfbewegung auf den Dackel, der so behaglich zusammengerollt vor dem Kamin lag. Billy schaute hin, und plötzlich wurde ihm klar, daß sich das Tier die ganze Zeit ebenso stumm und unbeweglich verhalten hatte wie der Papagei. Er streckte die Hand aus. Der Rücken des Hundes, den er vorsichtig berührte, war hart und kalt, und als er mit den Fingern das Haar beiseite schob, sah er darunter die trockene, gut konservierte, schwarzgraue Haut.

»Du lieber Himmel«, rief er, »das ist ja phantastisch!« Er wandte sich von dem Hund ab und blickte voller Bewunderung die kleine Frau an, die neben ihm auf dem Sofa saß. »So etwas muß doch unglaublich schwierig sein.«

»Durchaus nicht«, erwiderte sie. »Ich stopfe *alle* meine kleinen Lieblinge aus, wenn sie von mir gehen. Möchten Sie noch eine Tasse Tee?«

»Nein, danke«, sagte Billy. Der Tee schmeckte ein wenig nach bitteren Mandeln, und das mochte er nicht.

»Sie haben sich in das Buch eingetragen, nicht wahr?«

»Ja, gewiß.«

»Dann ist es gut. Weil ich später, falls ich Ihren Namen einmal vergessen sollte, immer herunterkommen und im Buch nachschlagen kann. Das tue ich fast täglich mit Mr. Mulholland und Mr. ... Mr. ...«

»Temple«, ergänzte Billy. »Gregory Temple. Entschuldigen Sie, aber haben Sie denn außer den beiden in den letzten zwei, drei Jahren gar keine anderen Gäste gehabt?«

Sie hielt die Tasse hoch in der Hand, neigte den Kopf leicht nach links, blickte aus den Augenwinkeln zu ihm auf, lächelte ihn freundlich an und sagte: »Nein, lieber Freund. Nur Sie.«

Hinweis

Die Herausgeberin und der Verlag danken folgenden Personen, Verlagen und Agenturen für die Erteilung der Rechte: Frau Dr. Ruth Liepman, Zürich, und dem Sir Arthur Conan Doyle Estate, Genf, für *Das gefleckte Band* von Sir Arthur Conan Doyle; Messrs. A.P.Watt & Son, London, und dem Kösel-Verlag, München, für *Die verdächtigen Schritte* von G.K.Chesterton (aus ›Der Hammer Gottes‹); Anthony Berkeley, Esq., für seine Erzählung *Der rächende Zufall*; Mrs. George Curry für *Miss Hinch* von H.S.Harrison; Messrs. Curtis Brown Ltd., London, und Herrn Hans Hermann Hagedorn, Hamburg, für *Miss Paisleys Katze* von Roy Vickers; Messrs. A.P.Watt & Son, London, für *Ein perfekter Mord* von Cyril Hare; Mohrbooks, Itschnach-Zürich, und dem Paul Zsolnay Verlag, Wien, für *Das Kellerzimmer* von Graham Greene (aus ›Spiel im Dunkeln‹); Mohrbooks, Itschnach-Zürich, und dem Alfred Scherz Verlag, Bern und Stuttgart, für *Vor der Party* von William Somerset Maugham (aus ›Die Macht der Umstände‹); Mohrbooks, Itschnach-Zürich, für *Villa Nachtigall* von Agatha Christie; Barry Way, Esq., South Africa, für *Da ich selbst ein Mörder bin ...* von Arthur Williams; Frau Dr. Ruth Liepman, Zürich, und Ann

Elmo Agency, Inc., New York, für *Das tödliche Telephon* von Henry Slesar (aus ›A Bouquet of Clean Crimes and Neat Murders‹); Mohrbooks, Itschnach-Zürich, und Christy & Moore Ltd., London, für *Der Mord von Hampstead* von Christopher Bush; Scott Meredith, Inc., New York, für *Die zweiten Flitterwochen* von Richard Deming (aus ›Brett Halliday's Best Detective Stories‹); Russel & Volkening, Inc., New York, für *Der erste Fall* von David Alexander (aus ›Hangman's Dozen‹) und der Rowohlt Verlag GmbH., Hamburg, für *Die Wirtin* von Roald Dahl (aus ›Küsschen, Küsschen‹).

Bitte beachten Sie auch die folgenden Seiten

Mary Hottingers Anthologien im Diogenes Verlag

Mord

Kriminalgeschichten von Edgar Poe bis Raymond Chandler.
Mit Vignetten von Paul Flora.
detebe 25/1

Mehr Morde

Kriminalgeschichten von Cyril Hare bis Henry Slesar.
Mit Vignetten von Paul Flora.
detebe 25/2

Noch mehr Morde

Kriminalgeschichten von Dorothy Sayers bis Peter Cheyney.
Mit Vignetten von Paul Flora.
detebe 25/3

Mord · Mehr Morde · Noch mehr Morde

Eine Auswahl aus den drei berühmten Sammelbänden.
Mit Vignetten von Paul Flora.
Ein Diogenes Sonderband

Wahre Morde

Die berühmt-berüchtigtsten Kriminalfälle aus England.
detebe 185

Gespenster

Geschichten aus England, Schottland und Irland
von Daniel Defoe bis Edward Bulwer-Lytton.
Ein Diogenes Sonderband

Mehr Gespenster

Geschichten aus England, Schottland und Irland
von Rudyard Kipling bis H. G. Wells.
Ein Diogenes Sonderband

Gruselgeschichten

von Charles Dickens bis Ernest Hemingway.
Mit Zeichnungen von Paul Flora.
Ein Diogenes Sonderband

Der Connaisseur

Ungewöhnliche, kuriose und gar schauerliche Geschichten
von Ambrose Bierce bis Ray Bradbury.
detebe 145/1

Der Connaisseur

Haßgeschichten von Rudyard Kipling bis D. H. Lawrence.
detebe 145/2

Der Connaisseur
Familiengeschichten von F. Scott Fitzgerald bis W. Somerset Maugham.
detebe 145/3

Der Connaisseur
Geldgeschichten von Ring Lardner bis Mark Twain.
detebe 145/4

Der Connaisseur
Ehegeschichten von Joseph Conrad bis Mary McCarthy.
detebe 145/5

Der Connaisseur
Kindergeschichten von Charles Dickens bis Doris Lessing.
detebe 145/6